中国人口统计年鉴

CHINA POPULATION STATISTICS YEARBOOK

1999

国家统计局人口和社会科技司 编

中国统计出版社

(京)新登字 041 号

图书在版编目(CIP)数据

中国人口统计年鉴　1999/国家统计局人口和社会科技统计司编.
—北京:中国统计出版社,1999.10
ISBN 7-5037-3145-1/C.1492

I. 中… II. 国… III. 人口统计-统计资料-中国-1998-年鉴
IV. C924.25-66

中国版本图书馆 CIP 数据核字(1999)第 67210 号

中国人口统计年鉴—1999

作　　者/国家统计局人口和社会科技统计司
责任编辑/叶礼奇
封　　面/张　冰
出版发行/中国统计出版社
通信地址/北京市西城区三里河月坛南街 75 号
电　　话/(010)63459084、68585978
印　　刷/科伦克三莱印务(北京)有限公司
经　　销/新华书店
开　　本/787×1092mm　1/16
字　　数/760 千字
印　　张/31.625
印　　数/1—1700 册
版　　别/1999 年 11 月第 1 版
版　　次/1999 年 11 月第 1 次印刷
书　　号/ISBN 7-5037-3145-1/C.1492
定　　价/96.00 元

《中国人口统计年鉴》编委会

编 辑 说 明

一、《中国人口统计年鉴－1999》是一部全面反映中华人民共和国各种人口状况的资料性年刊。本书收集了全国和省、自治区、直辖市大量的人口数据，以及世界各国的主要人口数据。

二、全书内容分为八部分，即（一）1998 年全国人口变动情况抽样调查数据；（二）1995 年全国 1％人口抽样调查数据；（三）1990 年第四次全国人口普查数据；（四）全国历年人口统计数据；（五）1998 年度全国户籍统计人口数据；（六）1998 年度全国计划生育统计人口数据；（七）世界部份国家主要人口数据；（八）简明分析文章。

三、为了满足社会各部门的需要，年鉴收录了 1998 年全国人口变动情况抽样调查、1995 年全国 1％人口抽样调查、1990 年人口普查和户籍统计等多方面的人口资料。由于统计方法和口径的不同，这些调查之间的数据不可能完全一致，请读者在使用时加以注意。

四、1998 年人口变动情况抽样调查是以全国为总体，各省、自治区、直辖市为次总体，采用分层、等距、整群概率抽样方法，在全国 31 个省、自治区、直辖市调查了 852 个县（市、区）、3174 个乡（镇、街道）、5095 个调查小区，共约 124 万人。经加权后汇总，1998 年全国人口出生率为 16.03‰，死亡率为 6.50‰，自然增长率为 9.53‰。按此推算，1998 年年末全国总人口为 124810 万人，出生人口为 1991 万人，净增人口为 1184 万人。本部分各表中的绝对数为样本数（表 1－1 除外），全国抽样比为 1.01‰。

五、1984 年后新建制的市和镇包括大量的农业人口，特别是近几年来，许多乡改为镇，使镇人口猛增，市镇中的非农业人口所占比重较 1984 年以前相对降低较多。为了便于各部门使用，1995 年全国 1％人口抽样调查全部采用第二种口径汇总市镇人口。两种口径划分如下：

第一种口径（按行政建制）：

市人口——市管辖区域内的全部人口（含市辖镇，不含市辖县）；

镇人口——县辖镇的全部人口（不含市辖镇）；

县人口——县辖乡人口。

第二种口径

市人口——设区的市的区人口和不设区的市所辖的街道人口；

镇人口——不设区的市所辖镇的居民委员会人口和县辖镇的居民委员会人口；

县人口——除上述两种人口以外的全部人口。

六、1995年全国1%人口抽样调查和1990年全国人口普查均取得了十分丰富的人口资料，由于受年鉴篇幅限制，每年只能刊登一部分，读者在使用时，如能结合前几年的年鉴中所刊登的数据，将使资料更为全面、详细和系统。

七、除注明含中国人民解放军现役军人和台湾、香港特别行政区、澳门人数的表外，其他表均为各省、自治区、直辖市的人口数。

八、本年鉴的编辑得到公安部三局、国家计划生育委员会计划财务司等单位的大力支持和协助，谨此致谢。

九、本年鉴表中的符号说明：

"—"表示该项统计指标数据不详或无该项数据；

"*"或"①"表示本表下有注解。

Note From the Compiler

Ⅰ.《China Population Statistics Yearbook—1999》is an annual statistical reference publication, intending to provide summary statistics on the population of the People's Republic of China. The yearbook contains population data at national and provincial level as well as the major figures of other countries of the world.

Ⅱ. The yearbook consists of eight chapters, namely: Figures of the national population change survey in 1998; Figures of 1995 national 1% population sample survey; Figures of the 1990 population census; Figures of population statistics over the past year; Figures of the household registration in 1998; Figures of the Family Planning statistics in 1998; Major figures of other countries; Papers on population statistics.

Ⅲ. In order to meet the needs of different departments and institution, the yearbook contain the data from various sources, such as the national population change survey in 1998, national 1% population sample survey ,1990 population census and household registration. As the definition and method of data collection are not same as well as some other reason, the data under the same or similar heading may be different. When using the data, readers should pay attention to this.

Ⅳ. In 1998 sample survey on population changes, whole country is regarded as population and every province, autonomous region or municipality are regarded as sub-population. The sample technique of stratified, multi-stage and cluster sampling, with probability proportionate to size is applied. There are 1. 24 million persons in sample size, 852 counties (or cities, or districts), 3174 townships (or towns, or streets), 5095 village groups (or resident groups) are included in the sample of 31 provinces, autonomous regions and municipalities of whole country. From weighting tabulation, the number of people in China in the end of 1998 is 1248. 10 million. In 1998, the crude birth rate is 16. 03 ‰ , and the number of birth is 19. 91 million , the crude death rate is 6. 50 ‰ ; the crude rate of natural increase is 9. 53‰ ,and the number of natural increase is 11. 84 million. The most of tabulation in the part of the yearbook is sample data (except table 1—1). The sampling fraction in the whole country is 1. 01‰.

Ⅴ. The new cities and towns, which have been set up since 1984, have a large number of agricultural population. Especially in recent years, many townships changed into towns and this made town population sharply increased. Compared with the data before 1984, the population of non-agricultural population in city and town become much lower. For convenience of the users, data of city and town population were tabulated only with the second concept in 1995 national 1% population sample survey. The concept is as follow:

City population ——total population living in the districts of cities which are sub-divided into districts and living in the street committees of cities which are not sub-divided into districts.

Town population ——total population living in the neighborhood committees of towns under jurisdiction of cities which are not sub-divided into districts and living in the neighborhood committees of towns directly under country's jurisdiction.

County population——total population excluding city and town population.

Ⅵ. Plenty of data were collected in 1995 national 1% population sample survey and the 1990 population census, but only a part of the data were published every year due to the limited space of the yearbook. The data will become more detail and completed if readers can combine the data published in the previous yearbooks together.

Ⅶ. Unless specified, all the data refer to the total population of the 31 provinces, autonomous regions and municipalities of China excluding the military personnel and the population of Hong Kang Special Administrative Region, Taiwan Province and Macao Region.

Ⅷ. We would express our thanks to the Department of Planning and financing of the State Family Planning Commission , the Third Bureau of the Public Security Ministry and other Departments for providing the data for this yearbook.

Ⅸ. The explanation of the symbols in the tables of this yearbook:

"—" refer to data unknown or not available.

"*"or "①"refer to notes below the table.

目　录

第一部分　1998 年全国人口变动抽样调查数据

第二部分 1995年全国1%人口抽样调查数据

第三部分 1990年第四次全国人口普查数据

第四部分 全国历年人口统计数据

第五部分　1997 年度全国户籍统计人口数据

第六部分　1997 年度全国计划生育统计人口数据

第七部分　世界部分国家主要人口数据

第八部分　简明分析文章

CONTENT

Part One Figures of the population Change Survey in 1997

Part Two. Figures of the 1% Population Sample Survey in 1995

Part three. Figures of the 1990 Population Census

Part four. Figures of Population Statistics over the Past Year

I. Household and Population

Part five. Figures of the Household Registration in 1997

Part six. Figures of the Family Planning Statistics in 1997

Part Seven. Main Figures of Some Countries in the World

Part Eight. Papers on Population Statistics

第一部分

1998 年全国人口变动抽样调查数据

PART ONE

FIGURES OF ANNUAL POPULATION CHANGE SURVEY IN 1998

1—1 各地区总人口及人口自然变动情况

TOTAL POPULATION AND NATURAL CHANGE BY REGION

地 区 Region	出生率 Birth Rate (‰)	死亡率 Death Rate (‰)	自然增长率 Natural Growth Rate(‰)	总人口（万人）Total Population (year—end) (10000 person)
全 国 National	**16.03**	**6.50**	**9.53**	**124810**
北 京 Beijing	6.00	5.30	0.70	1246
天 津 Tianjin	9.89	6.49	3.40	957
河 北 Hebei	13.01	6.18	6.83	6569
山 西 Shanxi	16.09	6.17	9.92	3172
内蒙古 Inner Mongolia	14.40	6.17	8.23	2345
辽 宁 Liaoning	11.39	6.81	4.58	4157
吉 林 Jilin	11.81	5.76	6.05	2644
黑龙江 Heilongjiang	11.68	5.32	6.36	3773
上 海 Shanghai	5.20	7.00	—1.80	1464
江 苏 Jiangsu	10.97	6.84	4.13	7182
浙 江 Zhejiang	11.15	6.33	4.82	4456
安 徽 Anhui	15.74	6.54	9.20	6184
福 建 Fujian	11.53	6.20	5.33	3299
江 西 Jiangxi	16.85	7.05	9.80	4191
山 东 Shandong	11.58	6.12	5.46	8838
河 南 Henan	14.17	6.37	7.80	9315
湖 北 Hubei	12.58	6.70	5.88	5907
湖 南 Hunan	12.31	7.10	5.21	6502
广 东 Guangdong	16.51	5.61	10.90	7143
广 西 Guangxi	15.87	6.86	9.01	4675
海 南 Hainan	18.48	5.56	12.92	753
重 庆 Chongqing	13.19	7.68	5.51	3060
四 川 Sichuan	14.62	7.14	7.48	8493
贵 州 Guizhou	22.02	7.76	14.26	3658
云 南 Yunnan	20.01	7.91	12.10	4144
西 藏 Tibet	23.70	7.80	15.90	252
陕 西 Shaanxi	13.56	6.43	7.13	3596
甘 肃 Gansu	16.45	6.41	10.04	2519
青 海 Qinghai	21.26	6.78	14.48	503
宁 夏 Ningxia	18.19	5.11	13.08	538
新 疆 Xinjiang	19.74	6.93	12.81	1747

注：1. 全国数据根据抽样误差和调查误差进行了修正。
2. 全国数据为31个省、自治区、直辖市和中国人民解放军现役军人的数据，不含台湾省、香港特别行政区和澳门地区的中国同胞，分省数据中未含中国人民解放军现役军人的数据。

Note: 1. National figures are adjuusted based on sampling errors and survey errors.
2. National figures include the Chinese of 31 provinces, autonomous regions, nunicipalites and military personnel and exclude that of Taiwan, Hongkong and Macao. The figures by region exclude militare personnel.

1－2　全国分年龄、性别的人口数

POPULATION BY AGE AND SEX

单位：人、%　　　　(person，%)

年龄（岁）Age	人口数 Population 合计 Total	男 Male	女 Female	占总人口% % to Total Population 合计 Total	男 Male	女 Female	性别比（女＝100）Sex Ratio (Female＝100)
总计 Total	**1243377**	**632422**	**610955**	**100.00**	**50.89**	**49.11**	**103.51**
0－4	75059	40788	34271	6.11	3.28	2.83	119.02
0	16008	8632	7376	1.30	0.69	0.61	117.03
1	12888	7061	5826	1.03	0.55	0.48	121.19
2	14360	7709	6651	1.17	0.63	0.54	115.89
3	15629	8546	7083	1.28	0.69	0.59	120.66
4	16174	8840	7334	1.34	0.72	0.62	120.54
5－9	110436	58422	52014	8.76	4.61	4.15	112.32
5	17948	9723	8225	1.46	0.78	0.68	118.21
6	19228	10189	9040	1.54	0.81	0.72	112.71
7	20845	11055	9790	1.67	0.88	0.79	112.93
8	26498	13966	12532	2.07	1.08	0.98	111.45
9	25916	13489	12427	2.03	1.05	0.98	108.55
10－14	116736	60463	56273	9.30	4.80	4.50	107.45
10	25127	13073	12054	1.98	1.03	0.96	108.45
11	26509	13514	12995	2.05	1.05	1.00	103.99
12	23891	12472	11418	1.90	0.98	0.91	109.23
13	21238	11011	10227	1.72	0.89	0.83	107.67
14	19970	10392	9578	1.64	0.85	0.79	108.50
15－19	92013	48047	43966	7.64	3.98	3.66	109.28
15	20034	10450	9584	1.65	0.86	0.80	109.03
16	22010	11584	10426	1.80	0.94	0.86	111.11
17	17450	9141	8309	1.45	0.76	0.69	110.01
18	16059	8401	7658	1.38	0.72	0.66	109.70
19	16460	8471	7989	1.36	0.70	0.66	106.04
20－24	90523	44724	45799	7.48	3.73	3.75	97.65
20	15681	7983	7697	1.35	0.69	0.66	103.72
21	15543	7705	7838	1.30	0.65	0.65	98.31
22	18278	8915	9363	1.51	0.75	0.76	95.22
23	19298	9503	9795	1.57	0.78	0.79	97.02
24	21723	10617	11105	1.76	0.86	0.90	95.60
25－29	123180	61174	62007	9.80	4.89	4.91	98.66
25	23069	11344	11725	1.87	0.92	0.95	96.75
26	23836	11894	11942	1.90	0.95	0.95	99.60
27	24593	12263	12330	1.95	0.97	0.97	99.45
28	26590	13156	13434	2.11	1.05	1.06	97.93
29	25092	12517	12575	1.97	0.99	0.98	99.54

续表 1 continued

单位：人、%　　　　(person，%)

年龄（岁）Age	人口数 Population 合计 Total	男 Male	女 Female	占总人口% % to Total Population 合计 Total	男 Male	女 Famale	性别比（女＝100）Sex Ratio (Female＝100)
30—34	122823	61714	61109	9.68	4.89	4.80	100.99
30	26901	13509	13392	2.13	1.07	1.06	100.87
31	21809	10910	10899	1.70	0.85	0.84	100.10
32	25337	12777	12560	1.96	0.99	0.97	101.73
33	24237	12246	11990	1.92	0.97	0.94	102.13
34	24539	12271	12268	1.98	0.99	0.98	100.03
35—39	89054	45249	43805	7.46	3.80	3.66	103.30
35	28193	14391	13802	2.29	1.17	1.12	104.26
36	19601	9977	9623	1.60	0.82	0.79	103.68
37	11901	5925	5977	1.04	0.52	0.52	99.13
38	15600	7979	7621	1.36	0.70	0.66	104.70
39	13759	6978	6782	1.17	0.59	0.57	102.89
40—44	95931	48950	46981	7.80	3.97	3.82	104.19
40	18721	9578	9143	1.56	0.80	0.76	104.76
41	20023	10398	9625	1.61	0.83	0.78	108.03
42	18338	9303	9035	1.50	0.76	0.74	102.97
43	19330	9862	9468	1.56	0.80	0.76	104.17
44	19519	9808	9710	1.57	0.78	0.78	101.01
45—49	80885	41192	39693	6.40	3.27	3.13	103.78
45	17945	8940	9004	1.43	0.72	0.71	99.29
46	17914	9133	8781	1.41	0.72	0.69	104.02
47	15346	7702	7644	1.21	0.61	0.61	100.76
48	15412	7793	7619	1.24	0.63	0.62	102.28
49	14268	7623	6645	1.10	0.59	0.51	114.72
50—54	60298	30478	29820	4.75	2.38	2.37	102.20
50	14362	7036	7326	1.13	0.56	0.58	96.04
51	12728	6450	6278	1.00	0.50	0.50	102.75
52	11954	6082	5872	0.95	0.48	0.47	103.57
53	10816	5569	5247	0.85	0.43	0.42	106.14
54	10437	5340	5097	0.82	0.42	0.40	104.77
55—59	48011	24535	23477	3.87	1.96	1.91	104.51
55	10069	5153	4916	0.81	0.41	0.40	104.83
56	9765	4964	4801	0.78	0.39	0.39	103.38
57	9880	4994	4886	0.78	0.39	0.39	102.21
58	9751	5032	4719	0.79	0.40	0.39	106.63
59	8547	4392	4155	0.70	0.36	0.34	105.71

续表 2 continued

单位:人、%　　(person,%)

年 龄 (岁) Age	人 口 数 Population			占总人口% % to Total Population			性 别 比 (女=100) Sex Ratio (Female=100)
	合 计 Total	男 Male	女 Female	合 计 Total	男 Male	女 Famale	
60—64	46031	23311	22720	3.76	1.90	1.86	102.60
60	10261	5223	5038	0.84	0.43	0.42	103.67
61	9257	4715	4542	0.75	0.38	0.37	103.82
62	9182	4663	4519	0.75	0.38	0.37	103.18
63	8786	4384	4402	0.72	0.36	0.36	99.59
64	8545	4326	4219	0.70	0.35	0.34	102.53
65—69	37033	18395	18638	2.94	1.48	1.46	98.70
65	8888	4521	4366	0.71	0.36	0.35	103.54
66	7618	3750	3868	0.61	0.30	0.31	96.95
67	7080	3514	3567	0.57	0.29	0.28	98.52
68	7204	3548	3657	0.57	0.28	0.29	97.02
69	6243	3063	3181	0.48	0.24	0.24	96.29
70—74	27045	13150	13895	2.11	1.04	1.07	94.64
70	6856	3492	3364	0.54	0.27	0.27	103.82
71	5369	2659	2710	0.42	0.21	0.21	98.12
72	5103	2435	2668	0.40	0.19	0.21	91.27
73	5097	2415	2682	0.39	0.19	0.20	90.07
74	4621	2149	2472	0.35	0.17	0.18	86.95
75—79	16178	7374	8804	1.24	0.58	0.66	83.76
75	4062	1963	2099	0.32	0.16	0.16	93.52
76	3629	1647	1982	0.28	0.13	0.15	83.09
77	3330	1487	1843	0.25	0.12	0.14	80.71
78	2920	1323	1597	0.22	0.10	0.12	82.88
79	2237	954	1284	0.17	0.07	0.09	74.29
80—84	8250	3214	5036	0.62	0.25	0.37	63.81
80	2288	919	1369	0.17	0.07	0.10	67.17
81	1853	745	1108	0.14	0.06	0.08	67.25
82	1573	593	980	0.12	0.05	0.07	60.49
83	1302	515	788	0.10	0.04	0.06	65.36
84	1234	441	792	0.09	0.03	0.06	55.73
85—89	2964	1015	1949	0.23	0.08	0.14	52.07
85	922	354	568	0.07	0.03	0.04	62.23
86	691	247	444	0.05	0.02	0.03	55.61
87	568	170	398	0.04	0.01	0.03	42.58
88	432	141	291	0.03	0.01	0.02	48.36
89	352	104	248	0.03	0.01	0.02	42.06
90—94	769	180	589	0.06	0.02	0.04	30.47
90	292	70	222	0.02	0.01	0.02	31.62
91	170	40	130	0.01	0.00	0.01	31.18
92	123	28	94	0.01	0.00	0.01	30.20
93	92	25	66	0.01	0.00	0.01	38.59
94	93	15	77	0.01	0.00	0.01	19.41
95+	159	49	110	0.01	0.00	0.01	44.41

注:本表系1998年人口变动情况抽样调查数据,抽样比为1.01‰。(本部分以下各表同)

Note: Figures in the tables of this part are from the sampling survey in 1998. The sample proportion is 1.01‰.

1—3 全国市分年龄、性别的人口数

CITY POPULATION BY AGE AND SEX

单位：人、%　　(person，%)

年龄(岁) Age	人口数 Population 合计 Total	男 Male	女 Female	占总人口% % to Total Population 合计 Total	男 Male	女 Female	性别比(女=100) Sex Ratio (Female=100)
总计 Total	**285698**	**142219**	**143479**	**100.00**	**49.99**	**50.01**	**99.12**
0—4	13798	7275	6522	4.49	2.36	2.14	111.55
0	3025	1589	1436	0.96	0.50	0.46	110.68
1	2451	1318	1133	0.80	0.42	0.38	116.32
2	2585	1335	1250	0.85	0.44	0.41	106.84
3	2835	1497	1337	0.93	0.49	0.44	111.95
4	2902	1535	1366	0.95	0.50	0.45	112.40
5—9	18277	9478	8798	6.16	3.19	2.97	107.73
5	3141	1608	1534	1.04	0.54	0.51	104.81
6	3148	1578	1570	1.06	0.54	0.52	100.55
7	3463	1789	1674	1.16	0.60	0.56	106.88
8	4152	2170	1982	1.40	0.73	0.67	109.51
9	4372	2333	2039	1.49	0.78	0.71	114.40
10—14	20938	10669	10269	7.22	3.68	3.54	103.90
10	4469	2305	2163	1.54	0.79	0.75	106.56
11	4764	2344	2420	1.58	0.78	0.80	96.84
12	4304	2263	2042	1.49	0.78	0.71	110.84
13	3710	1873	1838	1.29	0.65	0.64	101.92
14	3690	1884	1806	1.32	0.67	0.65	104.32
15—19	18328	9397	8931	6.54	3.35	3.19	105.21
15	4034	2146	1889	1.44	0.75	0.69	113.63
16	4494	2281	2213	1.58	0.81	0.77	103.10
17	3326	1725	1601	1.19	0.61	0.58	107.77
18	3130	1596	1534	1.15	0.59	0.56	104.04
19	3344	1648	1695	1.18	0.58	0.59	97.24
20—24	19970	9564	10406	6.83	3.35	3.48	91.90
20	3369	1673	1696	1.24	0.62	0.61	98.60
21	3457	1654	1802	1.23	0.62	0.62	91.78
22	4067	1915	2152	1.37	0.68	0.69	88.95
23	4269	2061	2208	1.41	0.68	0.72	93.36
24	4808	2261	2547	1.58	0.74	0.84	88.75
25—29	28946	13890	15056	9.68	4.68	5.00	92.26
25	5293	2475	2818	1.78	0.85	0.93	87.83
26	5631	2715	2916	1.86	0.90	0.96	93.12
27	5770	2757	3013	1.93	0.93	1.00	91.50
28	6270	3023	3247	2.10	1.02	1.08	93.08
29	5983	2921	3062	2.02	0.99	1.03	95.38

续表 1 continued

单位：人、% (person，%)

年龄（岁）Age	人口数 Population 合计 Total	男 Male	女 Female	占总人口% % to Total Population 合计 Total	男 Male	女 Female	性别比（女=100）Sex Ratio (Female=100)
30—34	28491	14123	14368	9.73	4.85	4.88	98.30
30	6083	3027	3057	2.07	1.03	1.05	99.02
31	4630	2289	2341	1.57	0.78	0.79	97.75
32	5661	2758	2903	1.87	0.92	0.94	95.01
33	5679	2882	2797	1.95	1.00	0.96	103.01
34	6438	3168	3270	2.26	1.12	1.14	96.90
35—39	24682	12557	12125	9.24	4.70	4.54	103.56
35	7713	3909	3805	2.78	1.40	1.38	102.73
36	4884	2491	2393	1.80	0.91	0.89	104.09
37	3311	1624	1686	1.31	0.66	0.65	96.31
38	4699	2404	2294	1.81	0.93	0.88	104.79
39	4075	2129	1946	1.54	0.80	0.75	109.37
40—44	26323	13309	13014	9.52	4.82	4.70	102.26
40	5334	2708	2626	1.98	1.01	0.96	103.14
41	5441	2789	2652	1.98	1.01	0.97	105.18
42	5020	2512	2508	1.81	0.91	0.90	100.18
43	5181	2631	2550	1.86	0.95	0.91	103.21
44	5347	2668	2679	1.89	0.94	0.95	99.57
45—49	20951	10431	10520	7.37	3.70	3.66	99.15
45	4757	2388	2369	1.69	0.85	0.84	100.79
46	4604	2302	2301	1.60	0.81	0.80	100.03
47	4059	2015	2044	1.43	0.72	0.71	98.61
48	3973	1950	2022	1.43	0.70	0.72	96.43
49	3559	1775	1783	1.22	0.63	0.59	99.54
50—54	15284	7598	7686	5.28	2.61	2.67	98.87
50	3604	1748	1857	1.20	0.59	0.61	94.14
51	3279	1645	1634	1.14	0.57	0.57	100.66
52	3022	1504	1518	1.07	0.54	0.53	99.10
53	2771	1402	1370	0.96	0.47	0.50	102.34
54	2607	1300	1307	0.90	0.45	0.46	99.42
55—59	12643	6129	6515	4.55	2.18	2.38	94.08
55	2501	1236	1265	0.91	0.44	0.47	97.71
56	2471	1205	1266	0.90	0.43	0.47	95.15
57	2628	1271	1357	0.92	0.44	0.48	93.63
58	2726	1301	1425	0.97	0.46	0.50	91.30
59	2318	1117	1202	0.86	0.41	0.45	92.93

续表 2 continued

单位:人、% (person,%)

年龄(岁) Age	人口数 Population 合计 Total	男 Male	女 Female	占总人口% % to Total Population 合计 Total	男 Male	女 Female	性别比(女=100) Sex Ratio (Female=100)
60-64	12891	6315	6576	4.77	2.33	2.44	96.03
60	2721	1260	1461	1.00	0.47	0.54	86.25
61	2576	1343	1232	0.95	0.48	0.47	109.02
62	2605	1268	1337	0.95	0.46	0.49	94.89
63	2537	1239	1298	0.95	0.46	0.48	95.41
64	2452	1204	1248	0.92	0.45	0.46	96.52
65-69	9990	4978	5013	3.65	1.85	1.80	99.31
65	2423	1215	1209	0.87	0.44	0.44	100.50
66	2016	999	1017	0.75	0.38	0.37	98.19
67	2015	1014	1001	0.74	0.38	0.36	101.28
68	1825	903	922	0.68	0.34	0.34	97.89
69	1710	847	863	0.62	0.31	0.30	98.20
70-74	7020	3482	3538	2.52	1.27	1.25	98.42
70	1759	884	875	0.64	0.32	0.32	101.03
71	1459	734	726	0.53	0.27	0.26	101.15
72	1313	638	675	0.47	0.23	0.24	94.43
73	1314	652	663	0.46	0.23	0.23	98.37
74	1174	574	599	0.42	0.21	0.21	95.84
75-79	4070	1860	2210	1.40	0.66	0.74	84.16
75	999	466	533	0.35	0.17	0.18	87.27
76	949	444	505	0.33	0.16	0.17	87.91
77	828	343	485	0.29	0.12	0.16	70.64
78	709	346	363	0.24	0.12	0.12	95.20
79	584	261	322	0.20	0.09	0.11	81.07
80-84	1990	789	1201	0.69	0.29	0.40	65.66
80	506	211	295	0.18	0.07	0.10	71.68
81	439	172	266	0.16	0.07	0.09	64.80
82	413	174	239	0.13	0.06	0.07	72.90
83	323	115	207	0.11	0.04	0.07	55.56
84	310	116	194	0.11	0.04	0.06	59.58
85-89	845	306	539	0.28	0.11	0.17	56.68
85	277	108	169	0.09	0.04	0.05	63.61
86	197	79	119	0.06	0.03	0.04	66.31
87	140	47	93	0.05	0.02	0.03	49.95
88	128	40	88	0.04	0.01	0.03	45.97
89	104	33	71	0.03	0.01	0.02	46.19
90+	261	70	192	0.09	0.02	0.06	36.37

1—4　全国镇分年龄、性别的人口数

TOWN POPULATION BY AGE AND SEX

单位：人、%　　　　(person，%)

年龄（岁）Age	人口数 Population			占总人口% % to Total Population			性别比（女=100）Sex Ratio (Female=100)
	合计 Total	男 Male	女 Female	合计 Total	男 Male	女 Female	
总计 Total	**127724**	**64129**	**63595**	**100.00**	**50.38**	**49.62**	**100.84**
0—4	7184	3879	3305	5.87	3.16	2.72	117.37
0	1557	811	746	1.30	0.66	0.63	108.73
1	1229	686	542	1.00	0.55	0.45	126.50
2	1429	772	657	1.13	0.62	0.51	117.56
3	1437	769	668	1.18	0.64	0.54	115.04
4	1532	841	691	1.27	0.68	0.59	121.61
5—9	9885	5284	4601	7.90	4.18	3.72	114.83
5	1595	886	709	1.29	0.70	0.59	125.01
6	1673	907	766	1.35	0.73	0.63	118.46
7	1906	1015	891	1.53	0.80	0.73	113.99
8	2340	1256	1084	1.84	0.99	0.85	115.89
9	2371	1219	1152	1.89	0.96	0.93	105.80
10—14	10373	5465	4908	8.27	4.32	3.94	111.36
10	2157	1089	1068	1.70	0.86	0.84	102.01
11	2386	1279	1106	1.84	0.98	0.86	115.68
12	2124	1117	1006	1.67	0.87	0.80	111.03
13	1922	1021	900	1.57	0.83	0.74	113.48
14	1785	958	827	1.48	0.78	0.70	115.76
15—19	8409	4387	4022	6.87	3.58	3.30	109.06
15	1913	996	917	1.53	0.81	0.72	108.68
16	2087	1080	1007	1.65	0.84	0.80	107.18
17	1461	770	691	1.22	0.63	0.58	111.40
18	1449	755	694	1.23	0.64	0.59	108.73
19	1499	786	713	1.24	0.64	0.60	110.26
20—24	9424	4399	5025	7.72	3.63	4.10	87.54
20	1522	729	792	1.32	0.63	0.69	91.99
21	1508	755	752	1.23	0.61	0.62	100.42
22	1908	860	1048	1.56	0.71	0.84	82.10
23	2088	958	1130	1.67	0.77	0.89	84.79
24	2399	1096	1303	1.95	0.90	1.05	84.15
25—29	13767	6574	7192	10.92	5.26	5.66	91.41
25	2662	1255	1407	2.09	0.99	1.11	89.18
26	2653	1261	1393	2.13	1.02	1.11	90.54
27	2642	1265	1377	2.13	1.03	1.10	91.82
28	2997	1439	1558	2.37	1.15	1.22	92.37
29	2813	1356	1458	2.20	1.07	1.13	93.00

续表 1 continued

单位：人、% (person，%)

年 龄（岁）Age	人 口 数 Population 合 计 Total	男 Male	女 Female	占总人口% % to Total Population 合 计 Total	男 Male	女 Female	性 别 比（女=100）Sex Ratio (Female=100)
30—34	13858	6876	6982	10.85	5.41	5.43	98.49
30	3074	1456	1618	2.45	1.19	1.27	89.98
31	2384	1207	1177	1.88	0.95	0.93	102.59
32	2678	1342	1336	2.08	1.04	1.04	100.51
33	2868	1412	1456	2.22	1.10	1.11	97.01
34	2854	1459	1396	2.21	1.14	1.07	104.51
35—39	10450	5320	5130	8.23	4.22	4.01	103.69
35	3372	1725	1647	2.62	1.34	1.27	104.69
36	2248	1128	1120	1.74	0.88	0.87	100.76
37	1398	735	663	1.13	0.59	0.54	110.78
38	1808	906	902	1.45	0.75	0.70	100.51
39	1624	826	798	1.29	0.66	0.62	103.45
40—44	10270	5180	5090	7.88	3.98	3.91	101.77
40	2140	1116	1024	1.66	0.86	0.79	108.94
41	2206	1109	1098	1.66	0.82	0.84	100.96
42	1918	964	955	1.51	0.77	0.74	100.98
43	1964	1004	960	1.50	0.77	0.73	104.57
44	2042	988	1054	1.55	0.75	0.80	93.80
45—49	8035	3998	4037	6.20	3.11	3.09	99.04
45	1842	864	978	1.43	0.68	0.75	88.34
46	1772	832	940	1.36	0.65	0.71	88.46
47	1408	691	716	1.09	0.53	0.56	96.52
48	1619	841	778	1.25	0.66	0.60	108.12
49	1395	770	625	1.06	0.59	0.47	123.31
50—54	6105	2973	3132	4.67	2.25	2.42	94.92
50	1449	676	773	1.13	0.52	0.61	87.53
51	1265	609	656	0.96	0.46	0.51	92.82
52	1176	616	560	0.88	0.45	0.44	109.87
53	1120	553	567	0.86	0.42	0.44	97.57
54	1095	519	576	0.84	0.41	0.43	90.06
55—59	5152	2532	2620	4.01	1.98	2.03	96.65
55	1028	517	511	0.80	0.40	0.40	101.11
56	1048	531	517	0.81	0.39	0.42	102.76
57	1081	522	558	0.81	0.40	0.41	93.56
58	1012	483	530	0.81	0.40	0.41	91.09
59	984	480	504	0.78	0.40	0.38	95.13

续表 2 continued

单位：人、% (person，%)

年龄（岁）Age	人口数 Population 合计 Total	男 Male	女 Female	占总人口% % to Total Population 合计 Total	男 Male	女 Female	性别比（女＝100）Sex Ratio (Female＝100)
60－64	5112	2484	2628	3.80	1.89	1.91	94.49
60	1175	587	588	0.92	0.46	0.46	99.89
61	1052	497	556	0.76	0.38	0.38	89.42
62	1056	509	546	0.77	0.38	0.39	93.20
63	933	452	482	0.69	0.34	0.35	93.75
64	896	439	457	0.66	0.33	0.33	96.06
65－69	4059	2137	1921	2.90	1.55	1.35	111.25
65	996	503	493	0.73	0.38	0.35	101.97
66	809	405	404	0.59	0.30	0.28	100.20
67	770	420	350	0.55	0.31	0.25	119.79
68	810	453	357	0.58	0.32	0.26	126.66
69	673	357	316	0.45	0.24	0.21	112.95
70－74	2843	1471	1372	1.96	1.03	0.93	107.20
70	763	427	336	0.55	0.31	0.24	127.19
71	573	316	258	0.39	0.22	0.17	122.53
72	549	281	267	0.38	0.19	0.18	105.19
73	505	246	260	0.35	0.17	0.17	94.64
74	453	201	252	0.29	0.13	0.16	79.90
75－79	1530	725	805	1.07	0.51	0.56	90.08
75	358	185	173	0.27	0.13	0.13	106.71
76	320	149	171	0.23	0.11	0.11	87.07
77	364	169	195	0.25	0.12	0.13	86.97
78	300	137	163	0.20	0.09	0.11	83.69
79	188	85	103	0.12	0.05	0.07	83.06
80－84	821	310	511	0.58	0.22	0.35	60.58
80	229	88	141	0.16	0.07	0.09	62.59
81	169	65	104	0.11	0.04	0.07	62.46
82	165	61	104	0.12	0.05	0.08	58.48
83	140	59	81	0.10	0.04	0.06	73.69
84	118	36	82	0.08	0.03	0.06	44.42
85－89	327	112	216	0.23	0.08	0.14	51.68
85	84	28	55	0.06	0.02	0.04	51.52
86	83	29	54	0.06	0.02	0.04	53.63
87	78	21	57	0.05	0.01	0.03	36.17
88	43	19	24	0.03	0.01	0.02	81.06
89	40	14	26	0.03	0.01	0.02	55.24
90＋	119	23	96	0.08	0.02	0.06	23.39

1—5　全国县分年龄、性别的人口数

COUNTY POPULATION BY AGE AND SEX

单位:人、%　　(person,%)

年　龄 (岁) Age	人　口　数 Population			占总人口% % to Total Population			性　别　比 (女=100) Sex Ratio (Female=100)
	合　计 Total	男 Male	女 Female	合　计 Total	男 Male	女 Female	
总　计 Total	**829956**	**426074**	**403881**	**100.00**	**51.38**	**48.62**	**105.49**
0—4	54077	29634	24443	6.88	3.72	3.16	121.24
0	11425	6232	5194	1.45	0.78	0.67	119.98
1	9208	5057	4151	1.14	0.61	0.53	121.83
2	10346	5601	4745	1.32	0.71	0.61	118.05
3	11357	6280	5077	1.45	0.79	0.66	123.69
4	11741	6464	5276	1.52	0.83	0.70	122.51
5—9	82274	43660	38614	10.08	5.32	4.76	113.07
5	13212	7229	5983	1.68	0.91	0.77	120.84
6	14408	7703	6704	1.78	0.95	0.83	114.89
7	15475	8251	7225	1.92	1.02	0.90	114.20
8	20005	10540	9466	2.41	1.26	1.15	111.34
9	19173	9938	9236	2.30	1.19	1.11	107.60
10—14	85426	44329	41097	10.41	5.38	5.02	107.86
10	18502	9679	8823	2.23	1.16	1.07	109.69
11	19360	9891	9469	2.30	1.18	1.12	104.46
12	17462	9092	8370	2.12	1.10	1.03	108.62
13	15606	8117	7489	1.94	1.01	0.93	108.38
14	14496	7551	6945	1.81	0.94	0.87	108.72
15—19	65275	34263	31012	8.26	4.33	3.93	110.48
15	14087	7308	6779	1.77	0.92	0.86	107.80
16	15428	8223	7206	1.92	1.01	0.91	114.12
17	12662	6645	6017	1.60	0.84	0.76	110.45
18	11480	6050	5430	1.50	0.79	0.71	111.43
19	11618	6037	5581	1.46	0.76	0.70	108.17
20—24	61128	30761	30367	7.74	3.92	3.82	101.30
20	10790	5582	5208	1.41	0.73	0.68	107.17
21	10579	5296	5283	1.34	0.68	0.66	100.23
22	12302	6140	6162	1.56	0.78	0.78	99.63
23	12941	6484	6457	1.63	0.82	0.80	100.41
24	14516	7260	7256	1.81	0.91	0.90	100.07
25—29	80468	40709	39759	9.67	4.92	4.75	102.39
25	15115	7614	7501	1.88	0.95	0.93	101.51
26	15552	7918	7634	1.89	0.97	0.92	103.73
27	16182	8242	7940	1.93	0.99	0.94	103.80
28	17323	8694	8629	2.08	1.05	1.03	100.76
29	16296	8241	8055	1.91	0.97	0.94	102.31

续表 1 continued

单位：人、% (person，%)

年 龄 (岁) Age	人口数 Population 合计 Total	男 Male	女 Female	占总人口% % to Total Population 合计 Total	男 Male	女 Female	性别比 (女＝100) Sex Ratio (Female＝100)
30－34	80474	40714	39760	9.48	4.82	4.66	102.40
30	17744	9027	8717	2.11	1.08	1.03	103.55
31	14794	7414	7381	1.73	0.87	0.86	100.45
32	16998	8677	8322	1.98	1.02	0.97	104.26
33	15690	7952	7738	1.85	0.94	0.91	102.78
34	15247	7644	7602	1.81	0.91	0.90	100.55
35－39	53922	27373	26549	6.53	3.32	3.20	103.10
35	17108	8757	8350	2.01	1.04	0.98	104.88
36	12468	6358	6110	1.49	0.76	0.73	104.06
37	7193	3566	3627	0.90	0.45	0.46	98.31
38	9093	4668	4425	1.14	0.59	0.56	105.50
39	8060	4023	4037	0.97	0.49	0.48	99.65
40－44	59338	30461	28877	7.00	3.59	3.41	105.49
40	11247	5754	5493	1.35	0.69	0.66	104.75
41	12375	6500	5875	1.44	0.75	0.69	110.64
42	11399	5827	5573	1.35	0.69	0.66	104.56
43	12186	6227	5958	1.43	0.73	0.70	104.51
44	12130	6152	5977	1.42	0.72	0.70	102.92
45－49	51898	26762	25136	5.99	3.09	2.90	106.47
45	11346	5688	5657	1.32	0.67	0.65	100.55
46	11539	6000	5539	1.32	0.69	0.64	108.31
47	9879	4995	4884	1.14	0.57	0.57	102.28
48	9820	5002	4819	1.16	0.59	0.57	103.80
49	9314	5077	4237	1.05	0.58	0.48	119.84
50－54	38909	19906	19002	4.52	2.30	2.22	104.76
50	9308	4612	4697	1.10	0.55	0.56	98.18
51	8183	4196	3987	0.94	0.48	0.46	105.25
52	7757	3962	3794	0.90	0.45	0.45	104.43
53	6926	3615	3311	0.79	0.41	0.38	109.18
54	6735	3521	3214	0.78	0.41	0.37	109.58
55－59	30215	15873	14342	3.53	1.85	1.68	110.68
55	6540	3401	3140	0.77	0.40	0.37	108.31
56	6246	3228	3018	0.72	0.37	0.35	106.95
57	6171	3201	2970	0.71	0.37	0.34	107.75
58	6013	3248	2764	0.71	0.38	0.33	117.51
59	5245	2796	2449	0.62	0.33	0.29	114.16

续表 2 continued

单位:人、% (person,%)

年 龄 (岁) Age	人 口 数 Population			占总人口% % to Total Population			性 别 比 (女=100) Sex Ratio (Female=100)
	合 计 Total	男 Male	女 Female	合 计 Total	男 Male	女 Female	
60—64	28029	14512	13516	3.30	1.71	1.59	107.37
60	6365	3376	2989	0.76	0.40	0.36	112.93
61	5629	2875	2754	0.66	0.34	0.32	104.39
62	5522	2885	2636	0.65	0.34	0.31	109.44
63	5316	2694	2622	0.63	0.32	0.31	102.74
64	5198	2683	2515	0.60	0.31	0.29	106.68
65—69	22984	11280	11705	2.62	1.30	1.33	96.37
65	5468	2804	2665	0.63	0.32	0.31	105.21
66	4792	2346	2446	0.55	0.27	0.28	95.89
67	4295	2080	2215	0.50	0.24	0.26	93.91
68	4569	2192	2377	0.52	0.25	0.27	92.23
69	3860	1858	2002	0.42	0.21	0.22	92.83
70—74	17182	8198	8985	1.95	0.93	1.01	91.24
70	4334	2181	2153	0.49	0.25	0.25	101.30
71	3336	1610	1727	0.38	0.18	0.19	93.21
72	3241	1516	1725	0.37	0.18	0.20	87.87
73	3278	1518	1760	0.37	0.17	0.20	86.27
74	2994	1373	1620	0.33	0.15	0.18	84.75
75—79	10578	4789	5789	1.20	0.55	0.64	82.72
75	2704	1312	1392	0.31	0.15	0.16	94.28
76	2359	1054	1306	0.27	0.12	0.15	80.71
77	2138	975	1163	0.24	0.11	0.13	83.86
78	1911	841	1070	0.22	0.10	0.12	78.57
79	1466	607	859	0.16	0.07	0.09	70.70
80—84	5439	2115	3324	0.60	0.24	0.35	63.63
80	1553	620	933	0.17	0.07	0.10	66.44
81	1245	508	738	0.14	0.06	0.08	68.81
82	995	358	637	0.11	0.04	0.07	56.18
83	839	340	499	0.09	0.04	0.06	68.09
84	806	290	516	0.09	0.03	0.05	56.07
85—89	1791	598	1194	0.21	0.07	0.13	50.06
85	562	218	344	0.06	0.02	0.04	63.27
86	411	139	271	0.05	0.02	0.03	51.33
87	350	102	248	0.04	0.01	0.03	41.28
88	261	81	180	0.03	0.01	0.02	45.20
89	208	57	151	0.02	0.01	0.02	37.86
90+	547	136	411	0.06	0.02	0.04	33.11

1—6 各地区年龄构成系数

AGE COMPOSITION INDEX OF POPULATION BY REGION

单位:人、%　　　　(person,%)

地区 Region	人口数 Population				年龄构成系数 Index of Age Composition		
	合计 Total	0—14岁 Age 0-14	15-64岁 Age15-64	65岁及以上 Age 65 and Over	总负担系数 Total Dependency Ratio	负担少儿系数 Dependency Ratio of Children	负担老年系数 Dependency Ratio of The Aged
全国 National	**1243377**	**302230**	**848749**	**92398**	**46.50**	**35.61**	**10.89**
北京 Beijing	12620	1986	9498	1136	32.87	20.90	11.96
天津 Tianjin	9665	1949	6852	864	41.05	28.44	12.62
河北 Hebei	66315	16096	45767	4452	44.90	35.17	9.73
山西 Shanxi	32032	8687	21298	2047	50.40	40.79	9.61
内蒙古 Inner Mongolia	23681	5454	16925	1302	39.91	32.22	7.69
辽宁 Liaoning	41979	7770	31041	3168	35.24	25.03	10.21
吉林 Jilin	26698	5176	19729	1793	35.32	26.23	9.09
黑龙江 Heilongjiang	38093	7835	28297	1962	34.62	27.69	6.93
上海 Shanghai	14735	2100	10707	1928	37.62	19.61	18.01
江苏 Jiangsu	72533	15587	50266	6681	44.30	31.01	13.29
浙江 Zhejiang	44974	8517	32401	4056	38.80	26.29	12.52
安徽 Anhui	62445	16534	41108	4804	51.91	40.22	11.69
福建 Fujian	33244	8909	21755	2581	52.81	40.95	11.86
江西 Jiangxi	42323	11599	27880	2844	51.80	41.60	10.20
山东 Shandong	89110	19560	62116	7433	43.46	31.49	11.97
河南 Henan	93917	24669	62624	6624	49.97	39.39	10.58
湖北 Hubei	59540	14429	40864	4246	45.70	35.31	10.39
湖南 Hunan	65659	15724	44848	5086	46.40	35.06	11.34
广东 Guangdong	71700	20567	45598	5535	57.24	45.10	12.14
广西 Guangxi	47231	12954	30727	3550	53.71	42.16	11.55
海南 Hainan	7580	2264	4850	465	56.27	46.68	9.59
重庆 Chongqing	30904	7028	21266	2610	45.33	33.05	12.28
四川 Sichuan	85751	19318	59364	7070	44.45	32.54	11.91
贵州 Guizhou	36690	10392	24204	2093	51.58	42.93	8.65
云南 Yunnan	41995	11347	27967	2681	50.16	40.57	9.59
西藏 Tibet	2540	811	1589	140	59.91	51.06	8.84
陕西 Shaanxi	35942	9759	23777	2406	51.16	41.04	10.12
甘肃 Gansu	25465	6921	17064	1480	49.23	40.56	8.67
青海 Qinghai	5072	1411	3401	259	49.13	41.50	7.63
宁夏 Ningxia	5410	1612	3578	219	51.18	45.05	6.13
新疆 Xinjiang	17536	5267	11389	880	53.97	46.24	7.72

1—7 各地区市年龄构成系数

AGE COMPOSITION INDEX OF CITY POPULATION BY REGION

单位:人、%　　　　(person,%)

地区 Region	人口数 Population				年龄构成系数 Index of Age Composition		
	合计 Total	0—14岁 Age 0-14	15-64岁 Age15-64	65岁及以上 Age 65 and Over	总负担系数 Total Dependency Ratio	负担少儿系数 Dependency Ratio of Children	负担老年系数 Dependency Ratio of The Aged
全国 National	**285698**	**53012**	**208510**	**24176**	**37.02**	**25.42**	**11.59**
北京 Beijing	10479	1549	7946	984	31.88	19.49	12.38
天津 Tianjin	6107	1032	4490	584	36.00	22.99	13.01
河北 Hebei	9596	1764	7093	739	35.29	24.87	10.42
山西 Shanxi	9241	2137	6535	569	41.41	32.70	8.71
内蒙古 Inner Mongolia	5396	1103	4020	272	34.21	27.44	6.77
辽宁 Liaoning	19605	3128	14807	1670	32.41	21.13	11.28
吉林 Jilin	10862	1820	8198	844	32.49	22.20	10.29
黑龙江 Heilongjiang	11999	2200	9142	657	31.25	24.06	7.19
上海 Shanghai	12149	1724	8787	1638	38.26	19.62	18.64
江苏 Jiangsu	12673	2146	9193	1334	37.85	23.34	14.52
浙江 Zhejiang	8470	1421	6211	839	36.38	22.87	13.50
安徽 Anhui	10928	2425	7540	963	44.93	32.16	12.78
福建 Fujian	6612	1325	4716	570	40.19	28.10	12.09
江西 Jiangxi	7908	1834	5509	565	43.55	33.29	10.26
山东 Shandong	24989	4830	18086	2073	38.17	26.70	11.46
河南 Henan	10765	1862	7942	960	35.54	23.44	12.09
湖北 Hubei	15449	2720	11644	1084	32.68	23.36	9.31
湖南 Hunan	11504	2227	8294	984	38.71	26.85	11.86
广东 Guangdong	14496	2855	10438	1203	38.87	27.35	11.53
广西 Guangxi	6426	1379	4461	586	44.04	30.91	13.13
海南 Hainan	1165	297	799	70	45.89	37.17	8.72
重庆 Chongqing	9242	1682	6611	949	39.80	25.44	14.36
四川 Sichuan	25491	4933	18481	2077	37.93	26.69	11.24
贵州 Guizhou	4522	930	3253	340	39.04	28.60	10.44
云南 Yunnan	2517	302	1955	260	28.76	15.45	13.30
西藏 Tibet	405	97	277	31	46.15	35.01	11.14
陕西 Shaanxi	6848	1416	4845	587	41.35	29.22	12.12
甘肃 Gansu	4581	760	3402	418	34.63	22.33	12.29
青海 Qinghai	1221	226	912	82	33.85	24.82	9.03
宁夏 Ningxia	804	167	600	38	34.06	27.78	6.28
新疆 Xinjiang	3247	721	2321	205	39.89	31.07	8.82

1－8 各地区镇年龄构成系数

AGE COMPOSITION INDEX OF TOWN POPULATION BY REGION

单位：人、%　　　　(person, %)

地区 Region	人口数 Population 合计 Total	0－14岁 Age 0-14	15-64岁 Age15-64	65岁及以上 Age 65 and Over	年龄构成系数 Index of Age Composition 总负担系数 Total Dependency Ratio	负担少儿系数 Dependency Ratio of Children	负担老年系数 Dependency Ratio of The Aged
全　国 National	**127724**	**27441**	**90584**	**9699**	**41.00**	**30.29**	**10.71**
北　京 Beijing	499	99	379	22	31.89	26.06	5.83
天　津 Tianjin	349	95	226	29	54.72	41.98	12.74
河　北 Hebei	5158	1144	3705	309	39.22	30.87	8.35
山　西 Shanxi	1294	358	856	80	51.17	41.82	9.35
内蒙古 Inner Mongolia	3651	787	2679	184	36.27	29.38	6.88
辽　宁 Liaoning	2600	460	2002	138	29.88	22.98	6.90
吉　林 Jilin	1748	289	1278	181	36.81	22.62	14.19
黑龙江 Heilongjiang	8263	1569	6227	467	32.70	25.19	7.50
上　海 Shanghai	402	62	307	32	30.76	20.25	10.51
江　苏 Jiangsu	9467	1965	6782	720	39.60	28.98	10.62
浙　江 Zhejiang	7276	1213	5502	561	32.25	22.04	10.20
安　徽 Anhui	3419	697	2404	318	42.26	29.01	13.25
福　建 Fujian	3988	899	2775	314	43.73	32.40	11.33
江　西 Jiangxi	6417	1476	4409	533	45.56	33.48	12.08
山　东 Shandong	6502	1375	4628	500	40.51	29.70	10.81
河　南 Henan	6839	1653	4783	403	42.98	34.55	8.43
湖　北 Hubei	3545	699	2489	357	42.41	28.07	14.34
湖　南 Hunan	6909	1425	4866	618	41.99	29.29	12.71
广　东 Guangdong	9697	2401	6610	686	46.69	36.31	10.38
广　西 Guangxi	2548	559	1793	197	42.14	31.16	10.98
海　南 Hainan	854	208	614	32	39.04	33.85	5.19
重　庆 Chongqing	2267	439	1573	256	44.17	27.92	16.25
四　川 Sichuan	13279	2499	9301	1479	42.77	26.86	15.90
贵　州 Guizhou	5522	1505	3749	268	47.30	40.15	7.15
云　南 Yunnan	4437	912	3133	391	41.61	29.13	12.49
西　藏 Tibet	—	—	—	—	—	—	—
陕　西 Shaanxi	3258	740	2263	256	43.97	32.68	11.29
甘　肃 Gansu	1395	299	1021	75	36.72	29.33	7.39
青　海 Qinghai	182	39	133	10	37.50	29.58	7.92
宁　夏 Ningxia	777	175	574	29	35.47	30.47	4.99
新　疆 Xinjiang	5179	1402	3526	251	46.89	39.77	7.11

1—9 各地区县年龄构成系数

AGE COMPOSITION INDEX OF COUNTY POPULATION BY REGION

单位：人、% (person，%)

地 区	Region	人 口 数 Population				年 龄 构 成 系 数 Index of Age Composition		
		合 计 Total	0—14 岁 Age 0-14	15-64 岁 Age15-64	65 岁及以上 Age 65 and Over	总负担系数 Total Dependency Ratio	负担少儿系数 Dependency Ratio of Children	负担老年系数 Dependency Ratio of The Aged
全 国	**National**	**829956**	**221777**	**549656**	**58523**	**51.00**	**40.35**	**10.65**
北 京	Beijing	1642	338	1174	130	39.87	28.79	11.08
天 津	Tianjin	3209	821	2136	252	50.23	38.45	11.77
河 北	Hebei	51560	13188	34969	3404	47.45	37.71	9.73
山 西	Shanxi	21497	6192	13907	1398	54.57	44.52	10.05
内蒙古	Inner Mongolia	14634	3564	10226	845	43.11	34.85	8.26
辽 宁	Liaoning	19774	4181	14232	1360	38.94	29.38	9.56
吉 林	Jilin	14087	3067	10253	768	37.40	29.91	7.49
黑龙江	Heilongjiang	17831	4066	12927	837	37.93	31.45	6.48
上 海	Shanghai	2184	314	1613	258	35.45	19.46	15.99
江 苏	Jiangsu	50393	11476	34291	4627	46.96	33.47	13.49
浙 江	Zhejiang	29228	5884	20688	2656	41.28	28.44	12.84
安 徽	Anhui	48098	13412	31164	3522	54.34	43.04	11.30
福 建	Fujian	22644	6684	14264	1696	58.75	46.86	11.89
江 西	Jiangxi	27997	8289	17962	1746	55.87	46.15	9.72
山 东	Shandong	57618	13356	39402	4860	46.23	33.90	12.33
河 南	Henan	76314	21154	49899	5261	52.94	42.39	10.54
湖 北	Hubei	40547	11010	26731	2805	51.68	41.19	10.49
湖 南	Hunan	47245	12073	31689	3484	49.09	38.10	11.00
广 东	Guangdong	47506	15312	28549	3645	66.40	53.63	12.77
广 西	Guangxi	38256	11016	24472	2768	56.32	45.01	11.31
海 南	Hainan	5561	1759	3438	364	61.76	51.18	10.58
重 庆	Chongqing	19395	4907	13082	1406	48.26	37.51	10.75
四 川	Sichuan	46982	11887	31581	3514	48.76	37.64	11.13
贵 州	Guizhou	26645	7957	17203	1485	54.89	46.25	8.64
云 南	Yunnan	35041	10133	22879	2029	53.16	44.29	8.87
西 藏	Tibet	2135	714	1311	110	62.82	54.46	8.36
陕 西	Shaanxi	25836	7604	16669	1563	54.99	45.61	9.38
甘 肃	Gansu	19489	5862	12641	986	54.17	46.37	7.80
青 海	Qinghai	3668	1146	2356	167	55.70	48.63	7.07
宁 夏	Ningxia	3828	1271	2405	153	59.20	52.84	6.37
新 疆	Xinjiang	9109	3143	5542	424	64.37	56.71	7.65

1—10 各地区户数、人口数和平均家庭户规模

单位：户、人

地区 Region	户数 Number of Household			人		
	合计 Total	家庭户 Family Household	集体户 Non—family Household	合计		
				合计 Total	男 Male	女 Female
全国 National	**341957**	**341190**	**767**	**1243377**	**632422**	**610955**
北京 Beijing	4012	4002	10	12620	6429	6191
天津 Tianjin	2872	2868	4	9665	4847	4818
河北 Hebei	18204	18197	6	66315	33572	32743
山西 Shanxi	8745	8735	10	32032	16393	15639
内蒙古 Inner Mongolia	6774	6759	16	23681	12098	11583
辽宁 Liaoning	12831	12824	6	41979	21041	20938
吉林 Jilin	7796	7796	1	26698	13611	13087
黑龙江 Heilongjiang	11134	11124	10	38093	19491	18602
上海 Shanghai	4809	4785	25	14735	7293	7442
江苏 Jiangsu	21130	21087	44	72533	35955	36578
浙江 Zhejiang	14106	14095	11	44974	23086	21887
安徽 Anhui	17065	17043	21	62445	32095	30351
福建 Fujian	8962	8867	96	33244	16696	16547
江西 Jiangxi	10974	10956	18	42323	21575	20748
山东 Shandong	27419	27327	92	89110	44674	44436
河南 Henan	24317	24313	4	93917	48128	45789
湖北 Hubei	16527	16438	89	59540	30426	29115
湖南 Hunan	18421	18394	27	65659	33915	31743
广东 Guangdong	17060	16899	162	71700	36255	35445
广西 Guangxi	11226	11221	5	47231	24283	22948
海南 Hainan	1671	1660	11	7580	3969	3611
重庆 Chongqing	9216	9214	2	30904	15813	15092
四川 Sichuan	24590	24572	18	85751	43385	42366
贵州 Guizhou	8881	8863	18	36690	19282	17408
云南 Yunnan	10539	10511	27	41995	21239	20756
西藏 Tibet	480	480	—	2540	1258	1283
陕西 Shaanxi	9300	9287	14	35942	18404	17538
甘肃 Gansu	6134	6131	3	25465	13042	12423
青海 Qinghai	1167	1166	1	5072	2543	2529
宁夏 Ningxia	1313	1312	1	5410	2746	2664
新疆 Xinjiang	4281	4267	15	17536	8880	8656

HOUSEHOLD,POPULATION AND AVERAGE FAMILY SIZE BY REGION

(Household,person)

口　数 Population						平均家庭户规模 Average Family Size
家庭户 Family Household			集体户 Non－family Household			
小　计 Sub－total	男 Male	女 Female	小　计 Sub－total	男 Male	女 Female	
1237293	**628780**	**608513**	**6084**	**3642**	**2443**	**3.63**
12144	6069	6075	476	360	116	3.03
9645	4837	4809	20	10	9	3.36
66274	33532	32743	41	41	—	3.64
31944	16328	15616	89	65	23	3.66
23610	12049	11561	71	49	22	3.49
41961	21031	20930	18	9	8	3.27
26696	13609	13086	2	1	1	3.42
38038	19445	18593	55	46	10	3.42
14627	7211	7416	108	82	26	3.06
72329	35816	36513	204	139	66	3.43
44887	23041	21846	86	45	41	3.18
62295	31992	30303	150	103	47	3.66
32712	16430	16282	532	267	266	3.69
42212	21494	20719	110	81	29	3.85
88689	44427	44262	420	247	174	3.25
93872	48100	45772	46	29	17	3.86
58917	30026	28891	623	399	224	3.58
65250	33677	31573	409	238	171	3.55
70152	35494	34658	1547	760	787	4.15
47187	24253	22934	44	29	14	4.21
7523	3930	3593	57	39	18	4.53
30895	15806	15090	9	7	2	3.35
85294	43131	42163	457	254	203	3.47
36557	19179	17378	133	103	29	4.12
41874	21157	20718	121	82	39	3.98
2540	1258	1283	—	—	—	5.29
35852	18346	17507	90	58	32	3.86
25450	13033	12416	15	9	6	4.15
5069	2541	2528	3	2	1	4.35
5399	2741	2658	11	5	6	4.12
17396	8798	8599	139	82	57	4.08

1—11 各地区按家庭户规模分的户数

单位:户

地区 Region	合计 Total	一人户 One Person	二人户 Two Persons	三人户 Three Persons	四人户 Four Persons
全国 National	**341190**	**20090**	**50833**	**101810**	**88428**
北京 Beijing	4002	397	831	1719	635
天津 Tianjin	2868	130	457	1190	623
河北 Hebei	18197	787	2514	5492	5342
山西 Shanxi	8735	514	1243	2329	2545
内蒙古 Inner Mongolia	6759	285	1056	2329	1831
辽宁 Liaoning	12824	792	2266	5159	2814
吉林 Jilin	7796	308	1158	3218	1859
黑龙江 Heilongjiang	11124	301	1807	4627	2642
上海 Shanghai	4785	428	1026	2019	710
江苏 Jiangsu	21087	1278	3748	7226	4532
浙江 Zhejiang	14095	1490	2559	4912	3184
安徽 Anhui	17043	927	2341	4716	5014
福建 Fujian	8867	674	1252	2222	2368
江西 Jiangxi	10956	508	1330	2785	3283
山东 Shandong	27327	1871	5410	9587	6637
河南 Henan	24313	1048	2887	5960	7297
湖北 Hubei	16438	886	2439	4928	4602
湖南 Hunan	18394	1056	2845	5273	5476
广东 Guangdong	16899	1176	1948	3368	4073
广西 Guangxi	11221	635	1140	2096	2904
海南 Hainan	1660	87	138	272	386
重庆 Chongqing	9214	734	1567	3172	2225
四川 Sichuan	24572	1919	4228	7639	5751
贵州 Guizhou	8863	343	904	2009	2383
云南 Yunnan	10511	553	1165	2222	3195
西藏 Tibet	480	21	30	68	111
陕西 Shaanxi	9287	407	1193	2299	2568
甘肃 Gansu	6131	213	545	1302	1888
青海 Qinghai	1166	41	109	251	298
宁夏 Ningxia	1312	34	129	340	350
新疆 Xinjiang	4267	244	567	1079	903

HOUSEHOLD BY SIZE OF FAMILY HOUSEHOLD AND REGION

(household)

五人户 Five Persons	六人户 Six Persons	七人户 Seven Persons	八人户 Eight Persons	九人户 Nine Persons	十人及十人以上户 Ten Persons & Over
46254	**20913**	**7636**	**3056**	**1109**	**1062**
273	89	29	18	3	9
323	105	30	7	2	1
2505	1058	340	104	34	21
1251	578	188	65	10	12
824	309	84	29	8	4
1197	386	126	60	15	9
810	279	98	45	11	10
1122	422	125	52	18	7
433	122	29	15	2	1
2786	1034	328	102	29	24
1252	483	127	56	19	11
2501	1038	354	106	28	16
1365	597	246	78	34	31
1658	849	327	125	53	38
2645	866	241	55	16	—
4253	1892	635	232	65	44
2235	910	280	104	27	26
2364	968	274	82	27	29
2942	1756	770	395	175	295
2157	1253	591	250	101	94
317	222	127	60	23	28
910	367	142	55	24	19
2809	1327	506	225	100	67
1648	909	368	195	60	44
1789	961	364	160	57	45
71	51	33	32	23	40
1633	786	279	79	23	20
1122	649	246	91	39	36
206	124	69	36	17	15
233	125	60	26	10	6
623	398	219	114	58	61

1—12 各地区家庭户类型

单位：户

地区 Region	家庭户户数 Number of households	单身户 One—person households	一对夫妇户 One couple	二代户 Two Generations	三代户 Three Generations	四代户 Four Generations
全国 National	**341236**	**20104**	**34934**	**207954**	**61389**	**2349**
北京 Beijing	4002	397	524	2317	558	9
天津 Tianjin	2868	130	351	1743	532	18
河北 Hebei	18200	787	1926	11778	3044	118
山西 Shanxi	8735	514	923	5757	1273	51
内蒙古 Inner Mongolia	6759	285	841	4515	846	21
辽宁 Liaoning	12828	793	1679	7953	2062	44
吉林 Jilin	7797	308	826	5036	1268	30
黑龙江 Heilongjiang	11124	301	1464	7493	1488	58
上海 Shanghai	4786	429	660	2513	933	33
江苏 Jiangsu	21087	1278	2671	11512	4731	306
浙江 Zhejiang	14097	1490	1776	8272	2071	83
安徽 Anhui	17043	927	1705	10744	2864	124
福建 Fujian	8867	674	785	5139	1766	90
江西 Jiangxi	10957	508	885	6721	2250	84
山东 Shandong	27329	1873	4335	17253	3184	114
河南 Henan	24321	1052	2008	15635	4304	175
湖北 Hubei	16441	888	1626	9899	3260	109
湖南 Hunan	18400	1059	1798	11533	3196	90
广东 Guangdong	16899	1176	1184	9497	3680	144
广西 Guangxi	11221	635	569	6629	2328	81
海南 Hainan	1660	87	85	1050	279	6
重庆 Chongqing	9216	734	913	5222	1945	57
四川 Sichuan	24574	1919	2425	13537	5270	181
贵州 Guizhou	8865	344	605	5954	1518	61
云南 Yunnan	10511	553	683	6296	2256	109
西藏 Tibet	480	21	10	221	121	4
陕西 Shaanxi	9289	407	811	5639	1891	61
甘肃 Gansu	6131	213	330	3650	1507	69
青海 Qinghai	1167	41	69	679	276	7
宁夏 Ningxia	1312	35	90	928	204	6
新疆 Xinjiang	4273	246	376	2837	488	4

HOUSEHOLD TYPE OF FAMILY HOUSEHOLD BY REGION

household

五代户 Five Generations	一代与其他户 One Generations with Other Relatives	二代与其他户 Two Generations with Other Relatives	三代与其他户 Three Generations with Other Relatives	四代与其他户 Four Generations with Other Relatives	其他 Other
5	2927	6455	4827	257	34
—	96	73	28	0	0
—	18	36	38	2	—
—	105	251	175	11	3
—	39	96	79	3	—
—	41	126	80	4	—
—	60	161	71	3	2
—	65	179	81	4	1
—	52	165	98	5	—
—	78	94	44	1	—
—	117	281	186	5	—
1	132	148	118	3	2
—	114	312	238	15	—
—	113	173	120	7	—
—	86	239	174	9	1
—	174	307	89	2	—
2	162	534	413	32	4
—	154	307	189	8	2
—	190	317	204	8	3
—	249	506	449	13	—
—	165	367	429	18	—
—	20	64	64	3	0
—	92	149	100	3	2
—	301	504	402	33	2
—	59	172	146	5	1
—	56	269	264	26	—
—	14	51	35	1	3
1	73	205	180	19	2
1	28	139	185	9	—
—	12	43	38	2	1
—	10	24	16	1	—
—	54	166	96	1	5

1—13 全国家庭户人数和户主的年龄、性别构成

POPULATION AND HEAD IN HOUSEHOLDS BY AGE AND SEX

单位：人、%　　　　(person，%)

年龄(岁) Age	家庭户人口数 Population in Households			户 主 Household Head			户主率 Household Head Rate		
	合 计 Total	男 Male	女 Female	合 计 Total	男 Male	女 Female	合 计 Total	男 Male	女 Female
总　计 Total	**1237293**	**628780**	**608513**	**341190**	**292774**	**48416**	**27.45**	**46.03**	**8.28**
14岁以下	301993	159548	142445	813	442	371	0.23	0.24	0.22
0	16004	8628	7375	94	58	36	0.56	0.59	0.53
1	12876	7056	5820	4	2	2	0.05	0.04	0.05
2	14352	7706	6646	18	7	12	0.09	0.06	0.12
3	15623	8544	7080	11	3	7	0.06	0.04	0.08
4	16166	8834	7332	15	7	9	0.07	0.06	0.09
5	17941	9720	8221	28	22	6	0.11	0.15	0.06
6	19216	10180	9036	39	22	17	0.17	0.18	0.17
7	20833	11047	9787	51	30	20	0.19	0.21	0.17
8	26479	13958	12521	44	21	23	0.13	0.12	0.14
9	25880	13466	12414	74	31	42	0.24	0.23	0.25
10	25107	13067	12040	68	37	31	0.22	0.24	0.20
11	26483	13500	12983	85	43	42	0.25	0.25	0.25
12	23864	12458	11406	98	55	43	0.35	0.38	0.31
13	21214	10999	10215	83	47	36	0.36	0.39	0.34
14	19955	10386	9570	101	56	46	0.44	0.47	0.41
15—19	91279	47753	43525	794	537	256	0.93	1.23	0.61
15	20000	10435	9565	95	66	29	0.46	0.64	0.27
16	21919	11551	10368	127	73	54	0.58	0.65	0.51
17	17339	9098	8241	119	79	40	0.73	0.90	0.55
18	15846	8314	7532	194	135	59	1.28	1.78	0.73
19	16175	8355	7820	258	184	74	1.84	2.55	1.08
20—24	88579	43734	44844	6899	5813	1087	8.01	13.81	2.31
20	15315	7822	7492	405	317	88	2.82	4.22	1.36
21	15175	7525	7650	567	418	149	4.07	6.35	1.79
22	17838	8702	9137	1048	849	200	6.21	10.48	2.06
23	18882	9277	9605	1888	1614	273	10.31	17.95	2.85
24	21368	10407	10961	2991	2615	377	14.25	25.95	3.08
25—29	122041	60454	61587	33435	30169	3265	27.01	49.26	5.01
25	22749	11157	11592	4258	3767	491	18.75	34.09	3.89
26	23568	11727	11841	5544	4982	562	23.39	42.41	4.38
27	24387	12121	12266	6744	6117	627	27.09	49.47	4.79
28	26407	13034	13373	8170	7385	785	30.40	55.85	5.41
29	24930	12415	12515	8719	7918	801	34.59	62.75	6.47
30—34	122223	61322	60901	50676	46195	4480	40.94	74.19	7.24
30	26737	13412	13325	10076	9198	877	37.03	67.43	6.35
31	21706	10847	10859	8649	7953	695	39.52	72.30	6.57
32	25211	12692	12518	10562	9652	910	41.32	75.04	6.90
33	24134	12171	11963	10503	9595	908	43.15	77.81	7.48
34	24435	12199	12236	10886	9796	1090	43.83	78.73	8.85

续表 1 continued

单位：人、% (person, %)

年龄（岁）Age	家庭户人口数 Population in Households			户主 Household Head			户主率 Household Head Rate		
	合计 Total	男 Male	女 Female	合计 Total	男 Male	女 Female	合计 Total	男 Male	女 Female
35－39	88744	45031	43713	41486	37358	4128	46.32	81.55	9.87
35	28094	14332	13762	12986	11680	1306	45.50	79.97	9.58
36	19530	9922	9607	9148	8253	895	45.90	81.35	9.38
37	11862	5895	5966	5352	4826	526	45.12	80.58	9.79
38	15544	7936	7608	7405	6659	745	47.60	82.92	10.32
39	13714	6945	6769	6595	5940	656	48.05	84.18	10.64
40－44	95596	48711	46885	48126	42778	5348	50.09	86.64	12.24
40	18659	9534	9125	9158	8161	998	48.95	84.33	11.76
41	19952	10354	9598	10100	9040	1060	50.04	86.34	11.68
42	18270	9249	9021	9190	8145	1045	50.18	86.91	12.33
43	19266	9814	9452	9775	8731	1043	50.78	87.88	12.04
44	19449	9761	9688	9902	8700	1202	50.50	87.82	13.39
45－49	80622	40966	39656	41965	36507	5458	51.86	87.95	14.58
45	17868	8875	8993	9043	7876	1167	50.74	87.89	13.49
46	17860	9084	8776	9302	8139	1163	51.75	88.36	14.09
47	15308	7669	7639	7911	6840	1071	51.25	88.05	14.62
48	15363	7751	7612	7941	6906	1035	51.50	87.78	14.91
49	14224	7587	6637	7768	6747	1022	54.53	87.60	16.31
50－54	60049	30250	29798	31069	26409	4660	51.13	86.21	16.26
50	14311	6986	7324	7263	6156	1107	50.53	87.21	15.59
51	12665	6393	6272	6614	5623	990	51.43	86.85	16.21
52	11907	6040	5866	6189	5306	884	50.94	86.09	15.63
53	10757	5516	5241	5585	4763	822	51.16	85.55	16.85
54	10409	5315	5094	5418	4561	857	51.81	84.93	17.42
55－59	47909	24448	23462	24471	20425	4046	50.95	82.88	18.46
55	10050	5135	4915	5117	4386	732	50.80	84.84	16.38
56	9741	4943	4798	5010	4208	802	51.37	85.05	17.75
57	9855	4972	4882	4986	4123	863	51.00	82.88	18.70
58	9734	5017	4716	4959	4106	854	50.60	81.03	19.08
59	8530	4380	4150	4399	3603	796	50.98	80.37	20.72
60－64	45958	23248	22710	22882	18262	4620	50.30	77.93	22.15
60	10244	5205	5038	5195	4189	1006	50.77	79.86	21.19
61	9241	4701	4539	4690	3779	911	51.21	79.56	21.61
62	9165	4651	4514	4610	3707	902	50.59	78.71	22.00
63	8774	4373	4401	4241	3348	893	49.03	76.46	21.92
64	8536	4318	4218	4146	3238	908	49.75	74.50	24.28
65＋	92301	43315	48986	38575	27879	10696	43.47	64.90	23.81

1－14 各地区分性别、受教育程度的人口

单位：人

地区 Region	6岁及6岁以上人口 Population Aged 6 and Over			不识字或识字很少 Illiterate			小学
	合计 Total	男 Male	女 Female	小计 Sub－total	男 Male	女 Female	小计 Sub－total
全 国 National	**1150370**	**581911**	**568460**	**157746**	**47074**	**110672**	**457703**
北 京 Beijing	12110	6162	5948	705	157	547	2376
天 津 Tianjin	9052	4515	4537	845	229	616	2863
河 北 Hebei	61877	31220	30657	6529	1925	4604	22925
山 西 Shanxi	28893	14793	14101	2661	911	1750	10692
内蒙古 Inner Mongolia	21992	11246	10746	3028	1016	2012	7530
辽 宁 Liaoning	39459	19698	19760	3016	844	2172	13028
吉 林 Jilin	25150	12795	12355	2013	673	1339	9099
黑龙江 Heilongjiang	35879	18353	17526	2986	1062	1923	12772
上 海 Shanghai	14208	7028	7180	1298	271	1027	3025
江 苏 Jiangsu	68018	33452	34566	11472	2922	8550	23540
浙 江 Zhejiang	42094	21493	20601	6160	1867	4292	16646
安 徽 Anhui	57065	29134	27931	9805	3230	6575	24061
福 建 Fujian	30783	15346	15436	4858	1276	3582	13609
江 西 Jiangxi	38957	19691	19265	4354	1097	3257	17897
山 东 Shandong	83863	41827	42036	15952	4386	11566	29424
河 南 Henan	87137	44269	42868	10493	3157	7335	32120
湖 北 Hubei	55536	28198	27338	7080	2173	4907	21260
湖 南 Hunan	61738	31800	29938	5685	1460	4225	27514
广 东 Guangdong	64468	32161	32307	5677	1330	4347	27257
广 西 Guangxi	43613	22281	21332	5072	1353	3719	21014
海 南 Hainan	6825	3537	3288	864	252	612	2700
重 庆 Chongqing	28251	14334	13918	3847	1170	2677	13354
四 川 Sichuan	78925	39718	39207	10889	3378	7512	36041
贵 州 Guizhou	32938	17329	15610	8227	2484	5743	14626
云 南 Yunnan	37686	18961	18726	8336	2843	5493	18431
西 藏 Tibet	2287	1132	1155	1123	463	660	975
陕 西 Shaanxi	33174	16885	16289	4468	1456	3012	13938
甘 肃 Gansu	23149	11784	11365	5714	1905	3809	8860
青 海 Qinghai	4553	2282	2271	1813	675	1138	1439
宁 夏 Ningxia	4841	2456	2386	1101	362	739	1587
新 疆 Xinjiang	15849	8031	7817	1676	745	930	7099

POPULATION BY SEX,EDUCATIONAL LEVEL AND REGION

(Person)

Primary School		初中 Junior Middle School			高中 Senior Middle School			大专以上 College and Over		
男 Male	女 Female	小计 Sub—total	男 Male	女 Female	小计 Sub—total	男 Male	女 Female	小计 Sub—total	男 Male	女 Female
228997	**228707**	**380066**	**215343**	**164723**	**122741**	**70340**	**52401**	**32114**	**20158**	**11956**
1199	1177	4061	2221	1839	3057	1510	1547	1911	1074	837
1398	1465	3284	1796	1488	1540	791	749	520	301	219
11271	11654	23806	13129	10677	6920	3879	3041	1698	1016	682
5298	5394	11634	6379	5255	3154	1733	1420	753	471	282
3793	3736	7499	4252	3246	3042	1650	1391	894	534	360
6315	6713	16598	8806	7792	4920	2623	2297	1897	1110	787
4480	4619	8757	4775	3983	4017	2126	1892	1264	742	522
6272	6500	13973	7601	6372	4779	2584	2194	1369	833	536
1499	1526	4967	2596	2372	3511	1787	1724	1407	875	531
11735	11806	22266	12460	9806	8681	4968	3713	2058	1367	691
8727	7919	13466	7537	5929	4620	2573	2047	1202	789	414
11559	12502	17945	11018	6926	4231	2642	1589	1024	686	338
6575	7034	8671	5234	3437	3019	1813	1206	625	447	178
8446	9452	12441	7376	5065	3610	2319	1291	655	454	201
14629	14794	29484	17146	12338	7707	4791	2916	1297	874	422
15755	16365	34154	19152	15002	8492	5087	3404	1879	1118	761
10422	10838	18431	10514	7916	7094	4007	3086	1671	1081	590
13791	13723	20849	11807	9042	6466	3930	2536	1224	811	412
13033	14224	21595	11763	9832	7544	4501	3043	2395	1534	861
10514	10500	13948	8187	5760	3147	1952	1195	433	275	158
1345	1356	2321	1328	994	739	467	272	201	145	56
6845	6509	8455	4867	3588	2241	1243	997	355	209	146
18628	17413	22849	12522	10327	7338	3991	3346	1807	1198	609
8336	6289	7507	4913	2594	1985	1207	778	593	389	205
9660	8771	8387	4995	3393	2108	1190	918	424	273	151
566	409	160	85	76	26	18	8	3	1	1
6997	6941	10159	5733	4426	3747	2162	1585	863	537	325
4645	4215	5845	3535	2310	2254	1380	875	476	319	157
835	604	820	511	309	339	177	163	141	85	56
854	733	1462	840	622	522	292	230	170	108	62
3574	3524	4274	2265	2009	1894	946	947	907	500	407

1—15 各地区市分性别、受教育程度的人口

单位：人

地区 Region	6岁及6岁以上人口 Population Aged 6 and Over			不识字或识字很少 Illiterate			小学
	合计 Total	男 Male	女 Female	小计 Sub－total	男 Male	女 Female	小计 Sub－total
全国 National	**268759**	**133336**	**135423**	**22888**	**5760**	**17127**	**71273**
北京 Beijing	10091	5138	4953	525	111	415	1828
天津 Tianjin	5783	2873	2910	438	109	330	1382
河北 Hebei	9037	4423	4614	514	99	415	1900
山西 Shanxi	8417	4187	4229	517	142	374	2123
内蒙古 Inner Mongolia	5037	2553	2485	424	120	304	1120
辽宁 Liaoning	18606	9175	9431	1212	311	900	4218
吉林 Jilin	10320	5138	5182	496	137	359	1821
黑龙江 Heilongjiang	11342	5722	5621	758	241	517	2756
上海 Shanghai	11730	5814	5917	914	175	739	2191
江苏 Jiangsu	12035	5897	6138	1365	297	1068	2727
浙江 Zhejiang	8025	4005	4020	1026	325	701	2591
安徽 Anhui	10110	4969	5142	1212	325	887	3008
福建 Fujian	6243	3029	3214	556	90	466	1818
江西 Jiangxi	7300	3696	3605	539	131	408	2411
山东 Shandong	23645	11736	11908	3233	807	2426	7185
河南 Henan	10103	5009	5093	460	80	380	2221
湖北 Hubei	14590	7262	7328	870	175	694	2846
湖南 Hunan	10917	5463	5453	580	111	469	3312
广东 Guangdong	13405	6468	6937	715	144	570	3379
广西 Guangxi	5998	2934	3065	568	158	410	1951
海南 Hainan	1061	531	531	77	18	59	310
重庆 Chongqing	8680	4340	4340	880	248	632	3175
四川 Sichuan	23717	11784	11933	2905	881	2023	9238
贵州 Guizhou	4157	2097	2060	573	137	436	1222
云南 Yunnan	2410	1155	1255	244	61	184	654
西藏 Tibet	379	187	192	141	53	88	151
陕西 Shaanxi	6394	3166	3228	431	92	340	1456
甘肃 Gansu	4337	2169	2167	380	86	294	1054
青海 Qinghai	1142	562	579	98	21	78	285
宁夏 Ningxia	752	378	374	48	13	35	157
新疆 Xinjiang	2995	1478	1516	187	61	126	783

CITY POPULATION BY SEX, EDUCATIONAL LEVEL AND REGION

(Person)

Primary School		初中 Junior Middle School			高中 Senior Middle School			大专以上 College and Over		
男 Male	女 Female	小计 Sub－total	男 Male	女 Female	小计 Sub－total	男 Male	女 Female	小计 Sub－total	男 Male	女 Female
34876	**36397**	**94336**	**49332**	**45004**	**57585**	**29587**	**27998**	**22676**	**13780**	**8896**
918	911	3174	1724	1450	2736	1355	1381	1827	1029	798
654	729	2117	1152	966	1331	663	669	514	296	218
911	990	3161	1628	1533	2550	1273	1277	912	512	400
1032	1090	3331	1721	1610	1822	909	913	624	382	242
575	544	1833	983	850	1094	540	553	567	334	233
2009	2209	7920	4044	3876	3552	1824	1728	1704	985	719
844	977	3782	1921	1861	3088	1575	1513	1133	661	472
1367	1388	4876	2548	2328	2159	1093	1066	793	472	321
1063	1129	4074	2113	1961	3184	1614	1570	1366	849	518
1389	1338	3991	2087	1903	2798	1404	1395	1154	720	434
1329	1263	2667	1406	1261	1201	606	596	539	340	199
1411	1597	3439	1855	1584	1855	1006	849	598	372	225
836	982	2034	1085	949	1401	718	683	434	300	134
1123	1288	2659	1430	1230	1333	776	558	358	237	121
3466	3719	8455	4679	3776	3686	2061	1625	1085	724	362
1056	1166	3231	1643	1588	2935	1501	1434	1255	730	525
1370	1476	5181	2652	2528	4260	2146	2114	1434	918	516
1565	1747	3913	2045	1868	2283	1222	1061	829	520	309
1559	1821	4183	1954	2229	3400	1745	1655	1728	1066	661
897	1054	2046	1107	939	1126	583	542	308	189	119
153	158	350	177	172	234	122	112	91	61	30
1633	1542	3165	1715	1450	1219	614	606	241	131	110
4814	4424	7556	3915	3641	3059	1555	1504	959	618	341
650	572	1265	713	552	732	377	355	365	220	145
332	322	777	387	390	564	267	297	170	107	63
85	66	68	38	30	16	10	6	2	1	1
721	734	2164	1068	1096	1715	898	817	629	387	242
496	557	1538	829	710	1074	576	499	290	182	108
146	139	382	201	181	247	118	129	130	77	52
79	78	290	150	140	177	87	90	80	49	32
396	387	712	360	352	754	350	404	558	312	246

1—16 各地区镇分性别、受教育程度的人口

单位:人

地区 Region	6岁及6岁以上人口 Population Aged 6 and Over			不识字或识字很少 Illiterate			小学
	合计 Total	男 Male	女 Female	小计 Sub-total	男 Male	女 Female	小计 Sub-total
全国 National	**118946**	**59364**	**59582**	**9100**	**2176**	**6925**	**32126**
北京 Beijing	467	232	235	16	5	11	89
天津 Tianjin	327	164	163	43	14	29	146
河北 Hebei	4799	2386	2412	220	52	168	1115
山西 Shanxi	1182	583	599	58	17	41	356
内蒙古 Inner Mongolia	3376	1691	1685	255	67	188	701
辽宁 Liaoning	2439	1247	1192	84	17	67	479
吉林 Jilin	1670	830	840	154	34	120	377
黑龙江 Heilongjiang	7800	3962	3837	430	132	298	1736
上海 Shanghai	387	187	200	23	3	20	70
江苏 Jiangsu	8820	4366	4454	653	142	510	2005
浙江 Zhejiang	6871	3420	3451	340	63	277	1612
安徽 Anhui	3187	1574	1613	358	103	255	705
福建 Fujian	3704	1841	1863	471	106	365	1181
江西 Jiangxi	5965	2937	3028	513	94	419	1695
山东 Shandong	6087	3024	3063	754	176	578	1774
河南 Henan	6415	3275	3140	388	95	293	1618
湖北 Hubei	3330	1633	1697	348	83	265	945
湖南 Hunan	6535	3204	3331	539	116	423	1950
广东 Guangdong	8901	4609	4292	399	68	331	2636
广西 Guangxi	2394	1198	1196	132	27	105	710
海南 Hainan	788	424	364	33	6	26	186
重庆 Chongqing	2094	1017	1077	186	44	142	597
四川 Sichuan	12489	6048	6441	803	185	618	3574
贵州 Guizhou	4961	2583	2377	502	131	371	1658
云南 Yunnan	4063	1962	2101	436	94	342	1212
西藏 Tibet	—	—	—	—	—	—	—
陕西 Shaanxi	3003	1498	1505	283	69	214	752
甘肃 Gansu	1292	650	641	135	30	105	285
青海 Qinghai	168	83	85	24	4	19	41
宁夏 Ningxia	715	359	356	41	7	34	130
新疆 Xinjiang	4718	2375	2343	480	191	289	1791

TOWN POPULATION BY SEX, EDUCATIONAL LEVEL AND REGION

(Person)

Primary School		初中 Junior Middle School			高中 Senior Middle School			大专以上 College and Over		
男 Male	女 Female	小计 Sub－total	男 Male	女 Female	小计 Sub－total	男 Male	女 Female	小计 Sub－total	男 Male	女 Female
15694	**16432**	**42951**	**21847**	**21104**	**27466**	**14786**	**12680**	**7302**	**4861**	**2441**
40	49	154	86	68	137	64	74	71	38	32
73	73	116	64	52	22	13	9	1	0	0
502	612	1487	747	740	1351	684	667	625	402	224
173	182	517	263	253	202	99	102	50	30	20
337	364	1164	616	548	986	510	476	270	161	108
239	240	1253	652	601	506	269	237	117	71	47
181	196	680	362	318	366	195	171	94	59	35
845	891	3208	1639	1569	1922	1027	894	504	319	185
30	40	135	67	68	130	67	63	28	19	9
983	1023	2902	1371	1531	2558	1369	1189	702	501	201
758	853	2472	1251	1221	1884	983	901	564	365	199
318	387	1185	598	588	722	413	309	217	142	75
568	612	1229	673	556	681	386	295	142	108	34
790	906	2303	1196	1107	1212	685	527	241	172	69
913	860	2586	1362	1224	873	498	374	101	74	27
833	785	2699	1400	1299	1327	702	626	382	245	137
446	499	1083	567	516	824	451	374	130	86	44
968	982	2317	1146	1171	1457	778	679	272	196	76
1289	1348	3026	1526	1500	2258	1313	945	582	412	169
327	383	915	479	436	547	308	239	91	58	33
90	97	258	132	126	217	124	93	94	72	22
281	316	773	389	385	450	243	207	88	60	28
1791	1783	4239	1961	2278	3065	1562	1504	808	549	259
852	806	1739	948	790	853	501	352	209	151	58
570	643	1451	767	684	742	390	351	222	142	81
—	—	—	—	—	—	—	—	—	—	—
366	386	973	512	461	809	433	376	185	118	67
158	126	339	151	187	384	205	179	150	105	44
20	21	51	29	22	43	23	20	9	6	3
62	67	253	128	126	208	107	101	82	54	28
890	901	1445	765	680	731	385	346	271	144	127

1—17 各地区县分性别、受教育程度的人口

单位：人

地 区 Region	6岁及6岁以上人口 Population Aged 6 and Over			不识字或识字很少 Illiterate			小 学
	合 计 Total	男 Male	女 Female	小 计 Sub－total	男 Male	女 Female	小 计 Sub－total
全 国 National	**762666**	**389211**	**373455**	**125758**	**39138**	**86620**	**354304**
北 京 Beijing	1552	792	760	163	42	121	459
天 津 Tianjin	2942	1478	1464	364	106	258	1335
河 北 Hebei	48041	24410	23631	5795	1774	4021	19910
山 西 Shanxi	19295	10023	9273	2086	751	1335	8214
内蒙古 Inner Mongolia	13579	7002	6576	2349	829	1520	5709
辽 宁 Liaoning	18414	9276	9137	1721	516	1204	8332
吉 林 Jilin	13160	6827	6333	1362	503	860	6901
黑龙江 Heilongjiang	16737	8669	8068	1798	689	1108	8280
上 海 Shanghai	2091	1028	1063	360	93	268	764
江 苏 Jiangsu	47163	23189	23974	9454	2483	6971	18808
浙 江 Zhejiang	27198	14068	13130	4794	1480	3314	12443
安 徽 Anhui	43768	22592	21176	8236	2802	5434	20348
福 建 Fujian	20835	10476	10359	3831	1081	2751	10610
江 西 Jiangxi	25692	13059	12633	3301	872	2429	13791
山 东 Shandong	54131	27066	27065	11965	3404	8562	20465
河 南 Henan	70620	35985	34635	9644	2982	6662	28281
湖 北 Hubei	37616	19303	18313	5863	1914	3948	17469
湖 南 Hunan	44286	23132	21154	4566	1233	3333	22252
广 东 Guangdong	42162	21084	21078	4563	1118	3446	21241
广 西 Guangxi	35221	18150	17071	4372	1168	3204	18354
海 南 Hainan	4976	2582	2394	754	228	527	2204
重 庆 Chongqing	17477	8977	8500	2780	878	1902	9583
四 川 Sichuan	42718	21886	20833	7181	2311	4870	23229
贵 州 Guizhou	23820	12648	11172	7152	2215	4937	11746
云 南 Yunnan	31213	15844	15370	7655	2688	4967	16564
西 藏 Tibet	1908	945	963	982	410	572	824
陕 西 Shaanxi	23777	12221	11556	3753	1295	2458	11730
甘 肃 Gansu	17521	8964	8557	5199	1788	3410	7522
青 海 Qinghai	3243	1637	1606	1691	650	1042	1113
宁 夏 Ningxia	3375	1720	1655	1012	342	671	1300
新 疆 Xinjiang	8136	4178	3958	1008	493	515	4524

COUNTY POPULATION BY SEX,EDUCATIONAL LEVEL AND REGION

(Person)

Primary School		初中 Junior Middle School			高中 Senior Middle School			大专以上 College and Over		
男 Male	女 Female	小计 Sub－total	男 Male	女 Female	小计 Sub－total	男 Male	女 Female	小计 Sub－total	男 Male	女 Female
178426	**175878**	**242779**	**144164**	**98615**	**37689**	**25967**	**11723**	**2136**	**1516**	**620**
242	218	732	411	321	184	91	93	13	7	7
671	664	1051	580	470	187	116	71	6	5	1
9858	10051	19158	10754	8404	3018	1921	1097	160	102	58
4093	4121	7786	4395	3391	1129	724	405	79	59	20
2881	2828	4501	2653	1848	962	600	362	57	39	18
4067	4264	7424	4110	3314	862	530	332	76	54	22
3455	3447	4296	2491	1805	564	356	208	37	22	15
4060	4221	5890	3414	2476	698	464	234	72	42	30
406	357	758	415	343	197	106	90	12	7	5
9363	9445	15373	9002	6371	3325	2195	1130	202	146	57
6640	5803	8327	4880	3447	1534	984	550	100	84	16
9830	10519	13320	8566	4755	1654	1223	431	209	171	38
5171	5439	5408	3476	1932	937	710	227	49	39	10
6533	7258	7479	4750	2728	1064	858	206	56	45	11
10250	10215	18443	11105	7338	3148	2231	917	110	76	34
13866	14414	28224	16109	12115	4230	2885	1345	242	143	99
8606	8863	12167	7295	4872	2010	1411	599	107	77	30
11258	10994	14620	8616	6004	2726	1931	795	122	95	27
10186	11056	14386	8283	6103	1885	1443	443	86	55	30
9291	9063	10987	6602	4385	1475	1061	414	34	28	6
1102	1101	1713	1018	696	288	221	67	16	13	4
4931	4652	4517	2763	1753	571	387	184	27	18	9
12023	11206	11054	6646	4408	1214	875	339	40	31	9
6835	4911	4503	3252	1251	401	330	71	19	17	2
8758	7806	6160	3841	2319	802	533	270	31	24	7
481	343	92	46	46	10	7	2	1	1	—
5910	5821	7022	4153	2869	1223	830	392	49	33	16
3991	3531	3968	2555	1413	796	599	197	36	31	5
669	444	386	280	106	50	36	14	2	2	1
713	588	918	562	356	137	97	39	7	5	2
2288	2236	2117	1141	976	409	212	197	78	45	33

1—18 各地区分性别的15岁及15岁以上文盲半文盲人口

ILLITERATE AND SEMI－LITERATE POPULATION AGED 15 AND OVER BY SEX AND REGION

单位：人、%　　　　(person，%)

地区 Region	15岁及15岁以上人口 Population Aged 15 and Over			文盲，半文盲人口 Illiterate and Semi-literate			文盲半文盲占15岁及以上比例 % to popu. aged 15 & over		
	合计 Total	男 Male	女 Female	合计 Total	男 Male	女 Female	合计 Total	男 Male	女 Female
全国 National	**941147**	**472749**	**468398**	**148522**	**42603**	**105918**	**15.78**	**9.01**	**22.61**
北京 Beijing	10635	5403	5231	693	151	541	6.51	2.80	10.35
天津 Tianjin	7716	3831	3886	804	209	595	10.43	5.46	15.32
河北 Hebei	50219	25152	25066	6027	1653	4374	12.00	6.57	17.45
山西 Shanxi	23346	11899	11447	2445	795	1651	10.47	6.68	14.42
内蒙古 Inner Mongolia	18227	9288	8939	2885	949	1936	15.83	10.22	21.66
辽宁 Liaoning	34209	17052	17156	2794	735	2059	8.17	4.31	12.00
吉林 Jilin	21522	10929	10593	1814	576	1239	8.43	5.27	11.69
黑龙江 Heilongjiang	30258	15414	14844	2683	891	1793	8.87	5.78	12.08
上海 Shanghai	12635	6219	6417	1287	265	1022	10.19	4.26	15.93
江苏 Jiangsu	56947	27653	29294	11153	2784	8369	19.59	10.07	28.57
浙江 Zhejiang	36457	18494	17963	5968	1767	4200	16.37	9.56	23.38
安徽 Anhui	45911	23202	22709	9426	3035	6391	20.53	13.08	28.14
福建 Fujian	24335	12026	12309	4550	1114	3436	18.70	9.26	27.91
江西 Jiangxi	30724	15356	15368	4143	990	3153	13.48	6.45	20.52
山东 Shandong	69550	34424	35126	15337	4099	11238	22.05	11.91	31.99
河南 Henan	69248	34755	34494	9996	2929	7067	14.44	8.43	20.49
湖北 Hubei	45111	22863	22248	6840	2043	4797	15.16	8.94	21.56
湖南 Hunan	49934	25644	24290	5457	1346	4111	10.93	5.25	16.92
广东 Guangdong	51133	25163	25970	4731	857	3873	9.25	3.41	14.92
广西 Guangxi	34277	17379	16898	4565	1110	3455	13.32	6.39	20.45
海南 Hainan	5316	2726	2590	758	201	557	14.27	7.38	21.52
重庆 Chongqing	23876	12038	11838	3688	1092	2596	15.45	9.07	21.93
四川 Sichuan	66433	33208	33226	10427	3128	7300	15.70	9.42	21.97
贵州 Guizhou	26298	13781	12517	7621	2266	5355	28.98	16.44	42.78
云南 Yunnan	30648	15373	15275	7809	2589	5220	25.48	16.84	34.17
西藏 Tibet	1729	844	885	1037	423	614	59.97	50.09	69.41
陕西 Shaanxi	26183	13256	12928	4324	1385	2939	16.52	10.45	22.74
甘肃 Gansu	18544	9411	9132	5313	1744	3569	28.65	18.53	39.08
青海 Qinghai	3660	1839	1821	1571	570	1001	42.92	31.00	54.95
宁夏 Ningxia	3798	1921	1877	971	311	659	25.56	16.20	35.14
新疆 Xinjiang	12269	6206	6063	1403	596	807	11.44	9.61	13.31

1—19 各地区市分性别的15岁及15岁以上文盲半文盲人口

CITY ILLITERATE AND SEMI－LITERATE POPULATION AGED 15 AND OVER BY SEX AND REGION

单位：人、%　　　　(person，%)

地区 Region	15岁及15岁以上人口 Population Aged 15 and Over			文盲，半文盲人口 Illiterate and Semi-literate			文盲半文盲占15岁及以上比例 % to popu. aged 15 & over		
	合计 Total	男 Male	女 Female	合计 Total	男 Male	女 Female	合计 Total	男 Male	女 Female
全国 National	**232686**	**114797**	**117889**	**21686**	**5178**	**16509**	**8.30**	**3.86**	**12.67**
北京 Beijing	8930	4539	4391	515	105	410	5.77	2.32	9.33
天津 Tianjin	5074	2516	2558	414	97	317	8.16	3.87	12.38
河北 Hebei	7832	3791	4041	493	89	403	6.29	2.35	9.98
山西 Shanxi	7104	3518	3585	460	115	344	6.47	3.28	9.60
内蒙古 Inner Mongolia	4293	2162	2131	388	103	285	9.03	4.77	13.36
辽宁 Liaoning	16476	8098	8378	1115	258	858	6.77	3.18	10.24
吉林 Jilin	9042	4498	4544	404	94	311	4.47	2.09	6.84
黑龙江 Heilongjiang	9799	4908	4891	662	190	472	6.75	3.87	9.65
上海 Shanghai	10425	5141	5284	905	170	736	8.68	3.30	13.92
江苏 Jiangsu	10528	5103	5425	1344	290	1054	12.76	5.68	19.42
浙江 Zhejiang	7050	3508	3541	1009	316	693	14.32	9.01	19.58
安徽 Anhui	8504	4142	4361	1163	300	862	13.67	7.25	19.77
福建 Fujian	5286	2554	2733	521	69	452	9.85	2.69	16.54
江西 Jiangxi	6074	3072	3002	518	121	397	8.52	3.94	13.21
山东 Shandong	20160	9968	10192	3093	754	2339	15.34	7.56	22.96
河南 Henan	8903	4380	4523	441	68	373	4.96	1.56	8.24
湖北 Hubei	12728	6288	6440	845	162	684	6.64	2.57	10.61
湖南 Hunan	9277	4668	4610	555	103	452	5.99	2.21	9.81
广东 Guangdong	11641	5573	6069	580	80	500	4.98	1.43	8.24
广西 Guangxi	5047	2442	2605	522	134	388	10.35	5.50	14.89
海南 Hainan	868	423	445	64	10	53	7.34	2.43	12.01
重庆 Chongqing	7560	3750	3810	835	225	610	11.04	6.00	16.00
四川 Sichuan	20558	10117	10441	2815	837	1979	13.70	8.27	18.95
贵州 Guizhou	3592	1800	1792	551	130	421	15.33	7.23	23.47
云南 Yunnan	2215	1058	1157	235	57	178	10.61	5.35	15.41
西藏 Tibet	308	148	160	138	50	88	44.63	33.83	54.59
陕西 Shaanxi	5432	2679	2753	427	88	339	7.86	3.28	12.31
甘肃 Gansu	3821	1904	1917	369	82	287	9.65	4.28	14.98
青海 Qinghai	995	489	506	94	18	76	9.46	3.78	14.95
宁夏 Ningxia	638	320	318	44	11	33	6.93	3.44	10.44
新疆 Xinjiang	2526	1237	1288	169	52	118	6.71	4.18	9.13

1-20 各地区镇分性别的15岁及15岁以上文盲半文盲人口

TOWN ILLITERATE AND SEMI-LITERATE POPULATION AGED 15 AND OVER BY SEX AND REGION

单位:人、% (person,%)

地 区 Region	15岁及15岁以上人口 Population Aged 15 and Over			文盲,半文盲人口 Illiterate and Semi-literate			文盲半文盲占15岁及以上比例 % to popu. aged 15 & over		
	合计 Total	男 Male	女 Female	合计 Total	男 Male	女 Female	合计 Total	男 Male	女 Female
全 国 National	**100283**	**49501**	**50782**	**8558**	**1887**	**6670**	**8.70**	**4.10**	**13.24**
北 京 Beijing	401	200	201	16	5	11	3.92	2.29	5.54
天 津 Tianjin	254	127	127	39	12	27	15.37	9.74	21.01
河 北 Hebei	4015	2004	2011	207	44	164	5.17	2.18	8.14
山 西 Shanxi	936	454	482	48	12	35	5.10	2.71	7.35
内蒙古 Inner Mongolia	2864	1422	1441	239	61	179	8.35	4.27	12.39
辽 宁 Liaoning	2140	1084	1056	75	12	62	3.49	1.15	5.90
吉 林 Jilin	1459	726	733	142	28	114	9.73	3.84	15.56
黑龙江 Heilongjiang	6694	3373	3321	371	96	275	5.54	2.86	8.27
上 海 Shanghai	340	163	177	23	3	20	6.85	2.04	11.29
江 苏 Jiangsu	7502	3644	3857	636	135	501	8.48	3.70	13.00
浙 江 Zhejiang	6063	2987	3076	315	45	269	5.19	1.52	8.76
安 徽 Anhui	2722	1337	1385	348	96	251	12.78	7.20	18.16
福 建 Fujian	3089	1511	1578	425	80	345	13.76	5.31	21.85
江 西 Jiangxi	4941	2409	2533	499	89	411	10.10	3.68	16.21
山 东 Shandong	5128	2497	2630	717	161	555	13.97	6.46	21.11
河 南 Henan	5186	2583	2604	365	84	281	7.04	3.24	10.81
湖 北 Hubei	2846	1397	1449	333	74	259	11.69	5.30	17.85
湖 南 Hunan	5484	2637	2847	523	108	415	9.54	4.09	14.59
广 东 Guangdong	7297	3739	3558	338	38	300	4.64	1.02	8.44
广 西 Guangxi	1990	991	998	124	21	103	6.22	2.14	10.27
海 南 Hainan	646	341	306	29	4	24	4.43	1.23	7.99
重 庆 Chongqing	1828	883	945	181	40	140	9.88	4.58	14.82
四 川 Sichuan	10780	5156	5624	776	170	607	7.20	3.29	10.79
贵 州 Guizhou	4017	2061	1956	476	116	360	11.85	5.62	18.41
云 南 Yunnan	3524	1703	1821	420	85	335	11.90	4.99	18.38
西 藏 Tibet	—	—	—	—	—	—	—	—	—
陕 西 Shaanxi	2519	1244	1274	276	65	210	10.94	5.24	16.50
甘 肃 Gansu	1096	547	549	124	25	99	11.36	4.60	18.10
青 海 Qinghai	143	70	73	23	4	19	16.27	5.81	26.21
宁 夏 Ningxia	603	301	302	38	6	33	6.36	1.90	10.81
新 疆 Xinjiang	3777	1910	1867	432	167	265	11.43	8.72	14.21

1－21 各地区县分性别的15岁及15岁以上文盲半文盲人口

COUNTY ILLITERATE AND SEMI－LITERATE POPULATION AGED 15 AND OVER BY SEX AND REGION

单位：人、%　　　　(person，%)

地　区 Region	15岁及15岁以上人口 Population Aged 15 and Over			文盲，半文盲人口 Illiterate and Semi-literate			文盲半文盲占15岁及以上比例 % to popu. aged 15 & over		
	合计 Total	男 Male	女 Female	合计 Total	男 Male	女 Female	合计 Total	男 Male	女 Female
全　国 National	**608179**	**308451**	**299727**	**118278**	**35538**	**82740**	**21.25**	**13.18**	**29.62**
北　京 Beijing	1304	664	640	162	41	121	12.43	6.25	18.85
天　津 Tianjin	2388	1187	1201	351	99	252	14.71	8.36	20.99
河　北 Hebei	38372	19357	19015	5327	1520	3807	13.88	7.85	20.02
山　西 Shanxi	15306	7926	7379	1938	667	1271	12.66	8.41	17.22
内蒙古 Inner Mongolia	11071	5704	5367	2259	785	1473	20.40	13.77	27.45
辽　宁 Liaoning	15593	7871	7722	1604	465	1139	10.29	5.91	14.75
吉　林 Jilin	11021	5705	5316	1268	454	814	11.50	7.96	15.31
黑龙江 Heilongjiang	13764	7133	6631	1651	605	1046	11.99	8.48	15.78
上　海 Shanghai	1870	915	956	359	92	267	19.19	10.07	27.92
江　苏 Jiangsu	38917	18906	20011	9173	2359	6814	23.57	12.48	34.05
浙　江 Zhejiang	23344	11999	11345	4644	1406	3238	19.89	11.72	28.54
安　徽 Anhui	34686	17723	16963	7916	2639	5277	22.82	14.89	31.11
福　建 Fujian	15960	7962	7998	3604	965	2639	22.58	12.12	32.99
江　西 Jiangxi	19708	9875	9833	3126	780	2346	15.86	7.90	23.86
山　东 Shandong	44262	21958	22304	11527	3184	8343	26.04	14.50	37.41
河　南 Henan	55160	27792	27368	9190	2777	6413	16.66	9.99	23.43
湖　北 Hubei	29536	15178	14358	5662	1807	3855	19.17	11.91	26.85
湖　南 Hunan	35173	18339	16834	4378	1135	3243	12.45	6.19	19.26
广　东 Guangdong	32195	15851	16344	3813	739	3073	11.84	4.66	18.80
广　西 Guangxi	27240	13945	13295	3919	955	2964	14.39	6.85	22.30
海　南 Hainan	3801	1962	1840	666	187	480	17.52	9.51	26.07
重　庆 Chongqing	14488	7405	7083	2673	827	1846	18.45	11.16	26.06
四　川 Sichuan	35095	17935	17161	6836	2122	4714	19.48	11.83	27.47
贵　州 Guizhou	18688	9920	8769	6594	2020	4574	35.29	20.36	52.16
云　南 Yunnan	24909	12611	12298	7154	2447	4707	28.72	19.40	38.28
西　藏 Tibet	1421	696	724	899	373	527	63.30	53.54	72.69
陕　西 Shaanxi	18233	9332	8901	3622	1232	2390	19.86	13.20	26.85
甘　肃 Gansu	13627	6960	6667	4820	1637	3183	35.37	23.53	47.74
青　海 Qinghai	2523	1281	1242	1454	548	906	57.62	42.75	72.96
宁　夏 Ningxia	2558	1301	1257	888	294	594	34.72	22.64	47.23
新　疆 Xinjiang	5966	3058	2908	802	378	424	13.44	12.36	14.58

1—22 全国15岁及15岁以上人口分年龄、性别的婚姻状况

MARITAL STATUS OF POPULATION AGED 15 AND OVER BY AGE AND SEX

单位:人 (person)

年 龄 (岁) Age	合 计 Total			未 婚 Never Married			初婚有配偶 First Married		
	合 计 Total	男 Male	女 Female	小 计 Sub—total	男 Male	女 Female	小 计 Sub—total	男 Male	女 Female
总 计 Total	**941147**	**472749**	**468398**	**181927**	**107919**	**74008**	**676211**	**333994**	**342217**
15—19	92013	48047	43966	90777	47512	43265	1186	514	672
15	20034	10450	9584	19961	10396	9565	66	47	19
16	22010	11584	10426	21877	11500	10377	122	77	44
17	17450	9141	8309	17293	9061	8232	155	80	75
18	16059	8401	7658	15767	8300	7467	280	98	182
19	16460	8471	7989	15879	8255	7624	563	211	352
20—24	90523	44724	45799	57273	33015	24258	32770	11510	21260
20	15681	7983	7697	14143	7584	6559	1494	384	1110
21	15543	7705	7838	12644	6988	5656	2871	704	2167
22	18278	8915	9363	12319	7106	5213	5875	1775	4099
23	19298	9503	9795	9966	6049	3916	9210	3403	5807
24	21723	10617	11105	8202	5287	2915	13320	5243	8077
25—29	123180	61174	62007	18730	13677	5053	102190	46390	55800
25	23069	11344	11725	6374	4372	2002	16387	6831	9556
26	23836	11894	11942	4620	3328	1292	18864	8399	10466
27	24593	12263	12330	3378	2533	846	20758	9489	11269
28	26590	13156	13434	2635	2041	595	23393	10848	12546
29	25092	12517	12575	1722	1404	319	22787	10824	11963
30—34	122823	61714	61109	5131	4422	709	113546	55243	58303
30	26901	13509	13392	1581	1326	255	24528	11805	12723
31	21809	10910	10899	1051	896	155	20076	9667	10410
32	25337	12777	12560	949	833	116	23530	11481	12050
33	24237	12246	11990	817	717	99	22549	11104	11445
34	24539	12271	12268	735	650	85	22863	11187	11676
35—39	89054	45249	43805	2111	1907	205	82828	41350	41478
35	28193	14391	13802	748	668	79	26263	13148	13114
36	19601	9977	9623	445	406	39	18296	9157	9140
37	11901	5925	5977	301	267	34	11036	5369	5667
38	15600	7979	7621	313	281	31	14489	7334	7155
39	13759	6978	6782	305	284	21	12744	6342	6402

续表 1 continued

单位：人 (person)

年 龄（岁）Age	再婚有配偶 Re－married			离 婚 Divorced			丧 偶 Widowed		
	小 计 Sub－Total	男 Male	女 Female	小 计 Sub－total	男 Male	女 Female	小 计 Sub－total	男 Male	女 Female
总 计 Total	**17567**	**8056**	**9510**	**8402**	**5296**	**3106**	**57040**	**17483**	**39558**
15－19	16	10	6	20	5	16	13	6	7
15	3	3	1	0	0	—	4	4	—
16	3	3	—	1	1	0	6	2	4
17	0	—	0	1	—	1	—	—	—
18	4	2	3	6	1	5	1	—	1
19	4	2	2	11	2	9	2	0	2
20－24	200	65	135	224	101	123	55	33	22
20	19	7	13	21	7	14	3	2	2
21	11	5	6	14	5	9	3	3	—
22	28	9	19	49	20	29	7	4	3
23	47	14	34	54	23	31	22	14	8
24	95	31	63	86	45	41	20	10	10
25－29	988	367	621	1007	610	396	266	130	136
25	132	44	88	138	71	66	39	25	14
26	149	54	95	177	99	79	25	14	10
27	172	67	105	226	151	75	58	23	35
28	248	87	161	240	143	97	73	37	35
29	287	114	173	225	146	79	71	30	42
30－34	1926	759	1167	1619	1005	614	600	284	316
30	363	134	230	319	196	123	111	48	62
31	310	124	186	277	174	102	96	49	47
32	382	160	223	339	231	107	137	73	64
33	420	161	259	331	212	119	120	52	69
34	451	181	270	355	192	163	136	63	74
35－39	2068	841	1226	1363	840	522	684	311	374
35	589	235	354	421	246	175	173	93	80
36	411	169	242	297	193	105	150	53	97
37	302	130	171	162	112	50	100	46	54
38	398	159	238	276	154	122	125	51	74
39	368	148	221	207	137	70	136	66	69

续表 2 .continued

单位:人 (person)

年 龄(岁) Age	合 计 Total			未 婚 Never Married			初婚有配偶 First Married		
	合 计 Total	男 Male	女 Female	小 计 Sub-total	男 Male	女 Female	小 计 Sub-total	男 Male	女 Female
40-44	95931	48950	46981	2159	2019	140	88581	44448	44133
40	18721	9578	9143	432	403	30	17288	8680	8608
41	20023	10398	9625	473	442	31	18542	9459	9083
42	18338	9303	9035	382	357	25	16957	8466	8491
43	19330	9862	9468	482	448	34	17813	8931	8882
44	19519	9808	9710	390	370	20	17982	8913	9069
45-49	80885	41192	39693	1645	1568	76	73712	37141	36571
45	17945	8940	9004	390	370	20	16400	8043	8357
46	17914	9133	8781	387	367	20	16394	8256	8138
47	15346	7702	7644	307	294	13	13983	6940	7042
48	15412	7793	7619	261	248	13	14048	7060	6987
49	14268	7623	6645	299	288	11	12887	6841	6047
50-54	60298	30478	29820	1306	1239	67	53343	26922	26422
50	14362	7036	7326	319	300	19	12812	6244	6568
51	12728	6450	6278	265	246	19	11347	5716	5632
52	11954	6082	5872	271	252	18	10597	5370	5227
53	10816	5569	5247	234	226	9	9518	4933	4585
54	10437	5340	5097	217	214	3	9070	4659	4410
55-59	48011	24535	23477	1003	956	47	40696	21138	19558
55	10069	5153	4916	229	216	13	8738	4484	4254
56	9765	4964	4801	196	188	8	8388	4318	4070
57	9880	4994	4886	188	178	10	8387	4309	4079
58	9751	5032	4719	227	221	6	8147	4309	3838
59	8547	4392	4155	162	153	9	7035	3719	3316
60-64	46031	23311	22720	767	716	52	36131	19382	16749
60	10261	5223	5038	209	197	12	8197	4361	3836
61	9257	4715	4542	146	137	10	7406	3976	3429
62	9182	4663	4519	146	132	14	7270	3914	3356
63	8786	4384	4402	140	133	7	6791	3591	3201
64	8545	4326	4219	126	118	8	6467	3540	2927
65岁及以上	92398	43376	49022	1024	888	136	51227	29957	21271

续表 3 continued

单位:人 (person)

年龄(岁) Age	再婚有配偶 Re-married			离婚 Divorced			丧偶 Widowed		
	小计 Sub-Total	男 Male	女 Female	小计 Sub-total	男 Male	女 Female	小计 Sub-total	男 Male	女 Female
40-44	2474	1091	1384	1281	815	466	1435	577	858
40	486	220	266	293	187	106	222	89	133
41	469	196	272	294	196	98	246	105	141
42	484	222	263	222	136	85	294	122	171
43	492	221	271	226	139	87	318	123	195
44	543	231	312	247	157	91	356	138	218
45-49	2253	968	1285	931	608	324	2344	907	1437
45	510	225	285	207	138	69	438	164	274
46	477	191	285	197	132	65	459	186	273
47	424	192	232	185	110	75	447	166	281
48	439	186	253	180	111	70	483	187	296
49	403	174	230	163	117	46	516	204	312
50-54	1844	853	991	609	408	201	3196	1056	2141
50	460	198	262	167	99	68	605	194	411
51	395	196	199	139	95	44	582	197	385
52	379	187	192	100	68	32	608	205	403
53	287	129	159	116	80	36	661	203	459
54	323	143	180	88	67	21	740	256	484
55-59	1474	748	726	395	268	127	4443	1424	3019
55	322	155	166	84	65	19	696	233	463
56	273	146	127	85	50	35	823	263	560
57	303	157	146	86	57	29	915	293	622
58	290	134	156	77	51	26	1009	317	692
59	286	156	131	62	45	17	1001	319	682
60-64	1464	711	752	345	235	109	7324	2266	5058
60	340	150	190	69	52	17	1446	464	983
61	288	124	163	93	61	33	1324	417	906
62	281	145	136	56	30	26	1430	442	988
63	299	158	142	56	42	14	1499	461	1038
64	256	134	122	70	51	19	1626	482	1143
65岁及以上	2860	1642	1218	608	401	208	36679	10490	26190

1－23 各地区分性别、婚姻状况的人口

MARITAL STATUS OF POPULATION BY SEX AND REGION

单位：人 (person)

地区 Region	合计 Total			未婚 Never Married		
	合计 Total	男 Male	女 Female	小计 Sub－total	男 Male	女 Female
全国 National	**941147**	**472749**	**468398**	**181927**	**107919**	**74008**
北京 Beijing	10635	5403	5231	2059	1186	873
天津 Tianjin	7716	3831	3886	1216	685	531
河北 Hebei	50219	25152	25066	9478	5393	4084
山西 Shanxi	23346	11899	11447	4329	2660	1669
内蒙古 Inner Mongolia	18227	9288	8939	3687	2151	1536
辽宁 Liaoning	34209	17052	17156	5901	3350	2551
吉林 Jilin	21522	10929	10593	3974	2305	1669
黑龙江 Heilongjiang	30258	15414	14844	5574	3203	2371
上海 Shanghai	12635	6219	6417	2077	1216	861
江苏 Jiangsu	56947	27653	29294	8459	4898	3560
浙江 Zhejiang	36457	18494	17963	7171	4398	2773
安徽 Anhui	45911	23202	22709	8491	5075	3416
福建 Fujian	24335	12026	12309	5029	2942	2087
江西 Jiangxi	30724	15356	15368	5913	3556	2357
山东 Shandong	69550	34424	35126	12577	7066	5511
河南 Henan	69248	34755	34494	14165	8207	5959
湖北 Hubei	45111	22863	22248	8161	4930	3232
湖南 Hunan	49934	25644	24290	10058	6374	3684
广东 Guangdong	51133	25163	25970	12189	6920	5269
广西 Guangxi	34277	17379	16898	9196	5579	3617
海南 Hainan	5316	2726	2590	1538	911	627
重庆 Chongqing	23876	12038	11838	3582	2362	1220
四川 Sichuan	66433	33208	33226	10909	6760	4150
贵州 Guizhou	26298	13781	12517	6389	3992	2397
云南 Yunnan	30648	15373	15275	6337	3792	2546
西藏 Tibet	1729	844	885	494	253	240
陕西 Shaanxi	26183	13256	12928	4784	2885	1899
甘肃 Gansu	18544	9411	9132	3553	2160	1393
青海 Qinghai	3660	1839	1821	811	480	331
宁夏 Ningxia	3798	1921	1877	841	481	360
新疆 Xinjiang	12269	6206	6063	2985	1750	1235

续表 1 continued

单位：人 (person)

地区 Region	初婚有配偶 First Married			再婚有配偶 Re－Married		
	小计 Sub－Total	男 Male	女 Female	小计 Sub－Total	男 Male	女 Female
全国 National	**676211**	**333994**	**342217**	**17567**	**8056**	**9510**
北京 Beijing	7718	3902	3817	213	105	108
天津 Tianjin	5865	2913	2952	133	61	72
河北 Hebei	37055	18383	18672	710	309	400
山西 Shanxi	17066	8489	8577	503	201	302
内蒙古 Inner Mongolia	13217	6604	6613	312	140	172
辽宁 Liaoning	25240	12499	12740	713	345	369
吉林 Jilin	15708	7832	7876	375	177	197
黑龙江 Heilongjiang	22214	11104	11111	729	347	381
上海 Shanghai	9276	4588	4688	262	125	137
江苏 Jiangsu	43449	21165	22284	767	321	447
浙江 Zhejiang	25947	12976	12971	638	258	380
安徽 Anhui	33577	16692	16885	586	251	335
福建 Fujian	16916	8312	8604	363	145	218
江西 Jiangxi	22115	10863	11252	550	256	294
山东 Shandong	50899	25279	25621	1446	592	853
河南 Henan	49853	24673	25181	873	354	519
湖北 Hubei	32875	16350	16525	801	390	411
湖南 Hunan	35258	17396	17863	1053	491	562
广东 Guangdong	34787	17041	17746	576	257	319
广西 Guangxi	21965	10723	11243	429	209	220
海南 Hainan	3397	1692	1705	62	30	32
重庆 Chongqing	17579	8604	8975	641	281	360
四川 Sichuan	49349	24074	25275	1437	638	799
贵州 Guizhou	17901	8871	9030	325	186	139
云南 Yunnan	21191	10401	10789	825	434	391
西藏 Tibet	1073	544	530	7	1	5
陕西 Shaanxi	19118	9448	9670	411	193	218
甘肃 Gansu	13545	6671	6874	245	114	131
青海 Qinghai	2438	1202	1236	103	53	51
宁夏 Ningxia	2720	1346	1374	61	31	30
新疆 Xinjiang	6899	3358	3541	1419	760	659

续表 2 continued

单位:人 (person)

地区 Region	离婚 Divorced			丧偶 Widowed		
	小计 Sub-Total	男 Male	女 Female	小计 Sub-Total	男 Male	女 Female
全国 National	**8402**	**5296**	**3106**	**57040**	**17483**	**39558**
北京 Beijing	142	69	74	502	142	360
天津 Tianjin	66	40	26	437	132	304
河北 Hebei	309	220	89	2667	846	1821
山西 Shanxi	192	143	49	1256	406	851
内蒙古 Inner Mongolia	169	111	58	842	282	560
辽宁 Liaoning	479	269	210	1876	590	1286
吉林 Jilin	356	209	147	1109	406	704
黑龙江 Heilongjiang	398	255	143	1344	505	838
上海 Shanghai	193	102	91	826	187	639
江苏 Jiangsu	379	253	126	3892	1015	2877
浙江 Zhejiang	353	234	119	2348	627	1721
安徽 Anhui	335	251	83	2923	932	1990
福建 Fujian	199	137	62	1829	490	1339
江西 Jiangxi	195	135	59	1952	546	1406
山东 Shandong	341	259	82	4287	1227	3060
河南 Henan	417	274	143	3941	1248	2693
湖北 Hubei	357	216	141	2916	977	1939
湖南 Hunan	480	337	143	3085	1047	2038
广东 Guangdong	276	179	97	3305	766	2539
广西 Guangxi	256	163	93	2431	706	1724
海南 Hainan	30	22	8	289	72	217
重庆 Chongqing	325	197	127	1749	594	1155
四川 Sichuan	734	402	332	4005	1334	2670
贵州 Guizhou	190	148	42	1493	584	909
云南 Yunnan	322	169	153	1973	577	1396
西藏 Tibet	37	8	29	119	38	81
陕西 Shaanxi	224	155	69	1647	575	1072
甘肃 Gansu	153	102	51	1048	365	683
青海 Qinghai	88	35	53	220	70	150
宁夏 Ningxia	29	17	13	147	46	101
新疆 Xinjiang	383	188	195	584	150	433

1-24 各地区市分性别、婚姻状况的人口

MARITAL STATUS OF CITY POPULATION BY SEX AND REGION

单位:人 (person)

地 区 Region	合计 Total			未婚 Never Married		
	合计 Total	男 Male	女 Female	小计 Sub-total	男 Male	女 Female
全 国 National	**232686**	**114797**	**117889**	**42372**	**24035**	**18337**
北 京 Beijing	8930	4539	4391	1787	1030	757
天 津 Tianjin	5074	2516	2558	825	461	364
河 北 Hebei	7832	3791	4041	1238	643	595
山 西 Shanxi	7104	3518	3585	1190	669	521
内蒙古 Inner Mongolia	4293	2162	2131	787	451	335
辽 宁 Liaoning	16476	8098	8378	2744	1536	1209
吉 林 Jilin	9042	4498	4544	1582	890	692
黑龙江 Heilongjiang	9799	4908	4891	1703	966	737
上 海 Shanghai	10425	5141	5284	1778	1048	730
江 苏 Jiangsu	10528	5103	5425	1684	906	778
浙 江 Zhejiang	7050	3508	3541	1232	727	505
安 徽 Anhui	8504	4142	4361	1401	761	640
福 建 Fujian	5286	2554	2733	1095	604	491
江 西 Jiangxi	6074	3072	3002	1078	668	411
山 东 Shandong	20160	9968	10192	3799	2134	1665
河 南 Henan	8903	4380	4523	1639	909	730
湖 北 Hubei	12728	6288	6440	2456	1338	1118
湖 南 Hunan	9277	4668	4610	1721	1069	652
广 东 Guangdong	11641	5573	6069	2750	1437	1313
广 西 Guangxi	5047	2442	2605	1275	707	568
海 南 Hainan	868	423	445	221	118	102
重 庆 Chongqing	7560	3750	3810	1138	719	418
四 川 Sichuan	20558	10117	10441	3429	2077	1352
贵 州 Guizhou	3592	1800	1792	840	493	348
云 南 Yunnan	2215	1058	1157	470	255	215
西 藏 Tibet	308	148	160	89	51	38
陕 西 Shaanxi	5432	2679	2753	862	492	370
甘 肃 Gansu	3821	1904	1917	770	435	334
青 海 Qinghai	995	489	506	200	111	89
宁 夏 Ningxia	638	320	318	111	62	49
新 疆 Xinjiang	2526	1237	1288	476	266	210

续表 1 continued

单位：人 (person)

地区 Region	初婚有配偶 First Married			再婚有配偶 Re－Married		
	小计 Sub－Total	男 Male	女 Female	小计 Sub－Total	男 Male	女 Female
全 国 National	**169089**	**83451**	**85638**	**4820**	**2429**	**2391**
北 京 Beijing	6419	3245	3175	180	90	89
天 津 Tianjin	3839	1905	1934	78	40	37
河 北 Hebei	5957	2937	3020	180	92	87
山 西 Shanxi	5470	2704	2766	105	48	58
内蒙古 Inner Mongolia	3180	1582	1598	105	52	53
辽 宁 Liaoning	12107	5968	6139	395	197	197
吉 林 Jilin	6711	3322	3390	141	75	66
黑龙江 Heilongjiang	7207	3584	3624	259	132	128
上 海 Shanghai	7591	3761	3830	199	97	102
江 苏 Jiangsu	7892	3899	3992	128	67	60
浙 江 Zhejiang	5104	2553	2551	126	56	70
安 徽 Anhui	6311	3122	3189	175	93	82
福 建 Fujian	3697	1826	1871	83	35	48
江 西 Jiangxi	4458	2217	2241	117	59	57
山 东 Shandong	14603	7254	7348	404	197	208
河 南 Henan	6613	3258	3355	148	68	80
湖 北 Hubei	9140	4544	4596	271	157	113
湖 南 Hunan	6671	3275	3396	203	105	98
广 东 Guangdong	8030	3906	4124	106	57	49
广 西 Guangxi	3121	1521	1601	154	84	71
海 南 Hainan	596	293	304	9	5	4
重 庆 Chongqing	5466	2675	2791	240	110	129
四 川 Sichuan	15090	7306	7784	484	228	257
贵 州 Guizhou	2447	1191	1256	92	50	42
云 南 Yunnan	1466	722	745	77	38	39
西 藏 Tibet	184	88	96	1	—	1
陕 西 Shaanxi	4089	2013	2076	114	63	51
甘 肃 Gansu	2732	1358	1374	55	28	26
青 海 Qinghai	689	337	352	38	20	18
宁 夏 Ningxia	478	237	241	16	9	7
新 疆 Xinjiang	1731	849	882	137	74	63

续表 2 continued

单位：人 (person)

地区 Region	离婚 Divorced			丧偶 Widowed		
	小计 Sub－Total	男 Male	女 Female	小计 Sub－Total	男 Male	女 Female
全　国 National	**3261**	**1633**	**1628**	**13144**	**3249**	**9895**
北　京 Beijing	129	59	69	415	115	301
天　津 Tianjin	52	28	24	280	81	199
河　北 Hebei	62	23	39	395	96	300
山　西 Shanxi	42	19	23	296	79	217
内蒙古 Inner Mongolia	62	35	27	160	42	117
辽　宁 Liaoning	316	154	162	915	243	672
吉　林 Jilin	176	87	88	432	124	308
黑龙江 Heilongjiang	180	103	77	449	124	325
上　海 Shanghai	171	87	84	685	147	538
江　苏 Jiangsu	118	71	47	706	159	547
浙　江 Zhejiang	116	63	53	472	110	361
安　徽 Anhui	100	56	44	518	111	407
福　建 Fujian	55	28	28	356	61	295
江　西 Jiangxi	55	33	22	365	94	271
山　东 Shandong	108	59	50	1245	325	921
河　南 Henan	80	17	63	422	127	295
湖　北 Hubei	168	76	92	694	172	522
湖　南 Hunan	176	101	74	507	118	390
广　东 Guangdong	110	49	61	644	124	521
广　西 Guangxi	123	55	67	374	75	298
海　南 Hainan	5	3	3	37	5	32
重　庆 Chongqing	188	110	79	529	136	393
四　川 Sichuan	344	167	176	1211	339	872
贵　州 Guizhou	44	27	17	169	39	130
云　南 Yunnan	53	21	33	149	23	126
西　藏 Tibet	13	3	10	22	7	15
陕　西 Shaanxi	64	34	30	303	76	227
甘　肃 Gansu	50	23	26	215	59	156
青　海 Qinghai	21	9	12	46	11	35
宁　夏 Ningxia	11	6	5	21	5	15
新　疆 Xinjiang	70	27	43	111	21	90

1—25 各地区镇分性别、婚姻状况的人口

MARITAL STATUS OF TOWN POPULATION BY SEX AND REGION

单位:人 (person)

地区 Region	合计 Total			未婚 Never Married		
	合计 Total	男 Male	女 Female	小计 Sub－total	男 Male	女 Female
全国 National	**100283**	**49501**	**50782**	**17798**	**9935**	**7864**
北京 Beijing	401	200	201	55	29	27
天津 Tianjin	254	127	127	33	19	15
河北 Hebei	4015	2004	2011	585	350	235
山西 Shanxi	936	454	482	157	80	77
内蒙古 Inner Mongolia	2864	1422	1441	488	270	218
辽宁 Liaoning	2140	1084	1056	331	189	142
吉林 Jilin	1459	726	733	259	154	105
黑龙江 Heilongjiang	6694	3373	3321	1092	616	476
上海 Shanghai	340	163	177	55	28	27
江苏 Jiangsu	7502	3644	3857	1041	563	478
浙江 Zhejiang	6063	2987	3076	1023	544	478
安徽 Anhui	2722	1337	1385	436	238	198
福建 Fujian	3089	1511	1578	618	352	267
江西 Jiangxi	4941	2409	2533	885	519	366
山东 Shandong	5128	2497	2630	871	463	408
河南 Henan	5186	2583	2604	930	523	407
湖北 Hubei	2846	1397	1449	437	259	178
湖南 Hunan	5484	2637	2847	1142	613	528
广东 Guangdong	7297	3739	3558	1612	973	639
广西 Guangxi	1990	991	998	442	256	186
海南 Hainan	646	341	306	181	102	80
重庆 Chongqing	1828	883	945	245	133	111
四川 Sichuan	10780	5156	5624	1729	883	846
贵州 Guizhou	4017	2061	1956	790	460	330
云南 Yunnan	3524	1703	1821	653	350	303
西藏 Tibet	—	—	—	—	—	—
陕西 Shaanxi	2519	1244	1274	411	226	186
甘肃 Gansu	1096	547	549	205	112	94
青海 Qinghai	143	70	73	32	16	15
宁夏 Ningxia	603	301	302	123	68	56
新疆 Xinjiang	3777	1910	1867	937	547	389

续表 1 continued

单位:人 (person)

地 区 Region	初婚有配偶 First Married			再婚有配偶 Re—Married		
	小 计 Sub—Total	男 Male	女 Female	小 计 Sub—Total	男 Male	女 Female
全 国 National	**73951**	**36566**	**37384**	**2411**	**1280**	**1131**
北 京 Beijing	327	165	162	5	3	2
天 津 Tianjin	203	102	101	5	2	4
河 北 Hebei	3193	1586	1607	49	24	24
山 西 Shanxi	713	354	359	10	4	6
内蒙古 Inner Mongolia	2185	1088	1097	43	21	22
辽 宁 Liaoning	1662	840	822	38	23	16
吉 林 Jilin	1055	522	534	39	21	18
黑龙江 Heilongjiang	5088	2540	2548	183	95	88
上 海 Shanghai	250	123	127	8	3	5
江 苏 Jiangsu	5968	2930	3039	97	51	46
浙 江 Zhejiang	4591	2300	2291	101	52	49
安 徽 Anhui	2054	1017	1037	44	24	20
福 建 Fujian	2174	1081	1093	50	25	25
江 西 Jiangxi	3568	1744	1824	98	49	50
山 东 Shandong	3840	1901	1939	117	53	64
河 南 Henan	3920	1938	1982	99	49	49
湖 北 Hubei	2087	1031	1056	100	53	47
湖 南 Hunan	3813	1871	1942	145	68	77
广 东 Guangdong	5244	2621	2623	93	59	34
广 西 Guangxi	1391	686	705	29	18	12
海 南 Hainan	436	228	209	6	4	2
重 庆 Chongqing	1327	651	676	84	47	37
四 川 Sichuan	8018	3877	4141	357	181	176
贵 州 Guizhou	2968	1494	1474	61	40	20
云 南 Yunnan	2405	1181	1224	133	79	55
西 藏 Tibet	—	—	—	—	—	—
陕 西 Shaanxi	1864	934	931	56	30	26
甘 肃 Gansu	818	405	412	26	13	12
青 海 Qinghai	96	47	49	6	4	3
宁 夏 Ningxia	451	222	229	9	6	3
新 疆 Xinjiang	2240	1087	1154	320	179	141

续表 2 continued

单位:人 (person)

地 区 Region	离婚 Divorced 小计 Sub－Total	男 Male	女 Female	丧偶 Widowed 小计 Sub－Total	男 Male	女 Female
全 国 National	**1126**	**576**	**549**	**4997**	**1144**	**3853**
北 京 Beijing	3	1	2	10	3	7
天 津 Tianjin	1	1	0	12	4	7
河 北 Hebei	18	6	11	170	37	133
山 西 Shanxi	6	3	3	50	13	37
内蒙古 Inner Mongolia	31	16	15	117	28	89
辽 宁 Liaoning	28	10	18	80	22	58
吉 林 Jilin	22	9	13	85	20	65
黑龙江 Heilongjiang	93	51	42	238	71	168
上 海 Shanghai	7	3	3	20	6	14
江 苏 Jiangsu	66	24	42	330	77	253
浙 江 Zhejiang	67	33	34	281	57	224
安 徽 Anhui	24	16	8	163	41	122
福 建 Fujian	24	13	11	224	40	183
江 西 Jiangxi	55	31	24	335	66	269
山 东 Shandong	21	14	7	278	66	213
河 南 Henan	38	17	21	200	55	145
湖 北 Hubei	24	9	15	198	45	153
湖 南 Hunan	60	24	35	325	61	264
广 东 Guangdong	30	17	13	317	68	249
广 西 Guangxi	14	8	6	113	24	90
海 南 Hainan	3	2	1	20	6	15
重 庆 Chongqing	51	26	26	121	26	96
四 川 Sichuan	158	96	62	518	118	399
贵 州 Guizhou	29	17	12	169	50	119
云 南 Yunnan	87	43	44	245	50	195
西 藏 Tibet	—	—	—	—	—	—
陕 西 Shaanxi	30	15	15	157	40	117
甘 肃 Gansu	12	6	7	35	11	24
青 海 Qinghai	3	1	1	6	1	5
宁 夏 Ningxia	5	1	4	14	3	11
新 疆 Xinjiang	115	61	53	165	35	130

1—26 各地区县分性别、婚姻状况的人口

MARITAL STATUS OF COUNTY POPULATION BY SEX AND REGION

单位:人 (person)

地 区 Region	合计 Total			未婚 Never Married		
	合计 Total	男 Male	女 Female	小计 Sub－total	男 Male	女 Female
全 国 National	**608179**	**308451**	**299727**	**121756**	**73949**	**47807**
北 京 Beijing	1304	664	640	217	127	90
天 津 Tianjin	2388	1187	1201	358	205	153
河 北 Hebei	38372	19357	19015	7655	4400	3255
山 西 Shanxi	15306	7926	7379	2982	1911	1071
内蒙古 Inner Mongolia	11071	5704	5367	2413	1430	983
辽 宁 Liaoning	15593	7871	7722	2825	1625	1200
吉 林 Jilin	11021	5705	5316	2133	1261	872
黑龙江 Heilongjiang	13764	7133	6631	2779	1621	1158
上 海 Shanghai	1870	915	956	244	140	104
江 苏 Jiangsu	38917	18906	20011	5733	3429	2304
浙 江 Zhejiang	23344	11999	11345	4916	3126	1790
安 徽 Anhui	34686	17723	16963	6654	4076	2578
福 建 Fujian	15960	7962	7998	3315	1986	1329
江 西 Jiangxi	19708	9875	9833	3949	2370	1580
山 东 Shandong	44262	21958	22304	7907	4470	3437
河 南 Henan	55160	27792	27368	11596	6774	4821
湖 北 Hubei	29536	15178	14358	5269	3333	1936
湖 南 Hunan	35173	18339	16834	7196	4692	2504
广 东 Guangdong	32195	15851	16344	7827	4510	3317
广 西 Guangxi	27240	13945	13295	7479	4616	2863
海 南 Hainan	3801	1962	1840	1136	691	445
重 庆 Chongqing	14488	7405	7083	2200	1509	691
四 川 Sichuan	35095	17935	17161	5751	3799	1952
贵 州 Guizhou	18688	9920	8769	4759	3040	1720
云 南 Yunnan	24909	12611	12298	5214	3186	2027
西 藏 Tibet	1421	696	724	405	202	202
陕 西 Shaanxi	18233	9332	8901	3510	2167	1343
甘 肃 Gansu	13627	6960	6667	2578	1613	965
青 海 Qinghai	2523	1281	1242	579	352	227
宁 夏 Ningxia	2558	1301	1257	606	351	255
新 疆 Xinjiang	5966	3058	2908	1572	936	636

续表 1 continued

单位:人 (person)

地 区 Region	初婚有配偶 First Married			再婚有配偶 Re-Married		
	小 计 Sub-Total	男 Male	女 Female	小 计 Sub-Total	男 Male	女 Female
全 国 National	**433171**	**213977**	**219194**	**10336**	**4347**	**5988**
北 京 Beijing	972	493	479	28	12	16
天 津 Tianjin	1823	906	917	50	18	31
河 北 Hebei	27905	13860	14045	481	193	288
山 西 Shanxi	10883	5431	5452	387	149	238
内蒙古 Inner Mongolia	7853	3935	3918	164	67	97
辽 宁 Liaoning	11470	5691	5779	280	125	156
吉 林 Jilin	7942	3989	3953	195	81	113
黑龙江 Heilongjiang	9919	4980	4939	286	120	166
上 海 Shanghai	1435	705	731	55	25	30
江 苏 Jiangsu	29589	14336	15253	543	202	341
浙 江 Zhejiang	16252	8124	8128	410	150	260
安 徽 Anhui	25212	12553	12659	367	134	233
福 建 Fujian	11046	5406	5640	230	85	145
江 西 Jiangxi	14088	6902	7187	335	148	187
山 东 Shandong	32457	16123	16334	924	342	582
河 南 Henan	39321	19477	19844	626	236	390
湖 北 Hubei	21649	10774	10874	431	180	251
湖 南 Hunan	24775	12250	12525	705	319	386
广 东 Guangdong	21513	10514	10999	376	141	236
广 西 Guangxi	17453	8516	8937	245	107	138
海 南 Hainan	2364	1171	1193	47	21	26
重 庆 Chongqing	10786	5278	5508	318	123	194
四 川 Sichuan	26241	12890	13350	596	230	366
贵 州 Guizhou	12485	6185	6300	173	96	77
云 南 Yunnan	17319	8499	8821	616	318	298
西 藏 Tibet	889	456	433	6	1	4
陕 西 Shaanxi	13165	6501	6664	240	100	140
甘 肃 Gansu	9995	4907	5088	165	72	93
青 海 Qinghai	1653	817	836	59	29	30
宁 夏 Ningxia	1790	886	904	36	16	19
新 疆 Xinjiang	2928	1422	1505	962	507	455

续表 2 continued

单位:人 (person)

地区 Region	离婚 Divorced			丧偶 Widowed		
	小计 Sub－Total	男 Male	女 Female	小计 Sub－Total	男 Male	女 Female
全国 National	**4016**	**3087**	**928**	**38900**	**13090**	**25809**
北京 Beijing	10	8	2	77	25	53
天津 Tianjin	13	11	1	145	47	98
河北 Hebei	230	191	39	2101	713	1388
山西 Shanxi	143	121	22	911	314	597
内蒙古 Inner Mongolia	75	60	15	566	212	354
辽宁 Liaoning	135	105	30	882	325	557
吉林 Jilin	158	112	46	593	262	331
黑龙江 Heilongjiang	125	101	24	656	311	345
上海 Shanghai	15	11	4	121	34	87
江苏 Jiangsu	195	159	36	2857	780	2076
浙江 Zhejiang	170	139	32	1596	460	1135
安徽 Anhui	211	180	31	2242	780	1461
福建 Fujian	119	96	24	1249	389	860
江西 Jiangxi	84	70	14	1251	386	866
山东 Shandong	211	186	25	2763	837	1926
河南 Henan	299	240	59	3319	1065	2254
湖北 Hubei	165	132	33	2023	759	1264
湖南 Hunan	245	211	34	2253	868	1385
广东 Guangdong	135	112	23	2343	574	1769
广西 Guangxi	119	99	20	1944	607	1337
海南 Hainan	22	18	5	232	61	171
重庆 Chongqing	85	62	23	1099	432	667
四川 Sichuan	232	138	94	2276	877	1399
贵州 Guizhou	117	104	12	1154	495	659
云南 Yunnan	181	105	77	1578	503	1075
西藏 Tibet	24	5	19	97	32	65
陕西 Shaanxi	130	105	24	1187	459	729
甘肃 Gansu	91	73	18	798	295	504
青海 Qinghai	65	24	40	168	58	109
宁夏 Ningxia	13	9	4	112	37	75
新疆 Xinjiang	197	100	98	307	94	214

1－27　全国育龄妇女分年龄、孩次的生育状况

AGE－SPECIFIC FERTILITY RATE OF CHILDBEARING WOMEN BY AGE OF MOTHER AND BIRTH ORDER

单位：人、‰　　（1997.10.1 － 1998.9.30）　　（person，‰）

年　龄（岁）Age	平均育龄妇女人数 Mean Number of Women	出生人数 Number of Birth	生育率 Fertility Rate	一孩 1st Birth		二　孩 2nd Birth		三孩及以上 3rd Birth & over	
				出生数 Birth	生育率 Fertility	出生数 Birth	生育率 Fertility	出生数 Birth	生育率 Fertility
总　计 Total	**342230**	**16452**	**48.07**	**11568**	**33.80**	**4111**	**12.01**	**773**	**2.26**
15－19	43022	113	2.63	98	2.27	14	0.32	2	0.04
15	10005	—	—	—	—	—	—	—	—
16	9367	2	0.21	2	0.21	0	0.00	0	0.00
17	7983	9	1.18	8	1.06	0	0.00	1	0.11
18	7823	29	3.75	26	3.31	3	0.42	0	0.02
19	7843	72	9.22	61	7.84	10	1.31	1	0.08
20－24	47813	6061	126.77	5498	114.99	503	10.51	61	1.27
20	7768	259	33.40	241	31.07	16	2.06	2	0.27
21	8600	648	75.39	613	71.27	33	3.84	2	0.28
22	9579	1370	143.07	1271	132.68	94	9.81	6	0.57
23	10450	1693	162.01	1550	148.36	124	11.87	19	1.78
24	11415	2090	183.07	1822	159.63	236	20.64	32	2.80
25－29	62840	7496	119.28	5297	84.29	1918	30.53	281	4.47
25	11834	2098	177.30	1796	151.77	264	22.33	38	3.20
26	12136	1852	152.59	1454	119.82	343	28.30	54	4.47
27	12882	1384	107.41	922	71.59	407	31.61	54	4.20
28	13004	1263	97.14	718	55.23	463	35.57	83	6.35
29	12983	899	69.23	406	31.26	441	33.97	52	4.00
30－34	61315	2308	37.65	584	9.52	1434	23.39	290	4.74
30	12145	815	67.14	277	22.81	458	37.73	80	6.60
31	11730	509	43.36	126	10.77	329	28.01	54	4.57
32	12275	491	40.02	82	6.68	344	28.03	65	5.31
33	12129	295	24.31	53	4.40	189	15.59	52	4.32
34	13035	198	15.21	45	3.44	114	8.77	39	3.01
35－39	41475	361	8.69	71	1.72	197	4.76	92	2.22
35	11713	155	13.22	32	2.72	86	7.36	37	3.13
36	7800	94	12.05	16	2.11	57	7.31	21	2.63
37	6799	39	5.70	4	0.63	18	2.70	16	2.36
38	7201	48	6.72	13	1.77	24	3.40	11	1.54
39	7962	25	3.10	6	0.73	11	1.42	8	0.96
40－44	46912	82	1.75	19	0.40	34	0.72	30	0.63
40	9384	38	4.01	10	1.12	18	1.97	9	0.93
41	9330	16	1.74	2	0.26	6	0.68	7	0.80
42	9251	8	0.90	4	0.47	3	0.31	1	0.12
43	9589	15	1.60	2	0.16	5	0.53	9	0.91
44	9357	5	0.48	0	0.00	1	0.11	4	0.38
45－49	38854	31	0.79	2	0.06	10	0.26	18	0.47
45	8893	7	0.84	2	0.18	2	0.24	4	0.42
46	8212	9	1.10	0	0.00	3	0.33	6	0.77
47	7631	5	0.63	1	0.08	2	0.25	2	0.30
48	7132	7	0.93	0	0.00	3	0.36	4	0.57
49	6986	3	0.39	0	0.00	1	0.14	2	0.25

1—28 全国市的育龄妇女分年龄、孩次的生育状况

AGE—SPECIFIC FERTILITY RATE OF CITY CHILDBEARING WOMEN BY AGE OF MOTHER AND BIRTH ORDER

单位：人、‰　　(1997.10.1 — 1998.9.30)　　(person,‰)

年　龄 (岁) Age	平均育龄妇女人数 Mean Number of Women	出生人数 Number of Birth	生育率 Fertility Rate	一孩 1st Birth		二　孩 2nd Birth		三孩及以上 3rd Birth & over	
				出生数 Birth	生育率 Fertility	出生数 Birth	生育率 Fertility	出生数 Birth	生育率 Fertility
总　计 Total	**84405**	**3057**	**36.22**	**2609**	**30.91**	**410**	**4.85**	**39**	**0.46**
15—19	8835	9	0.98	9	0.98	0	0.00	0	0.00
15	2051	—	—	—	—	—	—	—	—
16	1907	—	—	—	—	—	—	—	—
17	1567	1	0.49	1	0.49	0	0.00	0	0.00
18	1615	3	1.77	3	1.77	0	0.00	0	0.00
19	1696	5	2.97	5	2.97	0	0.00	0	0.00
20—24	10967	827	75.41	797	72.66	29	2.63	1	0.11
20	1749	22	12.84	21	12.06	1	0.78	0	0.00
21	1977	78	39.53	76	38.19	3	1.35	0	0.00
22	2180	159	73.05	150	68.94	9	4.11	0	0.00
23	2378	209	87.95	204	85.77	4	1.68	1	0.50
24	2683	358	133.45	346	129.01	12	4.44	0	0.00
25—29	15175	1732	114.13	1544	101.72	175	11.52	14	0.89
25	2867	435	151.71	414	144.44	19	6.68	2	0.58
26	2964	444	149.74	420	141.65	21	6.98	3	1.10
27	3130	325	103.72	289	92.22	34	10.75	2	0.75
28	3155	316	100.12	263	83.45	51	16.02	2	0.65
29	3059	213	69.53	158	51.55	51	16.60	4	1.37
30—34	14742	384	26.07	220	14.90	149	10.09	16	1.08
30	2699	151	55.96	112	41.39	34	12.60	5	1.98
31	2622	80	30.40	47	17.83	31	11.83	2	0.74
32	2850	84	29.45	31	10.81	47	16.33	7	2.32
33	3034	38	12.50	16	5.35	20	6.50	2	0.65
34	3537	32	8.95	14	4.01	17	4.94	0	0.00
35—39	11535	78	6.74	29	2.52	43	3.69	6	0.54
35	3099	30	9.58	16	5.32	13	4.19	0	0.06
36	2040	26	12.73	8	3.87	16	7.72	2	1.14
37	1990	6	2.99	0	0.18	5	2.52	1	0.30
38	2120	10	4.95	3	1.19	6	2.86	2	0.90
39	2286	6	2.47	2	0.77	3	1.18	1	0.52
40—44	12886	24	1.83	11	0.85	13	0.98	0	0.00
40	2639	13	4.79	6	2.31	7	2.47	0	0.00
41	2580	5	1.82	2	0.95	2	0.87	0	0.00
42	2529	5	2.10	2	0.97	3	1.13	0	0.00
43	2614	1	0.38	0	0.00	1	0.38	0	0.00
44	2524	—	—	—	—	—	—	—	—
45—49	10264	4	0.38	0	0.00	2	0.19	2	0.19
45	2335	—	—	—	—	—	—	—	—
46	2173	1	0.54	0	0.00	0	0.00	1	0.54
47	2033	2	0.94	0	0.00	2	0.94	0	0.00
48	1903	1	0.40	0	0.00	0	0.00	1	0.40
49	1820	—	—	—	—	—	—	—	—

1—29 全国镇的育龄妇女分年龄、孩次的生育状况

AGE—SPECIFIC FERTILITY RATE OF TOWN CHILDBEARING WOMEN BY AGE OF MOTHER AND BIRTH ORDER

单位：人、‰　　(1997.10.1 — 1998.9.30)　　(person,‰)

年龄（岁）Age	平均育龄妇女人数 Mean Number of Women	出生人数 Number of Birth	生育率 Fertility Rate	一孩 1st Birth 出生数 Birth	一孩 1st Birth 生育率 Fertility	二孩 2nd Birth 出生数 Birth	二孩 2nd Birth 生育率 Fertility	三孩及以上 3rd Birth & over 出生数 Birth	三孩及以上 3rd Birth & over 生育率 Fertility
总计 Total	**37407**	**3057**	**81.73**	**2609**	**69.74**	**410**	**10.95**	**39**	**1.04**
15—19	3960	9	2.19	9	2.19	0	0.00	0	0.00
15	962	—	—	—	—	—	—	—	—
16	849	—	—	—	—	—	—	—	—
17	693	1	1.11	1	1.11	0	0.00	0	0.00
18	704	3	4.07	3	4.07	0	0.00	0	0.00
19	753	5	6.70	5	6.70	0	0.00	0	0.00
20—24	5332	827	155.08	797	149.44	29	5.42	1	0.22
20	772	22	29.08	21	27.31	1	1.77	0	0.00
21	900	78	86.84	76	83.89	3	2.96	0	0.00
22	1089	159	146.25	150	138.02	9	8.22	0	0.00
23	1216	209	171.93	204	167.67	4	3.29	1	0.97
24	1355	358	264.24	346	255.45	12	8.79	0	0.00
25—29	7298	1732	237.34	1544	211.52	175	23.96	14	1.86
25	1400	435	310.72	414	295.83	19	13.69	2	1.20
26	1385	444	320.51	420	303.21	21	14.95	3	2.36
27	1467	325	221.23	289	196.70	34	22.92	2	1.61
28	1508	316	209.49	263	174.61	51	33.52	2	1.37
29	1538	213	138.31	158	102.55	51	33.03	4	2.73
30—34	6997	384	54.92	220	31.39	149	21.26	16	2.27
30	1397	151	108.09	112	79.93	34	24.33	5	3.82
31	1256	80	63.46	47	37.22	31	24.69	2	1.55
32	1396	84	60.15	31	22.07	47	33.35	7	4.74
33	1426	38	26.59	16	11.37	20	13.83	2	1.38
34	1522	32	20.80	14	9.31	17	11.49	0	0.00
35—39	4819	78	16.13	29	6.02	43	8.82	6	1.28
35	1384	30	21.45	16	11.92	13	9.39	0	0.14
36	891	26	29.13	8	8.85	16	17.67	2	2.61
37	782	6	7.62	0	0.45	5	6.41	1	0.75
38	850	10	12.34	3	2.98	6	7.13	2	2.24
39	911	6	6.20	2	1.94	3	2.97	1	1.29
40—44	5067	24	4.66	11	2.17	13	2.49	0	0.00
40	1061	13	11.90	6	5.75	7	6.15	0	0.00
41	1026	5	4.57	2	2.39	2	2.18	0	0.00
42	957	5	5.55	2	2.57	3	2.99	0	0.00
43	1007	1	0.98	0	0.00	1	0.98	0	0.00
44	1016	—	—	—	—	—	—	—	—
45—49	3935	4	0.98	0	0.00	2	0.48	2	0.50
45	959	—	—	—	—	—	—	—	—
46	828	1	1.42	0	0.00	0	0.00	1	1.42
47	747	2	2.55	0	0.00	2	2.55	0	0.00
48	701	1	1.10	0	0.00	0	0.00	1	1.10
49	699	—	—	—	—	—	—	—	—

1—30 全国县的育龄妇女分年龄、孩次的生育状况

AGE—SPECIFIC FERTILITY RATE OF COUNTY CHILDBEARING WOMEN BY AGE OF MOTHER AND BIRTH ORDER

单位：人、‰　　(1997.10.1 — 1998.9.30)　　(person, ‰)

年龄（岁）Age	平均育龄妇女人数 Mean Number of Women	出生人数 Number of Birth	生育率 Fertility Rate	一孩 1st Birth		二孩 2nd Birth		三孩及以上 3rd Birth & over	
				出生数 Birth	生育率 Fertility	出生数 Birth	生育率 Fertility	出生数 Birth	生育率 Fertility
总计 Total	**220418**	**11822**	**53.63**	**7612**	**34.53**	**3503**	**15.89**	**707**	**3.21**
15—19	30227	95	3.14	80	2.64	14	0.45	2	0.05
15	6992	—	—	—	—	—	—	—	—
16	6611	2	0.29	2	0.29	0	0.00	0	0.00
17	5723	9	1.51	8	1.35	0	0.00	1	0.16
18	5505	26	4.77	23	4.15	3	0.60	0	0.02
19	5395	58	10.77	47	8.76	10	1.91	1	0.11
20—24	31513	4701	149.18	4194	133.10	450	14.28	57	1.81
20	5246	211	40.21	195	37.10	14	2.71	2	0.40
21	5723	526	91.91	494	86.26	30	5.23	2	0.42
22	6310	1109	175.76	1021	161.79	83	13.18	5	0.79
23	6857	1340	195.40	1208	176.12	116	16.85	17	2.43
24	7378	1516	205.42	1278	173.17	207	28.07	31	4.17
25—29	40367	4918	121.83	3008	74.51	1654	40.97	256	6.35
25	7567	1430	188.92	1161	153.39	235	31.07	34	4.46
26	7787	1158	148.72	809	103.93	300	38.59	48	6.20
27	8285	884	106.68	485	58.52	351	42.33	48	5.83
28	8342	841	100.79	368	44.07	394	47.29	79	9.43
29	8386	606	72.24	185	22.10	373	44.47	48	5.67
30—34	39576	1783	45.04	290	7.32	1225	30.95	268	6.76
30	8049	608	75.55	129	15.99	407	50.51	73	9.05
31	7851	401	51.10	65	8.24	287	36.51	50	6.35
32	8030	382	47.62	41	5.13	285	35.51	56	6.98
33	7670	239	31.19	31	4.04	158	20.64	50	6.52
34	7976	152	19.01	24	3.04	88	11.08	39	4.89
35—39	25121	248	9.86	33	1.29	135	5.36	80	3.20
35	7230	106	14.62	9	1.19	62	8.56	35	4.87
36	4869	56	11.45	6	1.25	34	6.93	16	3.27
37	4026	31	7.62	4	0.88	12	3.09	15	3.64
38	4231	38	8.96	10	2.42	18	4.36	9	2.18
39	4765	18	3.71	4	0.84	8	1.72	5	1.15
40—44	28959	52	1.78	5	0.18	18	0.61	28	0.98
40	5684	21	3.70	4	0.66	9	1.51	9	1.53
41	5724	10	1.83	0	0.00	4	0.72	6	1.12
42	5765	1	0.20	0	0.00	0	0.00	1	0.20
43	5968	14	2.41	2	0.26	4	0.69	9	1.46
44	5817	5	0.77	0	0.00	1	0.17	4	0.60
45—49	24656	26	1.05	2	0.09	8	0.34	15	0.62
45	5598	7	1.19	2	0.29	2	0.38	3	0.53
46	5211	8	1.50	0	0.00	3	0.52	5	0.98
47	4851	3	0.60	1	0.13	0	0.00	2	0.47
48	4528	6	1.30	0	0.00	3	0.57	3	0.73
49	4467	3	0.61	0	0.00	1	0.22	2	0.39

1-31 全国分年龄、性别的死亡人口状况

STATUS OF DEATHS BY AGE AND SEX

单位：人、‰ (person, ‰)

年龄(岁) Age	年平均人口 Average Population 合计 Total	男 Male	女 Female	死亡人口 Number of Deaths 合计 Total	男 Male	女 Female	死亡率 Death Rate 合计 Total	男 Male	女 Female
总计 Total	**1235373**	**628106**	**607267**	**7736**	**4379**	**3357**	**6.26**	**6.97**	**5.53**
0—4	76029	41334	34695	598	291	307	7.86	7.04	8.84
0	14448	7847	6601	478	229	248	33.06	29.23	37.62
1	13624	7385	6239	37	20	17	2.71	2.70	2.71
2	14995	8127	6867	31	14	16	2.04	1.78	2.36
3	15902	8693	7208	24	14	10	1.54	1.62	1.44
4	17061	9282	7779	28	13	15	1.65	1.44	1.90
5—9	114025	60097	53928	76	44	32	0.67	0.73	0.59
5	18588	9956	8633	17	10	8	0.94	0.99	0.89
6	20037	10622	9415	12	7	4	0.58	0.67	0.47
7	23672	12511	11161	15	12	3	0.65	0.98	0.29
8	26207	13728	12479	23	11	12	0.87	0.79	0.96
9	25522	13281	12241	9	4	5	0.34	0.30	0.38
10—14	114189	59151	55038	52	36	16	0.45	0.61	0.28
10	25818	13294	12525	13	12	1	0.50	0.90	0.08
11	25200	12993	12207	11	5	6	0.44	0.40	0.49
12	22564	11742	10823	9	4	5	0.39	0.35	0.44
13	20604	10702	9903	8	7	1	0.38	0.63	0.11
14	20002	10421	9581	11	8	3	0.55	0.79	0.29
15—19	89836	46814	43022	101	65	36	1.12	1.38	0.85
15	21022	11017	10005	22	11	11	1.06	1.03	1.09
16	19730	10362	9367	12	7	5	0.60	0.68	0.50
17	16754	8771	7983	20	17	4	1.21	1.90	0.46
18	16260	8436	7823	19	15	4	1.16	1.74	0.53
19	16071	8227	7843	28	15	13	1.73	1.80	1.66
20—24	94217	46404	47813	126	64	62	1.34	1.38	1.29
20	15612	7844	7768	17	10	6	1.08	1.33	0.82
21	16911	8310	8600	22	20	3	1.32	2.37	0.31
22	18788	9209	9579	28	10	17	1.48	1.14	1.80
23	20511	10060	10450	27	11	16	1.32	1.14	1.49
24	22396	10980	11415	32	12	20	1.42	1.09	1.74
25—29	125096	62257	62840	167	101	66	1.33	1.63	1.04
25	23452	11619	11834	33	23	10	1.42	2.00	0.84
26	24214	12078	12136	28	17	11	1.15	1.42	0.88
27	25592	12709	12882	32	18	14	1.26	1.44	1.08
28	25841	12837	13004	40	23	17	1.56	1.78	1.35
29	25997	13013	12983	33	20	14	1.28	1.52	1.04

续表 1 continued

单位：人、‰ (person,‰)

年龄(岁) Age	年平均人口 Average Population 合计 Total	男 Male	女 Female	死亡人口 Number of Deaths 合计 Total	男 Male	女 Female	死亡率 Death Rate 合计 Total	男 Male	女 Female
30—34	123469	62154	61315	179	116	62	1.45	1.87	1.02
30	24355	12210	12145	46	28	17	1.87	2.30	1.43
31	23573	11844	11730	34	25	9	1.44	2.07	0.79
32	24787	12512	12275	24	13	11	0.97	1.05	0.89
33	24388	12259	12129	37	26	11	1.53	2.13	0.92
34	26366	13331	13035	38	25	14	1.45	1.85	1.04
35—39	84318	42843	41475	129	84	45	1.53	1.96	1.09
35	23897	12184	11713	28	26	2	1.19	2.15	0.20
36	15751	7951	7800	19	10	9	1.22	1.31	1.12
37	13751	6952	6799	19	7	12	1.41	1.06	1.78
38	14680	7478	7201	26	16	10	1.74	2.09	1.38
39	16240	8278	7962	36	24	12	2.23	2.92	1.51
40—44	95543	48631	46912	221	135	86	2.31	2.77	1.84
40	19372	9988	9384	40	25	15	2.07	2.47	1.64
41	19181	9851	9330	37	21	17	1.95	2.12	1.77
42	18834	9583	9251	41	25	16	2.20	2.63	1.76
43	19425	9835	9589	51	30	21	2.64	3.07	2.20
44	18732	9374	9357	50	34	17	2.69	3.58	1.80
45—49	79093	40239	38854	300	187	113	3.79	4.65	2.90
45	17929	9037	8893	68	36	32	3.79	3.94	3.65
46	16630	8418	8212	50	37	13	2.98	4.37	1.57
47	15379	7747	7631	55	31	23	3.57	4.06	3.07
48	14840	7708	7132	59	32	27	4.00	4.18	3.80
49	14315	7330	6986	68	51	17	4.74	6.97	2.40
50—54	58151	29536	28615	297	194	103	5.11	6.56	3.61
50	13545	6743	6802	60	36	25	4.47	5.28	3.66
51	12341	6266	6075	56	42	14	4.53	6.67	2.32
52	11385	5826	5560	49	29	20	4.32	4.96	3.65
53	10627	5455	5172	77	46	31	7.27	8.43	6.04
54	10253	5247	5006	54	41	13	5.29	7.89	2.56
55—59	48107	24569	23538	416	255	161	8.64	10.39	6.83
55	9917	5058	4858	74	49	25	7.49	9.71	5.18
56	9822	4979	4844	67	43	24	6.80	8.59	4.96
57	9815	5013	4802	76	49	27	7.78	9.83	5.65
58	9149	4712	4437	90	45	45	9.79	9.49	10.10
59	9404	4808	4596	109	69	40	11.58	14.41	8.62

续表 2 continued

单位：人、‰ (person,‰)

年龄（岁）Age	年平均人口 Average Population 合计 Total	男 Male	女 Female	死亡人口 Number of Deaths 合计 Total	男 Male	女 Female	死亡率 Death Rate 合计 Total	男 Male	女 Female
60—64	45344	22960	22385	676	405	271	14.92	17.66	12.10
60	9759	4969	4790	121	72	48	12.35	14.57	10.05
61	9220	4689	4531	141	88	53	15.31	18.81	11.67
62	8984	4523	4461	144	88	56	16.02	19.40	12.59
63	8665	4355	4311	143	82	61	16.45	18.74	14.13
64	8716	4424	4293	128	75	53	14.72	17.05	12.32
65—69	36017	17881	18137	920	579	341	25.54	32.37	18.80
65	8253	4135	4117	154	95	59	18.71	23.07	14.34
66	7349	3632	3717	204	127	77	27.72	35.00	20.62
67	7142	3531	3612	184	129	55	25.73	36.42	15.29
68	6724	3305	3419	185	105	80	27.56	31.82	23.44
69	6550	3277	3272	193	123	70	29.40	37.41	21.38
70—74	25648	12386	13263	1072	637	435	41.78	51.40	32.79
70	6113	3076	3037	227	132	95	37.10	42.83	31.30
71	5236	2547	2689	208	124	84	39.71	48.83	31.08
72	5100	2425	2675	223	129	94	43.74	53.04	35.31
73	4859	2282	2577	214	135	79	44.04	59.36	30.47
74	4341	2056	2285	200	116	83	46.02	56.64	36.46
75—79	15291	6852	8439	1030	566	465	67.37	82.55	55.05
75	3845	1805	2040	211	106	106	54.93	58.46	51.81
76	3479	1567	1912	207	118	89	59.58	75.61	46.45
77	3125	1405	1720	217	138	79	69.43	98.48	45.69
78	2579	1139	1440	212	109	103	82.09	95.57	71.44
79	2263	937	1326	183	94	89	80.89	100.82	66.81
80—84	7567	2931	4636	818	410	407	108.08	140.04	87.87
80	2071	832	1238	180	83	97	87.10	100.21	78.29
81	1713	669	1044	160	94	66	93.26	140.69	62.86
82	1438	554	884	163	79	84	113.53	142.74	95.23
83	1268	478	790	181	84	97	142.53	175.62	122.50
84	1078	398	680	134	70	64	124.14	175.77	93.96
85—89	2649	873	1776	378	157	220	142.54	179.99	124.12
85	806	300	506	104	37	67	128.82	123.34	132.07
86	629	208	421	82	35	47	130.45	168.25	111.77
87	500	155	345	63	29	33	125.89	189.92	97.06
88	392	122	269	68	32	36	173.59	261.78	133.49
89	322	87	235	61	24	37	188.56	270.55	158.12
90＋	782	193	588	182	53	130	233.14	272.47	220.22

1－32 全国市分年龄、性别的死亡人口状况

STATUS OF CITY DEATHS BY AGE AND SEX

单位：人、‰ (person，‰)

年龄（岁）Age	年平均人口 Average Population 合计 Total	男 Male	女 Female	死亡人口 Number of Deaths 合计 Total	男 Male	女 Female	死亡率 Death Rate 合计 Total	男 Male	女 Female
总计 Total	**284185**	**141424**	**142761**	**1500**	**866**	**633**	**5.28**	**6.12**	**4.44**
0－4	13856	7284	6571	52	29	23	3.78	3.98	3.56
0	2738	1454	1285	39	21	18	14.08	14.37	13.76
1	2518	1327	1191	5	2	2	1.85	1.70	2.02
2	2710	1416	1294	2	2	0	0.60	1.15	0.00
3	2868	1516	1352	4	3	1	1.48	2.08	0.81
4	3021	1572	1450	3	1	2	1.10	0.69	1.54
5－9	18940	9827	9113	11	6	5	0.58	0.61	0.55
5	3145	1593	1552	4	1	2	1.14	0.68	1.60
6	3305	1684	1622	3	2	1	0.80	0.95	0.64
7	3808	1980	1828	3	3	0	0.86	1.65	0.00
8	4262	2252	2011	—	—	—	—	—	—
9	4420	2319	2101	2	0	2	0.34	0.00	0.72
10－14	20720	10589	10131	8	4	4	0.36	0.34	0.39
10	4616	2325	2292	2	2	0	0.35	0.69	0.00
11	4534	2303	2231	4	0	4	0.82	0.00	1.68
12	4007	2068	1940	1	0	0	0.16	0.23	0.09
13	3700	1878	1822	1	1	0	0.21	0.41	0.00
14	3862	2015	1847	1	1	0	0.19	0.37	0.00
15－19	17996	9161	8835	8	2	5	0.42	0.24	0.61
15	4264	2214	2051	1	1	0	0.35	0.67	0.00
16	3910	2003	1907	2	0	2	0.43	0.00	0.87
17	3228	1661	1567	1	0	1	0.44	0.29	0.61
18	3237	1622	1615	—	—	—	—	—	—
19	3356	1661	1696	3	0	3	0.89	0.12	1.64
20－24	20932	9965	10967	15	7	8	0.74	0.74	0.74
20	3413	1664	1749	—	—	—	—	—	—
21	3762	1784	1977	3	3	0	0.75	1.57	0.00
22	4168	1988	2180	6	2	4	1.51	0.93	2.05
23	4539	2161	2378	1	0	1	0.24	0.00	0.46
24	5050	2368	2683	5	3	3	1.05	1.15	0.96
25－29	29341	14166	15175	26	19	6	0.87	1.35	0.43
25	5462	2595	2867	6	4	3	1.17	1.37	0.98
26	5700	2736	2964	6	6	0	1.12	2.33	0.00
27	6020	2890	3130	6	4	2	0.98	1.47	0.52
28	6126	2972	3155	5	5	0	0.81	1.68	0.00
29	6033	2974	3059	2	0	2	0.34	0.00	0.68

续表 1 continued

单位：人、‰ (person,‰)

年 龄（岁）Age	年平均人口 Average Population			死亡人口 Number of Deaths			死亡率 Death Rate		
	合 计 Total	男 Male	女 Female	合 计 Total	男 Male	女 Female	合 计 Total	男 Male	女 Female
30—34	29306	14564	14742	30	24	6	1.02	1.65	0.40
30	5357	2658	2699	5	4	0	0.88	1.62	0.15
31	5145	2523	2622	7	6	0	1.28	2.57	0.05
32	5670	2820	2850	7	2	5	1.29	0.76	1.82
33	6058	3025	3034	5	5	0	0.81	1.62	0.00
34	7076	3538	3537	6	6	0	0.90	1.74	0.05
35—39	23492	11956	11535	27	16	11	1.13	1.34	0.92
35	6299	3200	3099	2	2	0	0.36	0.71	0.00
36	4098	2058	2040	5	4	1	1.32	1.98	0.64
37	4005	2014	1990	3	1	1	0.64	0.71	0.57
38	4387	2266	2120	7	1	6	1.63	0.34	3.01
39	4704	2418	2286	9	7	2	1.96	3.07	0.77
40—44	26035	13149	12886	37	16	21	1.43	1.21	1.66
40	5387	2749	2639	6	3	3	1.15	1.11	1.19
41	5231	2651	2580	4	0	4	0.81	0.13	1.51
42	5101	2572	2529	11	4	7	2.08	1.50	2.67
43	5264	2650	2614	10	5	5	1.99	1.94	2.04
44	5052	2528	2524	6	3	2	1.14	1.37	0.91
45—49	20375	10111	10264	70	49	20	3.41	4.88	1.97
45	4680	2345	2335	15	12	3	3.12	4.91	1.32
46	4331	2159	2173	9	5	4	2.08	2.48	1.67
47	4016	1983	2033	10	6	4	2.47	3.14	1.81
48	3766	1863	1903	14	8	6	3.61	4.06	3.17
49	3582	1762	1820	22	19	4	6.27	10.58	2.10
50—54	14732	7342	7390	69	46	22	4.66	6.32	3.00
50	3442	1696	1745	16	9	7	4.75	5.26	4.26
51	3151	1575	1576	13	10	3	4.20	6.37	2.03
52	2897	1453	1444	14	8	6	4.84	5.26	4.41
53	2689	1351	1338	12	7	4	4.40	5.54	3.26
54	2554	1268	1286	13	12	1	5.15	9.75	0.61
55—59	12754	6141	6613	88	45	43	6.87	7.25	6.52
55	2486	1220	1266	16	6	10	6.36	4.70	7.96
56	2549	1238	1312	10	6	4	3.91	5.17	2.71
57	2677	1286	1391	13	8	4	4.69	6.60	2.92
58	2522	1209	1313	19	7	12	7.56	6.16	8.85
59	2520	1188	1331	30	16	14	12.01	13.85	10.37

续表 2 continued

单位：人、‰ (person，‰)

年 龄（岁） Age	年平均人口 Average Population			死亡人口 Number of Deaths			死亡率 Death Rate		
	合 计 Total	男 Male	女 Female	合 计 Total	男 Male	女 Female	合 计 Total	男 Male	女 Female
60—64	12742	6292	6450	151	83	68	11.83	13.22	10.47
60	2648	1302	1347	26	17	9	9.86	13.04	6.79
61	2590	1306	1284	30	18	12	11.72	14.09	9.31
62	2571	1253	1317	25	12	12	9.54	9.79	9.30
63	2494	1221	1273	40	20	20	16.12	16.32	15.92
64	2438	1210	1228	30	16	14	12.10	12.88	11.34
65—69	9658	4813	4846	213	143	70	22.03	29.74	14.38
65	2220	1107	1113	35	21	13	15.61	19.32	11.92
66	2016	1006	1009	45	29	16	22.18	28.54	15.84
67	1920	958	962	52	37	15	27.08	39.12	15.08
68	1768	875	893	35	23	12	19.81	26.05	13.68
69	1735	866	869	46	33	14	26.75	37.78	15.76
70—74	6640	3273	3367	229	148	80	34.45	45.34	23.87
70	1609	809	800	42	28	14	25.97	34.21	17.65
71	1386	686	700	46	31	15	33.27	45.92	20.89
72	1314	645	669	42	27	14	31.75	42.34	21.54
73	1244	613	631	59	37	22	47.47	60.80	34.53
74	1086	520	566	40	25	15	36.87	47.42	27.19
75—79	3823	1733	2091	195	105	89	50.94	60.77	42.79
75	974	455	519	48	21	27	49.72	46.80	52.28
76	889	394	495	32	17	15	35.80	43.93	29.34
77	769	344	424	40	30	10	51.76	86.76	23.35
78	646	304	343	34	17	17	52.54	56.02	49.45
79	545	236	309	41	20	21	74.74	83.91	67.71
80—84	1875	737	1138	149	78	71	79.52	105.51	62.70
80	472	192	281	32	18	14	66.90	91.61	50.00
81	426	173	252	32	15	17	75.18	83.77	69.28
82	368	145	223	25	11	14	66.74	73.75	62.19
83	316	115	201	37	18	19	116.48	154.08	94.86
84	293	112	182	24	17	7	82.31	154.08	38.21
85—89	734	260	474	83	32	50	112.45	124.68	105.75
85	237	93	144	24	7	17	102.84	78.05	118.88
86	168	63	106	19	8	11	109.90	125.58	100.63
87	134	43	90	10	5	5	75.99	112.08	58.66
88	116	37	79	17	7	10	148.76	198.66	125.77
89	79	24	55	12	5	7	155.19	212.89	129.83
90＋	234	62	172	42	13	29	178.55	204.92	169.06

1—33 全国镇分年龄、性别的死亡人口状况

STATUS OF TOWN DEATHS BY AGE AND SEX

单位：人、‰ (person，‰)

年 龄（岁）Age	年平均人口 Average Population			死亡人口 Number of Deaths			死亡率 Death Rate		
	合 计 Total	男 Male	女 Female	合 计 Total	男 Male	女 Female	合 计 Total	男 Male	女 Female
总 计 Total	**126945**	**63723**	**63222**	**587**	**332**	**256**	**4.63**	**5.20**	**4.05**
0—4	7202	3916	3286	21	10	12	2.97	2.49	3.55
0	1393	749	644	15	5	10	10.78	6.25	16.06
1	1329	729	600	2	1	0	1.42	2.03	0.67
2	1433	770	663	1	1	0	0.75	1.40	0.00
3	1484	805	680	2	1	1	1.08	1.00	1.18
4	1563	863	700	2	2	0	1.17	1.96	0.19
5—9	10166	5385	4781	6	3	3	0.58	0.51	0.65
5	1634	897	737	1	0	1	0.79	0.00	1.75
6	1790	961	828	0	0	0	0.22	0.00	0.48
7	2123	1136	987	2	2	0	0.95	1.43	0.41
8	2356	1238	1118	2	1	1	0.86	0.82	0.91
9	2264	1154	1110	0	0	0	0.06	0.11	0.00
10—14	10251	5419	4832	0	0	0	0.03	0.02	0.03
10	2271	1184	1087	0	0	0	0.06	0.00	0.12
11	2255	1198	1056	—	—	—	—	—	—
12	2023	1069	953	—	—	—	—	—	—
13	1853	989	864	—	—	—	—	—	—
14	1849	977	872	0	0	0	0.07	0.14	0.00
15—19	8213	4253	3960	7	6	1	0.88	1.45	0.27
15	2000	1038	962	1	0	1	0.54	0.00	1.12
16	1774	925	849	0	0	0	0.23	0.43	0.00
17	1455	762	693	2	2	0	1.31	2.49	0.00
18	1474	770	704	1	1	0	0.73	1.40	0.00
19	1510	757	753	3	3	0	1.84	3.67	0.00
20—24	9994	4662	5332	8	4	3	0.77	0.90	0.65
20	1515	742	772	0	0	0	0.26	0.54	0.00
21	1708	808	900	2	1	1	1.19	1.34	1.06
22	1998	909	1089	2	2	0	1.07	2.34	0.00
23	2243	1027	1216	3	1	3	1.38	0.57	2.06
24	2530	1175	1355	—	—	—	—	—	—
25—29	13973	6675	7298	17	9	7	1.19	1.42	0.99
25	2657	1258	1400	—	—	—	—	—	—
26	2647	1263	1385	—	—	—	—	—	—
27	2819	1352	1467	7	2	4	2.31	1.59	2.98
28	2905	1397	1508	5	2	3	1.81	1.72	1.90
29	2943	1406	1538	5	5	0	1.66	3.48	0.00

续表 1 continued

单位：人、‰ (person，‰)

年 龄（岁）Age	年平均人口 Average Population			死亡人口 Number of Deaths			死亡率 Death Rate		
	合 计 Total	男 Male	女 Female	合 计 Total	男 Male	女 Female	合 计 Total	男 Male	女 Female
30－34	14007	7011	6997	16	9	7	1.16	1.27	1.06
30	2729	1332	1397	8	4	4	2.91	2.92	2.90
31	2531	1275	1256	—	—	—	—	—	—
32	2773	1377	1396	—	—	—	—	—	—
33	2861	1435	1426	3	3	0	1.18	2.34	0.00
34	3113	1592	1522	5	2	3	1.61	1.03	2.21
35－39	9834	5015	4819	12	6	6	1.21	1.19	1.23
35	2810	1426	1384	1	1	1	0.53	0.37	0.69
36	1823	931	891	2	0	2	1.33	0.43	2.27
37	1603	821	782	3	0	3	1.84	0.00	3.77
38	1716	866	850	3	3	0	1.70	3.37	0.00
39	1882	971	911	2	2	0	1.11	2.15	0.00
40－44	10121	5054	5067	21	16	5	2.10	3.24	0.96
40	2173	1112	1061	5	4	1	2.29	3.50	1.02
41	2062	1036	1026	6	4	2	2.67	3.77	1.57
42	1941	984	957	3	3	0	1.31	2.59	0.00
43	2003	996	1007	4	3	1	1.76	3.00	0.53
44	1942	926	1016	5	3	2	2.41	3.28	1.61
45－49	7839	3905	3935	17	11	6	2.22	2.82	1.63
45	1807	848	959	2	2	0	1.35	2.40	0.42
46	1590	761	828	2	2	0	1.27	2.39	0.23
47	1513	766	747	3	1	2	2.23	1.66	2.81
48	1507	806	701	4	2	2	2.39	2.06	2.76
49	1422	723	699	6	4	2	4.21	5.83	2.54
50－54	5894	2893	3001	11	8	3	1.80	2.60	1.02
50	1357	643	715	4	1	3	3.02	1.62	4.28
51	1221	612	608	2	2	0	1.89	3.76	0.00
52	1148	584	563	1	1	0	0.79	1.55	0.00
53	1107	536	571	1	1	0	0.95	1.96	0.00
54	1061	518	544	2	2	0	2.10	4.31	0.00
55－59	5226	2568	2659	28	11	17	5.31	4.36	6.23
55	1038	524	514	4	2	2	3.91	4.12	3.70
56	1064	527	538	8	1	6	7.20	2.55	11.75
57	1046	502	544	1	1	0	1.24	2.59	0.00
58	998	481	517	7	3	5	7.49	5.61	9.23
59	1079	533	546	7	4	4	6.74	6.95	6.53

续表 2 continued

单位：人、‰ (person，‰)

年 龄（岁）Age	年平均人口 Average Population			死亡人口 Number of Deaths			死亡率 Death Rate		
	合 计 Total	男 Male	女 Female	合 计 Total	男 Male	女 Female	合 计 Total	男 Male	女 Female
60—64	5022	2441	2581	59	41	18	11.77	16.83	6.97
60	1114	542	572	14	8	6	12.66	14.95	10.5
61	1054	503	551	8	6	2	7.75	11.54	4.29
62	994	480	514	14	12	2	13.95	24.90	3.72
63	914	445	469	10	8	2	10.40	17.94	3.25
64	946	471	475	13	7	6	14.21	15.38	13.05
65—69	3942	2100	1843	85	50	35	21.68	24.01	19.02
65	903	454	449	17	12	4	18.29	26.55	9.93
66	790	412	377	22	11	11	27.51	26.50	28.61
67	790	436	354	11	6	5	14.00	14.14	13.82
68	742	405	337	21	11	10	28.23	26.29	30.56
69	718	392	326	15	11	5	21.21	27.09	14.13
70—74	2641	1350	1291	84	53	31	31.69	39.15	23.88
70	668	372	297	19	11	8	27.88	28.89	26.62
71	561	298	263	19	13	6	33.23	42.27	22.94
72	527	263	263	19	11	7	35.13	43.02	27.23
73	479	223	256	15	10	5	32.32	45.53	20.77
74	406	193	213	12	8	4	30.63	41.43	20.82
75—79	1465	677	789	86	50	36	58.73	73.73	45.86
75	339	167	172	20	10	10	58.04	59.34	56.78
76	342	159	183	23	14	9	65.89	86.30	48.12
77	332	153	179	13	8	5	40.42	55.15	27.83
78	244	111	133	22	13	9	88.72	118.17	64.15
79	208	87	122	9	5	4	42.17	54.30	33.53
80—84	749	280	469	67	30	38	90.06	106.54	80.21
80	199	77	122	23	6	17	115.15	82.12	135.81
81	167	63	104	11	6	5	66.07	94.72	48.74
82	153	60	92	16	10	6	104.03	162.65	65.86
83	129	48	81	7	4	3	55.39	78.89	41.53
84	101	32	68	10	4	6	103.50	123.87	93.86
85—89	305	101	203	24	12	12	80.11	119.68	60.42
85	83	29	55	7	4	2	79.06	151.06	41.21
86	80	25	55	9	3	7	118.28	104.66	124.35
87	60	20	40	3	1	2	54.09	54.16	54.05
88	42	17	25	3	2	1	73.38	124.88	38.56
89	39	11	28	2	2	0	51.38	182.54	0
90＋	100	19	81	17	2	15	171.12	110.83	184.97

1－34 全国县分年龄、性别的死亡人口状况

STATUS OF COUNTY DEATHS BY AGE AND SEX

单位：人、‰ (person，‰)

年龄(岁) Age	年平均人口 Average Population			死亡人口 Number of Deaths			死亡率 Death Rate		
	合计 Total	男 Male	女 Female	合计 Total	男 Male	女 Female	合计 Total	男 Male	女 Female
总计 Total	**824243**	**422959**	**401284**	**5649**	**3181**	**2468**	**6.85**	**7.52**	**6.15**
0－4	54971	30133	24838	524	252	271	9.53	8.38	10.93
0	10317	5644	4672	424	204	220	41.11	36.11	47.15
1	9777	5329	4448	30	16	14	3.10	3.04	3.18
2	10852	5941	4911	28	12	16	2.57	1.97	3.30
3	11549	6372	5177	19	10	8	1.61	1.59	1.63
4	12476	6847	5630	23	11	12	1.84	1.55	2.21
5－9	84919	44885	40034	59	35	24	0.70	0.79	0.59
5	13810	7466	6344	13	9	4	0.91	1.17	0.61
6	14941	7977	6965	9	6	3	0.57	0.69	0.44
7	17740	9395	8345	10	7	3	0.57	0.79	0.33
8	19589	10239	9351	21	10	11	1.06	0.97	1.17
9	18838	9808	9030	7	4	3	0.38	0.40	0.35
10－14	83218	43144	40075	44	32	12	0.53	0.75	0.29
10	18931	9785	9146	11	10	1	0.59	1.06	0.10
11	18411	9491	8920	7	5	2	0.40	0.55	0.25
12	16534	8604	7930	8	4	5	0.50	0.42	0.58
13	15051	7834	7217	7	6	1	0.47	0.76	0.15
14	14291	7429	6862	10	7	3	0.71	0.99	0.41
15－19	63627	33400	30227	86	56	30	1.36	1.68	0.99
15	14758	7765	6992	20	10	10	1.34	1.27	1.41
16	14045	7434	6611	10	7	3	0.69	0.90	0.46
17	12071	6348	5723	17	14	3	1.41	2.25	0.48
18	11549	6044	5505	18	14	4	1.54	2.25	0.75
19	11204	5809	5395	22	12	10	1.97	2.03	1.90
20－24	63291	31778	31513	103	52	50	1.62	1.65	1.59
20	10684	5439	5246	16	10	6	1.54	1.85	1.22
21	11441	5718	5723	17	16	2	1.53	2.76	0.30
22	12622	6312	6310	19	7	13	1.53	1.03	2.03
23	13729	6872	6857	23	11	12	1.66	1.58	1.75
24	14815	7437	7378	27	9	17	1.79	1.24	2.34
25－29	81783	41416	40367	125	73	52	1.52	1.76	1.28
25	15333	7766	7567	27	20	7	1.75	2.54	0.94
26	15867	8080	7787	21	11	11	1.35	1.34	1.37
27	16753	8468	8285	20	12	8	1.18	1.41	0.95
28	16810	8468	8342	30	15	15	1.79	1.82	1.75
29	17020	8634	8386	26	15	11	1.55	1.72	1.37

续表 1 continued

单位：人、‰ (person，‰)

年 龄（岁）Age	年平均人口 Average Population 合 计 Total	男 Male	女 Female	死亡人口 Number of Deaths 合 计 Total	男 Male	女 Female	死亡率 Death Rate 合 计 Total	男 Male	女 Female
30—34	80156	40579	39576	133	84	49	1.65	2.06	1.24
30	16269	8220	8049	33	20	13	2.02	2.42	1.61
31	15896	8045	7851	27	18	9	1.71	2.25	1.17
32	16344	8315	8030	17	11	6	1.02	1.32	0.72
33	15468	7798	7670	29	18	11	1.87	2.28	1.45
34	16177	8201	7976	27	17	10	1.66	2.05	1.26
35—39	50992	25871	25121	90	62	28	1.77	2.39	1.13
35	14788	7558	7230	25	23	1	1.67	3.10	0.18
36	9831	4962	4869	11	6	5	1.15	1.20	1.11
37	8143	4117	4026	14	6	8	1.71	1.44	1.98
38	8577	4346	4231	16	12	4	1.81	2.75	0.84
39	9654	4889	4765	25	15	10	2.58	3.00	2.15
40—44	59387	30428	28959	162	102	60	2.73	3.36	2.07
40	11811	6127	5684	29	18	11	2.45	2.89	1.97
41	11887	6163	5724	28	17	11	2.33	2.70	1.93
42	11793	6027	5765	28	19	10	2.40	3.12	1.66
43	12158	6190	5968	37	22	15	3.07	3.57	2.56
44	11738	5920	5817	40	27	13	3.41	4.58	2.21
45—49	50879	26224	24656	213	127	86	4.18	4.83	3.49
45	11442	5844	5598	51	22	29	4.45	3.77	5.17
46	10709	5497	5211	39	30	9	3.60	5.38	1.73
47	9850	4998	4851	42	24	18	4.23	4.79	3.65
48	9567	5039	4528	42	23	19	4.40	4.56	4.22
49	9311	4845	4467	39	28	11	4.23	5.82	2.51
50—54	37525	19301	18224	218	140	78	5.81	7.24	4.29
50	8746	4404	4342	40	26	14	4.58	5.83	3.31
51	7970	4079	3891	40	29	11	5.07	7.23	2.81
52	7341	3789	3553	34	20	14	4.67	5.38	3.92
53	6830	3568	3262	64	37	27	9.42	10.50	8.24
54	6638	3461	3177	39	27	12	5.85	7.75	3.78
55—59	30128	15861	14267	300	199	101	9.97	12.57	7.08
55	6393	3314	3079	54	41	13	8.51	12.44	4.28
56	6209	3214	2994	49	35	14	7.92	10.90	4.72
57	6092	3225	2867	63	39	23	10.27	12.24	8.05
58	5629	3022	2607	63	35	28	11.19	11.44	10.90
59	5805	3086	2719	71	49	22	12.30	15.92	8.19

续表 2 continued

单位：人、‰ (person，‰)

年 龄（岁）Age	年平均人口 Average Population			死亡人口 Number of Deaths			死亡率 Death Rate		
	合 计 Total	男 Male	女 Female	合 计 Total	男 Male	女 Female	合 计 Total	男 Male	女 Female
60－64	27580	14226	13354	467	281	185	16.92	19.76	13.89
60	5997	3125	2872	80	47	33	13.39	15.14	11.49
61	5575	2880	2695	103	64	39	18.40	22.23	14.31
62	5419	2790	2629	106	64	42	19.47	22.78	15.97
63	5257	2688	2568	93	54	39	17.66	19.97	15.23
64	5333	2743	2590	85	53	33	16.00	19.17	12.65
65－69	22417	10968	11449	622	385	236	27.73	35.13	20.64
65	5130	2575	2555	103	62	41	20.13	24.07	16.16
66	4544	2213	2331	137	87	50	30.22	39.52	21.39
67	4432	2136	2296	121	85	36	27.24	39.76	15.60
68	4214	2025	2189	129	72	58	30.69	35.41	26.32
69	4097	2019	2077	131	79	52	31.96	39.26	24.86
70－74	16368	7763	8605	759	435	324	46.38	56.08	37.62
70	3835	1895	1940	166	93	73	43.38	49.25	37.65
71	3289	1563	1726	143	80	63	43.54	51.36	36.46
72	3259	1517	1742	163	90	73	49.96	59.32	41.81
73	3136	1446	1690	139	88	51	44.47	60.89	30.42
74	2849	1343	1506	147	84	63	51.69	62.40	42.15
75－79	10003	4443	5560	749	410	339	74.92	92.38	60.97
75	2532	1183	1349	143	74	69	56.52	62.82	50.99
76	2249	1014	1234	153	87	65	68.02	86.22	53.06
77	2024	908	1116	164	100	64	80.89	110.22	57.04
78	1688	724	964	156	79	77	92.45	108.69	80.27
79	1509	614	896	134	70	64	88.46	113.91	71.03
80－84	4943	1914	3029	601	303	298	121.64	158.23	98.52
80	1399	564	835	126	60	66	89.93	105.59	79.35
81	1120	433	687	117	74	43	104.18	170.16	62.64
82	917	349	568	123	59	64	133.86	167.89	112.96
83	823	315	508	137	62	74	166.21	198.23	146.37
84	684	254	430	99	49	51	145.12	191.94	117.51
85－89	1610	512	1098	271	113	158	168.06	219.95	143.86
85	486	178	308	73	25	47	150.00	142.51	154.34
86	380	121	260	54	25	29	142.13	203.40	113.62
87	305	92	214	49	24	26	161.95	256.28	121.45
88	234	69	165	48	23	25	203.60	328.26	151.42
89	204	52	152	46	16	30	227.86	315.94	197.66
90＋	448	113	335	123	38	85	275.53	336.35	255.06

第二部分

1995年全国1%人口抽样调查数据

PART TWO

FIGURES OF THE 1% POPULATION CHANGE SURVEY IN 1995

2—1 各地区分性别、年龄的人口

POPULATION BY SEX,AGE AND REGION

单位:人 (person)

地 区 Region	合 计 total			0			1—4		
	合 计 total	男 Male	女 Female	小 计 Sub-total	男 Male	女 Female	小 计 Sub-total	男 Male	女 Female
全 国 National	**12366955**	**6294901**	**6072054**	**172308**	**92746**	**79562**	**728947**	**395813**	**333134**
北 京 Beijing	129008	64654	64354	1017	560	457	4644	2450	2195
天 津 Tianjin	97040	48535	48505	937	492	445	4150	2173	1977
河 北 Hebei	662160	335821	326339	7760	4154	3606	38241	20509	17732
山 西 Shanxi	316488	161538	154950	5157	2722	2434	22421	11866	10555
内蒙古 Inner Mongolia	234917	120963	113953	3534	1862	1672	13065	6936	6129
辽 宁 Liaoning	421365	213736	207630	5085	2682	2403	18965	10143	8822
吉 林 Jilin	266885	135527	131359	3348	1752	1595	11608	6079	5530
黑龙江 Heilongjiang	380941	194135	186806	4926	2577	2349	17501	9054	8446
上 海 Shanghai	145818	72693	73125	885	454	431	4366	2211	2155
江 苏 Jiangsu	727334	362823	364512	8626	4773	3853	36248	20013	16235
浙 江 Zhejiang	444671	225424	219247	5541	2968	2573	21594	11559	10035
安 徽 Anhui	618435	317408	301027	9223	4995	4228	40930	22877	18054
福 建 Fujian	332885	169622	163263	4383	2430	1953	20379	11439	8939
江 西 Jiangxi	417343	211696	205647	7368	4016	3352	27654	15435	12219
山 东 Shandong	896252	451058	445194	7884	4283	3601	36870	20166	16705
河 南 Henan	935439	477927	457512	10800	6052	4749	56168	32077	24092
湖 北 Hubei	593582	304316	289266	8751	4973	3778	39567	21847	17720
湖 南 Hunan	658654	337926	320728	7357	3966	3391	36301	19723	16578
广 东 Guangdong	705163	357171	347991	12585	6949	5636	54772	29849	24923
广 西 Guangxi	466843	244253	222590	6993	3879	3114	28673	16136	12537
海 南 Hainan	74249	38654	35596	1362	759	603	5538	3038	2500
四 川 Sichuan	1163343	588680	574664	18417	9648	8770	71861	37931	33930
贵 州 Guizhou	360419	185961	174457	7397	3705	3692	26138	14035	12103
云 南 Yunnan	409506	210100	199406	7630	3989	3642	26774	14072	12703
西 藏 Tibet	24647	12217	12429	549	273	276	2173	1114	1058
陕 西 Shanxi	360934	184211	176724	5204	2884	2321	24249	13154	11095
甘 肃 Gansu	250179	128901	121278	4750	2490	2261	18126	9750	8376
青 海 Qinghai	49396	25344	24053	972	502	471	3640	1869	1771
宁 夏 Ningxia	52490	26536	25954	978	505	473	4195	2184	2012
新 疆 Xinjiang	170567	87072	83495	2886	1452	1434	12133	6124	6009

续表 1 continued

单位:人

地区 Region	5—9 小计 Sub—total	5—9 男 Male	5—9 女 Female	10—14 小计 Sub—total	10—14 男 Male	10—14 女 Female
全国 National	**1320224**	**692121**	**628103**	**1084742**	**563047**	**521695**
北京 Beijing	9881	5083	4798	9761	5092	4669
天津 Tianjin	7981	4129	3851	7807	3960	3847
河北 Hebei	78151	40277	37874	64088	33224	30864
山西 Shanxi	33450	17455	15995	28817	14979	13839
内蒙古 Inner Mongolia	22610	11685	10925	22715	11686	11029
辽宁 Liaoning	35294	18332	16963	30732	15836	14895
吉林 Jilin	25027	13036	11992	21298	10915	10383
黑龙江 Heilongjiang	34639	17821	16818	32283	16537	15746
上海 Shanghai	9503	4810	4693	10243	5198	5044
江苏 Jiangsu	67316	35472	31843	48580	25197	23383
浙江 Zhejiang	35658	18738	16920	33889	17600	16289
安徽 Anhui	67453	35801	31651	51412	27419	23993
福建 Fujian	39998	20917	19081	35168	18163	17004
江西 Jiangxi	50702	26521	24181	40575	20906	19669
山东 Shandong	99049	52100	46949	76295	39475	36820
河南 Henan	118530	62567	55963	82598	42929	39668
湖北 Hubei	72126	37771	34355	53365	27790	25575
湖南 Hunan	75403	39187	36215	63347	32658	30689
广东 Guangdong	79481	42310	37171	71208	37347	33862
广西 Guangxi	55501	30136	25364	55348	29216	26132
海南 Hainan	8329	4476	3853	8357	4435	3923
四川 Sichuan	107834	56361	51473	78317	40343	37974
贵州 Guizhou	40356	21260	19096	36150	18923	17227
云南 Yunnan	42813	22321	20492	38776	20005	18771
西藏 Tibet	3172	1601	1571	2830	1430	1401
陕西 Shanxi	41855	22077	19777	32941	17237	15704
甘肃 Gansu	27320	14142	13178	20990	10858	10132
青海 Qinghai	4999	2570	2428	4406	2263	2143
宁夏 Ningxia	5992	3076	2916	5407	2753	2653
新疆 Xinjiang	19801	10086	9715	17041	8672	8369

(person)

15—19			20—24			25—29		
小 计 Sub—total	男 Male	女 Female	小 计 Sub—total	男 Male	女 Female	小 计 Sub—total	男 Male	女 Female
912735	**469838**	**442898**	**1080611**	**535303**	**545308**	**1257801**	**626178**	**631623**
7760	4116	3645	10094	5184	4909	11788	5894	5894
6158	3146	3012	7014	3505	3509	7801	3863	3938
45476	23105	22370	49147	23917	25230	63694	31688	32006
22382	11613	10769	28840	14364	14475	30069	15061	15008
19084	9733	9351	22887	11347	11540	24934	12892	12042
29377	15155	14222	34463	17052	17411	40926	20559	20366
20133	10219	9913	23335	11722	11613	28462	14374	14088
30632	15694	14937	38185	19406	18779	40758	20805	19953
8450	4304	4146	8788	4552	4236	9607	4730	4877
50363	24203	26160	58820	28185	30635	78871	38104	40767
29215	15134	14081	33481	16040	17442	44064	21395	22669
49003	25195	23808	56219	27753	28466	71059	34925	36134
27380	13887	13493	30548	14938	15610	32643	16067	16576
35194	18672	16522	36711	17369	19342	40467	19464	21003
64316	32362	31954	67567	32898	34669	91382	45494	45888
74391	38285	36106	81719	41724	39994	97137	49059	48077
38741	20413	18328	46057	22807	23250	60160	30005	30154
42866	23003	19863	53301	27093	26207	68788	34056	34732
52353	26853	25500	57595	27469	30127	64796	31191	33605
44107	23535	20572	38519	20314	18205	42044	21751	20293
6715	3544	3171	6333	3272	3061	6863	3541	3322
64672	33323	31349	121852	58550	63302	128920	63305	65615
32616	17351	15265	37575	19400	18175	35769	18348	17421
39774	20564	19210	43209	22414	20795	42140	21693	20447
2290	1149	1141	2185	1097	1088	2323	1167	1156
25678	12997	12681	31395	15686	15709	34238	17249	16989
17969	9194	8775	25648	12731	12916	28948	14733	14215
5019	2576	2443	5764	2937	2826	5747	2998	2750
5177	2572	2605	5203	2536	2667	5351	2629	2722
15443	7936	7507	18161	9041	9120	18053	9139	8914

续表 2 continued

单位：人

地区 Region	30—34			35—39		
	小计 Sub—total	男 Male	女 Female	小计 Sub—total	男 Male	女 Female
全国 National	**1090886**	**546708**	**544178**	**859347**	**439151**	**420196**
北京 Beijing	13840	6945	6895	13245	6639	6606
天津 Tianjin	9313	4641	4672	9629	4815	4814
河北 Hebei	58540	29034	29505	50920	26277	24643
山西 Shanxi	28689	14330	14359	24731	12727	12004
内蒙古 Inner Mongolia	22330	11497	10833	19152	9828	9324
辽宁 Liaoning	42483	21413	21070	39944	20243	19701
吉林 Jilin	27367	13717	13650	23556	12019	11537
黑龙江 Heilongjiang	38058	19336	18722	32938	16561	16377
上海 Shanghai	13252	6748	6504	17133	8696	8436
江苏 Jiangsu	65428	32188	33240	52038	26337	25701
浙江 Zhejiang	42511	21077	21434	36954	18929	18025
安徽 Anhui	54222	27318	26904	28684	14764	13920
福建 Fujian	27795	13728	14068	23497	11938	11559
江西 Jiangxi	33106	16372	16733	27969	14153	13816
山东 Shandong	83146	40953	42192	68178	34548	33630
河南 Henan	76781	38059	38722	56491	28900	27591
湖北 Hubei	55703	27942	27761	41825	21489	20336
湖南 Hunan	58625	29358	29266	43101	22195	20906
广东 Guangdong	59571	29647	29924	48160	24269	23891
广西 Guangxi	36786	19243	17542	27048	14063	12985
海南 Hainan	6573	3437	3135	4529	2380	2148
四川 Sichuan	98301	48937	49364	69302	35894	33408
贵州 Guizhou	26861	13619	13242	18223	9346	8877
云南 Yunnan	34881	18043	16838	23703	12240	11463
西藏 Tibet	1942	980	963	1431	708	723
陕西 Shanxi	30450	15283	15167	27037	13659	13379
甘肃 Gansu	22247	11477	10770	14271	7511	6760
青海 Qinghai	4384	2310	2074	2556	1319	1236
宁夏 Ningxia	4445	2248	2197	3076	1570	1506
新疆 Xinjiang	13258	6829	6429	10026	5133	4894

(person)

40－44			45－49			50－54		
小　计 Sub－total	男 Male	女 Female	小　计 Sub－total	男 Male	女 Female	小　计 Sub－total	男 Male	女 Female
916950	**465030**	**451921**	**685194**	**350151**	**335043**	**524123**	**269428**	**254695**
11483	5615	5867	7472	3649	3823	5542	2600	2942
9216	4587	4629	6245	3093	3152	4488	2194	2294
52462	26482	25980	38695	19598	19097	26090	13315	12775
22910	11607	11302	16322	8296	8027	11457	5838	5619
17173	8758	8416	11431	5866	5565	8770	4418	4351
36588	18578	18010	24379	12177	12201	18785	9544	9241
22421	11373	11048	15297	7641	7656	11171	5487	5683
30686	15452	15234	21442	10674	10768	15267	7498	7769
15444	7960	7484	10733	5507	5226	6870	3504	3366
60351	30433	29917	47095	23840	23255	36141	18823	17318
37729	19155	18573	29375	15139	14236	18922	9929	8993
41691	21319	20372	34243	17791	16452	27988	14926	13063
21889	11167	10722	14939	7988	6952	11191	5969	5223
26978	13638	13341	20632	10614	10017	15015	7777	7238
74415	37595	36820	54498	27628	26870	38666	19920	18746
68865	34831	34035	49276	25194	24083	38888	19483	19405
42303	21679	20625	32516	16593	15922	25280	13099	12181
47824	24334	23490	36743	19127	17617	26217	13784	12433
45874	23267	22607	33570	17743	15827	25616	13645	11971
27585	14319	13265	22137	11572	10566	18926	9735	9191
4177	2134	2043	3306	1682	1624	2295	1255	1039
95147	48174	46973	71945	37033	34913	59670	31146	28524
21746	11051	10695	18043	9129	8913	14971	7646	7325
24116	12272	11843	18874	9705	9169	15563	7920	7643
1156	578	578	1001	497	504	897	438	459
25730	12905	12825	19037	9316	9721	16135	7988	8147
16052	8262	7790	13175	6836	6338	11744	6020	5724
2644	1341	1303	2262	1135	1127	2099	1044	1056
3254	1655	1599	2321	1153	1168	2035	988	1046
9044	4510	4534	8191	3936	4255	7424	3493	3931

续表 3 continued

单位:人

地区 Region	55—59 小计 Sub—total	55—59 男 Male	55—59 女 Female	60—64 小计 Sub—total	60—64 男 Male	60—64 女 Female
全国 National	**475776**	**246614**	**229162**	**429182**	**219027**	**210155**
北京 Beijing	6275	2987	3288	6089	3003	3086
天津 Tianjin	4224	2057	2167	4108	2039	2069
河北 Hebei	23707	12584	11123	22229	11360	10868
山西 Shanxi	11445	5873	5572	10900	5650	5250
内蒙古 Inner Mongolia	8816	4658	4158	7375	3920	3455
辽宁 Liaoning	17578	8712	8866	16130	7974	8155
吉林 Jilin	10307	5174	5133	8560	4326	4234
黑龙江 Heilongjiang	14680	7438	7242	11503	6106	5396
上海 Shanghai	6150	3011	3139	7728	3661	4067
江苏 Jiangsu	30843	15731	15112	28111	14096	14015
浙江 Zhejiang	18249	9809	8440	19037	9872	9165
安徽 Anhui	23122	12345	10777	21589	11361	10227
福建 Fujian	11135	5988	5147	10338	5311	5027
江西 Jiangxi	15248	7945	7303	13045	6742	6303
山东 Shandong	34672	17810	16863	32732	16236	16496
河南 Henan	31414	16290	15125	30269	15235	15034
湖北 Hubei	21396	11192	10204	19636	10183	9453
湖南 Hunan	27747	14536	13211	24207	12502	11705
广东 Guangdong	25477	13212	12265	23861	11964	11897
广西 Guangxi	17053	8803	8250	15252	7780	7472
海南 Hainan	2741	1408	1332	2427	1266	1161
四川 Sichuan	49710	26020	23690	42202	21733	20469
贵州 Guizhou	13722	7065	6657	10978	5649	5328
云南 Yunnan	14479	7484	6995	12774	6369	6404
西藏 Tibet	785	380	405	708	312	396
陕西 Shanxi	14365	7203	7162	11984	6160	5824
甘肃 Gansu	10169	5317	4852	7906	4112	3793
青海 Qinghai	1793	951	842	1346	697	649
宁夏 Ningxia	1744	906	838	1331	709	622
新疆 Xinjiang	6731	3726	3005	4828	2697	2131

(person)

65—69			70—74			75—79		
小计 Sub—total	男 Male	女 Female	小计 Sub—total	男 Male	女 Female	小计 Sub—total	男 Male	女 Female
337823	**168390**	**169433**	**242721**	**114916**	**127806**	**142222**	**61985**	**80237**
4407	2201	2206	2844	1399	1445	1578	744	833
3412	1691	1720	2238	1094	1144	1291	618	673
17835	8885	8950	12532	6002	6530	7107	3223	3884
7947	3993	3954	5819	2867	2952	3162	1469	1693
4777	2577	2200	3371	1810	1560	1806	951	855
13194	6752	6442	8808	4478	4330	4742	2335	2408
6690	3448	3242	4503	2326	2177	2221	1159	1062
8188	4385	3803	5060	2702	2357	2420	1254	1166
6446	3040	3405	4860	2193	2667	3012	1282	1730
22443	10722	11721	17591	7897	9694	10440	4210	6230
15041	7622	7419	11303	5472	5831	6854	3009	3845
17465	8703	8762	12955	5849	7106	6797	2687	4110
8984	4477	4507	6136	2787	3349	3645	1513	2132
10756	5336	5420	8164	3743	4421	4683	1936	2747
26670	12601	14070	19155	8791	10364	11963	5100	6863
24255	11750	12505	18676	8383	10293	11246	4518	6728
14472	7265	7207	11748	5433	6315	6011	2471	3540
19706	10121	9584	13580	6558	7022	7997	3632	4365
19704	9470	10234	13663	6074	7589	8781	3481	5300
11856	5748	6109	8287	3805	4482	5676	2437	3238
1879	915	963	1272	571	701	790	302	488
35303	17880	17423	24096	11793	12303	14944	6660	8284
8227	4222	4006	5228	2523	2705	3507	1539	1968
10123	4961	5163	7124	3321	3803	4013	1702	2311
530	231	299	359	147	212	198	77	120
8188	4353	3836	6635	3366	3269	3691	1802	1889
4561	2383	2178	3412	1724	1687	1873	910	963
800	412	388	530	236	294	261	112	149
814	444	371	605	315	290	338	176	162
3148	1802	1346	2168	1256	912	1178	678	500

续表 4 continued

单位:人

地区 Region	80—84			85—89		
	小计 Sub-total	男 Male	女 Female	小计 Sub-total	男 Male	女 Female
全国 National	**72346**	**28303**	**44043**	**25506**	**8257**	**17248**
北京 Beijing	863	358	505	322	115	207
天津 Tianjin	702	319	383	259	98	161
河北 Hebei	3828	1624	2205	1315	467	847
山西 Shanxi	1493	661	832	391	133	257
内蒙古 Inner Mongolia	820	417	403	220	104	116
辽宁 Liaoning	2604	1241	1363	997	423	574
吉林 Jilin	1102	537	566	377	181	196
黑龙江 Heilongjiang	1273	614	659	397	178	219
上海 Shanghai	1564	603	961	588	182	406
江苏 Jiangsu	5334	1881	3453	2072	583	1489
浙江 Zhejiang	3551	1447	2104	1339	436	903
安徽 Anhui	3151	1079	2072	906	233	673
福建 Fujian	1937	670	1267	685	205	480
江西 Jiangxi	2237	792	1445	678	219	459
山东 Shandong	5996	2288	3709	2229	680	1549
河南 Henan	5454	1883	3571	1918	576	1342
湖北 Hubei	2931	1089	1842	776	224	552
湖南 Hunan	3962	1588	2374	1290	435	855
广东 Guangdong	5007	1715	3293	2241	572	1670
广西 Guangxi	3186	1203	1983	1376	460	916
海南 Hainan	470	158	312	211	61	149
四川 Sichuan	7388	2897	4491	2685	843	1842
贵州 Guizhou	2075	864	1211	657	239	418
云南 Yunnan	2005	790	1215	600	199	402
西藏 Tibet	83	27	56	28	10	18
陕西 Shanxi	1603	711	892	425	158	268
甘肃 Gansu	781	356	425	198	80	118
青海 Qinghai	126	54	72	37	13	24
宁夏 Ningxia	172	90	82	42	21	21
新疆 Xinjiang	646	349	296	246	128	119

(person)

90—94			95—99			100+		
小计 Sub—total	男 Male	女 Female	小计 Sub—total	男 Male	女 Female	小计 Sub—total	男 Male	女 Female
6457	**1682**	**4776**	**941**	**182**	**759**	**111**	**34**	**77**
88	18	70	12	1	11	1	—	1
59	20	40	8	2	6	1	—	1
318	89	229	23	5	18	3	—	3
75	31	44	9	2	7	1	—	1
41	15	27	6	2	4	—	—	—
254	95	159	33	9	24	6	3	3
94	38	57	6	2	4	2	2	—
90	37	53	13	5	8	2	1	1
173	41	132	19	4	16	4	1	2
537	124	413	83	9	74	5	3	3
323	83	240	42	13	30	1	—	1
262	57	205	56	12	44	5	—	5
192	37	155	23	4	19	2	1	1
148	43	105	15	2	13	1	1	—
506	127	379	63	4	58	1	—	1
486	112	373	71	17	54	6	2	5
183	45	137	29	4	25	8	2	6
263	65	199	26	5	21	4	1	2
721	128	594	111	13	98	13	4	9
404	107	297	76	8	68	10	2	8
66	15	51	16	3	13	3	1	2
665	190	476	100	18	81	10	2	8
154	41	113	24	6	17	4	—	4
105	27	78	19	5	15	8	3	5
5	1	4	1	—	1	—	—	—
82	19	63	8	2	6	3	3	—
32	11	21	7	3	4	—	—	—
7	3	4	3	1	2	1	—	1
8	4	4	1	—	1	1	1	—
116	61	55	39	22	17	6	3	3

2－2　全国按性别、行业、一周内工作小时的就业人口

单位：人、小时

性别与行业	Sex and Industry
总计	**Total**
一、农、林、牧、渔业	Farming, Forestry, Animal Husbandry and Fishery
二、采掘业	Mining and Quarrying
三、制造业	Manufacturing
四、电力、煤气及水的生产和供应业	Electric Power, Gas and Water Production and Supply
五、建筑业	Construction
六、地质勘查业、水利管理业	Geological Prospecting and Water Conservancy
七、交通运输、仓储及邮电通信业	Transportation, Storage, Postal and Telecommunications Services
八、批发和零售贸易、餐饮业	Wholesale and Retail Trade, Catering Services
九、金融、保险业	Banking and Insurance
十、房地产业	Real Estate Management
十一、社会服务业	Social Services
十二、卫生、体育和社会福利业	Health Care, Sports and Social Welfare
十三、教育、文化艺术及广播电影电视业	Education, Culture and Arts, Radio, Film and Television
十四、科学研究和综合技术服务业	Scientific Research and Polytechnical Services
十五、国家机关、政党机关和社会团体	Government Agencies, Party Agencies and Social Organizations
十六、其它行业	Other Sectors
男	**Male**
一、农、林、牧、渔业	Farming, Forestry, Animal Husbandry and Fishery
二、采掘业	Mining and Quarrying
三、制造业	Manufacturing
四、电力、煤气及水的生产和供应业	Electric Power, Gas and Water Production and Supply
五、建筑业	Construction
六、地质勘查业、水利管理业	Geological Prospecting and Water Conservancy
七、交通运输、仓储及邮电通信业	Transportation, Storage, Postal and Telecommunications Services
八、批发和零售贸易、餐饮业	Wholesale and Retail Trade, Catering Services

EMPLOYED POPULATION BY SEX, INDUSTRY
AND WORKING HOURS IN THE LAST WEEK PRIOR TO THE SURVEY

(Person, hour)

在业人口 Employed Population	一周内工作小时 Working Hours in a Week								平均每周工作小时 Average Working Hours Per Week
	1—8	9—16	17—24	25—32	33—40	41+	41—48	48+	
6981639	**2151**	**16460**	**81212**	**185098**	**3704188**	**2992515**	**597465**	**2395050**	**40.7**
4861959	1369	14820	74581	168407	2265159	2337618	380233	1957384	41.2
71118	35	62	143	568	39798	30513	14160	16352	40.6
810214	179	597	2766	6328	547922	252417	103947	148470	39.5
35487	19	8	50	98	30101	5211	2930	2281	37.8
133926	20	72	317	856	73008	59653	13483	46170	41.2
8074	21	5	22	29	6116	1882	994	887	38.6
160904	49	98	373	1208	100603	58573	13997	44576	40.3
368547	177	383	1654	4242	212074	150017	33492	116525	40.7
31570	14	4	25	102	28250	3174	1649	1526	37.4
9104	4	3	7	42	8113	935	468	467	37.4
94192	64	154	456	1119	58530	33870	9194	24676	40.1
63570	28	51	142	306	49090	13953	6431	7522	38.6
157592	109	86	294	779	137877	18447	8912	9535	37.5
17231	20	12	30	51	16502	616	370	245	36.7
142957	40	96	321	887	118368	23245	5825	17420	38.1
15192	4	10	31	79	12675	2393	1380	1014	37.9
3788037	**942**	**5500**	**24783**	**62820**	**1953410**	**1740580**	**322508**	**1418071**	**41.2**
2506847	472	4671	21922	54706	1106130	1318945	194851	1124094	41.9
58099	20	38	93	449	31905	25594	11117	14477	40.8
442037	100	229	774	2194	296398	142341	54895	87445	39.7
25018	10	4	36	71	20948	3948	2013	1935	38.0
116110	18	61	257	705	60296	54771	11615	43156	41.5
6258	9	3	17	20	4668	1540	765	776	38.8
132491	39	84	271	993	78330	52775	11613	41161	40.7
185163	116	155	671	1837	104876	77507	16191	61316	40.8

续表1 Continued

单位：人、小时

性别与行业	Sex and Industry
九、金融、保险业	Banking and Insurance
十、房地产业	Real Estate Management
十一、社会服务业	Social Services
十二、卫生、体育和社会福利业	Health Care，Sports and Social Welfare
十三、教育、文化艺术及广播电影电视业	Education，Culture and Arts，Radio，Film and Television
十四、科学研究和综合技术服务业	Scientific Research and Polytechnical Services
十五、国家机关、政党机关和社会团体	Government Agencies，Party Agencies and Social Organizations
十六、其它行业	Other Sectors
女	**Female**
一、农、林、牧、渔业	Farming，Forestry，Animal Husbandry and Fishery
二、采掘业	Mining and Quarrying
三、制造业	Manufacturing
四、电力、煤气及水的生产和供应业	Electric Power，Gas and Water Production and Supply
五、建筑业	Construction
六、地质勘查业、水利管理业	Geological Prospecting and Water Conservancy
七、交通运输、仓储及邮电通信业	Transportation，Storage，Postal and Telecommunications Services
八、批发和零售贸易、餐饭业	Wholesale and Retail Trade，Catering Services
九、金融、保险业	Banking and Insurance
十、房地产业	Real Estate Management
十一、社会服务业	Social Services
十二、卫生、体育和社会福利业	Health Care，Sports and Social Welfare
十三、教育、文化艺术及广播电影电视业	Education，Culture and Arts，Radio，Film and Television
十四、科学研究和综合技术服务业	Scientific Research and Polytechnical Services
十五、国家机关、政党机关和社会团体	Government Agencies，Party Agencies and Social Organizations
十六、其它行业	Other Sectors

(Person,hour)

在业人口 Employed Population	一周内工作小时 Working Hours in a Week 1－8	9－16	17－24	25－32	33－40	41＋	41－48	48＋	平均每周工作小时 Average Working Hours Per Week
17412	10	4	18	53	15322	2004	939	1065	37.6
5895	2	1	4	30	5144	714	324	390	37.6
51745	42	99	276	608	30418	20302	4615	15687	40.4
29447	18	29	73	173	21031	8124	2926	5198	39.2
82886	63	52	168	406	71074	11123	4890	6233	37.7
10889	6	8	19	28	10391	436	232	204	36.8
107678	13	52	162	488	88185	18777	4641	14136	38.3
10063	4	9	21	58	8293	1678	881	797	38.0
3193603	**1209**	**10960**	**56429**	**122279**	**1750778**	**1251936**	**274956**	**976979**	**40.0**
2355112	896	10149	52659	113701	1159029	1018672	185382	833290	40.3
13019	15	24	49	118	7893	4919	3044	1875	39.8
368177	79	368	1992	4134	251524	110076	49052	61024	39.3
10469	9	4	14	27	9153	1263	917	346	37.5
17816	2	10	59	150	12712	4883	1869	3014	39.1
1817	12	2	5	8	1448	341	229	112	37.9
28413	10	14	102	215	22273	5799	2383	3415	38.4
183385	61	227	983	2405	107198	72510	17301	55209	40.5
14158	3	—	7	49	12928	1170	710	461	37.2
3210	3	2	3	12	2969	220	143	77	37.0
42447	21	54	180	511	28113	13568	4578	8989	39.6
34123	10	22	69	133	28059	5830	3506	2324	38.0
74706	46	34	127	373	66803	7323	4022	3302	37.3
6342	14	4	12	23	6110	179	139	41	36.6
35279	27	44	158	400	30183	4468	1184	3283	37.6
5129	—	1	10	22	4382	715	498	217	37.7

2—3 全国按性别、职业、一周内工作小时分的就业人口

单位：人、小时

性别与行业	Sex and Occupation
总计	**Total**
一、各类专业技术人员	Professinal/Technical
二、国家机关、党群组织、企事业单位负责人	Administrator/Manager
三、办事人员和有关人员	Clerical & Related Workers
四、商业工作人员	Sales Workers
五、服务性工作人员	Service Workers
六、农、林、牧、渔劳动者	Agriculture & Related Workers
七、生产工人、运输工人和有关人员	Production & Related Workers
八、不便分类的其他劳动者	Not Stated
男	**Male**
一、各类专业技术人员	Professinal/Technical
二、国家机关、党群组织、企事业单位负责人	Administrator/Manager
三、办事人员和有关人员	Clerical & Related Workers
四、商业工作人员	Sales Workers
五、服务性工作人员	Service Workers
六、农、林、牧、渔劳动者	Agriculture & Related Workers
七、生产工人、运输工人和有关人员	Production & Related Workers
八、不便分类的其他劳动者	Not Stated
女	**Female**
一、各类专业技术人员	Professinal/Technical
二、国家机关、党群组织、企事业单位负责人	Administrator/Manager
三、办事人员和有关人员	Clerical & Related Workers
四、商业工作人员	Sales Workers
五、服务性工作人员	Service Workers
六、农、林、牧、渔劳动者	Agriculture & Related Workers
七、生产工人、运输工人和有关人员	Production & Related Workers
八、不便分类的其他劳动者	Not Stated

EMPLOYED POPULATION BY SEX, OCCUPATION AND WORKING HOURS IN THE LAST WEEK PRIOR TO THE SURVEY

(Person,Hour)

在业人口 Employed Population	一周内工作小时 Working Hours in a Week								平均每周工作小时 Average Working Hours Per Week
	1—8	9—16	17—24	25—32	33—40	41+			
							41—48	48+	
6981639	**2151**	**16460**	**81212**	**185098**	**3704188**	**2992515**	**597465**	**2395050**	**40.7**
379083	385	274	675	1594	318255	57898	28792	29106	37.9
141017	15	36	169	535	107894	32368	11788	20580	38.8
142134	19	41	153	512	121104	20306	10986	9320	37.8
291548	75	332	1460	3629	162304	123749	27142	96606	40.8
178061	60	242	818	2154	108879	65905	18699	47206	40.2
4842250	1384	14800	74364	168281	2248285	2335129	378814	1956316	41.2
1006988	210	735	3570	8384	637002	357083	121216	235867	40.0
558	4	—	2	9	465	78	28	49	37.5
3788037	**942**	**5500**	**24783**	**62820**	**1953410**	**1740580**	**322508**	**1418071**	**41.2**
188247	233	174	386	893	153017	33544	13993	19551	38.2
120493	12	28	92	322	91291	28748	10293	18455	38.9
98661	12	28	85	328	82844	15364	7693	7671	38.0
149100	38	144	626	1579	82071	64643	13742	50901	41.0
82222	38	109	357	959	46958	33800	7962	25838	40.7
2492673	471	4666	21902	54659	1094934	1316040	193789	1122251	41.9
656321	137	351	1333	4075	402033	248389	75019	173370	40.4
321	—	—	2	5	261	52	18	34	37.9
3193603	**1209**	**10960**	**56429**	**122279**	**1750778**	**1251936**	**274956**	**976979**	**40.0**
190836	152	100	289	702	165238	24354	14799	9555	37.6
20524	3	7	77	213	16603	3620	1495	2126	38.1
43473	6	13	68	183	38260	4942	3293	1649	37.5
112448	37	188	834	2050	80233	59106	13401	45705	40.7
95840	22	133	461	1195	61921	32105	10737	21368	39.7
2349578	912	10135	52462	113622	1153351	1019090	185025	834065	40.4
350668	73	383	2237	4309	234969	108694	46197	62496	39.4
237	4	—	—	4	204	25	10	15	36.9

2—4 全国分年龄、性别、受教育程度、婚姻状况的人口

单位：人

受教育程度和年龄别 Educational Level & Age	合 计 Total			未 婚 Never Married			初婚有配偶 First Married		
	合 计 Total	男 Male	女 Female	小 计 Sub—total	男 Male	女 Female	小 计 Sub—total	男 Male	女 Female
总计 Total	**9060734**	**4551175**	**4509559**	**1811908**	**1074720**	**737189**	**6443890**	**3175604**	**3268286**
15—19	912735	469838	442898	900667	466876	433791	11681	2843	8837
15	188956	97944	91012	188875	97916	90959	59	19	40
16	202061	104670	97390	201719	104583	97136	322	79	243
17	178302	91601	86701	177270	91360	85910	996	230	767
18	166617	85230	81386	163590	84542	79049	2913	663	2250
19	176800	90392	86408	169214	88476	80738	7390	1853	5538
20—24	1080611	535303	545308	626177	367505	258671	448529	165363	283166
20	182449	90781	91668	159823	85697	74126	22181	4980	17201
21	198486	97569	100916	151818	85984	65834	46045	11371	34674
22	217540	106959	110581	132594	78421	54174	83866	28112	55754
23	229840	114046	115794	102807	64505	38303	125548	48912	76636
24	252296	125948	126348	79135	52900	26235	170888	71987	98901
25—29	1257801	626178	631623	148718	113759	34959	1087049	501662	585387
25	262479	129739	132740	55408	39523	15885	203737	88653	115085
26	254907	126726	128181	36577	27823	8754	214551	97088	117463
27	266518	132914	133605	26795	21186	5609	235078	109396	125682
28	222316	110868	111448	16124	13386	2738	201601	95225	106376
29	251580	125931	125649	13814	11841	1973	232082	111300	120782
30—34	1090886	546708	544178	38151	33679	4473	1019907	496941	522965
30	250243	125367	124877	11175	9693	1482	232403	112460	119943
31	241765	120752	121013	9088	8033	1056	225728	109332	116396
32	285183	143824	141359	9074	8049	1025	267323	131425	135898
33	196715	98795	97920	5573	5003	570	184895	90708	94187
34	116979	57971	59009	3241	2901	340	109557	53015	56542
35—39	859347	439151	420196	21757	20349	1408	802032	401391	400642
35	150701	76385	74316	3842	3522	320	140853	69953	70901
36	139969	71603	68365	3529	3280	249	130852	65566	65286
37	181141	93240	87901	4868	4576	292	168734	84831	83904
38	203827	104505	99321	5086	4802	284	190209	95584	94625
39	183708	93417	90292	4433	4169	264	171384	85457	85926

MARITAL STATUS OF POPULATION BY AGE, SEX AND EDUCATONAL LEVEL

(person)

再婚有配偶 Re—Married			离　婚 Divorced			丧　偶 Widowed		
小　计 Sub—total	男 Male	女 Female	小　计 Sub—total	男 Male	女 Female	小　计 Sub—total	男 Male	女 Female
190714	**86782**	**103932**	**63943**	**43215**	**20728**	**550279**	**170854**	**379425**
96	22	74	228	53	175	64	43	20
6	1	5	4	2	3	12	7	5
5	2	3	10	2	8	5	5	1
6	2	5	21	3	19	8	7	1
24	5	19	77	13	64	13	8	6
55	12	42	116	34	82	25	17	8
2419	711	1708	2761	1411	1351	725	313	412
175	26	149	240	65	175	31	13	17
219	56	164	330	132	198	73	27	46
432	122	310	528	258	270	120	46	74
619	195	424	682	342	340	184	92	92
975	313	662	981	614	367	318	134	183
10725	3971	6754	8280	5230	3050	3029	1556	1473
1493	491	1002	1413	847	565	428	225	203
1798	679	1119	1468	892	576	514	245	269
2237	869	1368	1777	1144	634	630	318	312
2268	851	1418	1659	1054	605	664	352	311
2928	1081	1847	1963	1294	669	794	415	379
17507	6991	10517	10542	6810	3731	4779	2287	2492
3594	1326	2269	2163	1470	693	908	418	490
3707	1436	2271	2248	1438	810	994	513	481
4583	1911	2672	2918	1837	1081	1285	602	683
3349	1364	1985	1922	1249	673	976	470	506
2275	954	1320	1291	817	474	615	283	332
19698	8209	11489	9090	6020	3070	6769	3181	3588
3391	1414	1978	1737	1096	640	878	401	478
3090	1317	1773	1531	985	546	968	456	512
4170	1838	2332	1954	1305	649	1415	690	725
4653	1853	2799	2111	1420	691	1768	846	922
4395	1787	2607	1758	1214	544	1740	789	951

续表 1 continued

单位:人

受教育程度和年龄别 Educational Level & Age	合计 Total			未婚 Never Married			初婚有配偶 First Married		
	合计 Total	男 Male	女 Female	小计 Sub－total	男 Male	女 Female	小计 Sub－total	男 Male	女 Female
40－44	916950	465030	451921	21717	20711	1006	848342	422630	425712
40	202816	103563	99253	5070	4815	255	188064	94158	93906
41	194547	98671	95876	4621	4400	222	180720	89910	90810
42	181798	92057	89741	4314	4102	212	167959	83657	84301
43	181502	91846	89656	4240	4073	166	167605	83347	84257
44	156287	78892	77395	3473	3322	151	143995	71557	72438
45－49	685194	350151	335043	15579	14974	605	620560	313354	307206
45	155341	79490	75851	3566	3416	150	141774	71482	70293
46	148735	76573	72162	3412	3265	147	135184	68676	66507
47	130893	66963	63930	2939	2826	113	118620	59977	58643
48	130855	66982	63873	2983	2892	91	117843	59638	58205
49	119370	60143	59227	2679	2575	104	107139	53580	53559
50－54	524123	269428	254695	12050	11664	386	458501	235549	222952
50	113515	57803	55712	2655	2571	85	100449	50861	49588
51	106694	54827	51866	2438	2366	72	94281	48236	46045
52	100909	51884	49025	2281	2209	73	88344	45356	42989
53	99102	50875	48227	2234	2149	85	86117	44323	41794
54	103904	54039	49865	2441	2370	71	89309	46774	42535
55－59	475776	246614	229162	9834	9524	310	393143	208717	184426
55	98846	51318	47528	2236	2164	72	83626	44066	39559
56	88569	45525	43044	1854	1799	55	74306	38957	35348
57	98605	51519	47085	2061	2000	61	81416	43484	37932
58	95288	49669	45619	1922	1867	55	77689	41654	36036
59	94469	48583	45886	1761	1694	67	76105	40555	35551
60－64	429182	219027	210155	7401	7072	329	324228	175863	148365
60	95185	48132	47052	1915	1842	73	74378	39357	35021
61	86962	44366	42596	1530	1465	65	66938	36061	30877
62	92130	47541	44589	1598	1524	74	69653	38218	31434
63	80341	40630	39712	1259	1188	71	59468	32297	27171
64	74563	38357	36206	1099	1053	46	53792	29930	23861
65＋	828128	383748	444380	9858	8605	1253	429919	251291	178628

(person)

再婚有配偶 Re-Married			离婚 Divorced			丧偶 Widowed		
小计 Sub-total	男 Male	女 Female	小计 Sub-total	男 Male	女 Female	小计 Sub-total	男 Male	女 Female
24181	9808	14372	8715	5914	2800	13996	5966	8030
5321	2199	3122	2043	1350	693	2319	1042	1277
4754	1989	2765	1859	1249	610	2593	1125	1469
4991	1970	3022	1681	1143	538	2853	1185	1668
4833	1911	2922	1700	1193	506	3126	1321	1805
4282	1740	2542	1432	979	453	3105	1293	1812
21843	9145	12698	6347	4579	1768	20864	8098	12766
4920	2069	2851	1440	997	442	3641	1526	2116
4634	1919	2714	1450	1047	403	4055	1665	2390
4167	1730	2437	1191	852	339	3975	1577	2398
4360	1837	2523	1215	907	307	4454	1707	2747
3763	1589	2174	1051	775	276	4738	1623	3115
18244	7970	10274	4640	3488	1152	30689	10756	19933
4036	1724	2312	1032	749	283	5342	1897	3445
3614	1569	2045	907	695	212	5454	1962	3492
3481	1558	1924	926	727	199	5875	2035	3841
3486	1523	1962	884	644	241	6381	2236	4145
3626	1595	2032	891	674	217	7636	2626	5010
19861	9434	10427	4039	3123	916	48899	15816	33083
3964	1802	2162	901	679	223	8119	2607	5511
3536	1628	1908	728	570	158	8145	2571	5574
4077	1934	2143	878	696	182	10173	3405	6767
4158	2056	2102	783	598	185	10735	3494	7241
4126	2014	2111	748	580	168	11729	3739	7990
20410	10341	10069	3602	2755	847	73542	22996	50546
4505	2215	2289	850	645	205	13537	4074	9463
4071	2009	2062	695	528	167	13729	4303	9426
4410	2255	2155	789	596	193	15680	4948	10732
3800	1914	1886	640	495	145	15174	4736	10438
3624	1948	1676	627	491	136	15421	4935	10486
35730	20180	15550	5698	3831	1868	346923	99842	247081

续表 2 continued

单位:人

受教育程度和年龄别 Educational Level & Age	合计 Total			未婚 Never Married			初婚有配偶 First Married		
	合计 Total	男 Male	女 Female	小计 Sub-total	男 Male	女 Female	小计 Sub-total	男 Male	女 Female
大专以上 College & Over	**250590**	**161530**	**89060**	**59868**	**34584**	**25284**	**182066**	**121353**	**60712**
15—19	10421	5262	5159	10406	5255	5151	15	7	8
15	125	59	66	125	59	66	—	—	—
16	449	208	242	448	208	241	1	—	1
17	1107	505	602	1103	502	601	4	3	1
18	3132	1560	1571	3131	1559	1571	1	1	—
19	5608	2929	2679	5599	2926	2673	9	3	6
20—24	38937	20527	18411	34609	19043	15566	4311	1479	2832
20	7053	3625	3429	7020	3614	3407	32	10	22
21	7315	3753	3562	7202	3736	3467	112	17	95
22	7902	4153	3749	7496	4035	3461	404	118	286
23	8005	4293	3712	6779	3897	2882	1221	396	825
24	8662	4703	3959	6111	3762	2349	2540	937	1603
25—29	44769	26100	18669	12200	8565	3635	32247	17385	14862
25	9369	5186	4183	4776	3173	1604	4565	2004	2561
26	9670	5461	4209	3272	2344	928	6349	3095	3254
27	9893	5671	4222	2355	1714	640	7479	3930	3549
28	7378	4505	2874	1031	772	260	6273	3702	2571
29	8458	5277	3181	765	562	202	7581	4654	2926
30—34	41960	27238	14722	1706	1221	485	39349	25509	13840
30	8954	5703	3251	552	409	144	8249	5205	3043
31	9829	6242	3587	443	332	111	9191	5808	3384
32	11478	7498	3980	401	273	128	10818	7090	3728
33	7152	4791	2361	192	123	69	6803	4568	2236
34	4547	3004	1543	117	85	33	4288	2838	1449
35—39	25166	17000	8166	387	198	190	23908	16274	7635
35	4867	3313	1554	104	65	39	4596	3144	1451
36	3919	2654	1265	69	37	32	3736	2549	1187
37	5154	3490	1664	74	37	37	4895	3343	1552
38	5820	3943	1877	78	36	42	5538	3781	1756
39	5405	3599	1806	62	23	40	5145	3457	1688

(person)

再婚有配偶 Re－Married			离 婚 Divorced			丧 偶 Widowed		
小 计 Sub－total	男 Male	女 Female	小 计 Sub－total	男 Male	女 Female	小 计 Sub－total	男 Male	女 Female
3922	**3066**	**856**	**2168**	**1163**	**1005**	**2567**	**1364**	**1202**
—	—	—	—	—	—	—	—	—
—	—	—	—	—	—	—	—	—
—	—	—	—	—	—	—	—	—
—	—	—	—	—	—	—	—	—
—	—	—	—	—	—	—	—	—
—	—	—	—	—	—	—	—	—
1	—	1	16	5	11	1	—	1
—	—	—	1	1	—	—	—	—
—	—	—	—	—	—	—	—	—
1	—	1	1	—	1	—	—	—
—	—	—	5	1	5	—	—	—
—	—	—	9	4	6	1	—	1
79	45	34	218	98	120	25	7	19
8	4	4	18	4	13	1	1	1
5	1	4	39	19	19	5	2	3
12	9	3	45	17	28	3	1	2
23	11	12	42	19	23	9	1	8
31	20	11	75	39	36	7	2	5
347	212	135	506	275	232	51	20	30
50	28	22	94	56	38	9	4	4
73	42	31	106	51	55	15	9	6
100	58	42	146	75	71	13	2	11
69	48	21	80	48	32	7	4	3
55	36	19	80	44	36	8	1	6
435	321	114	372	184	188	63	24	39
76	61	15	81	38	43	10	4	6
52	38	14	50	24	26	13	6	7
88	62	26	86	45	41	11	4	7
106	78	27	81	42	39	18	6	12
113	81	32	74	34	40	11	4	7

续表 3 continued

单位：人

受教育程度和年龄别 Educational Level & Age	合计 Total			未婚 Never Married			初婚有配偶 First Married		
	合计 Total	男 Male	女 Female	小计 Sub－total	男 Male	女 Female	小计 Sub－total	男 Male	女 Female
40－44	23329	15779	7550	201	69	132	22249	15204	7045
40	5612	3716	1896	50	18	32	5365	3588	1777
41	5346	3545	1801	42	21	21	5100	3408	1692
42	4498	3062	1436	38	12	26	4285	2951	1335
43	4130	2861	1269	41	12	29	3945	2774	1171
44	3743	2595	1148	31	7	24	3552	2483	1069
45－49	17460	12542	4918	118	54	64	16551	12009	4542
45	3899	2758	1141	27	12	16	3691	2642	1050
46	3629	2649	980	26	7	19	3457	2555	901
47	3299	2386	913	31	15	16	3124	2276	848
48	3291	2404	887	17	8	8	3117	2295	822
49	3342	2345	997	17	12	5	3162	2241	921
50－54	15220	10946	4274	51	36	15	14372	10402	3970
50	3114	2216	898	13	8	5	2936	2107	829
51	2957	2122	835	12	8	3	2797	2014	783
52	2845	2069	776	9	6	3	2688	1962	726
53	3033	2158	875	11	8	2	2863	2051	812
54	3271	2382	889	7	5	2	3088	2268	820
55－59	15805	12011	3794	66	58	8	14548	11147	3401
55	3347	2515	831	16	13	2	3096	2338	757
56	3217	2375	842	13	10	2	2986	2221	765
57	3405	2625	780	13	13	—	3148	2445	703
58	3090	2389	701	14	12	2	2830	2204	627
59	2746	2107	639	11	9	1	2488	1939	548
60－64	9174	7262	1912	43	33	11	8140	6539	1602
60	2423	1868	555	14	12	2	2198	1719	479
61	2089	1652	438	5	4	1	1862	1486	376
62	1833	1455	378	7	5	2	1604	1301	303
63	1544	1247	297	7	4	2	1351	1106	245
64	1285	1040	245	11	7	4	1125	927	198
65＋	8349	6865	1484	80	52	28	6375	5399	976

(person)

再婚有配偶 Re－Married			离婚 Divorced			丧偶 Widowed		
小计 Sub－total	男 Male	女 Female	小计 Sub－total	男 Male	女 Female	小计 Sub－total	男 Male	女 Female
451	322	129	326	147	179	102	38	64
100	65	35	83	41	42	14	5	9
99	73	26	86	36	50	19	7	11
96	65	31	63	29	35	16	6	10
72	50	22	44	17	27	27	8	20
85	69	15	49	24	25	26	12	14
452	334	118	198	101	96	141	43	98
100	71	29	49	25	24	32	9	23
81	58	24	38	19	20	27	10	17
82	64	18	39	21	18	23	10	13
99	76	23	34	21	13	25	4	21
91	66	25	38	17	21	34	9	25
416	322	94	151	89	62	230	96	134
99	73	26	34	16	18	32	11	21
79	65	14	26	18	8	44	17	27
72	60	11	26	17	9	50	23	26
81	58	23	31	21	10	48	19	28
85	66	19	35	18	17	57	25	32
623	520	103	159	101	58	409	185	224
127	107	20	36	24	12	73	33	40
112	91	21	34	20	13	73	32	41
137	112	26	29	16	13	77	39	38
129	110	19	38	25	12	80	38	41
118	101	17	23	15	8	106	42	64
475	398	77	87	60	27	428	232	196
89	69	21	27	20	7	95	48	47
103	94	10	22	13	9	96	54	42
117	94	24	14	7	7	90	48	42
92	81	11	12	9	3	82	47	35
73	61	12	11	11	—	65	35	30
642	591	51	134	103	31	1117	720	398

续表 4 continued

单位:人

受教育程度和年龄别 Educational Level& Age	合计 Total			未婚 Never Married			初婚有配偶 First Married		
	合计 Total	男 Male	女 Female	小计 Sub－total	男 Male	女 Female	小计 Sub－total	男 Male	女 Female
高中 Senior High School	**1017930**	**599775**	**418156**	**302717**	**174459**	**128258**	**684180**	**407728**	**276452**
15－19	161156	86670	74486	160946	86589	74356	196	73	123
15	19152	9825	9327	19146	9821	9324	3	1	2
16	38116	20177	17939	38110	20174	17936	4	2	2
17	39203	21193	18011	39193	21189	18004	9	4	5
18	34199	18715	15484	34153	18701	15452	44	14	30
19	30486	16760	13726	30345	16704	13640	136	52	84
20－24	138887	75136	63751	107682	62671	45012	30953	12349	18603
20	27327	14904	12424	26737	14763	11974	581	140	441
21	26448	14200	12248	24608	13766	10842	1826	427	1399
22	27382	14640	12741	22726	13049	9677	4613	1576	3037
23	27936	15165	12771	18703	11419	7284	9172	3716	5456
24	29794	16227	13566	14908	9673	5235	14760	6490	8270
25－29	132952	74804	58148	24956	18088	6869	106220	55896	50324
25	30119	16543	13576	10145	7116	3030	19735	9322	10413
26	28452	16007	12445	6607	4846	1761	21558	11038	10520
27	27661	15559	12102	4348	3195	1153	22954	12178	10776
28	21157	12136	9021	2204	1651	553	18583	10312	8271
29	25563	14558	11005	1651	1280	371	23390	13046	10344
30－34	200405	115523	84882	5476	4240	1237	189074	108277	80797
30	31101	17923	13178	1354	1021	333	29062	16556	12507
31	39335	22414	16921	1302	1027	275	36918	20829	16090
32	56807	32775	24032	1381	1071	311	53718	30836	22882
33	43529	25466	18062	850	648	202	41388	24136	17252
34	29633	16945	12688	590	473	117	27987	15920	12067
35－39	171539	103897	67642	2127	1706	422	162884	98648	64236
35	37860	22139	15721	565	456	108	35897	20982	14915
36	32942	19699	13243	421	341	81	31284	18701	12583
37	37364	22638	14726	460	378	82	35452	21441	14011
38	35608	21868	13740	403	319	84	33846	20808	13039
39	27765	17553	10213	278	212	66	26404	16716	9688

(person)

再婚有配偶 Re－Married			离婚 Divorced			丧偶 Widowed		
小计 Sub－total	男 Male	女 Female	小计 Sub－total	男 Male	女 Female	小计 Sub－total	男 Male	女 Female
13906	**8937**	**4969**	**8303**	**4227**	**4076**	**8824**	**4423**	**4401**
5	4	1	5	1	4	5	3	2
1	1	—	—	—	—	3	2	2
1	1	—	1	—	1	—	—	—
1	—	1	—	—	—	—	—	—
—	—	—	2	—	2	1	1	—
2	2	—	3	1	2	1	1	—
56	28	28	168	74	94	28	14	14
1	—	1	7	1	6	1	—	1
3	1	1	11	5	6	—	—	—
7	1	6	33	13	20	3	2	1
13	8	5	40	16	25	8	6	2
33	19	14	77	40	37	15	6	9
588	267	320	1013	483	530	175	70	105
55	23	32	162	68	94	22	15	8
90	40	50	175	78	97	21	5	16
111	51	60	212	119	94	35	16	19
124	57	67	200	95	105	46	21	25
207	95	112	264	123	141	50	14	37
2655	1460	1195	2564	1252	1313	635	295	340
265	134	131	336	177	159	83	35	48
496	258	238	514	246	268	105	54	51
780	449	331	736	343	393	191	76	116
600	328	272	558	281	277	132	73	60
513	290	224	420	205	216	123	57	65
3353	1944	1409	2328	1188	1140	846	411	435
666	352	313	554	265	289	179	83	96
634	356	278	466	240	226	137	62	74
786	478	307	484	253	230	182	87	95
693	400	293	481	250	232	185	92	93
575	358	218	343	180	163	164	87	78

续表 5 continued

单位：人

受教育程度和年龄别 Educational Level & Age	合计 Total			未婚 Never Married			初婚有配偶 First Married		
	合计 Total	男 Male	女 Female	小计 Sub－total	男 Male	女 Female	小计 Sub－total	男 Male	女 Female
40－44	80386	53046	27340	677	528	150	76326	50593	25733
40	25040	16182	8858	226	173	53	23782	15433	8348
41	19831	13068	6764	183	146	37	18848	12473	6374
42	14724	9948	4776	122	93	29	13955	9455	4500
43	11652	7811	3841	84	68	16	11088	7480	3608
44	9139	6038	3101	63	48	15	8654	5752	2902
45－49	42273	27458	14815	271	197	74	39752	25984	13768
45	8899	5957	2942	64	52	13	8395	5635	2761
46	9340	5996	3344	66	46	20	8775	5675	3100
47	8783	5642	3141	54	36	18	8281	5341	2940
48	8340	5418	2922	41	30	12	7844	5141	2702
49	6911	4445	2466	45	34	11	6457	4192	2265
50－54	34870	22443	12427	199	157	42	32161	20915	11246
50	6603	4248	2356	41	35	6	6118	3957	2161
51	6826	4387	2439	35	24	11	6303	4114	2189
52	7104	4417	2687	39	34	6	6571	4134	2437
53	7331	4721	2611	40	30	10	6735	4385	2350
54	7005	4670	2335	44	35	9	6434	4325	2109
55－59	25950	18076	7873	154	123	30	23394	16544	6849
55	6339	4308	2032	37	28	9	5773	3982	1790
56	5316	3600	1716	24	19	5	4810	3320	1490
57	5253	3659	1594	38	33	4	4738	3338	1401
58	4762	3464	1298	30	26	4	4279	3159	1120
59	4280	3046	1234	25	18	8	3794	2746	1048
60－64	14598	11011	3587	76	62	15	12641	9720	2921
60	3738	2731	1007	21	17	4	3312	2464	849
61	3130	2314	817	17	12	4	2730	2059	671
62	2984	2285	698	18	14	3	2591	2029	561
63	2519	1934	585	7	5	3	2141	1687	454
64	2228	1748	480	14	13	—	1867	1481	387
65＋	14913	11710	3203	151	99	52	10580	8729	1851

(person)

再婚有配偶 Re—Married			离 婚 Divorced			丧 偶 Widowed		
小 计 Sub—total	男 Male	女 Female	小 计 Sub—total	男 Male	女 Female	小 计 Sub—total	男 Male	女 Female
1780	1131	649	932	462	470	671	332	338
549	343	206	306	149	157	178	83	94
431	267	164	233	112	121	136	69	67
327	221	105	171	99	72	149	79	70
259	163	96	116	54	62	105	46	59
214	136	78	106	48	58	102	54	48
1257	834	423	454	234	221	539	209	330
271	199	72	91	40	51	77	32	45
269	179	90	121	55	66	108	40	68
240	156	84	92	56	36	116	53	64
248	157	91	77	44	33	130	47	83
229	142	86	74	39	35	107	38	69
1213	824	389	312	171	141	984	375	609
235	170	65	73	40	32	137	45	92
247	149	98	53	29	24	188	71	117
227	151	76	63	31	32	204	68	136
261	177	84	71	40	32	223	88	135
243	177	66	53	31	21	232	103	129
1096	814	282	214	134	80	1093	461	632
255	183	72	54	30	24	220	84	136
191	142	49	47	26	20	245	93	152
233	167	66	41	27	14	203	95	109
208	157	51	42	30	12	204	93	111
209	165	44	30	20	10	222	97	125
813	674	139	137	92	45	932	464	467
182	145	37	28	20	7	194	85	110
167	140	26	29	18	11	188	84	105
169	140	29	30	19	11	176	83	93
145	114	31	20	14	6	205	114	91
150	135	15	29	20	9	168	99	69
1091	958	133	175	137	38	2916	1787	1129

续表 6 continued

单位：人

受教育程度和年龄别 Educational Level& Age	合计 Total			未婚 Never Married			初婚有配偶 First Married		
	合计 Total	男 Malc	女 Female	小计 Sub－total	男 Male	女 Female	小计 Sub－total	男 Male	女 Female
初中 Junior High School	**3039163**	**1787397**	**1251765**	**877873**	**525776**	**352097**	**2072441**	**1207328**	**865113**
15－19	497183	275178	222004	493539	273944	219596	3551	1193	2358
15	125489	69224	56265	125471	69215	56256	9	4	5
16	114275	63664	50611	114217	63644	50573	53	16	37
17	90252	50108	40144	90006	50028	39977	238	74	164
18	81058	44572	36486	80226	44292	35934	809	270	538
19	86110	47610	38499	83620	46764	36855	2443	828	1614
20－24	517332	281265	236067	299616	183818	115797	215709	96445	119264
20	86132	46466	39666	77354	43929	33425	8695	2506	6189
21	94716	50867	43850	74587	44635	29951	19963	6166	13797
22	104794	56523	48270	64394	39893	24501	40067	16467	23600
23	111022	60584	50437	48192	31330	16862	62294	28999	33295
24	120668	66824	53844	35089	24030	11059	84690	42307	42383
25－29	585650	326391	259259	59001	44730	14271	517581	276587	240993
25	121813	67210	54604	23317	16714	6603	97247	49801	47446
26	115810	64052	51758	14262	10761	3502	99997	52451	47546
27	122790	68417	54373	10234	8005	2229	110640	59303	51337
28	103851	58334	45517	6068	4967	1102	95835	52265	43570
29	121385	68378	53007	5120	4283	836	113862	62768	51094
30－34	493028	277135	215893	13009	11507	1503	466275	258015	208260
30	121251	67860	53391	4034	3476	558	114282	62778	51504
31	114605	63476	51129	3160	2801	360	108432	59053	49378
32	129819	72869	56949	3048	2710	339	122968	68029	54938
33	82946	47437	35509	1802	1649	153	78643	44373	34270
34	44407	25492	18915	965	871	93	41951	23781	18169
35－39	292487	180852	111636	5339	5013	326	275816	169229	106586
35	54476	32218	22258	1080	1006	74	51382	30079	21304
36	48444	29343	19100	907	853	54	45756	27449	18307
37	61855	38268	23587	1205	1134	71	58200	35698	22502
38	68145	43143	25002	1162	1107	55	64293	40464	23829
39	59568	37879	21688	985	914	72	56184	35540	20644

(person)

再婚有配偶 Re－Married			离 婚 Divorced			丧 偶 Widowed		
小 计 Sub－total	男 Male	女 Female	小 计 Sub－total	男 Male	女 Female	小 计 Sub－total	男 Male	女 Female
37971	**22552**	**15419**	**19547**	**12904**	**6642**	**31332**	**18837**	**12495**
18	5	13	46	13	33	28	23	5
2	—	2	1	—	1	6	5	1
2	1	1	—	—	—	3	3	—
—	—	—	3	—	3	6	6	—
2	1	1	15	5	10	6	3	2
12	4	8	28	8	20	7	6	1
672	273	398	1052	590	462	283	138	145
27	7	21	48	19	28	8	5	3
45	13	32	98	44	54	23	8	15
104	39	64	189	101	88	40	22	17
184	75	109	268	137	131	85	44	41
312	139	173	450	289	160	127	59	68
3931	1855	2075	3818	2455	1363	1319	764	556
448	198	250	617	392	225	185	105	79
655	299	355	675	423	252	222	118	104
799	408	391	837	537	300	280	164	116
856	418	438	797	516	282	295	169	126
1172	532	640	893	588	305	338	207	131
7122	3380	3742	4616	3107	1509	2006	1127	879
1497	686	811	1044	708	336	395	212	183
1560	709	851	1029	669	361	424	245	179
1950	949	1001	1308	871	437	545	311	234
1314	644	670	756	528	228	431	244	187
802	393	409	480	331	149	210	116	95
5939	3176	2763	3351	2263	1088	2042	1170	872
1127	560	567	609	423	185	278	150	128
932	509	423	559	367	192	290	166	124
1256	689	566	729	473	256	466	275	191
1360	711	649	802	539	263	528	322	206
1265	707	558	653	462	192	480	256	224

续表 7 continued

单位:人

受教育程度和年龄别 Educational Level & Age	合计 Total			未婚 Never Married			初婚有配偶 First Married		
	合计 Total	男 Male	女 Female	小计 Sub－total	男 Male	女 Female	小计 Sub－total	男 Male	女 Female
40－44	262366	170113	92253	3651	3338	313	246890	159840	87049
40	63182	40766	22416	1052	970	82	59438	38199	21239
41	58152	37229	20923	846	775	72	54805	34989	19816
42	51056	33187	17869	716	646	70	47965	31196	16769
43	49051	32130	16922	590	545	45	46168	30201	15967
44	40924	26801	14123	446	403	43	38513	25255	13258
45－49	149450	98930	50520	1503	1386	116	139044	92326	46718
45	38251	25135	13115	399	358	40	35756	23540	12216
46	31998	21373	10625	322	291	31	29831	20002	9830
47	26184	17419	8765	262	246	16	24374	16261	8113
48	26652	17607	9045	265	249	16	24702	16364	8338
49	26366	17396	8970	254	241	13	24381	16159	8222
50－54	106056	71835	34221	1034	994	40	96593	65964	30629
50	25652	17270	8382	257	248	8	23527	15968	7559
51	23627	15902	7725	212	202	11	21671	14683	6988
52	20865	14183	6682	207	200	8	18948	12974	5974
53	18597	12521	6076	181	173	8	16824	11454	5371
54	17315	11961	5355	176	171	5	15622	10885	4737
55－59	57318	41106	16212	544	514	31	50762	36875	13887
55	14786	10231	4556	124	119	4	13292	9303	3990
56	11317	7958	3359	126	121	5	10121	7199	2921
57	11834	8384	3450	117	110	8	10400	7471	2929
58	10136	7518	2619	89	86	3	8911	6696	2215
59	9244	7016	2229	89	78	10	8039	6206	1833
60－64	36172	28924	7247	269	250	19	30544	24793	5751
60	8547	6510	2038	76	72	4	7287	5634	1653
61	7600	5986	1614	61	58	2	6458	5158	1300
62	7766	6332	1433	50	45	5	6597	5461	1136
63	6512	5282	1230	43	40	3	5424	4482	942
64	5747	4814	932	40	35	4	4779	4058	720
65＋	42122	35669	6453	367	282	85	29677	26060	3616

(person)

再婚有配偶 Re—Married			离婚 Divorced			丧偶 Widowed		
小计 Sub—total	男 Male	女 Female	小计 Sub—total	男 Male	女 Female	小计 Sub—total	男 Male	女 Female
5875	3440	2435	2990	1901	1090	2959	1593	1366
1358	777	581	741	478	264	592	343	249
1231	718	513	684	432	252	586	315	271
1191	666	526	577	360	217	607	320	287
1112	683	429	563	368	196	618	333	285
984	597	386	425	263	162	556	283	274
4243	2663	1581	1530	956	573	3130	1599	1532
1022	612	410	425	268	156	649	356	293
897	552	345	355	218	137	593	310	283
767	482	285	250	147	102	530	282	249
796	523	273	259	170	88	630	300	329
761	492	268	241	152	89	728	351	378
3333	2115	1218	965	681	284	4132	2082	2050
813	489	324	232	155	77	823	409	414
737	461	276	202	144	58	805	411	393
647	424	222	207	160	47	856	425	431
576	356	220	173	114	59	843	425	418
561	385	176	151	108	43	805	411	394
2167	1570	597	484	372	112	3361	1775	1585
513	344	169	122	90	32	735	375	360
391	283	108	89	70	19	591	285	306
447	320	128	125	94	31	745	389	356
428	320	108	71	53	18	638	364	274
388	304	84	77	65	11	652	362	290
1917	1595	322	316	268	48	3125	2018	1107
458	349	109	84	71	13	643	384	259
405	330	75	66	58	8	611	382	229
399	345	55	57	46	11	662	435	226
350	299	50	58	45	13	638	415	223
305	271	34	51	47	4	572	402	170
2754	2479	275	378	300	79	8946	6548	2399

续表 8 continued

单位:人

受教育程度和年龄别 Educational Level & Age	合计 Total			未婚 Never Married			初婚有配偶 First Married		
	合计 Total	男 Male	女 Female	小计 Sub－total	男 Male	女 Female	小计 Sub－total	男 Male	女 Female
小学 Primary School	**3092930**	**1542730**	**1550200**	**478068**	**276022**	**202046**	**2391203**	**1139361**	**1251842**
15－19	217609	94361	123248	211732	93047	118685	5670	1262	4408
15	39492	17323	22169	39456	17312	22144	29	9	20
16	44037	18944	25093	43872	18895	24978	157	49	108
17	42556	18180	24376	42069	18069	23999	472	107	364
18	42721	18646	24075	41220	18338	22882	1434	296	1138
19	48802	21268	27534	45115	20432	24683	3579	801	2778
20－24	339155	145414	193741	166636	93260	73375	169761	51062	118699
20	54731	23633	31099	44252	21609	22642	10219	1969	8251
21	61842	26372	35471	41362	22024	19338	20171	4238	15933
22	68228	29098	39129	34518	19733	14784	33176	9163	24013
23	72614	31152	41461	26130	16145	9984	45816	14720	31097
24	81740	35159	46581	20374	13748	6626	60378	20973	39405
25－29	432420	184151	248269	44738	36232	8506	378894	143722	235172
25	88821	37654	51167	15041	11036	4005	72335	25944	46392
26	88860	38276	50584	10742	8566	2176	76579	28965	47614
27	93336	40194	53143	8335	7056	1279	83142	32257	50885
28	78236	33199	45037	5603	4974	629	70849	27371	43478
29	83167	34828	48338	5017	4600	417	75988	29185	46803
30－34	294271	114952	179319	13245	12555	690	271459	98065	173394
30	75573	30996	44577	3973	3694	279	69280	26262	43018
31	65649	26147	39502	3123	2950	172	60447	22211	38236
32	72131	27882	44249	3110	2981	129	66681	23842	42839
33	50793	18882	31911	1938	1871	68	47124	16249	30876
34	30125	11046	19079	1101	1059	42	27927	9501	18425
35－39	282247	119429	162817	9400	9212	188	260771	104630	156141
35	41488	16398	25090	1488	1447	41	38240	14151	24089
36	42039	17354	24685	1443	1405	37	38810	15116	23694
37	58554	24989	33565	2107	2069	38	53951	21700	32251
38	71185	30846	40338	2316	2276	40	65844	27175	38669
39	68981	29842	39139	2047	2015	31	63925	26488	37438

(person)

再婚有配偶 Re－Married			离 婚 Divorced			丧 偶 Widowed		
小 计 Sub－total	男 Male	女 Female	小 计 Sub－total	男 Male	女 Female	小 计 Sub－total	男 Male	女 Female
71817	**35791**	**36026**	**22390**	**17690**	**4701**	**129451**	**73867**	**55584**
54	10	44	132	33	100	20	9	10
3	—	3	4	2	2	1	—	1
1	—	1	6	—	6	1	—	1
4	2	2	11	1	10	—	—	—
15	3	12	46	6	41	5	2	3
30	5	26	65	24	41	13	6	6
1258	336	921	1164	616	548	337	140	198
117	16	101	130	34	96	14	4	9
119	33	86	153	61	91	38	16	23
237	67	170	238	118	120	58	17	41
305	91	214	287	157	130	76	39	36
480	130	351	356	245	111	152	63	89
4781	1563	3218	2765	1986	778	1242	648	594
743	228	514	527	352	175	175	94	81
823	299	524	493	338	155	222	108	114
1020	337	683	582	419	163	258	125	133
1003	322	681	530	384	146	251	148	103
1193	377	816	633	494	139	336	173	163
5560	1656	3904	2392	1927	465	1614	750	865
1404	416	987	576	469	107	340	154	186
1211	375	836	514	427	87	354	184	170
1307	389	918	619	485	135	413	185	228
990	286	704	437	342	95	305	136	169
649	190	459	246	204	42	203	92	111
6894	2261	4634	2426	1993	433	2755	1334	1421
1071	346	725	400	314	86	289	140	149
1038	341	697	375	305	70	372	185	187
1419	497	923	520	448	72	556	275	281
1685	546	1140	592	492	100	747	358	389
1680	531	1149	538	433	106	790	375	415

续表 9 continued

单位：人

受教育程度和年龄别 Educational Level & Age	合计 Total			未婚 Never Married			初婚有配偶 First Married		
	合计 Total	男 Male	女 Female	小计 Sub－total	男 Male	女 Female	小计 Sub－total	男 Male	女 Female
40－44	411347	195514	215833	10792	10639	152	379110	174679	204431
40	81845	37290	44556	2470	2439	31	75372	32975	42397
41	83679	39111	44568	2241	2201	39	77432	34960	42472
42	83371	39832	43538	2172	2134	38	76787	35631	41155
43	86352	42146	44207	2144	2121	23	79550	37809	41741
44	76099	37136	38964	1765	1744	21	69969	33304	36665
45－49	350761	181006	169755	7775	7690	85	317923	161176	156747
45	77482	38870	38613	1770	1750	20	70729	34706	36023
46	77534	39899	37634	1664	1639	25	70598	35640	34958
47	69035	35892	33143	1472	1457	15	62654	32052	30602
48	67659	35672	31987	1497	1488	9	60996	31651	29345
49	59051	30673	28378	1371	1355	16	52946	27128	25819
50－54	229468	129050	100418	5517	5463	54	201349	112219	89130
50	52711	28022	24689	1279	1265	15	46658	24466	22192
51	47296	26200	21097	1140	1132	8	41864	22880	18984
52	43539	24472	19068	1017	1011	6	38243	21317	16925
53	41946	24115	17830	1025	1014	11	36572	20853	15720
54	43976	26241	17734	1055	1041	14	38012	22703	15309
55－59	193321	122359	70962	3982	3922	60	162693	103820	58873
55	41146	24999	16147	961	950	10	35125	21458	13666
56	37145	22720	14425	784	774	10	31508	19458	12050
57	40522	25725	14797	820	804	15	34011	21764	12247
58	38111	24853	13258	757	749	8	31807	20947	10860
59	36398	24063	12335	661	646	15	30242	20192	10051
60－64	144366	102447	41919	2209	2166	43	115458	83518	31940
60	34261	23132	11129	586	576	9	28016	19256	8759
61	30333	21132	9201	483	473	9	24540	17419	7121
62	30911	22331	8580	494	484	10	24702	18165	6538
63	25584	18531	7053	361	351	11	20257	14994	5263
64	23278	17321	5957	285	282	3	17942	13684	4259
65＋	197965	154046	43919	2042	1835	206	128117	105208	22909

(person)

再婚有配偶 Re－Married			离 婚 Divorced			丧 偶 Widowed		
小 计 Sub－total	男 Male	女 Female	小 计 Sub－total	男 Male	女 Female	小 计 Sub－total	男 Male	女 Female
10972	4104	6869	3503	2756	746	6971	3336	3635
2264	826	1438	700	553	146	1040	496	544
2077	788	1289	673	541	132	1256	620	636
2282	851	1432	714	555	158	1415	661	754
2303	845	1459	767	605	162	1588	766	822
2045	794	1251	649	501	148	1672	793	879
10704	4499	6206	3157	2570	588	11201	5071	6130
2380	989	1392	655	514	141	1948	911	1037
2304	959	1345	724	604	120	2243	1057	1186
2123	897	1226	605	480	125	2181	1006	1175
2126	906	1220	654	533	122	2385	1095	1290
1770	748	1022	520	440	80	2443	1002	1442
7428	3563	3865	2097	1765	331	13078	6040	7038
1783	771	1011	495	408	87	2497	1112	1385
1490	701	789	428	365	63	2374	1122	1251
1415	688	728	410	355	55	2454	1100	1354
1343	691	652	374	310	64	2631	1248	1383
1397	712	684	390	328	62	3122	1457	1664
7491	4556	2935	1777	1503	274	17379	8558	8821
1521	842	678	393	320	73	3147	1428	1719
1410	784	626	343	299	44	3099	1405	1694
1515	923	591	401	345	56	3776	1888	1888
1597	1036	562	332	281	52	3616	1840	1776
1447	970	477	307	258	50	3740	1997	1743
6543	4759	1784	1346	1169	177	18811	10835	7975
1520	1044	476	320	267	53	3820	1988	1831
1325	926	400	276	236	41	3708	2078	1630
1407	1046	361	292	254	39	4014	2383	1632
1164	854	310	230	211	19	3572	2122	1450
1126	889	237	227	201	26	3697	2264	1433
10131	8485	1646	1632	1372	260	56044	37145	18899

续表 10 continued

单位:人

受教育程度和年龄别 Educational Level & Age	合 计 Total			未 婚 Never Married			初婚有配偶 First Married		
	合 计 Total	男 Male	女 Female	小 计 Sub-total	男 Male	女 Female	小 计 Sub-total	男 Male	女 Female
扫盲班 Literacy Class	**220656**	**68720**	**151936**	**10335**	**6471**	**3864**	**173820**	**50731**	**123089**
15-19	2557	576	1981	2405	553	1851	145	19	126
15	310	71	239	309	71	238	1	—	1
16	446	102	345	440	100	340	5	—	4
17	508	100	408	499	98	401	9	2	7
18	637	147	490	584	139	445	51	6	45
19	656	157	499	573	145	427	80	10	69
20-24	6114	1419	4695	2565	919	1645	3464	461	3003
20	851	185	666	653	164	490	187	16	171
21	1041	233	808	615	189	425	416	41	375
22	1180	260	921	487	168	319	672	81	592
23	1418	344	1074	452	195	257	947	137	810
24	1624	398	1226	357	203	154	1242	186	1056
25-29	10865	2063	8802	867	642	225	9711	1332	8379
25	1922	416	1505	255	158	97	1616	242	1374
26	1974	383	1591	201	147	54	1733	222	1511
27	2293	431	1862	153	116	37	2076	294	1782
28	2156	381	1776	123	103	20	1969	259	1710
29	2521	452	2068	135	118	17	2317	315	2002
30-34	12743	1862	10881	447	409	39	11851	1332	10518
30	2556	409	2147	116	104	12	2349	283	2067
31	2345	359	1986	90	85	6	2180	259	1921
32	3208	442	2766	110	102	8	2995	311	2684
33	2799	386	2413	85	73	11	2603	279	2323
34	1835	266	1569	46	44	2	1725	201	1524
35-39	20102	3664	16438	563	554	8	18732	2894	15837
35	2503	437	2066	62	59	3	2312	331	1981
36	2771	467	2304	79	79	—	2591	359	2232
37	4079	780	3299	127	125	2	3803	619	3185
38	5424	1003	4421	133	132	1	5084	821	4263
39	5325	977	4348	162	160	2	4941	765	4176

(person)

再婚有配偶 Re－Married			离婚 Divorced			丧偶 Widowed		
小计 Sub－total	男 Male	女 Female	小计 Sub－total	男 Male	女 Female	小计 Sub－total	男 Male	女 Female
7380	**2487**	**4893**	**1451**	**1075**	**376**	**27669**	**7956**	**19713**
1	—	1	2	—	2	4	4	—
—	—	—	—	—	—	—	—	—
—	—	—	1	—	1	2	2	—
—	—	—	—	—	—	—	—	—
—	—	—	—	—	—	2	2	—
1	—	1	1	—	1	1	1	—
35	11	25	48	26	22	2	2	—
4	1	2	6	3	3	1	1	—
3	—	3	7	3	5	—	—	—
10	1	9	11	9	2	—	—	—
7	3	3	11	7	3	1	1	—
12	5	7	13	4	9	—	—	—
188	42	146	56	33	22	43	14	29
36	8	28	10	5	5	5	4	1
26	9	17	8	5	3	6	1	5
39	10	29	14	10	5	10	2	8
39	8	31	14	7	7	11	3	8
49	7	42	9	7	2	11	5	6
288	60	229	67	45	21	90	16	75
57	14	44	11	7	4	23	2	21
50	6	44	14	8	6	10	1	10
66	11	55	15	11	4	22	7	15
70	17	52	16	12	4	26	4	22
45	12	33	9	7	3	10	2	8
529	105	424	90	68	22	189	43	146
85	23	62	17	15	2	26	9	18
70	20	50	6	5	1	26	4	21
97	17	81	21	14	7	30	6	24
138	26	112	19	14	5	50	10	39
138	19	119	27	19	7	57	13	44

续表 11 continued

单位：人

受教育程度和年龄别 Educational Level & Age	合计 Total			未婚 Never Married			初婚有配偶 First Married		
	合计 Total	男 Male	女 Female	小计 Sub－total	男 Male	女 Femalc	小计 Sub－total	男 Male	女 Female
40－44	33367	7139	26228	842	833	9	30760	5867	24893
40	6662	1213	5449	180	177	3	6153	948	5206
41	6725	1299	5427	157	154	3	6244	1075	5169
42	6809	1457	5352	172	172	1	6269	1205	5064
43	7174	1632	5543	155	152	2	6627	1367	5260
44	5996	1538	4458	178	178	—	5467	1272	4194
45－49	21772	5567	16205	658	651	8	19360	4502	14858
45	5540	1427	4113	163	160	3	5006	1181	3825
46	4723	1195	3528	141	141	—	4230	975	3255
47	4030	1071	2959	145	142	3	3545	843	2702
48	3826	980	2846	117	117	—	3374	773	2600
49	3653	894	2759	92	91	2	3205	730	2475
50－54	18992	5765	13227	554	545	9	16131	4597	11534
50	3750	1038	2711	114	110	4	3238	826	2412
51	3603	1014	2589	111	110	1	3098	807	2292
52	3576	1108	2468	108	106	2	3033	869	2164
53	3675	1144	2531	102	102	—	3109	927	2182
54	4389	1461	2927	119	118	1	3653	1169	2484
55－59	24122	8734	15388	497	488	10	19428	7093	12335
55	4485	1535	2950	104	102	2	3660	1254	2406
56	4215	1491	2724	94	92	2	3464	1206	2258
57	4924	1818	3106	105	104	1	3952	1479	2473
58	5112	1835	3277	100	98	2	4084	1476	2608
59	5386	2055	3331	94	92	2	4267	1677	2590
60－64	26433	11096	15337	438	423	14	19819	8725	11094
60	5602	2204	3398	110	106	4	4306	1757	2549
61	5334	2159	3175	77	73	3	4153	1747	2406
62	5741	2460	3280	114	111	3	4329	1929	2399
63	5083	2232	2850	63	62	1	3735	1728	2007
64	4673	2039	2634	74	71	3	3296	1563	1733
65＋	43589	20835	22754	500	454	46	24421	13910	10511

(person)

再婚有配偶 Re－Married			离 婚 Divorced			丧 偶 Widowed		
小 计 Sub－total	男 Male	女 Female	小 计 Sub－total	男 Male	女 Female	小 计 Sub－total	男 Male	女 Female
963	178	785	175	130	45	628	132	496
209	41	167	29	22	8	91	25	66
176	33	143	31	18	13	118	20	98
199	33	166	32	26	6	137	22	115
199	41	158	46	37	9	148	35	113
180	30	150	37	28	9	135	30	105
743	118	624	148	111	37	863	185	678
178	34	144	33	20	13	160	32	127
160	23	138	28	19	9	164	38	126
136	19	117	32	28	5	171	39	132
153	29	123	26	20	6	157	41	116
115	13	102	28	24	4	212	35	176
689	186	503	136	107	30	1481	331	1151
131	31	100	25	18	7	242	53	189
138	30	108	23	20	2	234	48	186
134	49	84	27	22	5	274	61	212
126	31	96	27	16	11	310	68	242
160	44	116	34	30	4	422	100	322
994	299	696	181	145	36	3022	710	2311
187	50	137	40	32	7	494	97	397
157	47	110	27	21	6	473	125	348
220	63	157	39	30	8	609	143	467
218	61	157	38	31	6	673	169	504
213	79	135	38	30	8	773	177	595
1150	477	673	228	179	50	4799	1292	3506
239	92	146	55	40	15	892	209	683
213	86	128	43	32	11	848	221	627
244	94	150	60	48	13	994	279	715
223	101	122	38	30	8	1023	311	712
230	104	127	31	29	2	1042	273	769
1800	1013	787	320	231	89	16549	5228	11321

续表 12 continued

单位:人

受教育程度和年龄别 Educational Level & Age	合计 Total			未婚 Never Married			初婚有配偶 First Married		
	合计 Total	男 Male	女 Female	小计 Sub-total	男 Male	女 Female	小计 Sub-total	男 Male	女 Female
未上过学 No Schooling	**1439465**	**391022**	**1048443**	**83047**	**57408**	**25640**	**940180**	**249102**	**691078**
15—19	23809	7790	16019	21639	7488	14151	2103	290	1814
15	4388	1443	2945	4368	1438	2931	17	4	13
16	4737	1576	3161	4632	1563	3069	103	12	91
17	4675	1514	3161	4400	1473	2927	265	40	226
18	4871	1591	3281	4276	1511	2765	575	77	498
19	5137	1667	3471	3962	1503	2459	1143	158	985
20—24	40186	11542	28644	15070	7794	7276	24332	3568	20765
20	6354	1969	4386	3806	1618	2189	2467	339	2128
21	7123	2145	4978	3444	1633	1811	3557	483	3074
22	8055	2285	5770	2973	1542	1431	4933	707	4225
23	8845	2507	6338	2551	1518	1033	6098	945	5153
24	9809	2636	7173	2295	1484	811	7277	1093	6184
25—29	51145	12669	38476	6955	5503	1453	42396	6740	35657
25	10435	2730	7705	1873	1327	547	8239	1340	6899
26	10141	2546	7595	1492	1159	332	8334	1317	7017
27	10545	2642	7903	1371	1100	270	8787	1434	7353
28	9537	2314	7223	1094	919	175	8092	1316	6775
29	10486	2437	8050	1126	997	129	8944	1332	7612
30—34	48479	9998	38481	4268	3748	520	41899	5743	36156
30	10809	2476	8333	1146	989	157	9182	1377	7805
31	10002	2114	7888	970	838	132	8560	1173	7387
32	11740	2358	9382	1023	913	110	10142	1316	8827
33	9497	1832	7665	706	639	67	8334	1104	7231
34	6432	1218	5214	423	369	53	5681	774	4907
35—39	67806	14309	53497	3940	3666	274	59922	9715	50206
35	9508	1880	7628	543	488	55	8426	1266	7161
36	9854	2086	7768	610	566	44	8674	1392	7282
37	14135	3074	11061	894	834	60	12434	2030	10404
38	17645	3702	13943	994	933	61	15603	2535	13068
39	16665	3567	13097	898	845	53	14784	2492	12292

(person)

再婚有配偶 Re－Married			离 婚 Divorced			丧 偶 Widowed		
小 计 Sub－total	男 Male	女 Female	小 计 Sub－total	男 Male	女 Female	小 计 Sub－total	男 Male	女 Female
55718	**13949**	**41769**	**10084**	**6156**	**3928**	**350436**	**64407**	**286029**
17	3	14	43	6	36	7	3	4
—	—	—	—	—	—	2	1	1
1	—	1	3	2	1	—	—	—
1	—	1	8	1	6	1	—	1
6	1	5	13	2	12	—	—	—
9	2	7	20	2	18	3	2	1
398	63	335	312	99	213	74	19	55
26	2	24	48	7	41	7	3	4
50	8	41	61	19	42	11	2	9
74	14	60	56	17	39	20	5	14
111	19	92	70	24	46	14	1	12
138	21	117	76	32	44	23	6	16
1158	198	960	410	175	236	225	54	171
203	30	174	79	26	53	40	7	33
200	30	170	78	29	49	37	11	26
255	54	201	87	43	44	44	10	34
223	33	189	76	33	43	52	11	41
276	51	226	90	43	47	50	14	36
1534	222	1312	396	205	191	382	80	303
321	47	274	101	52	49	59	11	47
316	46	270	71	37	34	85	20	65
380	55	325	94	52	42	101	22	78
305	41	264	75	38	37	76	11	65
211	33	178	55	26	29	62	15	47
2547	403	2145	523	325	198	874	199	675
367	72	295	76	40	36	96	14	81
364	53	311	75	44	32	131	32	99
524	95	429	114	72	42	169	42	127
671	93	578	136	83	53	241	58	183
623	91	532	122	86	36	237	53	184

续表 13 continued

单位：人

受教育程度和年龄别 Educational Level & Age	合计 Total			未婚 Never Married			初婚有配偶 First Married		
	合计 Total	男 Male	女 Female	小计 Sub－total	男 Male	女 Female	小计 Sub－total	男 Male	女 Female
40－44	106155	23439	82717	5554	5305	249	93009	16447	76561
40	20474	4396	16079	1093	1038	54	17954	3015	14939
41	20813	4419	16393	1152	1103	49	18291	3005	15286
42	21340	4571	16769	1093	1045	48	18697	3219	15478
43	23143	5267	17875	1226	1175	51	20227	3717	16510
44	20385	4785	15601	990	943	47	17840	3491	14349
45－49	103478	24648	78830	5254	4996	258	87930	17357	70573
45	21270	5343	15927	1142	1083	59	18197	3779	14418
46	21511	5460	16051	1192	1140	52	18292	3830	14462
47	19562	4554	15008	974	930	44	16642	3204	13438
48	21087	4901	16187	1046	1000	46	17811	3414	14397
49	20048	4391	15657	900	843	57	16988	3130	13858
50－54	119516	29388	90128	4695	4469	225	97896	21452	76444
50	21685	5010	16675	951	905	46	17972	3536	14435
51	22383	5202	17181	928	891	37	18548	3738	14810
52	22980	5636	17343	900	852	48	18862	4099	14762
53	24520	6216	18304	875	822	54	20013	4653	15360
54	27948	7324	20625	1040	1000	40	22501	5425	17076
55－59	159261	44328	114933	4591	4420	171	122318	33238	89081
55	28742	7731	21011	995	952	43	22680	5731	16950
56	27360	7381	19979	814	784	30	21416	5552	15864
57	32667	9309	23359	968	937	32	25168	6987	18181
58	34077	9611	24466	933	897	36	25778	7173	18606
59	36415	10296	26119	882	852	30	27275	7795	19480
60－64	198439	58286	140153	4365	4137	228	137626	42569	95057
60	40613	11687	28926	1107	1058	49	29259	8526	20733
61	38476	11124	27353	888	843	45	27195	8192	19004
62	42897	12677	30220	916	865	51	29829	9333	20496
63	39100	11403	27697	777	726	51	26560	8300	18260
64	37353	11395	25958	676	645	31	24783	8218	16565
65＋	521190	154624	366566	6718	5882	836	230749	91984	138764

(person)

再婚有配偶 Re—Married			离婚 Divorced			丧偶 Widowed		
小计 Sub—total	男 Male	女 Female	小计 Sub—total	男 Male	女 Female	小计 Sub—total	男 Male	女 Female
4139	634	3505	788	518	270	2665	535	2131
841	147	694	183	106	76	405	89	315
740	110	630	152	110	42	478	93	386
896	134	762	124	75	49	529	98	431
888	130	758	163	112	51	640	134	506
775	114	661	166	115	51	614	121	493
4444	698	3746	860	607	254	4991	991	3999
969	165	804	187	131	56	775	185	590
921	148	773	184	133	51	921	209	712
819	112	707	174	120	54	954	189	765
938	146	792	165	120	45	1127	220	907
797	127	669	150	102	48	1213	188	1025
5165	959	4206	978	676	302	10783	1832	8951
975	189	786	174	113	61	1612	266	1346
924	163	760	174	118	56	1809	292	1517
987	185	801	194	143	51	2038	357	1681
1098	211	887	207	143	65	2326	388	1939
1182	210	971	229	159	69	2997	529	2468
7490	1675	5815	1225	868	356	23637	4127	19510
1362	276	1086	256	182	74	3450	590	2859
1275	280	995	189	133	56	3665	632	3034
1524	350	1174	245	184	61	4762	851	3911
1579	373	1206	263	178	84	5524	990	4534
1749	395	1354	273	191	82	6236	1064	5173
9513	2439	7074	1488	988	501	45447	8153	37294
2017	516	1501	336	227	110	7893	1360	6533
1858	433	1424	258	171	87	8278	1484	6794
2073	537	1536	336	223	113	9743	1720	8023
1826	465	1361	281	185	96	9656	1728	7928
1739	488	1252	278	182	95	9877	1861	8016
19313	6655	12659	3060	1689	1371	261351	48414	212936

2—5 全国市分年龄、性别、受教育程度、婚姻状况的人口

单位:人

受教育程度和年龄别 Educational Level & Age	合计 Total			未婚 Never Married			初婚有配偶 First Married		
	合计 Total	男 Male	女 Female	小计 Sub—total	男 Male	女 Female	小计 Sub—total	男 Male	女 Female
总计 Total	**2009809**	**1001558**	**1008251**	**400181**	**229011**	**171170**	**1443686**	**714523**	**729163**
15—19	172302	87328	84974	171430	87148	84281	852	170	681
15	32190	16537	15653	32185	16536	15648	1	—	1
16	36012	18460	17552	35997	18455	17542	14	4	10
17	34525	17495	17030	34465	17484	16981	57	11	46
18	33623	16752	16871	33425	16704	16721	191	44	147
19	35952	18083	17868	35358	17970	17388	588	110	478
20—24	224603	110449	114155	158072	88672	69400	65929	21577	44353
20	37650	18556	19094	35512	18196	17316	2119	357	1763
21	40392	19719	20673	35245	18770	16475	5115	941	4173
22	45533	22414	23119	34598	19294	15304	10845	3099	7745
23	48166	23847	24319	29073	17330	11743	18934	6461	12473
24	52863	25912	26951	23644	15083	8561	28917	10718	18198
25—29	259282	128246	131036	46076	33240	12835	209152	93364	115788
25	55365	26900	28464	17454	11939	5515	37477	14800	22678
26	54226	26885	27340	12006	8719	3287	41593	17914	23679
27	55756	27558	28198	8568	6349	2219	46296	20840	25456
28	43524	21729	21795	4431	3420	1012	38224	17947	20276
29	50412	25173	25239	3616	2815	802	45561	21862	23699
30—34	257731	130408	127322	10642	8429	2213	237870	117728	120142
30	53534	26955	26578	2908	2277	631	49110	24005	25105
31	57618	29074	28544	2635	2129	507	53068	26074	26993
32	69892	35540	34352	2591	2048	543	64640	32292	32348
33	45412	23073	22339	1481	1163	317	42187	21071	21116
34	31275	15766	15509	1026	811	215	28865	14286	14579
35—39	221344	112805	108539	4406	3525	881	206256	104171	102085
35	40914	20781	20133	971	769	202	38012	19098	18915
36	37713	19166	18547	801	650	152	35126	17668	17458
37	47541	24390	23150	979	806	173	44235	22477	21758
38	50017	25374	24643	910	733	177	46662	23477	23185
39	45158	23093	22065	745	568	177	42221	21453	20768

MARITAL STATUS OF CITY POPULATION BY AGE, SEX AND EDUCATONAL LEVEL

(person)

再婚有配偶 Re－Married			离婚 Divorced			丧偶 Widowed		
小计 Sub－total	男 Male	女 Female	小计 Sub－total	男 Male	女 Female	小计 Sub－total	男 Male	女 Female
42222	**21330**	**20892**	**20516**	**10761**	**9755**	**103204**	**25933**	**77271**
5	2	3	7	3	4	9	5	4
2	—	2	—	—	—	3	1	2
1	1	—	—	—	—	—	—	—
1	—	1	1	—	1	—	—	—
—	—	—	2	1	1	5	3	2
1	1	—	3	1	2	1	1	—
171	47	124	351	129	221	81	23	57
6	—	6	10	2	8	3	2	1
9	1	7	19	7	13	4	—	4
22	4	18	63	18	45	6	—	6
46	15	30	92	32	59	22	8	14
89	26	62	167	71	96	46	13	33
1442	478	964	2188	1018	1170	424	146	279
124	36	88	265	107	158	43	19	25
206	67	139	346	163	183	74	23	51
309	106	203	494	229	264	89	34	55
312	103	209	462	227	235	95	32	63
491	167	324	621	291	330	123	38	84
4015	1689	2327	4408	2279	2129	796	284	513
645	233	412	723	393	330	147	47	100
812	334	478	936	466	471	167	71	96
1130	465	666	1316	667	649	215	69	146
793	362	431	797	417	380	154	60	94
635	296	339	636	336	299	113	37	77
5315	2539	2776	4165	2196	1969	1202	373	829
928	426	502	831	432	399	171	57	115
855	408	447	749	381	368	182	59	123
1181	557	624	888	468	420	258	83	175
1208	565	642	936	497	439	302	102	200
1143	582	561	761	418	343	288	73	216

续表 1 continued

单位：人

受教育程度和年龄别 Educational Level & Age	合计 Total			未婚 Never Married			初婚有配偶 First Married		
	合计 Total	男 Male	女 Female	小计 Sub－total	男 Male	女 Female	小计 Sub－total	男 Male	女 Female
40－44	211012	105874	105138	3087	2463	623	196832	98546	98286
40	47507	23979	23527	795	633	162	44290	22258	22032
41	46215	23163	23052	677	538	139	43203	21607	21596
42	41523	20934	20588	613	484	129	38701	19473	19228
43	40492	20233	20259	569	470	99	37806	18857	18950
44	35276	17565	17712	432	338	94	32831	16351	16480
45－49	151156	75727	75429	1840	1544	296	139111	69909	69202
45	35197	17770	17427	478	395	83	32547	16441	16106
46	32483	16278	16204	422	347	74	29983	15038	14945
47	28776	14395	14381	343	283	59	26488	13289	13198
48	28613	14384	14230	326	287	39	26246	13255	12991
49	26087	12900	13187	272	232	40	23847	11885	11962
50－54	117002	57566	59436	1244	1131	113	105197	52531	52666
50	24343	11991	12352	261	237	24	22066	10961	11104
51	23374	11601	11773	254	232	21	21147	10636	10511
52	22262	10928	11335	246	228	18	19983	9933	10050
53	23162	11238	11924	242	218	24	20736	10231	10506
54	23860	11808	12052	241	216	25	21265	10769	10496
55－59	114876	56768	58108	1046	945	101	98890	50897	47992
55	23509	11706	11803	221	198	23	20675	10628	10047
56	21585	10464	11120	184	167	17	18782	9432	9350
57	23798	11647	12151	225	205	19	20469	10446	10023
58	22956	11517	11439	209	195	13	19583	10265	9318
59	23028	11434	11594	208	180	28	19382	10127	9255
60－64	103116	52103	51013	857	782	75	82598	44860	37738
60	22845	11203	11641	198	180	18	18847	9853	8994
61	21412	10673	10738	194	180	15	17432	9210	8223
62	22203	11400	10803	197	181	16	17727	9805	7922
63	19061	9654	9407	145	131	14	15021	8261	6760
64	17596	9172	8424	123	111	12	13571	7732	5839
65＋	177384	84284	93100	1481	1129	352	101000	60771	40229

(person)

再婚有配偶 Re－Married			离 婚 Divorced			丧 偶 Widowed		
小 计 Sub－total	男 Male	女 Female	小 计 Sub－total	男 Male	女 Female	小 计 Sub－total	男 Male	女 Female
5494	2570	2923	3234	1632	1602	2366	663	1703
1238	600	639	800	390	410	383	99	285
1137	529	608	753	365	388	446	125	321
1091	503	588	628	335	293	489	139	351
1036	474	563	553	284	269	527	149	379
991	465	526	501	258	243	520	152	369
4790	2301	2489	1937	1045	892	3478	927	2551
1072	504	568	472	252	219	629	177	452
1010	482	528	455	239	216	613	172	441
909	437	472	366	198	168	671	188	483
922	456	466	354	203	151	765	183	581
878	423	455	291	153	138	800	207	593
4058	1939	2119	1220	676	544	5282	1289	3993
867	415	453	286	148	138	862	229	633
814	388	426	237	133	104	923	211	712
781	394	387	237	136	101	1016	238	778
792	367	425	254	140	114	1138	282	856
804	375	429	207	119	88	1343	329	1014
4457	2250	2207	956	582	374	9527	2094	7433
883	427	456	224	131	94	1506	322	1183
835	421	414	178	109	69	1606	335	1271
962	456	507	218	136	82	1924	404	1520
895	456	440	185	110	74	2085	491	1594
882	491	391	151	96	55	2406	542	1864
4545	2520	2025	776	482	293	14339	3458	10881
970	483	487	196	114	82	2633	573	2060
937	523	414	169	99	70	2679	662	2017
1006	565	441	175	111	65	3098	739	2360
860	475	384	117	79	39	2917	709	2209
773	474	299	118	80	38	3012	776	2236
7929	4994	2935	1275	719	556	65699	16671	49028

续表 2 continued

单位:人

受教育程度和年龄别 Educational Level & Age	合计 Total			未婚 Never Married			初婚有配偶 First Married		
	合计 Total	男 Male	女 Female	小计 Sub-total	男 Male	女 Female	小计 Sub-total	男 Male	女 Female
大专以上 College & Over	**185598**	**114256**	**71341**	**45072**	**25330**	**19742**	**133843**	**84896**	**48947**
15—19	7903	3899	4005	7898	3895	4004	5	4	1
15	76	36	40	76	36	40	—	—	—
16	251	123	128	250	123	127	1	—	1
17	752	328	425	750	326	425	2	2	—
18	2435	1190	1245	2435	1190	1245	—	—	—
19	4389	2222	2168	4388	2220	2168	1	1	—
20—24	28368	14524	13845	25843	13843	12000	2518	679	1839
20	5511	2794	2716	5497	2791	2706	14	3	11
21	5407	2688	2719	5362	2683	2679	44	5	39
22	5799	3009	2790	5601	2971	2630	198	37	160
23	5614	2933	2681	4911	2755	2156	702	178	524
24	6038	3099	2939	4472	2643	1829	1561	455	1106
25—29	30556	16722	13834	9107	6213	2894	21235	10424	10811
25	6479	3362	3117	3494	2232	1262	2970	1126	1844
26	6613	3537	3076	2432	1694	738	4150	1830	2320
27	6781	3621	3160	1798	1278	520	4941	2329	2612
28	4992	2869	2123	775	568	207	4167	2281	1886
29	5691	3333	2358	608	441	167	5006	2858	2149
30—34	30137	18373	11764	1417	997	420	28066	17042	11024
30	6120	3663	2457	409	298	111	5615	3315	2300
31	7008	4164	2844	367	273	94	6508	3832	2676
32	8428	5181	3247	358	239	119	7877	4847	3030
33	5126	3197	1930	174	110	64	4837	3022	1815
34	3455	2169	1286	110	77	33	3228	2026	1202
35—39	18864	12024	6840	352	178	175	17836	11461	6375
35	3702	2390	1313	92	56	36	3478	2254	1224
36	2865	1821	1045	60	32	28	2716	1739	977
37	3817	2445	1372	69	34	35	3609	2335	1273
38	4355	2789	1566	74	35	40	4121	2657	1464
39	4125	2580	1545	58	21	37	3912	2476	1437

(person)

再婚有配偶 Re-Married			离婚 Divorced			丧偶 Widowed		
小计 Sub-total	男 Male	女 Female	小计 Sub-total	男 Male	女 Female	小计 Sub-total	男 Male	女 Female
2888	**2173**	**715**	**1774**	**899**	**874**	**2021**	**958**	**1063**
—	—	—	—	—	—	—	—	—
—	—	—	—	—	—	—	—	—
—	—	—	—	—	—	—	—	—
—	—	—	—	—	—	—	—	—
—	—	—	—	—	—	—	—	—
—	—	—	—	—	—	—	—	—
—	—	—	5	1	4	1	—	1
—	—	—	—	—	—	—	—	—
—	—	—	—	—	—	—	—	—
—	—	—	—	—	—	—	—	—
—	—	—	1	—	1	—	—	—
—	—	—	4	1	3	1	—	1
46	23	23	152	60	91	17	2	15
2	1	1	12	2	10	1	—	1
2	—	2	26	11	14	3	1	2
7	4	3	32	9	23	2	—	2
15	7	8	29	14	15	7	—	7
20	10	9	53	24	29	5	—	4
220	121	99	403	200	202	31	12	19
27	16	11	63	31	32	6	3	3
41	19	22	85	37	49	6	3	3
68	34	34	117	58	60	8	2	5
45	27	18	65	35	30	6	3	3
39	25	14	72	40	32	5	1	4
305	215	91	320	154	166	50	17	34
55	43	12	67	32	35	10	4	6
36	25	12	45	22	24	8	3	5
60	40	20	71	34	37	8	2	6
79	56	22	66	35	31	15	6	10
76	51	25	70	31	39	9	2	7

续表 3 continued

单位:人

受教育程度和年龄别 Educational Level & Age	合计 Total 合计 Total	合计 Total 男 Male	合计 Total 女 Female	未婚 Never Married 小计 Sub-total	未婚 Never Married 男 Male	未婚 Never Married 女 Female	初婚有配偶 First Married 小计 Sub-total	初婚有配偶 First Married 男 Male	初婚有配偶 First Married 女 Female
40-44	17832	11345	6487	178	52	127	16957	10922	6036
40	4269	2654	1615	45	14	31	4073	2562	1511
41	4085	2523	1562	36	15	21	3883	2419	1465
42	3476	2234	1242	34	10	25	3297	2150	1148
43	3116	2042	1074	35	6	29	2971	1984	986
44	2886	1892	995	28	7	21	2733	1807	926
45-49	13191	8954	4238	102	39	64	12469	8563	3906
45	2991	2001	990	24	9	15	2830	1917	912
46	2685	1852	833	24	5	19	2548	1786	762
47	2436	1656	780	24	8	16	2298	1578	721
48	2481	1727	754	15	6	8	2343	1645	698
49	2598	1717	881	16	10	5	2450	1637	813
50-54	12018	8236	3782	39	24	15	11337	7827	3510
50	2427	1631	796	10	5	5	2283	1550	733
51	2333	1596	736	9	5	3	2202	1514	688
52	2228	1554	674	7	4	3	2096	1464	631
53	2416	1640	776	7	4	2	2286	1563	724
54	2615	1815	799	7	5	2	2470	1736	733
55-59	12397	9017	3380	41	33	8	11434	8404	3031
55	2602	1876	726	7	5	2	2417	1756	660
56	2499	1756	743	8	6	2	2314	1643	671
57	2644	1971	673	10	10	—	2460	1851	609
58	2422	1775	646	9	7	2	2219	1639	580
59	2231	1639	592	7	6	1	2024	1514	510
60-64	7506	5729	1777	30	20	10	6690	5205	1485
60	1963	1452	511	8	6	2	1788	1345	443
61	1703	1297	406	4	3	—	1517	1168	349
62	1500	1155	345	3	2	2	1324	1051	273
63	1269	984	285	5	3	2	1123	888	235
64	1071	841	230	10	6	4	938	752	185
65+	6823	5434	1390	62	37	26	5295	4365	930

(person)

再婚有配偶 Re－Married			离婚 Divorced			丧偶 Widowed		
小计 Sub－total	男 Male	女 Female	小计 Sub－total	男 Male	女 Female	小计 Sub－total	男 Male	女 Female
334	226	108	286	122	164	76	23	52
71	41	29	70	32	38	10	4	6
79	56	23	73	28	45	13	5	8
71	46	25	59	25	34	15	4	10
51	33	18	39	15	24	20	4	16
63	51	12	45	21	24	18	6	12
351	246	104	167	82	85	102	23	78
72	49	24	41	22	19	24	4	20
62	41	21	33	15	17	19	5	14
63	47	16	33	16	17	18	8	11
78	57	20	27	16	11	19	2	16
76	52	24	33	12	21	22	5	17
317	236	81	135	78	57	190	72	118
77	53	23	28	11	17	29	11	18
61	47	13	24	16	8	37	13	24
60	52	8	23	14	9	41	19	22
59	39	19	26	19	6	39	15	24
61	44	17	34	17	17	44	14	30
457	368	90	128	77	52	336	136	200
90	73	16	24	13	11	65	28	37
91	70	21	29	17	12	57	20	37
93	71	22	21	12	8	59	26	33
96	81	15	35	22	12	63	26	36
88	73	15	20	12	8	92	35	57
361	285	76	75	50	25	349	169	180
71	51	20	21	16	6	75	33	41
82	73	9	20	11	9	79	41	38
83	59	24	13	6	7	77	37	40
67	56	11	10	7	3	63	31	32
58	46	12	11	11	—	54	26	28
495	452	43	101	75	26	869	505	365

续表 4 continued

单位:人

受教育程度和年龄别 Educational Level & Age	合计 Total			未婚 Never Married			初婚有配偶 First Married		
	合计 Total	男 Male	女 Female	小计 Sub-total	男 Male	女 Female	小计 Sub-total	男 Male	女 Female
高中 Senior High School	**461717**	**239725**	**221992**	**139955**	**77063**	**62892**	**305328**	**154922**	**150406**
15-19	70323	35271	35052	70273	35260	35013	45	9	36
15	9139	4386	4753	9137	4386	4750	1	—	1
16	16880	8351	8529	16877	8349	8528	2	1	1
17	17360	8796	8564	17357	8796	8561	2	—	2
18	14552	7431	7121	14540	7428	7112	11	3	9
19	12392	6306	6085	12362	6300	6062	29	5	24
20-24	62352	31189	31163	50012	27577	22435	12252	3573	8679
20	11183	5603	5580	11013	5578	5435	169	24	145
21	11274	5580	5695	10687	5498	5189	584	79	505
22	12719	6424	6295	11033	6036	4998	1674	385	1289
23	13122	6631	6492	9514	5550	3964	3586	1070	2516
24	14053	6952	7101	7764	4915	2850	6239	2015	4224
25-29	61707	31077	30630	14192	10262	3930	46703	20530	26173
25	14269	7122	7147	5543	3883	1660	8634	3207	5427
26	13703	7032	6671	3881	2844	1036	9704	4144	5560
27	13150	6624	6526	2586	1901	685	10390	4654	5736
28	9425	4761	4663	1227	912	314	8031	3792	4239
29	11161	5538	5623	955	721	234	9943	4732	5211
30-34	84833	41885	42948	3510	2647	863	78289	37919	40370
30	13592	6690	6902	818	597	221	12436	5952	6484
31	17450	8556	8894	835	652	183	16015	7649	8365
32	23833	11773	12060	898	679	219	22041	10720	11321
33	16863	8377	8486	531	385	146	15698	7704	7994
34	13094	6488	6606	428	334	94	12100	5894	6206
35-39	75630	38948	36682	1225	878	347	70794	36341	34453
35	16501	8330	8171	338	258	80	15376	7719	7657
36	14313	7346	6967	248	184	64	13396	6846	6550
37	16825	8714	8111	262	190	72	15763	8127	7636
38	15589	7983	7605	227	154	73	14582	7462	7120
39	12403	6574	5828	151	92	59	11677	6187	5490

(person)

再婚有配偶 Re－Married			离婚 Divorced			丧偶 Widowed		
小计 Sub－total	男 Male	女 Female	小计 Sub－total	男 Male	女 Female	小计 Sub－total	男 Male	女 Female
6661	**3832**	**2829**	**5278**	**2335**	**2943**	**4495**	**1573**	**2922**
3	2	1	—	—	—	2	—	2
—	—	—	—	—	—	2	—	2
1	1	—	—	—	—	—	—	—
1	—	1	—	—	—	—	—	—
—	—	—	—	—	—	—	—	—
1	1	—	—	—	—	—	—	—
18	11	7	64	23	41	6	5	2
—	—	—	1	—	1	—	—	—
1	1	—	2	1	1	—	—	—
2	—	2	10	3	7	—	—	—
4	4	—	17	6	11	2	2	—
11	7	5	34	13	21	5	3	2
209	67	142	532	200	332	71	17	54
18	5	12	67	21	46	6	5	2
30	12	18	81	31	50	7	1	6
36	11	25	120	53	67	18	5	13
45	15	30	104	39	65	18	3	16
81	25	56	161	56	104	21	4	17
1113	520	593	1692	730	963	229	69	160
107	43	64	201	92	109	31	7	24
214	98	115	348	143	205	39	13	25
324	152	172	499	206	294	72	17	55
238	112	126	357	162	196	38	15	24
231	115	116	287	128	159	50	18	32
1679	872	807	1616	761	854	316	96	220
327	155	172	389	176	214	70	22	48
299	152	147	316	148	168	54	16	38
401	216	185	332	164	168	67	17	50
365	180	184	344	165	179	71	22	49
288	169	119	234	108	126	54	19	35

续表 5 continued

单位:人

受教育程度和年龄别 Educational Level & Age	合计 Total			未婚 Never Married			初婚有配偶 First Married		
	合计 Total	男 Male	女 Female	小计 Sub-total	男 Male	女 Female	小计 Sub-total	男 Male	女 Female
40—44	33612	18052	15560	313	180	134	31620	17112	14508
40	10552	5610	4942	116	68	48	9871	5290	4581
41	8248	4397	3851	76	42	34	7758	4174	3584
42	5944	3275	2670	56	29	27	5610	3110	2500
43	4859	2615	2244	40	29	12	4595	2491	2105
44	4009	2155	1854	25	12	13	3785	2047	1738
45—49	22279	12157	10122	136	75	61	20930	11501	9429
45	3966	2189	1777	22	11	12	3740	2077	1663
46	4940	2638	2301	36	19	17	4636	2493	2142
47	4937	2703	2234	31	15	16	4637	2554	2083
48	4697	2596	2101	22	13	9	4423	2471	1952
49	3739	2030	1708	25	17	8	3494	1906	1588
50—54	18879	10183	8696	98	65	33	17439	9554	7886
50	3588	1922	1665	19	13	6	3326	1790	1536
51	3779	2027	1752	18	10	8	3476	1907	1569
52	3877	2003	1874	19	16	3	3596	1890	1705
53	4003	2169	1834	22	14	8	3695	2036	1659
54	3631	2061	1570	20	13	7	3346	1929	1417
55—59	14646	8830	5816	75	50	25	13249	8173	5075
55	3375	1958	1418	21	12	8	3090	1838	1252
56	2927	1672	1255	12	7	5	2626	1533	1092
57	2987	1799	1188	15	12	3	2709	1666	1043
58	2778	1773	1004	12	9	3	2519	1645	874
59	2579	1628	951	16	9	6	2305	1492	814
60—64	9055	6177	2878	42	30	11	7865	5522	2343
60	2265	1469	796	12	8	4	2004	1337	667
61	1986	1337	650	7	4	3	1726	1190	536
62	1869	1302	566	12	9	3	1626	1174	452
63	1579	1098	482	3	1	2	1368	988	380
64	1356	971	385	8	7	—	1141	833	308
65+	8402	5957	2445	79	39	40	6143	4689	1454

(person)

再婚有配偶 Re—Married			离婚 Divorced			丧偶 Widowed		
小计 Sub—total	男 Male	女 Female	小计 Sub—total	男 Male	女 Female	小计 Sub—total	男 Male	女 Female
837	477	360	580	220	359	262	63	198
276	155	121	208	80	129	81	18	63
215	125	90	145	47	98	53	8	45
139	81	58	91	43	48	48	12	36
105	57	48	70	23	47	49	16	32
102	59	43	66	28	38	31	9	22
629	372	257	306	142	164	278	67	211
116	75	41	50	19	32	38	8	30
128	78	50	88	36	52	52	13	39
136	77	59	71	41	29	62	16	46
134	74	60	48	24	24	70	13	57
115	68	47	48	22	26	56	17	40
606	355	250	200	89	111	536	120	415
113	76	36	51	25	26	78	17	61
146	75	71	38	18	20	103	18	84
101	56	46	42	17	24	119	24	95
130	73	58	37	15	21	119	31	89
116	76	40	33	13	20	116	30	86
560	351	210	133	75	59	628	181	447
124	74	51	26	12	14	114	21	93
107	73	34	33	18	15	150	40	109
122	67	55	26	16	10	115	39	76
96	57	39	29	19	10	122	44	78
112	81	31	19	9	10	128	37	91
464	350	114	78	45	33	606	229	377
102	70	32	18	12	6	128	41	87
106	84	22	21	11	10	127	48	79
104	78	27	14	8	6	113	34	79
73	52	21	8	4	4	127	53	74
79	66	13	17	11	6	112	54	58
543	456	87	76	49	27	1561	725	836

续表 6 continued

单位：人

受教育程度和年龄别 Educational Level& Age	合计 Total			未婚 Never Married			初婚有配偶 First Married		
	合计 Total	男 Male	女 Female	小计 Sub－total	男 Male	女 Female	小计 Sub－total	男 Male	女 Female
初中 Junior High School	**722470**	**388738**	**333732**	**166296**	**96879**	**69417**	**525104**	**276229**	**248874**
15－19	77463	40975	36488	77020	40868	36152	433	102	331
15	20484	10975	9509	20483	10975	9508	—	—	—
16	15803	8639	7165	15798	8636	7161	6	2	3
17	13156	6972	6184	13127	6964	6163	29	8	21
18	13043	6642	6400	12946	6614	6332	92	26	65
19	14976	7746	7230	14665	7678	6987	307	66	241
20－24	101566	51056	50510	65068	37735	27333	36170	13211	22959
20	15979	8006	7973	14789	7773	7017	1183	232	952
21	17987	9008	8978	15111	8405	6706	2861	599	2261
22	20623	10281	10341	14355	8254	6101	6217	2014	4203
23	22292	11228	11065	11750	7244	4507	10450	3953	6496
24	24685	12532	12153	9062	6060	3001	15459	6412	9047
25－29	121768	61417	60351	17149	12584	4565	102508	47920	54588
25	25545	12721	12823	6607	4619	1988	18717	8019	10698
26	24647	12341	12306	4291	3150	1141	20011	9046	10965
27	25961	13069	12892	3113	2341	772	22382	10519	11863
28	21065	10742	10323	1738	1376	362	18869	9158	9711
29	24551	12544	12007	1400	1098	302	22529	11178	11351
30－34	108213	56611	51601	3779	3098	681	100214	51464	48750
30	25514	13176	12338	1128	907	220	23568	11883	11684
31	25578	13232	12346	980	817	162	23715	12002	11714
32	28973	15248	13725	883	725	158	26851	13927	12925
33	17259	9218	8041	476	397	79	16050	8438	7612
34	10889	5736	5152	312	250	62	10029	5214	4815
35－39	83635	45519	38116	1404	1172	232	77935	42173	35762
35	14697	7886	6810	315	259	56	13646	7261	6385
36	13797	7447	6350	268	229	38	12824	6865	5959
37	18005	9830	8175	309	261	47	16730	9088	7642
38	19275	10496	8779	269	233	36	18011	9766	8245
39	17862	9861	8002	244	189	55	16724	9194	7531

(person)

再婚有配偶 Re－Married			离婚 Divorced			丧偶 Widowed		
小计 Sub－total	男 Male	女 Female	小计 Sub－total	男 Male	女 Female	小计 Sub－total	男 Male	女 Female
12687	**7086**	**5601**	**8347**	**4423**	**3923**	**10037**	**4120**	**5917**
2	—	2	3	1	1	5	3	2
2	—	2	—	—	—	—	—	—
—	—	—	—	—	—	—	—	—
—	—	—	—	—	—	—	—	—
—	—	—	—	—	—	4	2	2
—	—	—	2	1	1	1	1	—
78	22	55	193	71	123	57	16	41
1	—	1	3	—	3	2	2	—
2	—	2	12	4	8	2	—	2
8	2	6	39	11	28	3	—	3
24	7	17	51	18	33	18	7	11
43	14	30	89	39	51	32	8	24
741	285	457	1172	551	621	199	77	122
57	16	41	137	58	79	26	9	17
115	43	72	192	89	103	38	13	25
144	64	80	280	130	151	42	16	27
160	64	96	258	127	131	39	16	23
265	97	167	305	148	157	53	22	31
1938	838	1100	1919	1073	846	363	139	224
353	136	217	393	226	167	73	23	49
385	159	226	418	222	196	80	32	49
564	236	328	580	321	259	96	40	56
359	179	180	300	172	128	73	32	41
277	128	149	229	132	97	41	12	29
2138	1089	1048	1736	960	777	422	125	297
387	179	209	300	173	127	48	14	34
347	181	166	295	154	141	63	17	45
466	231	235	395	213	182	105	36	69
479	243	236	409	219	190	108	35	72
458	255	203	337	199	137	99	23	76

续表 7 continued

单位:人

受教育程度和年龄别 Educational Level & Age	合计 Total 合计 Total	男 Male	女 Female	未婚 Never Married 小计 Sub-total	男 Male	女 Female	初婚有配偶 First Married 小计 Sub-total	男 Male	女 Female
40-44	90795	49456	41339	1024	771	253	84889	46311	38577
40	19950	10906	9044	269	208	60	18610	10172	8439
41	20380	10992	9388	257	197	60	19063	10293	8770
42	17936	9788	8148	186	129	58	16724	9159	7565
43	17568	9636	7932	175	138	37	16472	9032	7440
44	14961	8134	6827	136	99	37	14019	7656	6363
45-49	49602	27067	22534	366	273	94	45990	25259	20731
45	14041	7706	6335	135	97	38	13083	7208	5875
46	10642	5851	4791	62	44	18	9891	5476	4415
47	8418	4566	3852	57	44	13	7805	4256	3549
48	8441	4594	3847	60	46	14	7795	4270	3525
49	8060	4351	3710	51	41	10	7416	4049	3367
50-54	32482	17652	14830	191	164	27	29580	16335	13245
50	7514	4060	3455	39	34	5	6861	3759	3102
51	7006	3796	3210	48	41	7	6434	3540	2894
52	6253	3395	2858	35	30	6	5672	3126	2547
53	5990	3187	2803	40	33	6	5408	2935	2473
54	5718	3214	2504	29	26	3	5206	2976	2230
55-59	22185	13171	9014	104	81	23	19790	12085	7705
55	5295	3006	2289	19	15	3	4794	2807	1987
56	4366	2514	1853	15	13	2	3937	2321	1616
57	4552	2623	1929	28	21	7	4017	2382	1635
58	4060	2513	1547	21	18	3	3595	2290	1305
59	3912	2515	1397	21	13	7	3447	2285	1162
60-64	16213	11410	4803	73	59	14	13962	10111	3852
60	3748	2431	1317	11	7	4	3263	2184	1079
61	3383	2307	1076	20	19	1	2914	2042	872
62	3501	2538	963	13	8	5	3049	2271	778
63	2978	2166	812	13	12	2	2531	1905	627
64	2604	1968	636	16	13	3	2204	1710	495
65+	18549	14403	4146	119	75	44	13632	11258	2374

(person)

再婚有配偶 Re－Married			离婚 Divorced			丧偶 Widowed		
小计 Sub－total	男 Male	女 Female	小计 Sub－total	男 Male	女 Female	小计 Sub－total	男 Male	女 Female
2339	1259	1080	1653	860	793	891	256	635
525	287	238	390	195	194	156	43	113
485	242	242	397	199	197	178	61	117
499	259	239	327	180	146	201	61	140
446	256	191	296	163	133	178	47	131
384	214	170	244	121	122	177	43	134
1563	903	660	758	369	390	924	264	660
401	219	181	226	112	114	196	70	126
353	208	145	181	84	96	155	38	116
276	158	118	125	61	64	155	47	107
258	157	101	129	65	63	199	56	144
275	161	114	98	46	52	219	53	167
1122	613	509	413	214	199	1175	326	849
272	143	129	107	54	54	235	70	165
232	124	108	80	40	40	212	51	161
225	134	91	87	51	36	233	55	178
208	104	104	87	42	44	248	72	175
185	108	77	51	27	24	247	77	169
812	487	325	214	130	84	1265	388	877
184	89	95	49	27	22	250	68	181
153	92	61	41	26	15	220	62	158
163	100	63	61	36	24	283	84	200
168	104	63	29	14	15	246	86	160
144	101	43	35	27	7	266	88	178
801	607	194	120	87	33	1257	546	710
180	119	61	35	28	8	258	94	164
177	129	49	23	17	6	249	101	148
168	137	31	27	18	9	244	104	139
146	117	29	23	15	9	264	118	146
129	106	23	11	10	2	243	130	113
1155	982	172	165	108	57	3478	1980	1498

续表 8 continued

单位:人

受教育程度和年龄别 Educational Level & Age	合计 Total			未婚 Never Married			初婚有配偶 First Married		
	合计 Total	男 Male	女 Female	小计 Sub－total	男 Male	女 Female	小计 Sub－total	男 Male	女 Female
小学 Primary School	**430872**	**209667**	**221206**	**41646**	**24479**	**17168**	**346146**	**165014**	**181132**
15－19	15370	6725	8645	15054	6669	8385	313	54	259
15	2306	1067	1239	2306	1067	1239	—	—	—
16	2821	1246	1575	2816	1245	1571	4	1	3
17	2999	1304	1695	2982	1303	1679	17	1	16
18	3322	1393	1929	3250	1377	1872	70	14	56
19	3922	1715	2207	3700	1677	2023	222	38	184
20－24	29970	12944	17026	15939	8898	7041	13867	3996	9871
20	4631	2042	2589	3948	1948	2000	671	92	579
21	5332	2315	3017	3828	2061	1767	1492	252	1240
22	5967	2569	3398	3387	1920	1467	2554	644	1911
23	6588	2883	3705	2659	1645	1014	3888	1224	2664
24	7452	3135	4317	2116	1324	793	5261	1784	3477
25－29	41745	18119	23626	4913	3653	1260	36013	14122	21891
25	8413	3525	4888	1633	1093	540	6684	2391	4292
26	8611	3818	4793	1265	933	331	7228	2835	4393
27	9143	4048	5095	924	717	208	8029	3257	4772
28	7338	3166	4173	559	456	103	6613	2635	3978
29	8239	3563	4677	532	454	78	7459	3003	4456
30－34	30556	12674	17881	1431	1268	163	27994	10884	17111
30	7511	3231	4280	439	380	59	6834	2757	4077
31	6826	2954	3872	335	293	42	6230	2525	3706
32	7626	3103	4523	315	284	31	7022	2689	4333
33	5314	2122	3192	215	201	13	4883	1823	3060
34	3279	1265	2014	127	109	17	3025	1090	1935
35－39	35854	14877	20977	1006	935	71	33134	13212	19922
35	5030	1991	3039	157	141	16	4643	1749	2893
36	5656	2349	3307	158	145	13	5236	2083	3153
37	7387	3079	4308	240	231	9	6798	2710	4087
38	8868	3735	5133	248	233	15	8210	3326	4885
39	8912	3722	5190	202	185	17	8247	3344	4904

(person)

再婚有配偶 Re－Married			离婚 Divorced			丧偶 Widowed		
小计 Sub－total	男 Male	女 Female	小计 Sub－total	男 Male	女 Female	小计 Sub－total	男 Male	女 Female
12313	**6334**	**5979**	**3773**	**2440**	**1332**	**26995**	**11400**	**15595**
—	—	—	2	1	1	1	1	—
—	—	—	—	—	—	—	—	—
—	—	—	—	—	—	—	—	—
—	—	—	—	—	—	—	—	—
—	—	—	2	1	1	1	1	—
—	—	—	—	—	—	—	—	—
64	13	51	83	34	49	16	3	14
5	—	5	6	2	4	1	—	1
5	—	5	4	2	3	2	—	2
10	1	9	13	3	10	2	—	2
15	5	10	22	9	14	3	—	3
29	6	23	37	18	19	9	3	6
394	100	294	312	198	113	114	46	68
44	12	31	45	25	20	8	3	4
52	12	39	44	30	14	23	7	16
109	26	83	58	36	22	23	12	10
77	17	60	66	45	21	24	13	11
113	33	80	98	62	36	37	10	27
618	202	417	363	260	103	149	61	88
140	38	102	63	42	20	35	14	22
145	53	92	79	61	19	36	22	14
145	42	103	112	79	33	32	10	22
120	43	77	66	45	21	31	11	20
68	26	42	44	34	10	15	5	10
955	335	620	420	277	143	339	118	221
134	47	87	67	44	23	29	10	19
130	48	83	83	51	32	49	22	27
206	64	142	75	50	25	68	24	44
227	77	149	93	64	28	90	35	55
258	99	159	102	68	34	103	26	77

续表 9 continued

单位:人

受教育程度和年龄别 Educational Level & Age	合计 Total			未婚 Never Married			初婚有配偶 First Married		
	合计 Total	男 Male	女 Female	小计 Sub-total	男 Male	女 Female	小计 Sub-total	男 Male	女 Female
40—44	56489	24627	31862	1035	967	68	52393	22437	29956
40	10534	4446	6088	260	247	13	9775	3984	5791
41	11089	4755	6334	192	174	18	10340	4365	5975
42	11559	5110	6448	227	213	14	10735	4663	6072
43	12259	5436	6824	203	193	10	11362	4976	6387
44	11048	4880	6168	153	139	14	10181	4449	5732
45—49	54654	25150	29504	738	703	35	49869	22848	27021
45	11778	5330	6448	177	171	6	10809	4832	5977
46	11822	5418	6404	174	160	14	10858	4932	5927
47	10906	5018	5888	129	125	3	9953	4580	5373
48	10722	5014	5708	152	147	5	9718	4536	5182
49	9426	4370	5056	106	99	7	8530	3968	4562
50—54	39396	18631	20765	510	485	25	34981	16671	18310
50	8434	3900	4534	112	107	5	7562	3505	4057
51	7670	3655	4016	94	93	1	6887	3298	3589
52	7240	3405	3835	102	97	5	6403	3030	3373
53	7792	3677	4115	102	97	5	6888	3265	3623
54	8260	3994	4265	99	92	8	7240	3572	3668
55—59	41464	20400	21064	385	362	22	35472	17983	17488
55	8259	3996	4262	83	79	3	7162	3535	3628
56	7871	3704	4167	82	79	3	6740	3263	3476
57	8695	4157	4538	82	75	8	7427	3668	3759
58	8312	4215	4096	70	70	—	7086	3725	3362
59	8328	4327	4001	67	59	8	7057	3793	3264
60—64	35024	20601	14423	260	244	17	28785	17641	11144
60	8101	4370	3731	72	67	5	6789	3817	2972
61	7411	4190	3221	67	63	4	6162	3611	2551
62	7521	4521	3000	54	51	3	6182	3862	2319
63	6180	3778	2402	44	40	4	5014	3207	1807
64	5811	3742	2069	23	23	1	4638	3144	1494
65+	50352	34919	15432	376	294	82	33325	25166	8159

(person)

再婚有配偶 Re－Married			离 婚 Divorced			丧 偶 Widowed		
小 计 Sub－total	男 Male	女 Female	小 计 Sub－total	男 Male	女 Female	小 计 Sub－total	男 Male	女 Female
1538	551	986	626	386	240	896	285	611
283	109	173	115	77	38	102	28	74
282	93	189	119	79	40	156	43	112
291	102	189	131	78	53	174	54	121
332	115	217	135	76	60	226	76	150
349	131	218	126	76	50	238	84	154
1791	724	1067	605	393	212	1652	483	1169
379	154	226	140	94	46	272	79	193
358	137	221	131	90	41	301	99	201
367	148	219	114	65	50	343	101	242
358	154	204	128	83	46	366	94	272
328	131	197	91	62	29	370	110	260
1416	630	786	366	238	128	2124	608	1516
303	126	177	87	51	36	370	112	258
269	120	149	75	47	28	345	97	248
294	135	159	63	41	21	378	101	276
269	132	137	74	50	23	459	132	327
281	116	165	67	48	19	572	166	406
1604	845	759	333	214	119	3671	995	2676
315	160	155	101	64	37	598	158	440
318	156	162	54	37	17	677	169	508
342	178	163	81	51	30	764	185	579
313	165	148	53	32	21	789	224	565
316	185	131	44	30	14	844	260	584
1449	936	513	271	177	94	4259	1603	2656
332	193	139	65	33	32	843	261	583
282	168	115	58	37	22	842	311	530
307	207	100	66	49	16	912	352	561
274	183	91	42	31	11	806	317	489
253	185	68	41	27	14	855	362	493
2484	1998	486	392	263	129	13774	7198	6577

续表 10 continued

单位：人

受教育程度和年龄别 Educational Level & Age	合计 Total			未婚 Never Married			初婚有配偶 First Married		
	合计 Total	男 Male	女 Female	小计 Sub－total	男 Male	女 Female	小计 Sub－total	男 Male	女 Female
扫盲班 Literacy Class	**33093**	**9600**	**23493**	**656**	**456**	**200**	**24484**	**7352**	**17132**
15－19	103	36	67	100	36	65	3	—	2
15	8	4	4	8	4	4	—	—	—
16	18	8	10	18	8	10	—	—	—
17	21	6	15	21	6	15	—	—	—
18	28	10	19	26	9	17	2	—	2
19	27	8	20	27	8	19	—	—	—
20－24	262	57	205	123	40	82	136	16	120
20	39	5	34	33	5	28	6	—	6
21	47	13	34	32	13	20	14	—	14
22	41	9	31	13	6	8	25	4	21
23	55	10	45	20	5	15	35	4	30
24	80	20	60	24	12	12	56	8	48
25－29	559	102	457	39	26	12	498	72	425
25	84	15	69	6	3	3	75	11	64
26	102	12	90	12	5	7	89	8	82
27	117	23	94	5	5	1	106	18	87
28	109	24	85	8	7	2	94	16	78
29	147	27	120	7	7	—	134	19	115
30－34	755	115	640	36	29	6	700	81	618
30	147	24	123	6	5	1	139	18	121
31	113	19	94	6	5	1	103	13	90
32	212	28	184	5	5	—	199	22	178
33	172	28	144	14	11	3	155	16	140
34	111	17	94	4	3	1	103	12	91
35－39	1715	294	1422	35	32	2	1612	244	1368
35	213	39	174	5	3	2	192	30	163
36	283	43	240	8	8	—	261	33	228
37	313	49	264	7	7	—	299	40	260
38	443	87	356	8	8	1	420	74	346
39	463	75	388	6	6	—	439	67	372

(person)

再婚有配偶 Re－Married			离 婚 Divorced			丧 偶 Widowed		
小 计 Sub－total	男 Male	女 Female	小 计 Sub－total	男 Male	女 Female	小 计 Sub－total	男 Male	女 Female
1146	**395**	**752**	**233**	**131**	**102**	**6574**	**1266**	**5307**
—	—	—	—	—	—	—	—	—
—	—	—	—	—	—	—	—	—
—	—	—	—	—	—	—	—	—
—	—	—	—	—	—	—	—	—
—	—	—	—	—	—	—	—	—
—	—	—	—	—	—	—	—	—
2	—	2	—	—	—	—	—	—
—	—	—	—	—	—	—	—	—
—	—	—	—	—	—	—	—	—
2	—	2	—	—	—	—	—	—
—	—	—	—	—	—	—	—	—
—	—	—	—	—	—	—	—	—
9	1	9	4	1	2	10	1	9
2	—	2	1	1	1	—	—	—
—	—	—	—	—	—	1	—	1
3	—	3	—	—	—	3	—	3
4	1	4	3	1	2	—	—	—
1	—	1	—	—	—	6	1	5
14	2	12	3	3	—	2	—	2
2	—	2	1	1	—	—	—	—
2	—	2	1	1	—	—	—	—
6	—	6	—	—	—	1	—	1
—	—	—	1	1	—	2	—	2
4	1	2	—	—	—	—	—	—
41	9	32	6	4	2	22	5	17
4	—	4	3	2	1	9	4	5
12	2	10	—	—	—	2	—	2
6	2	4	1	—	1	—	—	—
11	5	6	—	—	—	3	—	3
8	—	8	3	2	1	8	1	7

续表 11 continued

单位:人

受教育程度和年龄别 Educational Level & Age	合计 Total 合计 Total	合计 Total 男 Male	合计 Total 女 Female	未婚 Never Married 小计 Sub-total	未婚 Never Married 男 Male	未婚 Never Married 女 Female	初婚有配偶 First Married 小计 Sub-total	初婚有配偶 First Married 男 Male	初婚有配偶 First Married 女 Female
40—44	3095	557	2538	53	53	—	2893	477	2415
40	578	77	500	9	9	—	541	65	476
41	633	128	505	19	19	—	591	106	485
42	668	125	543	8	8	—	625	111	514
43	633	97	536	7	7	—	595	85	511
44	583	129	454	10	10	—	541	111	430
45—49	2171	502	1669	47	44	3	1931	415	1516
45	523	132	392	12	11	1	460	116	344
46	467	97	370	6	6	—	430	80	351
47	389	97	292	10	9	1	346	81	266
48	401	87	314	14	14	—	349	65	285
49	390	89	301	6	5	—	345	75	271
50—54	2340	533	1806	49	48	1	1996	425	1570
50	411	98	313	11	10	1	361	80	281
51	409	81	328	6	6	—	353	64	289
52	443	109	334	13	13	—	371	81	291
53	472	104	368	11	11	—	398	87	311
54	605	141	464	9	9	—	512	115	398
55—59	4266	1057	3209	47	40	7	3435	892	2543
55	656	173	483	12	11	1	546	142	404
56	664	168	496	9	7	2	550	143	407
57	895	207	688	11	11	—	709	168	541
58	963	231	732	6	5	1	770	197	572
59	1088	277	810	9	7	2	860	242	618
60—64	6195	1835	4360	48	44	3	4711	1511	3201
60	1168	297	872	8	5	3	898	250	648
61	1261	340	921	7	7	—	1006	286	721
62	1455	464	991	16	16	—	1125	385	739
63	1158	356	802	8	8	—	858	285	573
64	1153	378	775	9	9	—	824	305	519
65+	11631	4511	7120	80	63	17	6570	3218	3353

(person)

再婚有配偶 Re－Married			离婚 Divorced			丧偶 Widowed		
小计 Sub－total	男 Male	女 Female	小计 Sub－total	男 Male	女 Female	小计 Sub－total	男 Male	女 Female
85	11	74	19	11	8	46	5	41
21	2	19	3	2	1	5	—	5
13	3	10	2	—	2	9	1	8
19	2	17	7	3	4	10	1	8
17	3	14	2	1	1	12	—	11
16	1	14	6	5	1	11	2	9
69	6	63	17	12	5	106	24	82
21	1	21	2	1	2	28	4	24
14	3	12	3	2	1	14	7	7
9	—	9	4	3	1	21	5	16
15	2	14	4	3	1	18	4	14
9	1	8	4	4	—	26	4	22
72	18	53	14	7	6	210	34	175
12	1	11	3	2	—	25	6	19
13	2	10	2	1	1	35	8	28
16	7	9	3	—	3	40	9	32
12	3	9	4	2	3	47	2	45
19	5	14	2	2	—	62	10	52
167	37	130	33	19	14	585	70	515
23	7	17	5	3	2	70	10	60
26	7	19	7	4	3	73	8	65
44	8	36	7	4	3	124	17	107
42	5	37	11	7	5	133	17	116
32	10	22	3	1	2	184	18	166
237	85	152	45	26	19	1154	169	985
48	15	33	12	6	6	203	22	181
47	16	31	11	6	5	189	26	163
51	16	35	11	5	6	252	41	210
45	17	28	8	7	1	238	39	198
46	22	24	3	2	1	272	41	231
450	225	224	92	48	45	4439	958	3481

续表 12 continued

单位:人

受教育程度和年龄别 Educational Level & Age	合计 Total			未婚 Never Married			初婚有配偶 First Married		
	合计 Total	男 Male	女 Female	小计 Sub-total	男 Male	女 Female	小计 Sub-total	男 Male	女 Female
未上过学 No Schooling	**176058**	**39572**	**136486**	**6556**	**4804**	**1752**	**108781**	**26110**	**82671**
15—19	1140	423	718	1084	420	664	53	1	52
15	177	69	108	176	68	108	—	—	—
16	240	93	147	238	93	145	2	—	2
17	235	89	146	226	89	138	7	—	7
18	243	86	157	227	84	143	15	1	14
19	245	86	160	216	86	130	28	—	28
20—24	2086	680	1406	1087	578	509	985	101	884
20	308	106	202	232	101	131	75	5	70
21	346	116	230	225	110	114	119	6	113
22	385	122	263	207	107	100	176	15	162
23	494	163	331	218	131	87	274	32	242
24	554	174	380	205	129	76	341	44	297
25—29	2946	809	2137	677	502	175	2196	296	1901
25	575	156	419	171	108	62	398	45	352
26	549	144	405	125	92	33	410	50	359
27	605	174	431	141	108	34	449	63	386
28	595	167	428	125	100	24	450	65	385
29	622	168	454	114	93	21	490	72	418
30—34	3238	750	2487	470	391	79	2607	338	2269
30	649	171	478	109	90	19	519	80	439
31	643	150	494	112	88	24	496	53	443
32	819	207	612	132	116	16	649	87	562
33	678	132	546	71	59	12	564	69	495
34	448	91	357	46	37	8	380	50	330
35—39	5645	1142	4503	384	331	54	4945	741	4204
35	772	145	627	64	52	13	677	84	592
36	799	161	638	60	51	9	693	102	592
37	1194	273	921	92	82	10	1036	176	859
38	1487	283	1204	84	71	12	1318	192	1126
39	1393	280	1113	85	75	10	1221	186	1035

(person)

再婚有配偶 Re－Married			离婚 Divorced			丧偶 Widowed		
小计 Sub－total	男 Male	女 Female	小计 Sub－total	男 Male	女 Female	小计 Sub－total	男 Male	女 Female
6526	**1511**	**5015**	**1113**	**532**	**581**	**53083**	**6615**	**46467**
—	—	—	2	—	2	1	1	—
—	—	—	—	—	—	1	1	—
—	—	—	—	—	—	—	—	—
—	—	—	1	—	1	—	—	—
—	—	—	—	—	—	—	—	—
—	—	—	1	—	1	—	—	—
8	—	8	5	—	4	—	—	—
—	—	—	—	—	—	—	—	—
1	—	1	1	—	1	—	—	—
—	—	—	1	—	1	—	—	—
2	—	2	—	—	—	—	—	—
5	—	5	2	—	2	—	—	—
42	3	39	17	6	11	14	2	11
2	1	1	3	—	3	2	1	1
8	—	8	3	1	2	3	1	2
10	1	9	3	2	1	1	—	1
11	—	11	3	2	1	7	—	7
12	1	11	4	1	3	1	—	1
112	6	106	28	13	14	21	2	19
17	—	17	3	1	2	2	—	2
24	4	20	5	2	2	6	2	5
24	1	23	7	4	4	8	—	8
31	—	30	9	4	5	4	—	4
16	1	16	5	2	2	1	1	1
197	19	178	66	40	26	52	12	40
21	2	19	5	4	—	5	2	3
31	2	30	9	6	3	6	—	6
42	4	38	14	6	7	11	4	6
48	3	45	23	13	10	15	3	11
55	8	47	16	10	6	16	2	14

续表 13 continued

单位：人

受教育程度和年龄别 Educational Level & Age	合计 Total			未婚 Never Married			初婚有配偶 First Married		
	合计 Total	男 Male	女 Female	小计 Sub－total	男 Male	女 Female	小计 Sub－total	男 Male	女 Female
40－44	9190	1837	7353	483	442	41	8079	1286	6793
40	1623	285	1338	96	86	10	1420	184	1235
41	1782	369	1413	98	91	6	1567	251	1317
42	1939	402	1538	102	96	6	1710	280	1429
43	2056	407	1649	108	97	10	1810	289	1521
44	1789	375	1415	80	71	9	1572	282	1291
45－49	9259	1897	7362	450	411	40	7923	1323	6600
45	1898	412	1486	107	97	10	1625	290	1335
46	1927	422	1505	121	113	7	1619	272	1347
47	1689	355	1335	91	82	9	1449	242	1207
48	1871	365	1507	64	60	4	1618	268	1351
49	1874	343	1531	68	58	10	1611	251	1360
50－54	11887	2330	9557	356	345	12	9864	1719	8146
50	1969	380	1589	70	68	1	1672	277	1395
51	2176	446	1730	80	78	2	1796	314	1482
52	2222	462	1760	69	68	1	1845	342	1503
53	2488	460	2028	61	59	2	2061	344	1716
54	3032	583	2450	77	71	5	2491	441	2050
55－59	19918	4294	15624	394	378	16	15510	3360	12150
55	3322	697	2625	80	75	5	2666	550	2115
56	3257	651	2606	58	56	2	2615	528	2087
57	4025	889	3136	78	76	1	3147	711	2436
58	4423	1009	3414	90	86	5	3394	769	2624
59	4891	1048	3843	88	86	3	3688	801	2887
60－64	29123	6351	22772	404	385	19	20585	4871	15714
60	5599	1185	4414	87	87	—	4104	921	3184
61	5668	1202	4465	90	83	7	4106	912	3194
62	6358	1420	4938	98	94	4	4423	1062	3361
63	5898	1273	4625	71	67	4	4126	989	3138
64	5601	1272	4329	57	53	4	3825	987	2838
65＋	81627	19059	62567	765	622	143	36034	12074	23959

(person)

再婚有配偶 Re－Married			离 婚 Divorced			丧 偶 Widowed		
小 计 Sub－total	男 Male	女 Female	小 计 Sub－total	男 Male	女 Female	小 计 Sub－total	男 Male	女 Female
361	46	315	70	33	37	196	31	166
63	5	58	14	4	10	30	6	24
64	10	54	17	11	6	36	6	30
72	13	59	14	5	8	42	7	36
85	9	76	10	6	5	43	5	37
77	8	68	15	7	8	46	7	38
387	50	337	83	47	36	415	66	350
82	7	75	12	5	7	72	13	59
94	15	79	20	12	8	73	10	63
59	8	51	19	12	7	72	11	61
79	11	68	17	12	5	93	14	79
73	9	64	15	6	9	107	19	88
526	87	439	93	51	42	1048	129	918
92	16	76	9	5	4	126	14	112
93	19	74	17	11	6	190	24	167
84	10	74	19	12	7	204	30	175
115	16	98	27	11	16	225	30	195
142	26	116	21	12	8	302	32	270
857	164	694	115	67	47	3042	324	2718
147	24	123	20	11	9	409	37	373
141	23	118	14	8	6	429	36	393
198	32	166	23	16	7	579	54	525
180	44	136	27	16	11	732	94	638
191	41	150	30	16	14	893	104	789
1233	257	976	186	97	89	6715	742	5973
237	35	202	45	20	25	1126	122	1004
242	54	188	36	18	18	1193	135	1058
292	69	223	45	25	20	1501	171	1330
254	50	204	26	16	10	1420	151	1269
208	50	158	35	19	16	1475	163	1313
2803	881	1922	448	176	271	41578	5306	36272

2－6　全国镇分年龄、性别、受教育程度、婚姻状况的人口

单位:人

受教育程度和年龄别 Educational Level & Age	合计 Total			未婚 Never Married			初婚有配偶 First Married		
	合计 Total	男 Male	女 Female	小计 Sub－total	男 Male	女 Female	小计 Sub－total	男 Male	女 Female
总计 Total	**755059**	**376625**	**378434**	**146831**	**81194**	**65637**	**546882**	**273665**	**273218**
15－19	69967	34900	35067	69459	34808	34651	484	88	396
15	13757	7152	6605	13753	7150	6603	3	1	2
16	15110	7605	7505	15099	7602	7497	10	3	6
17	13994	6872	7122	13963	6868	7095	29	4	25
18	13324	6517	6806	13215	6503	6713	102	15	87
19	13782	6754	7028	13428	6685	6742	342	65	277
20－24	89583	42530	47053	57281	31700	25581	31898	10695	21203
20	14428	6938	7490	13196	6690	6506	1204	242	962
21	15968	7472	8496	13092	6890	6202	2844	574	2270
22	17925	8352	9573	12333	6755	5578	5534	1576	3958
23	19557	9289	10268	10290	6101	4189	9155	3157	5998
24	21704	10478	11226	8371	5265	3106	13160	5145	8016
25－29	108674	53259	55415	14247	9946	4301	92525	42459	50067
25	22821	11065	11756	5746	3853	1893	16789	7095	9694
26	22526	10883	11643	3704	2606	1098	18543	8171	10372
27	22976	11390	11586	2462	1771	691	20121	9434	10687
28	18790	9266	9524	1324	952	372	17033	8112	8921
29	21561	10655	10906	1011	765	247	20039	9646	10393
30－34	100939	50823	50116	2266	1691	575	95172	47495	47676
30	22956	11460	11495	777	573	203	21479	10575	10904
31	22900	11528	11372	578	432	146	21575	10768	10807
32	26283	13240	13043	493	365	128	24849	12435	12414
33	17930	9074	8857	271	203	68	16985	8542	8442
34	10870	5521	5349	147	117	31	10285	5175	5109
35－39	76975	39471	37504	810	658	152	72585	37124	35461
35	13716	7007	6709	185	146	39	12958	6587	6371
36	13079	6792	6287	159	130	29	12307	6371	5936
37	16639	8572	8066	148	119	29	15703	8077	7626
38	17674	9057	8616	176	143	32	16678	8527	8151
39	15867	8043	7825	142	120	22	14939	7562	7377

ⅢMARITAL STATUS OF TOWN POPULATION BY AGE, SEX AND EDUCATONAL LEVEL

(person)

再婚有配偶 Re－Married			离婚 Divorced			丧偶 Widowed		
小计 Sub－total	男 Male	女 Female	小计 Sub－total	男 Male	女 Female	小计 Sub－total	男 Male	女 Female
18326	**9780**	**8546**	**6354**	**3463**	**2891**	**36666**	**8525**	**28142**
2	1	1	18	1	17	4	2	2
1	1	—	1	—	1	—	—	—
—	—	—	1	—	1	—	—	—
—	—	—	2	—	2	—	—	—
—	—	—	7	—	7	—	—	—
1	—	1	8	1	7	4	2	2
127	33	95	249	96	153	29	7	22
11	1	11	15	5	10	2	—	2
7	1	6	24	7	17	1	—	1
18	3	15	35	15	20	6	3	3
34	7	27	74	23	51	5	1	4
57	21	37	100	45	55	15	3	13
784	321	463	951	481	470	167	52	115
98	30	68	163	80	84	25	8	18
96	34	62	159	64	95	24	9	15
153	66	88	204	109	95	35	10	25
186	81	105	211	112	99	36	9	28
251	110	140	213	117	96	47	17	30
1852	861	992	1312	702	610	337	74	263
348	143	205	292	155	136	61	14	47
392	163	229	289	153	136	66	12	54
500	240	261	341	182	160	99	18	81
376	183	193	233	126	107	66	19	47
236	132	105	157	85	71	45	12	34
2115	1058	1057	986	527	459	479	103	376
332	173	160	188	88	100	52	13	39
379	189	190	160	85	75	74	17	57
466	239	227	216	117	100	105	21	85
484	242	243	226	120	106	109	25	84
453	216	237	195	117	78	138	27	111

续表 1 continued

单位:人

受教育程度和年龄别 Educational Level & Age	合计 Total 合计 Total	合计 Total 男 Male	合计 Total 女 Female	未婚 Never Married 小计 Sub－total	未婚 Never Married 男 Male	未婚 Never Married 女 Female	初婚有配偶 First Married 小计 Sub－total	初婚有配偶 First Married 男 Male	初婚有配偶 First Married 女 Female
40－44	75910	38626	37284	654	570	83	71236	36285	34951
40	17202	8758	8444	139	118	21	16180	8219	7960
41	16625	8532	8093	157	134	22	15643	8004	7639
42	15091	7638	7453	116	101	16	14130	7189	6941
43	14427	7327	7100	117	103	13	13525	6898	6627
44	12565	6370	6195	125	114	10	11758	5974	5784
45－49	56537	29184	27354	482	445	38	52002	27066	24936
45	13014	6732	6281	107	100	7	12047	6262	5785
46	12148	6258	5891	108	95	13	11185	5797	5388
47	10628	5456	5172	82	78	5	9805	5089	4716
48	10706	5578	5127	91	84	7	9814	5159	4655
49	10042	5160	4882	95	88	6	9151	4759	4391
50－54	42874	21934	20940	390	361	29	38214	19937	18277
50	9288	4775	4514	90	79	10	8332	4350	3982
51	8592	4407	4185	68	63	5	7741	4025	3717
52	8242	4206	4036	74	67	6	7372	3829	3543
53	8192	4188	4005	79	74	6	7264	3793	3472
54	8560	4359	4201	80	78	2	7506	3941	3565
55－59	39423	20378	19045	351	335	16	33680	18104	15576
55	8352	4263	4089	73	71	2	7270	3815	3455
56	7415	3814	3600	70	67	3	6414	3442	2973
57	8228	4278	3950	79	74	5	7017	3771	3246
58	7912	4181	3731	67	64	3	6752	3717	3035
59	7516	3841	3675	62	58	4	6227	3361	2866
60－64	33539	17447	16091	298	272	26	26173	14687	11486
60	7522	3764	3758	83	77	5	6030	3202	2828
61	6745	3534	3210	57	53	4	5365	3023	2342
62	7236	3803	3433	66	60	7	5670	3180	2490
63	6299	3311	2988	45	36	9	4860	2793	2067
64	5737	3035	2702	47	46	1	4248	2489	1759
65＋	60638	28073	32565	593	408	186	32912	19723	13189

(person)

再婚有配偶 Re－Married			离婚 Divorced			丧偶 Widowed		
小计 Sub－total	男 Male	女 Female	小计 Sub－total	男 Male	女 Female	小计 Sub－total	男 Male	女 Female
2344	1148	1196	847	427	420	830	195	634
545	277	268	204	111	93	134	33	101
473	248	225	198	106	92	154	40	114
513	235	279	159	74	85	172	38	133
430	208	222	153	71	82	202	46	156
381	179	202	134	65	69	167	38	130
2140	1037	1103	575	321	254	1338	316	1022
481	235	246	136	67	70	242	69	174
461	220	241	127	73	53	268	72	196
391	181	210	107	59	48	242	48	194
419	213	206	103	61	42	279	62	217
388	187	201	102	60	42	307	65	242
1860	952	908	366	223	142	2044	460	1584
426	218	208	99	55	44	342	72	270
372	196	176	61	41	20	350	83	268
353	173	181	71	48	23	372	88	283
347	169	179	74	46	28	427	106	321
361	197	164	61	33	28	553	111	442
1840	1029	811	309	200	109	3243	710	2533
377	213	163	89	54	35	544	111	433
321	168	153	49	29	20	561	109	452
385	216	169	65	47	18	683	171	512
377	222	155	47	31	17	668	147	521
380	210	171	59	40	19	788	172	615
1928	1166	762	300	209	91	4839	1112	3727
425	235	190	75	52	23	909	197	712
355	203	151	61	44	18	907	212	695
406	268	138	64	43	22	1030	252	778
381	225	155	49	37	12	964	220	744
362	235	128	50	34	16	1029	230	799
3334	2174	1160	442	275	167	23357	5493	17864

续表 2 continued

单位:人

受教育程度和年龄别 Educational Level & Age	合计 Total			未婚 Never Married			初婚有配偶 First Married		
	合计 Total	男 Male	女 Female	小计 Sub-total	男 Male	女 Female	小计 Sub-total	男 Male	女 Female
大专以上 College&Over	**43304**	**30911**	**12393**	**7982**	**4947**	**3036**	**34122**	**25070**	**9051**
15—19	1097	568	529	1094	568	[illegible]	4	1	3
15	14	3	11	14	3	11	—	—	—
16	68	24	44	68	24	44	—	—	—
17	134	58	76	134	58	76	—	—	—
18	318	169	149	318	169	149	—	—	—
19	563	314	248	559	314	245	4	1	3
20—24	5870	3175	2694	4673	2694	1979	1187	479	708
20	753	373	380	743	369	373	10	3	7
21	942	490	452	897	482	415	45	7	37
22	1171	599	572	1045	562	483	124	38	87
23	1376	757	620	1043	629	414	330	127	203
24	1627	957	670	945	652	293	678	303	375
25—29	9982	6406	3576	1959	1492	466	7948	4870	3079
25	1874	1164	709	773	571	201	1093	588	505
26	2151	1302	849	556	426	130	1583	870	713
27	2219	1420	798	366	288	78	1837	1122	715
28	1719	1148	571	157	123	34	1544	1015	530
29	2020	1372	648	107	84	24	1891	1275	616
30—34	8767	6485	2283	198	151	48	8384	6202	2183
30	2071	1472	600	100	75	25	1930	1367	562
31	2118	1543	575	55	43	12	2017	1467	550
32	2281	1693	588	28	20	8	2202	1641	561
33	1485	1155	330	13	10	3	1442	1118	324
34	812	623	189	3	3	—	794	608	186
35—39	4533	3536	998	25	14	11	4379	3429	950
35	857	669	188	9	8	1	826	646	180
36	755	599	156	7	3	4	736	588	149
37	973	743	230	3	1	1	938	719	219
38	1024	805	219	2	—	2	992	786	205
39	924	720	204	5	2	3	888	690	198

(person)

再婚有配偶 Re—Married			离婚 Divorced			丧偶 Widowed		
小计 Sub—total	男 Male	女 Female	小计 Sub—total	男 Male	女 Female	小计 Sub—total	男 Male	女 Female
651	**544**	**107**	**287**	**189**	**98**	**262**	**161**	**101**
—	—	—	—	—	—	—	—	—
—	—	—	—	—	—	—	—	—
—	—	—	—	—	—	—	—	—
—	—	—	—	—	—	—	—	—
—	—	—	—	—	—	—	—	—
—	—	—	—	—	—	—	—	—
1	—	1	9	3	6	—	—	—
—	—	—	1	1	—	—	—	—
—	—	—	—	—	—	—	—	—
1	—	1	1	—	1	—	—	—
—	—	—	3	—	3	—	—	—
—	—	—	4	2	2	—	—	—
23	14	9	47	27	20	5	4	2
4	2	2	3	2	1	1	1	—
2	—	2	9	5	4	1	—	1
3	3	—	11	7	4	1	1	—
8	4	3	9	5	4	—	—	—
6	4	2	14	8	6	2	1	1
90	64	26	80	63	17	14	5	9
18	9	9	22	19	3	2	1	1
22	17	6	18	13	5	6	3	3
25	17	8	23	15	8	4	—	4
17	14	3	13	13	1	1	1	—
9	8	1	4	3	2	—	—	—
85	70	15	40	23	17	5	—	5
11	10	1	11	5	6	—	—	—
7	6	1	3	2	—	2	—	2
22	16	5	10	6	4	1	—	1
16	12	4	13	7	6	2	—	2
28	25	3	4	3	1	—	—	—

续表 3 continued

单位：人

受教育程度和年龄别 Educational Level & Age	合计 Total			未婚 Never Married			初婚有配偶 First Married		
	合计 Total	男 Male	女 Female	小计 Sub－total	男 Male	女 Female	小计 Sub－total	男 Male	女 Female
40－44	3859	3014	845	10	7	3	3716	2911	805
40	948	728	219	3	2	1	911	703	208
41	878	687	191	2	2	1	846	666	181
42	725	564	161	—	—	—	701	545	156
43	721	568	153	3	3	—	695	551	144
44	588	466	122	1	—	1	563	446	117
45－49	2976	2423	552	6	6	—	2859	2343	517
45	643	521	122	1	1	—	614	503	111
46	642	526	116	1	1	—	617	509	108
47	586	482	104	2	2	—	570	469	101
48	557	446	111	1	1	—	534	431	103
49	547	449	99	1	1	—	524	431	94
50－54	2165	1773	392	1	1	—	2068	1701	367
50	475	395	80	1	1	—	450	377	73
51	440	362	78	—	—	—	424	349	75
52	422	340	82	—	—	—	407	331	76
53	421	336	85	—	—	—	399	322	78
54	407	340	66	—	—	—	387	322	65
55－59	2260	1921	339	7	7	—	2090	1781	308
55	485	402	83	1	1	—	449	371	78
56	484	397	87	1	1	—	458	376	82
57	531	449	82	—	—	—	484	410	74
58	420	374	46	3	3	—	383	346	37
59	341	299	41	1	1	—	315	279	36
60－64	993	880	113	4	4	—	885	790	95
60	283	252	31	1	1	—	260	235	25
61	207	181	26	—	—	—	191	170	21
62	201	171	30	2	2	—	176	148	28
63	169	157	12	—	—	—	143	134	9
64	133	119	14	—	—	—	115	103	12
65＋	801	729	72	6	3	3	601	565	36

(person)

再婚有配偶 Re－Married			离　婚 Divorced			丧　偶 Widowed		
小　计 Sub－total	男 Male	女 Female	小　计 Sub－total	男 Male	女 Female	小　计 Sub－total	男 Male	女 Female
87	69	17	32	17	15	14	9	5
23	18	5	9	5	5	1	1	—
16	14	3	11	6	5	2	—	2
18	14	4	4	3	1	1	1	—
14	10	4	4	1	3	5	2	2
15	13	1	4	2	2	5	4	1
69	57	11	21	11	10	21	7	14
20	15	4	5	—	4	4	1	3
15	12	3	5	2	2	4	1	2
10	9	2	3	2	1	—	—	—
12	10	1	5	3	2	6	2	5
12	11	1	4	4	—	6	2	4
62	52	10	10	8	3	23	11	12
16	13	3	5	4	1	3	—	3
10	9	1	—	—	—	5	3	2
8	5	3	1	1	—	5	2	3
13	10	4	3	1	2	5	3	2
15	15	—	1	1	—	5	3	1
105	97	8	19	16	3	40	20	19
23	22	1	6	6	—	5	3	3
13	13	—	2	1	—	9	5	4
29	27	2	6	4	2	12	8	4
23	20	4	2	2	—	8	3	5
17	15	1	3	3	—	5	1	4
55	55	1	6	4	2	42	28	15
5	5	—	3	2	2	13	8	4
8	8	—	—	—	—	8	4	4
13	13	—	1	1	—	8	6	2
17	17	—	1	1	—	8	5	3
12	12	—	—	—	—	5	4	2
74	66	8	22	18	4	98	77	21

续表 4 continued

单位:人

受教育程度和年龄别 Educational Level & Age	合计 Total			未婚 Never Married			初婚有配偶 First Married		
	合计 Total	男 Male	女 Female	小计 Sub-total	男 Male	女 Female	小计 Sub-total	男 Male	女 Female
高中 Senior High School	**180149**	**99350**	**80799**	**52227**	**28194**	**24033**	**122368**	**68134**	**54234**
15-19	26695	13108	13588	26657	13091	13566	34	14	20
15	3379	1569	1810	3378	1568	1810	—	—	—
16	6227	3050	3177	6227	3050	3176	—	—	—
17	6390	3143	3248	6387	3140	3247	3	3	1
18	5696	2833	2863	5691	2830	2861	5	3	2
19	5003	2512	2490	4975	2503	2472	26	8	18
20-24	27679	13948	13731	20277	11373	8903	7341	2557	4784
20	4818	2410	2407	4680	2384	2296	136	26	109
21	5203	2597	2605	4716	2508	2208	481	89	393
22	5450	2725	2725	4316	2393	1923	1124	328	796
23	5869	2981	2888	3625	2201	1424	2230	778	1452
24	6339	3234	3106	2940	1887	1053	3370	1336	2034
25-29	28159	14832	13327	4459	3166	1292	23309	11486	11823
25	6532	3447	3085	1975	1360	615	4493	2062	2431
26	6063	3181	2882	1168	854	314	4842	2311	2531
27	5808	3055	2753	707	514	193	5025	2503	2522
28	4471	2367	2105	363	250	113	4024	2075	1949
29	5284	2782	2502	246	187	59	4925	2535	2390
30-34	34294	18030	16264	565	370	195	32648	17139	15509
30	6154	3256	2898	177	123	54	5826	3068	2758
31	7243	3854	3388	139	89	50	6905	3670	3235
32	9334	4832	4502	132	83	49	8893	4600	4293
33	7068	3742	3326	83	53	31	6742	3571	3171
34	4496	2346	2149	34	23	11	4281	2229	2052
35-39	25588	14249	11339	135	90	46	24427	13656	10770
35	5476	2898	2577	38	19	18	5244	2791	2454
36	5018	2779	2239	31	19	12	4763	2651	2113
37	5500	3089	2411	29	23	6	5250	2953	2297
38	5327	2997	2330	23	17	6	5102	2877	2224
39	4268	2486	1782	15	12	3	4067	2385	1682

(person)

再婚有配偶 Re－Married			离　婚 Divorced			丧　偶 Widowed		
小　计 Sub－total	男 Male	女 Female	小　计 Sub－total	男 Male	女 Female	小　计 Sub－total	男 Male	女 Female
2792	**1845**	**947**	**1416**	**646**	**770**	**1346**	**532**	**815**
1	1	—	2	—	2	1	1	—
1	1	—	—	—	—	—	—	—
—	—	—	1	—	1	—	—	—
—	—	—	—	—	—	—	—	—
—	—	—	1	—	1	—	—	—
—	—	—	1	—	1	1	1	—
14	6	8	42	11	31	6	1	5
1	—	1	1	—	1	—	—	—
1	—	1	4	—	4	—	—	—
2	1	2	7	3	4	1	—	1
2	—	2	12	2	10	—	—	—
7	5	2	18	6	12	4	—	4
133	61	72	225	109	116	33	10	22
17	5	12	41	18	24	6	2	4
10	3	7	41	12	29	3	1	2
30	10	20	42	26	16	4	2	2
30	16	14	48	24	24	7	2	5
46	27	19	54	30	24	13	3	10
530	288	242	465	216	249	87	17	69
62	27	35	72	35	37	17	2	15
94	47	47	96	47	49	8	2	6
155	84	71	125	61	64	29	4	25
127	71	56	99	43	56	17	4	12
92	60	33	72	30	43	16	5	11
606	348	258	308	128	181	111	27	84
104	55	50	74	30	44	15	4	11
137	78	59	63	26	37	24	6	18
140	84	56	59	25	35	21	4	17
122	74	48	61	25	37	19	5	14
103	58	45	51	23	28	32	9	23

续表 5 continued

单位:人

受教育程度和年龄别 Educational Level & Age	合计 Total			未婚 Never Married			初婚有配偶 First Married		
	合计 Total	男 Male	女 Female	小计 Sub－total	男 Male	女 Female	小计 Sub－total	男 Male	女 Female
40－44	13471	8204	5267	40	33	7	12862	7872	4990
40	3874	2309	1566	16	15	2	3721	2221	1500
41	3261	1960	1301	11	8	3	3105	1871	1234
42	2608	1586	1022	3	2	—	2483	1519	964
43	2050	1301	749	5	3	1	1968	1255	713
44	1678	1049	629	6	5	1	1585	1006	579
45－49	7916	5152	2764	19	9	9	7461	4902	2559
45	1714	1085	629	3	2	1	1617	1030	587
46	1698	1083	615	2	1	1	1593	1027	566
47	1580	1018	562	6	4	2	1497	965	532
48	1596	1084	512	3	—	3	1511	1042	469
49	1329	882	447	5	3	2	1243	838	405
50－54	6290	4205	2086	24	22	2	5803	3918	1885
50	1210	831	379	5	5	—	1116	774	341
51	1241	862	379	4	3	—	1164	818	346
52	1270	820	450	6	4	2	1166	764	403
53	1300	864	436	3	3	—	1191	800	391
54	1269	827	442	5	5	—	1166	762	404
55－59	4849	3507	1342	19	16	3	4389	3234	1155
55	1185	808	377	4	4	—	1075	747	328
56	951	670	282	1	1	—	869	626	243
57	990	715	275	5	5	—	901	657	244
58	922	719	202	7	6	1	827	657	171
59	802	595	206	2	1	1	717	547	170
60－64	2600	2063	537	10	9	2	2262	1824	438
60	668	506	162	1	1	—	599	458	142
61	555	434	121	4	4	—	485	387	98
62	526	428	98	2	1	1	464	381	83
63	441	358	83	1	1	—	371	312	59
64	410	337	73	1	1	—	342	285	57
65＋	2608	2054	554	22	14	8	1832	1533	299

(person)

再婚有配偶 Re－Married			离婚 Divorced			丧偶 Widowed		
小计 Sub－total	男 Male	女 Female	小计 Sub－total	男 Male	女 Female	小计 Sub－total	男 Male	女 Female
329	206	123	149	66	83	91	26	65
79	48	31	40	20	20	18	6	13
85	52	33	43	24	19	17	4	13
75	50	25	26	10	17	21	5	16
46	32	14	14	5	10	16	6	11
43	24	19	25	8	17	18	5	12
270	187	83	74	31	43	92	23	69
59	41	18	20	7	13	15	5	10
58	43	15	20	7	13	25	6	20
57	42	15	10	4	6	9	3	6
51	33	18	10	3	7	20	6	15
45	27	18	14	10	4	22	3	18
261	188	73	52	27	25	151	51	100
55	40	15	13	8	5	21	3	18
44	29	14	6	2	4	24	10	14
57	38	18	13	6	8	28	8	19
52	38	14	15	9	6	39	14	25
54	42	12	5	3	2	40	15	25
223	189	35	34	14	20	183	54	129
53	42	11	14	5	9	38	9	29
30	24	6	8	3	6	43	17	27
43	37	6	6	3	3	35	13	23
49	46	3	6	4	2	32	7	25
48	39	9	—	—	—	35	9	26
168	151	17	34	22	12	125	58	67
33	30	3	7	6	1	27	11	16
31	28	3	4	3	1	30	12	19
28	28	—	8	4	5	23	14	9
38	29	9	7	6	1	24	11	13
38	36	2	7	4	4	21	11	10
257	223	34	30	21	9	467	263	204

续表 6 continued

单位:人

受教育程度和年龄别 Educational Level & Age	合计 Total			未婚 Never Married			初婚有配偶 First Married		
	合计 Total	男 Male	女 Female	小计 Sub-total	男 Male	女 Female	小计 Sub-total	男 Male	女 Female
初中 Junior High School	**284518**	**148763**	**135755**	**70420**	**38197**	**32223**	**203338**	**104774**	**98564**
15—19	36365	18589	17776	36112	18544	17568	248	44	204
15	9376	5101	4276	9376	5101	4275	—	—	—
16	7658	4018	3640	7652	4016	3637	5	2	3
17	6314	3146	3168	6300	3145	3155	13	1	12
18	6152	3008	3144	6104	3003	3101	47	5	42
19	6865	3316	3549	6679	3279	3400	183	36	147
20—24	44936	20737	24199	26879	14566	12314	17865	6105	11759
20	7309	3454	3856	6537	3291	3246	762	160	602
21	7982	3595	4387	6279	3259	3019	1690	333	1357
22	9099	4174	4926	5871	3223	2648	3207	943	2264
23	9775	4496	5278	4612	2655	1958	5106	1826	3280
24	10771	5018	5753	3581	2138	1443	7100	2843	4257
25—29	53862	25337	28524	5911	3902	2009	46966	20986	25980
25	11137	5121	6015	2388	1490	898	8618	3571	5047
26	10891	5028	5863	1484	982	502	9257	3987	5271
27	11390	5492	5899	1031	711	319	10160	4686	5474
28	9484	4474	5010	558	394	164	8685	3971	4714
29	10960	5222	5738	450	324	126	10247	4772	5475
30—34	43785	21245	22540	881	651	230	41335	19872	21463
30	11349	5471	5878	323	232	90	10662	5077	5586
31	10533	5008	5525	231	173	58	9939	4687	5252
32	11256	5484	5773	184	131	52	10660	5156	5504
33	6821	3305	3516	97	76	22	6445	3097	3348
34	3825	1978	1848	46	38	8	3629	1855	1774
35—39	27707	14712	12995	247	210	37	26112	13825	12287
35	4772	2491	2281	49	45	5	4501	2330	2171
36	4502	2363	2139	48	43	5	4242	2218	2024
37	6043	3233	2810	47	37	10	5704	3046	2659
38	6505	3486	3019	63	54	10	6122	3270	2852
39	5885	3139	2746	40	31	9	5542	2961	2581

(person)

再婚有配偶 Re－Married			离婚 Divorced			丧偶 Widowed		
小计 Sub－total	男 Male	女 Female	小计 Sub－total	男 Male	女 Female	小计 Sub－total	男 Male	女 Female
5170	**3132**	**2038**	**2337**	**1271**	**1066**	**3253**	**1388**	**1865**
—	—	—	5	1	4	—	—	—
—	—	—	1	—	1	—	—	—
—	—	—	—	—	—	—	—	—
—	—	—	1	—	1	—	—	—
—	—	—	1	—	1	—	—	—
—	—	—	3	1	2	—	—	—
57	17	40	122	47	74	13	1	11
3	—	3	7	3	4	1	—	1
4	1	2	9	2	7	1	—	1
7	2	6	12	4	7	2	1	1
17	4	14	37	12	25	2	—	2
26	10	16	58	27	31	6	—	6
390	167	223	497	256	241	98	26	72
34	13	22	83	45	38	14	3	11
55	18	37	82	37	45	13	4	9
67	34	33	109	55	54	24	6	19
102	44	58	112	59	53	26	6	21
132	59	73	110	60	50	21	8	13
835	380	455	578	308	269	157	34	122
177	76	101	157	77	80	30	9	22
196	79	117	134	66	68	32	3	30
216	106	110	152	81	71	45	9	35
166	74	93	79	47	32	34	11	22
80	45	35	55	37	18	16	3	13
786	414	372	387	221	166	175	42	133
135	73	62	68	37	30	19	5	13
134	65	69	57	31	26	20	5	15
157	91	66	89	47	42	46	13	33
185	99	86	96	54	42	39	9	30
175	86	89	77	51	26	51	10	41

续表 7 continued

单位:人

受教育程度和年龄别 Educational Level & Age	合计 Total			未婚 Never Married			初婚有配偶 First Married		
	合计 Total	男 Male	女 Female	小计 Sub－total	男 Male	女 Female	小计 Sub－total	男 Male	女 Female
40－44	28271	15868	12403	159	127	32	26725	15032	11693
40	6436	3523	2913	38	28	11	6077	3319	2758
41	6241	3483	2758	41	36	6	5901	3293	2607
42	5535	3089	2446	32	25	7	5229	2931	2298
43	5394	3077	2317	20	16	5	5102	2922	2180
44	4666	2696	1970	28	23	4	4417	2567	1850
45－49	17967	10475	7493	89	80	10	16750	9865	6884
45	4563	2677	1886	20	19	1	4255	2517	1738
46	3874	2244	1630	23	19	5	3615	2112	1503
47	3080	1774	1306	17	15	2	2871	1676	1195
48	3180	1874	1306	15	14	1	2962	1763	1199
49	3270	1906	1364	14	13	1	3046	1797	1249
50－54	12494	7410	5084	52	45	7	11409	6863	4546
50	3010	1770	1240	16	13	3	2750	1646	1104
51	2629	1516	1113	13	11	2	2399	1389	1010
52	2434	1465	970	7	7	—	2231	1350	881
53	2268	1348	920	7	5	2	2069	1260	809
54	2154	1312	842	10	10	—	1960	1217	743
55－59	7658	5046	2612	24	23	1	6859	4589	2270
55	1884	1160	724	6	5	1	1717	1067	651
56	1470	944	526	4	4	—	1342	881	461
57	1571	1007	563	4	4	—	1383	908	475
58	1480	1020	461	9	9	—	1328	922	406
59	1254	915	338	2	2	—	1090	813	277
60－64	5570	4397	1173	20	19	1	4780	3843	938
60	1277	942	334	8	8	—	1100	826	274
61	1167	916	252	3	3	—	1011	803	209
62	1212	974	238	2	2	—	1026	845	181
63	1058	846	212	3	2	1	909	741	167
64	856	719	138	3	3	—	735	628	107
65＋	5903	4947	956	46	31	15	4289	3750	539

(person)

再婚有配偶 Re－Married			离 婚 Divorced			丧 偶 Widowed		
小 计 Sub－total	男 Male	女 Female	小 计 Sub－total	男 Male	女 Female	小 计 Sub－total	男 Male	女 Female
793	466	326	330	173	157	265	70	195
201	117	84	80	48	32	40	11	29
169	104	65	74	38	36	56	12	44
157	87	70	63	29	34	55	17	38
139	90	49	67	32	35	66	18	48
127	68	59	46	26	20	48	12	36
604	340	265	182	91	91	342	99	243
152	87	65	53	26	27	84	28	56
124	62	62	42	25	18	70	27	43
112	58	53	30	12	18	50	12	38
108	68	39	26	17	9	69	11	58
109	64	45	31	11	20	69	21	49
524	330	194	93	60	33	416	113	304
133	78	55	24	15	9	87	19	68
127	81	46	18	14	4	72	20	52
98	61	38	21	18	3	77	29	48
87	55	32	16	7	8	88	19	69
78	55	23	14	5	9	91	25	67
353	266	87	43	29	14	379	139	240
79	59	20	12	7	5	70	22	48
50	36	14	7	6	1	67	18	49
76	53	23	9	4	6	98	39	60
68	54	13	6	4	2	70	31	39
80	63	17	8	8	1	74	30	44
356	309	46	48	43	5	365	183	183
75	60	15	19	17	2	74	30	44
69	61	8	13	12	—	71	37	34
89	76	13	4	3	1	90	48	43
71	64	7	7	6	1	68	32	35
51	48	3	5	4	1	62	35	26
472	444	28	53	41	11	1043	681	362

续表 8 continued

单位:人

受教育程度和年龄别 Educational Level & Age	合计 Total			未婚 Never Married			初婚有配偶 First Married		
	合计 Total	男 Male	女 Female	小计 Sub－total	男 Male	女 Female	小计 Sub－total	男 Male	女 Female
小学 Primary School	**165659**	**79517**	**86142**	**13474**	**8005**	**5469**	**135226**	**63464**	**71761**
15－19	5258	2411	2846	5078	2384	2694	167	27	141
15	887	435	451	884	434	450	2	1	1
16	1049	467	581	1045	466	578	3	1	3
17	1060	486	573	1050	486	564	9	1	8
18	1033	463	570	989	458	531	40	5	35
19	1229	559	670	1110	539	571	113	19	94
20－24	9989	4285	5705	4933	2787	2146	4944	1455	3489
20	1403	643	760	1132	593	540	260	49	211
21	1663	735	927	1088	595	493	563	135	428
22	1984	779	1205	1008	527	481	959	244	715
23	2271	962	1309	906	551	355	1335	400	934
24	2669	1165	1504	799	522	278	1827	627	1200
25－29	15071	6229	8843	1638	1184	453	13047	4884	8163
25	2986	1258	1728	547	387	160	2370	847	1523
26	3106	1288	1818	431	298	133	2620	967	1653
27	3233	1317	1915	303	219	84	2845	1066	1779
28	2774	1168	1606	185	141	44	2508	986	1522
29	2973	1197	1775	171	139	32	2704	1018	1685
30－34	12089	4640	7449	435	377	59	11099	4030	7069
30	2976	1169	1806	128	108	20	2733	1012	1721
31	2639	1042	1597	114	98	15	2409	897	1512
32	2920	1127	1793	102	95	8	2681	978	1703
33	2158	793	1365	47	40	7	2002	706	1297
34	1396	508	888	44	36	8	1273	436	837
35－39	15563	6315	9248	257	234	23	14504	5728	8776
35	2120	840	1280	53	47	6	1972	750	1221
36	2306	956	1351	50	47	3	2135	849	1285
37	3361	1368	1994	47	41	6	3140	1255	1885
38	3887	1608	2279	56	50	6	3626	1465	2161
39	3888	1543	2345	51	50	1	3632	1408	2224

(person)

再婚有配偶 Re－Married			离婚 Divorced			丧偶 Widowed		
小计 Sub－total	男 Male	女 Female	小计 Sub－total	男 Male	女 Female	小计 Sub－total	男 Male	女 Female
5994	**3232**	**2762**	**1670**	**1051**	**619**	**9296**	**3764**	**5532**
1	—	1	9	—	9	2	1	2
—	—	—	—	—	—	—	—	—
—	—	—	1	—	1	—	—	—
—	—	—	1	—	1	—	—	—
—	—	—	4	—	4	—	—	—
1	—	1	3	—	3	2	1	2
41	7	33	63	31	32	9	4	4
6	—	6	5	2	3	1	—	1
1	—	1	10	5	5	—	—	—
4	1	3	11	6	5	2	1	1
9	2	6	19	9	11	3	1	2
22	5	18	17	9	7	3	2	1
198	69	129	164	83	81	25	8	17
34	9	25	31	15	16	5	2	3
24	12	12	26	9	16	4	1	3
44	15	29	36	17	19	5	1	4
41	16	25	37	23	14	2	1	1
55	17	38	34	18	15	9	4	5
318	107	210	170	109	61	67	17	50
70	25	45	36	23	13	9	2	7
64	18	46	34	24	10	18	4	14
82	26	56	38	23	15	16	4	12
56	21	34	42	23	18	11	3	8
46	16	30	20	15	5	12	4	8
470	194	276	201	130	71	131	28	103
56	26	30	28	13	15	12	4	8
77	36	41	28	20	8	17	3	13
106	39	67	42	29	13	26	4	23
119	50	69	47	32	15	39	11	28
112	43	69	56	36	20	37	7	30

续表 9 continued

单位：人

受教育程度和年龄别 Educational Level & Age	合计 Total			未婚 Never Married			初婚有配偶 First Married		
	合计 Total	男 Male	女 Female	小计 Sub－total	男 Male	女 Female	小计 Sub－total	男 Male	女 Female
40－44	24740	10526	14214	285	260	26	22955	9692	13263
40	4826	2006	2820	56	52	4	4473	1828	2645
41	5164	2212	2952	62	53	9	4806	2033	2773
42	5105	2208	2896	50	44	6	4716	2053	2663
43	5096	2165	2931	58	53	4	4737	2000	2738
44	4550	1936	2614	60	57	3	4223	1778	2445
45－49	22788	10182	12606	231	223	8	20774	9245	11529
45	5036	2232	2804	50	48	2	4655	2045	2610
46	4972	2217	2755	51	48	4	4552	2011	2541
47	4467	2015	2451	31	31	—	4086	1855	2231
48	4354	1970	2385	52	50	2	3941	1765	2176
49	3959	1748	2211	48	47	1	3540	1570	1970
50－54	15761	7435	8326	166	162	5	13897	6618	7280
50	3531	1593	1939	39	37	2	3137	1412	1725
51	3181	1488	1693	28	28	—	2843	1332	1512
52	2942	1357	1585	28	28	—	2616	1226	1390
53	2938	1409	1529	38	36	2	2575	1243	1331
54	3168	1588	1581	33	32	1	2727	1405	1322
55－59	15118	7861	7257	168	163	6	12851	6886	5965
55	3197	1584	1613	33	33	—	2749	1399	1350
56	2933	1502	1431	40	38	1	2496	1322	1174
57	3187	1654	1534	38	35	3	2722	1436	1285
58	3011	1626	1385	29	29	—	2564	1428	1136
59	2790	1496	1295	28	27	1	2320	1301	1019
60－64	11829	7287	4542	113	107	5	9513	6086	3427
60	2687	1481	1206	31	30	1	2193	1241	952
61	2488	1494	994	20	19	1	2033	1265	768
62	2528	1633	895	25	24	1	2039	1347	692
63	2160	1366	794	17	14	3	1721	1161	560
64	1966	1313	653	20	20	—	1528	1071	457
65＋	17453	12346	5107	168	125	43	11475	8815	2660

(person)

再婚有配偶 Re－Married			离　婚 Divorced			丧　偶 Widowed		
小　计 Sub－total	男 Male	女 Female	小　计 Sub－total	男 Male	女 Female	小　计 Sub－total	男 Male	女 Female
875	361	514	280	145	134	345	68	276
183	81	103	58	33	25	55	12	43
178	75	104	60	33	27	57	17	40
203	73	130	62	30	32	73	8	64
160	68	93	54	28	27	87	17	70
150	65	85	45	22	23	72	14	59
916	403	513	236	152	83	631	159	472
187	81	106	43	27	17	100	31	69
199	91	108	49	36	13	120	31	89
171	68	103	50	34	16	129	28	101
183	89	95	52	31	20	127	35	92
175	74	101	41	24	17	155	34	121
687	324	363	148	102	45	863	229	634
159	75	84	38	24	14	159	45	114
127	65	62	30	22	8	153	42	111
128	56	72	21	15	6	149	32	117
123	55	68	28	22	6	175	53	122
150	74	76	31	19	11	228	58	170
688	371	316	137	94	43	1274	347	927
144	74	70	32	19	13	238	58	180
152	80	71	26	17	8	220	44	175
130	71	60	31	27	4	266	85	182
141	83	59	19	14	6	257	72	184
120	63	57	29	17	12	294	87	206
657	469	188	104	78	26	1442	547	895
150	102	48	23	16	6	290	92	198
122	85	37	25	18	7	289	107	182
139	112	26	22	17	5	304	133	171
111	72	40	18	14	4	293	105	188
135	98	37	17	14	4	266	111	156
1144	925	219	160	126	34	4506	2355	2151

续表 10 continued

单位:人

受教育程度和年龄别 Educational Level & Age	合计 Total 合计 Total	合计 Total 男 Male	合计 Total 女 Female	未婚 Never Married 小计 Sub－total	未婚 Never Married 男 Male	未婚 Never Married 女 Female	初婚有配偶 First Married 小计 Sub－total	初婚有配偶 First Married 男 Male	初婚有配偶 First Married 女 Female
扫盲班 Literacy Class	**10808**	**3312**	**7496**	**234**	**178**	**56**	**8088**	**2474**	**5613**
15－19	27	15	11	24	15	8	2	—	2
15	2	1	1	2	1	1	—	—	—
16	4	4	1	4	4	1	—	—	—
17	4	3	1	4	3	1	—	—	—
18	11	5	5	9	5	4	1	—	1
19	6	2	4	4	2	2	1	—	1
20－24	101	42	59	40	23	17	56	18	39
20	11	4	8	8	2	6	2	1	1
21	17	6	10	9	5	5	7	2	5
22	15	7	8	6	3	2	8	3	5
23	28	13	15	8	6	2	19	7	13
24	30	13	17	9	7	2	20	6	15
25－29	231	60	171	17	13	4	199	38	161
25	31	8	23	7	6	2	22	3	19
26	39	10	30	2	2	—	35	6	28
27	45	14	32	2	1	2	37	9	29
28	54	14	40	3	3	—	50	11	40
29	61	14	47	3	2	1	54	9	45
30－34	334	57	277	13	8	5	303	43	260
30	67	15	52	7	6	1	54	9	46
31	49	9	40	2	1	1	45	8	37
32	89	13	76	4	1	2	79	9	71
33	71	12	59	1	—	1	66	10	57
34	59	9	50	—	—	—	57	7	50
35－39	691	105	586	9	8	1	633	86	547
35	94	19	75	5	4	1	82	11	71
36	95	16	79	3	3	—	82	12	70
37	136	19	117	—	—	—	126	17	109
38	180	28	152	—	—	—	170	28	142
39	186	22	164	1	1	—	173	19	154

(person)

再婚有配偶 Re－Married			离婚 Divorced			丧偶 Widowed		
小计 Sub－total	男 Male	女 Female	小计 Sub－total	男 Male	女 Female	小计 Sub－total	男 Male	女 Female
514	**215**	**300**	**94**	**55**	**39**	**1878**	**390**	**1488**
—	—	—	1	—	1	—	—	—
—	—	—	—	—	—	—	—	—
—	—	—	—	—	—	—	—	—
—	—	—	—	—	—	—	—	—
—	—	—	—	—	—	—	—	—
—	—	—	1	—	1	—	—	—
2	1	1	3	1	2	—	—	—
1	1	—	1	—	1	—	—	—
—	—	—	1	—	1	—	—	—
1	—	1	1	1	—	—	—	—
1	—	1	1	1	—	—	—	—
—	—	—	1	—	1	—	—	—
10	5	4	3	2	1	2	1	1
2	—	2	1	—	1	—	—	—
2	1	1	—	—	—	—	—	—
3	2	1	2	2	—	—	—	—
1	1	—	1	—	1	—	—	—
2	1	1	—	—	—	2	1	1
13	6	8	2	1	2	3	—	2
4	1	4	—	—	—	1	—	1
1	—	1	1	—	1	—	—	—
4	2	2	1	—	1	2	—	1
4	2	2	—	—	—	—	—	—
1	1	—	1	1	—	—	—	—
34	8	26	4	2	2	11	—	11
5	4	2	1	1	1	1	—	1
7	1	6	—	—	—	3	—	3
7	2	5	1	—	1	1	—	1
8	—	8	1	1	—	2	—	2
7	1	5	1	1	—	4	—	4

续表 11 continued

单位：人

受教育程度和年龄别 Educational Level & Age	合计 Total			未婚 Never Married			初婚有配偶 First Married		
	合计 Total	男 Male	女 Female	小计 Sub—total	男 Male	女 Female	小计 Sub—total	男 Male	女 Female
40—44	1130	226	904	21	20	1	1032	182	850
40	240	44	197	4	2	1	225	35	190
41	214	36	177	3	3	—	200	31	170
42	225	38	187	2	2	—	207	31	176
43	236	56	180	2	2	—	211	46	165
44	215	52	162	10	10	—	189	39	150
45—49	815	177	638	14	14	—	731	148	583
45	187	39	148	3	3	—	169	34	135
46	160	33	128	2	2	—	147	30	117
47	140	30	110	4	4	—	130	26	104
48	162	38	124	2	2	—	142	32	110
49	165	37	129	3	3	—	143	26	117
50—54	958	227	731	26	24	1	794	180	614
50	160	35	125	3	3	—	135	30	105
51	161	38	123	1	1	—	142	35	108
52	211	52	158	8	7	1	176	40	137
53	181	35	146	8	8	—	144	21	123
54	245	68	178	5	5	—	196	54	142
55—59	1489	453	1036	21	21	—	1215	382	834
55	259	72	187	1	1	—	211	63	148
56	234	58	176	4	4	—	196	48	148
57	311	96	214	9	9	—	248	78	170
58	312	93	219	3	3	—	261	82	179
59	373	133	240	3	3	—	300	111	189
60—64	1836	622	1214	15	12	4	1366	485	881
60	408	128	280	4	4	—	304	102	202
61	340	115	226	5	4	1	260	93	167
62	384	132	252	3	3	—	290	102	188
63	360	131	229	1	—	1	277	105	173
64	343	116	227	2	1	1	235	83	152
65+	3196	1328	1868	34	21	13	1756	913	843

(person)

再婚有配偶 Re－Married			离婚 Divorced			丧偶 Widowed		
小计 Sub－total	男 Male	女 Female	小计 Sub－total	男 Male	女 Female	小计 Sub－total	男 Male	女 Female
46	15	31	13	5	7	18	4	14
7	3	4	3	2	1	2	1	1
5	2	3	3	—	3	3	1	2
9	1	8	1	1	—	6	2	4
18	5	12	3	2	1	2	—	2
8	4	4	3	—	3	6	—	6
30	4	26	12	6	5	28	4	24
7	1	7	3	—	3	4	1	3
6	—	6	—	—	—	6	1	5
5	—	4	—	—	—	1	—	1
8	2	5	3	2	1	7	—	7
4	1	4	6	5	1	9	2	8
53	14	39	10	4	6	76	5	71
11	1	10	3	2	1	9	—	9
8	1	7	1	—	1	8	1	8
12	3	8	2	2	—	12	—	12
9	1	8	4	1	3	15	3	12
12	7	5	1	—	1	31	1	30
63	20	42	10	8	2	181	23	157
7	1	6	6	6	1	33	1	32
8	3	5	—	—	—	27	4	23
19	4	15	1	1	—	34	4	29
16	5	11	1	1	—	31	2	28
13	8	5	1	—	1	56	11	45
98	46	52	18	14	4	338	65	273
25	9	16	4	2	2	71	10	60
18	7	11	3	2	1	55	10	45
16	10	6	7	6	1	69	12	57
17	11	6	1	1	—	63	15	49
23	10	13	4	4	—	80	18	61
166	97	69	18	10	8	1222	287	935

续表 12 continued

单位:人

受教育程度和年龄别 Educational Level & Age	合计 Total			未婚 Never Married			初婚有配偶 First Married		
	合计 Total	男 Male	女 Female	小计 Sub-total	男 Male	女 Female	小计 Sub-total	男 Male	女 Female
未上过学 No Schooling	**70620**	**14771**	**55849**	**2494**	**1672**	**822**	**43740**	**9748**	**33993**
15—19	525	209	316	495	206	289	28	2	26
15	99	43	56	99	43	56	—	—	—
16	104	42	62	104	42	62	1	—	1
17	91	36	56	88	36	52	4	—	4
18	114	38	75	104	37	67	9	1	8
19	117	50	67	101	48	53	15	1	13
20—24	1007	343	665	479	257	221	504	81	423
20	134	55	79	96	51	45	35	4	31
21	162	48	114	102	40	62	58	8	50
22	206	68	137	88	47	41	112	21	91
23	238	80	158	97	60	37	134	19	115
24	268	91	177	97	59	37	165	30	135
25—29	1369	395	974	264	188	76	1056	195	861
25	261	66	195	57	39	18	193	25	168
26	276	75	201	62	42	20	207	29	177
27	280	91	189	54	39	15	217	49	167
28	288	95	193	57	39	18	222	55	167
29	264	68	196	34	28	5	218	36	182
30—34	1670	366	1303	173	134	39	1403	211	1192
30	338	77	261	42	30	12	274	42	232
31	318	72	246	38	28	10	259	38	221
32	403	92	311	44	35	9	334	51	283
33	327	68	260	29	25	4	288	41	246
34	283	58	226	20	16	3	249	38	211
35—39	2892	555	2337	136	103	34	2531	399	2131
35	398	90	308	31	23	8	334	59	274
36	403	79	323	20	14	5	349	54	295
37	626	121	505	22	17	5	545	87	458
38	750	133	617	32	23	9	666	100	566
39	715	132	584	32	25	6	637	99	538

(person)

再婚有配偶 Re—Married			离婚 Divorced			丧偶 Widowed		
小计 Sub—total	男 Male	女 Female	小计 Sub—total	男 Male	女 Female	小计 Sub—total	男 Male	女 Female
3204	**811**	**2393**	**550**	**250**	**300**	**20631**	**2289**	**18341**
—	—	—	2	—	2	—	—	—
—	—	—	—	—	—	—	—	—
—	—	—	—	—	—	—	—	—
—	—	—	—	—	—	—	—	—
—	—	—	1	—	1	—	—	—
—	—	—	1	—	1	—	—	—
13	2	11	10	2	8	2	1	2
1	—	1	1	—	1	—	—	—
2	—	2	1	—	1	—	—	—
3	—	3	3	1	2	—	—	—
5	1	4	2	—	2	—	—	—
2	1	1	2	1	1	2	—	2
30	6	24	15	4	11	4	2	1
6	1	5	4	—	4	—	—	—
3	1	2	2	—	1	2	2	—
6	1	5	4	2	2	—	—	—
5	1	4	3	—	3	1	—	1
10	2	8	2	1	1	—	—	—
66	16	50	17	5	12	10	—	10
16	5	11	5	1	4	1	—	1
15	3	12	6	3	3	1	—	1
20	5	15	2	1	1	3	—	3
7	1	6	—	—	—	3	—	3
9	3	6	4	—	4	1	—	1
133	24	109	46	23	22	46	5	41
20	4	16	7	3	4	6	1	5
18	3	15	9	6	3	8	2	5
34	7	27	15	10	5	9	—	9
34	7	27	9	2	7	9	—	9
27	3	24	5	2	3	14	2	12

续表 13 continued

单位：人

受教育程度和年龄别 Educational Level & Age	合计 Total			未婚 Never Married			初婚有配偶 First Married		
	合计 Total	男 Male	女 Female	小计 Sub－total	男 Male	女 Female	小计 Sub－total	男 Male	女 Female
40－44	4439	788	3650	138	124	14	3946	597	3349
40	878	149	729	23	20	3	773	113	660
41	868	155	713	38	33	4	785	110	675
42	894	153	741	30	28	2	795	111	685
43	930	161	770	28	25	3	812	126	686
44	868	172	697	19	18	1	781	138	643
45－49	4075	774	3301	124	114	10	3427	563	2864
45	871	178	693	29	27	2	737	132	605
46	801	155	646	29	25	4	661	108	552
47	776	137	639	24	23	1	651	99	552
48	856	166	690	18	17	1	724	125	599
49	771	139	633	24	22	2	654	98	557
50－54	5205	883	4322	121	106	14	4244	658	3585
50	901	151	751	26	20	5	745	111	634
51	940	141	799	22	19	2	769	102	666
52	962	171	791	24	21	3	775	118	656
53	1085	196	889	22	20	2	885	146	739
54	1317	224	1092	27	25	1	1070	181	889
55－59	8049	1589	6460	112	105	7	6275	1232	5043
55	1343	238	1105	28	27	1	1068	168	900
56	1343	244	1099	20	19	1	1054	190	864
57	1639	357	1282	22	21	1	1279	281	998
58	1767	349	1419	16	14	2	1389	283	1106
59	1956	402	1554	26	25	2	1484	309	1175
60－64	10712	2198	8513	136	122	14	7366	1660	5706
60	2200	456	1744	37	33	3	1575	340	1235
61	1987	395	1592	25	23	2	1384	305	1080
62	2386	465	1922	32	27	5	1675	356	1319
63	2111	452	1659	22	18	4	1439	340	1099
64	2028	431	1597	21	21	—	1293	319	974
65＋	30678	6669	24008	317	213	103	12960	4148	8812

(person)

再婚有配偶 Re－Married			离　婚 Divorced			丧　偶 Widowed		
小　计 Sub－total	男 Male	女 Female	小　计 Sub－total	男 Male	女 Female	小　计 Sub－total	男 Male	女 Female
214	31	184	44	20	24	97	17	80
51	10	41	14	4	10	17	2	15
20	2	18	7	5	2	19	5	13
51	10	41	2	1	1	16	4	12
53	3	50	10	3	7	27	3	24
39	5	34	11	7	3	18	2	16
251	46	205	49	28	21	225	24	200
56	10	46	12	7	5	36	2	34
58	12	46	11	4	7	43	6	37
37	4	32	13	6	7	52	5	47
58	10	47	8	5	2	49	8	40
42	10	32	6	6	—	45	3	42
274	45	229	52	22	30	515	52	463
52	11	41	16	3	13	63	5	58
55	10	46	6	3	3	88	7	81
51	9	41	12	7	6	100	16	84
63	10	53	9	6	3	105	14	91
53	5	48	9	4	5	159	9	149
409	86	323	67	39	28	1186	127	1059
70	15	56	19	11	8	158	18	141
69	12	56	6	2	4	195	21	174
87	24	63	12	8	4	238	22	215
79	14	65	12	6	6	271	32	239
104	21	82	18	13	6	324	34	290
594	137	457	89	48	41	2526	232	2294
137	30	108	18	8	10	433	45	389
107	15	92	17	9	8	454	43	410
120	28	92	23	13	10	536	40	496
127	34	93	15	9	6	508	52	456
103	30	73	16	8	8	595	52	543
1220	418	802	160	59	100	16021	1830	14191

2－7 全国县分年龄、性别、受教育程度、婚姻状况的人口

单位:人

受教育程度和年龄别 Educational Level & Age	合计 Total			未婚 Never Married			初婚有配偶 First Married		
	合计 Total	男 Male	女 Female	小计 Sub－total	男 Male	女 Female	小计 Sub－total	男 Male	女 Female
总计 Total	**6295866**	**3172991**	**3122875**	**1264897**	**764515**	**500382**	**4453322**	**2187416**	**2265906**
15－19	670466	347610	322856	659778	344920	314858	10345	2585	7760
15	143008	74255	68754	142937	74230	68707	55	17	38
16	150938	78606	72333	150622	78526	72096	298	72	227
17	129783	67234	62550	128841	67008	61833	911	215	696
18	119670	61961	57709	116950	61335	55615	2620	605	2016
19	127066	65555	61511	120428	63821	56607	6460	1677	4783
20－24	766425	382324	384101	410824	247133	163691	350702	133091	217611
20	130371	65287	65084	111115	60811	50304	18857	4381	14477
21	142126	70378	71748	103481	60324	43157	38087	9856	28230
22	154082	76193	77890	85663	52372	33291	67487	23437	44051
23	162117	80909	81207	63444	41074	22370	97459	39294	58166
24	177730	89558	88172	47120	32552	14568	128811	56124	72687
25－29	889845	444673	445172	88395	70573	17823	785372	365839	419532
25	184294	91774	92520	32208	23731	8477	149471	66758	82713
26	178155	88958	89198	20866	16499	4368	154414	71002	83412
27	187787	93966	93821	15765	13066	2699	168661	79122	89539
28	160002	79873	80129	10369	9015	1354	146344	69165	77179
29	179607	90103	89504	9186	8261	925	166482	79792	86690
30－34	732216	365476	366740	25244	23559	1685	686865	331718	355147
30	173754	86951	86803	7490	6842	648	161814	77880	83934
31	161247	80150	81097	5875	5471	403	151086	72490	78595
32	189008	95044	93964	5990	5635	354	177834	86698	91136
33	133373	66648	66725	3821	3636	185	125724	61095	64629
34	74834	36683	38150	2068	1973	95	70408	33554	36854
35－39	561028	286875	274153	16541	16166	375	523191	260095	263096
35	96071	48597	47474	2686	2607	79	89883	44268	45615
36	89176	45645	43531	2569	2500	68	83419	41527	41891
37	116962	60278	56684	3741	3651	90	108796	54277	54519
38	136136	70075	66061	4000	3926	74	126869	63580	63289
39	122683	62281	60402	3546	3481	64	114224	56443	57781

MARITAL STATUS OF COUNTY POPULATION BY AGE, SEX AND EDUCATONAL LEVEL

(person)

再婚有配偶 Re－Married			离婚 Divorced			丧偶 Widowed		
小计 Sub－total	男 Male	女 Female	小计 Sub－total	男 Male	女 Female	小计 Sub－total	男 Male	女 Female
130166	**55672**	**74494**	**37073**	**28991**	**8081**	**410409**	**136397**	**274012**
89	19	70	203	50	154	51	36	15
3	—	3	4	2	2	9	6	3
4	1	3	8	2	7	5	5	1
5	2	3	18	3	16	8	6	1
24	5	19	68	11	57	8	5	3
53	11	42	105	32	73	20	14	7
2122	632	1490	2162	1186	976	615	282	333
158	25	132	215	58	157	26	11	15
203	53	151	287	118	168	68	26	42
392	115	277	431	226	205	108	43	65
540	173	367	516	286	230	157	83	74
829	266	563	713	498	215	256	118	138
8499	3171	5328	5141	3731	1410	2439	1359	1080
1271	425	846	984	660	324	359	199	161
1496	577	918	963	666	298	416	213	203
1775	698	1077	1079	805	274	506	275	232
1770	666	1104	987	715	271	532	312	221
2187	804	1382	1128	885	243	625	360	264
11640	4441	7199	4822	3829	993	3645	1929	1716
2601	950	1652	1148	922	226	700	357	343
2503	940	1564	1023	819	204	761	429	331
2952	1206	1746	1261	988	273	971	516	455
2179	819	1360	892	706	186	756	391	365
1403	526	877	498	395	103	456	235	222
12268	4612	7656	3940	3297	643	5089	2705	2383
2131	815	1316	717	576	141	654	331	324
1855	719	1136	622	518	103	712	380	332
2523	1042	1481	850	721	129	1051	586	465
2960	1046	1914	949	803	146	1357	720	638
2799	989	1809	801	679	123	1313	689	625

续表 1 continued

单位:人

受教育程度和年龄别 Educational Level & Age	合计 Total 合计 Total	男 Male	女 Female	未婚 Never Married 小计 Sub－total	男 Male	女 Female	初婚有配偶 First Married 小计 Sub－total	男 Male	女 Female
40－44	630027	320529	309498	17977	17677	300	580274	287799	292475
40	138108	70826	67282	4136	4064	71	127594	63682	63913
41	131706	66975	64731	3788	3727	60	121874	60298	61575
42	125184	63485	61699	3584	3516	67	115127	56995	58132
43	126583	64286	62297	3554	3500	54	116273	57592	58681
44	108446	54957	53489	2916	2870	46	99406	49232	50174
45－49	477501	245241	232260	13256	12985	271	429448	216379	213068
45	107130	54988	52142	2982	2921	60	97180	48779	48401
46	104104	54037	50066	2882	2823	59	94016	47842	46175
47	91489	47112	44377	2514	2465	49	82327	41599	40728
48	91537	47020	44517	2566	2521	45	81783	41224	40558
49	83241	42083	41158	2313	2255	58	74142	36936	37206
50－54	364247	189928	174319	10415	10172	243	315089	163082	152008
50	79884	41037	38847	2304	2254	50	70052	35550	34502
51	74727	38819	35908	2116	2071	46	65392	33575	31818
52	70405	36751	33654	1961	1914	48	60990	31594	29396
53	67748	35450	32298	1913	1857	56	58116	30299	27817
54	71483	37871	33612	2120	2076	44	60539	32064	28475
55－59	321477	169468	152009	8437	8245	193	260573	139715	120859
55	66984	35349	31636	1942	1895	47	55681	29624	26058
56	59570	31247	28323	1601	1565	36	49109	26084	23025
57	66579	35594	30984	1758	1721	37	53931	29267	24664
58	64420	33971	30449	1646	1607	39	51355	27672	23682
59	63925	33307	30617	1491	1456	35	50497	27068	23430
60－64	292528	149476	143051	6245	6018	228	215456	116315	99141
60	64818	33165	31653	1634	1584	49	49501	26302	23199
61	58806	30158	28648	1279	1232	47	44141	23829	20312
62	62691	32338	30353	1335	1283	52	46255	25233	21022
63	54981	27664	27317	1069	1021	47	39586	21243	18343
64	51231	26150	25081	929	896	33	35973	19709	16264
65＋	590105	271391	318714	7783	7068	715	296006	170797	125210

(person)

再婚有配偶 Re—Married			离 婚 Divorced			丧 偶 Widowed		
小 计 Sub—total	男 Male	女 Female	小 计 Sub—total	男 Male	女 Female	小 计 Sub—total	男 Male	女 Female
16343	6090	10253	4633	3855	778	10800	5108	5692
3537	1322	2215	1039	848	191	1802	910	892
3143	1211	1932	909	779	130	1993	960	1033
3387	1232	2155	895	734	160	2192	1008	1184
3366	1229	2137	994	838	156	2396	1126	1270
2909	1096	1814	797	656	141	2417	1104	1314
14913	5807	9106	3835	3213	622	16048	6855	9193
3367	1329	2037	832	678	153	2770	1280	1490
3163	1218	1946	868	735	133	3174	1421	1754
2866	1112	1754	719	595	124	3063	1341	1721
3019	1169	1850	758	643	115	3411	1462	1949
2498	979	1518	659	562	97	3631	1351	2280
12326	5078	7247	3054	2589	465	23363	9006	14356
2743	1092	1651	647	546	102	4138	1596	2542
2429	985	1443	609	520	89	4181	1668	2512
2348	991	1356	618	543	75	4488	1708	2780
2346	987	1359	556	458	99	4816	1848	2968
2461	1023	1438	623	522	101	5740	2186	3554
13563	6155	7408	2774	2341	433	36129	13012	23117
2704	1161	1543	588	494	94	6069	2174	3895
2380	1038	1342	501	432	70	5978	2128	3851
2730	1263	1467	595	513	82	7566	2831	4735
2886	1378	1508	552	458	94	7981	2855	5126
2863	1314	1549	539	444	94	8535	3025	5510
13937	6655	7282	2527	2063	463	54363	18425	35937
3110	1497	1613	579	479	100	9995	3304	6691
2779	1283	1496	465	386	79	10143	3429	6714
2999	1423	1577	550	443	107	11552	3957	7595
2560	1213	1346	474	379	94	11293	3807	7486
2489	1239	1250	459	377	82	11381	3928	7452
24467	13012	11455	3982	2837	1145	257866	77678	180189

续表 2 continued

单位:人

受教育程度和年龄别 Educational Level & Age	合计 Total			未婚 Never Married			初婚有配偶 First Married		
	合计 Total	男 Male	女 Female	小计 Sub-total	男 Male	女 Female	小计 Sub-total	男 Male	女 Female
大专以上 College&Over	**21688**	**16363**	**5326**	**6814**	**4307**	**2507**	**14101**	**11387**	**2714**
15－19	1420	795	626	1414	793	622	6	2	4
15	35	20	15	35	20	15	—	—	—
16	131	61	70	131	61	70	—	—	—
17	220	119	101	218	118	100	2	1	1
18	378	201	177	377	201	177	1	1	—
19	656	393	263	652	393	260	4	1	3
20－24	4699	2828	1872	4093	2506	1587	605	321	284
20	790	458	332	781	454	327	9	4	5
21	966	575	391	943	571	372	23	5	18
22	932	544	387	849	502	348	83	43	40
23	1015	603	412	825	513	312	189	90	99
24	997	646	350	694	467	227	302	179	123
25－29	4230	2972	1258	1134	860	274	3064	2092	972
25	1016	660	356	510	369	140	502	290	212
26	906	622	284	284	224	61	616	394	222
27	894	630	264	190	148	42	701	479	221
28	667	488	179	100	80	19	562	406	156
29	747	572	175	50	38	12	684	522	162
30－34	3055	2380	675	91	73	17	2899	2265	634
30	762	568	194	44	36	8	704	523	181
31	704	536	168	22	16	6	666	509	157
32	769	624	145	15	14	2	739	602	137
33	540	439	101	5	4	2	525	428	97
34	280	212	68	4	4	—	265	204	61
35－39	1768	1440	328	10	6	4	1694	1383	310
35	308	255	53	4	2	2	292	244	48
36	299	235	65	2	2	—	284	223	62
37	364	303	62	2	1	1	348	288	60
38	441	349	91	2	1	1	425	338	88
39	356	299	57	—	—	—	345	291	53

(person)

再婚有配偶 Re－Married			离婚 Divorced			丧偶 Widowed		
小计 Sub－total	男 Male	女 Female	小计 Sub－total	男 Male	女 Female	小计 Sub－total	男 Male	女 Female
383	**349**	**34**	**107**	**75**	**33**	**284**	**246**	**38**
—	—	—	—	—	—	—	—	—
—	—	—	—	—	—	—	—	—
—	—	—	—	—	—	—	—	—
—	—	—	—	—	—	—	—	—
—	—	—	—	—	—	—	—	—
—	—	—	—	—	—	—	—	—
—	—	—	1	1	1	—	—	—
—	—	—	—	—	—	—	—	—
—	—	—	—	—	—	—	—	—
—	—	—	—	—	—	—	—	—
—	—	—	1	—	1	—	—	—
—	—	—	1	1	—	—	—	—
10	8	2	19	11	8	3	1	2
2	1	1	3	1	3	—	—	—
1	1	—	3	3	1	1	1	1
2	2	—	1	1	1	—	—	—
1	—	1	4	—	3	2	1	1
5	5	—	8	7	1	—	—	—
36	27	10	24	12	12	6	3	3
5	2	2	9	6	3	—	—	—
10	7	3	3	2	1	3	3	—
7	7	1	6	2	4	1	—	1
8	7	1	2	1	1	—	—	—
6	3	3	3	1	2	2	—	2
45	36	8	12	7	5	8	7	1
10	8	2	3	1	2	—	—	—
8	7	1	2	—	2	2	2	—
6	5	1	5	5	—	2	2	—
11	10	1	2	—	1	1	—	1
9	6	4	—	—	—	2	2	—

续表 3 continued

单位:人

受教育程度和年龄别 Educational Level & Age	合计 Total			未婚 Never Married			初婚有配偶 First Married		
	合计 Total	男 Male	女 Female	小计 Sub-total	男 Male	女 Female	小计 Sub-total	男 Male	女 Female
40—44	1638	1420	218	13	10	3	1575	1371	204
40	395	334	61	1	1	—	381	323	58
41	384	335	49	4	4	—	370	323	47
42	297	263	34	3	2	1	287	256	31
43	293	251	43	3	3	—	280	239	41
44	269	237	31	2	—	2	256	230	26
45—49	1293	1165	128	10	10	—	1223	1103	120
45	265	235	29	2	2	—	248	221	27
46	302	271	31	1	1	—	292	260	31
47	277	248	28	5	5	—	256	230	26
48	253	230	22	1	1	—	240	219	21
49	197	180	17	1	1	—	187	174	14
50—54	1038	937	101	10	10	—	967	874	93
50	212	189	23	2	2	—	203	181	22
51	185	164	21	3	3	—	170	150	20
52	195	175	19	2	2	—	185	167	18
53	196	182	14	4	4	—	177	166	11
54	249	226	23	—	—	—	231	210	21
55—59	1147	1073	74	18	18	—	1024	962	62
55	259	237	22	8	8	—	230	211	19
56	234	221	12	3	3	—	214	202	12
57	230	206	25	2	2	—	204	184	20
58	249	240	9	2	2	—	228	219	9
59	175	169	6	3	3	—	149	146	2
60—64	676	653	23	9	9	1	565	544	21
60	178	165	13	5	5	—	151	139	12
61	179	173	6	2	1	1	153	148	5
62	132	129	3	1	1	—	105	102	3
63	106	106	—	2	2	—	85	85	—
64	81	80	1	—	—	—	72	71	1
65+	724	702	22	12	12	—	479	469	10

(person)

再婚有配偶 Re－Married			离婚 Divorced			丧偶 Widowed		
小计 Sub－total	男 Male	女 Female	小计 Sub－total	男 Male	女 Female	小计 Sub－total	男 Male	女 Female
30	26	4	8	8	—	12	5	7
6	5	—	4	4	—	2	—	2
4	4	—	2	2	—	4	2	1
6	5	1	—	—	—	—	—	—
7	7	1	1	1	—	3	2	1
7	5	2	1	1	—	3	2	2
33	31	2	9	8	1	19	13	5
8	7	1	3	2	1	4	4	—
4	4	—	1	1	—	4	4	—
9	9	—	3	3	—	4	2	2
9	8	1	2	2	—	1	1	—
3	3	—	1	1	—	5	2	3
36	34	2	6	4	2	17	14	4
7	7	—	1	—	1	—	—	—
8	8	—	2	2	—	2	1	1
3	3	—	2	2	—	3	2	1
9	9	—	2	1	2	4	2	2
10	8	2	—	—	—	8	8	—
60	56	4	12	9	4	33	28	4
14	11	2	5	5	1	3	3	—
7	7	—	3	3	1	6	6	—
16	14	1	3	—	3	6	5	1
10	10	—	1	1	—	8	8	—
14	13	1	—	—	—	9	6	3
58	58	1	6	6	—	37	36	1
13	12	1	3	3	—	7	6	1
12	12	—	2	2	—	9	9	—
21	21	—	—	—	—	5	5	—
8	8	—	1	1	—	10	10	—
4	4	—	—	—	—	6	6	—
73	72	—	10	10	—	150	138	12

续表 4 continued

单位:人

受教育程度和年龄别 Educational Level & Age	合计 Total			未婚 Never Married			初婚有配偶 First Married		
	合计 Total	男 Male	女 Female	小计 Sub-total	男 Male	女 Female	小计 Sub-total	男 Male	女 Female
高中 Senior High School	**376064**	**260699**	**115365**	**110535**	**69202**	**41333**	**256484**	**184673**	**71812**
15—19	64138	38291	25847	64016	38238	25777	117	50	67
15	6634	3869	2765	6631	3867	2764	2	1	1
16	15009	8776	6233	15006	8774	6232	3	1	2
17	15452	9254	6199	15448	9253	6196	4	1	3
18	13951	8451	5500	13922	8443	5479	27	8	20
19	13092	7942	5150	13008	7901	5107	81	39	42
20—24	48856	30000	18857	37394	23720	13674	11360	6220	5140
20	11327	6891	4436	11044	6801	4243	276	89	186
21	9972	6023	3949	9205	5760	3445	761	259	502
22	9212	5491	3721	7377	4620	2757	1815	863	952
23	8945	5554	3391	5564	3669	1896	3356	1868	1488
24	9401	6042	3360	4204	2871	1333	5152	3140	2012
25—29	43086	28895	14191	6306	4659	1646	36208	23881	12328
25	9318	5975	3343	2627	1872	755	6607	4053	2555
26	8686	5795	2892	1559	1147	411	7012	4583	2429
27	8703	5879	2823	1055	780	276	7540	5022	2518
28	7261	5008	2253	614	488	126	6528	4445	2083
29	9118	6238	2879	450	372	78	8522	5779	2743
30—34	81278	55609	25670	1401	1223	179	78137	53219	24918
30	11355	7977	3377	358	301	57	10800	7535	3265
31	14642	10004	4639	328	286	42	13999	9510	4489
32	23640	16170	7471	352	309	43	22784	15516	7268
33	19597	13348	6250	235	210	25	18948	12862	6087
34	12043	8110	3933	128	116	12	11606	7796	3810
35—39	70321	50700	19621	767	738	28	67663	48651	19013
35	15883	10911	4973	189	179	10	15276	10472	4804
36	13611	9574	4037	142	138	5	13125	9204	3921
37	15039	10835	4204	169	165	4	14439	10361	4078
38	14693	10888	3805	153	148	5	14163	10468	3695
39	11095	8492	2603	113	108	4	10661	8145	2516

(person)

再婚有配偶 Re－Married			离 婚 Divorced			丧 偶 Widowed		
小 计 Sub－total	男 Male	女 Female	小 计 Sub－total	男 Male	女 Female	小 计 Sub－total	男 Male	女 Female
4453	**3260**	**1193**	**1610**	**1246**	**364**	**2982**	**2319**	**664**
1	1	—	3	1	2	2	2	—
—	—	—	—	—	—	2	2	—
—	—	—	—	—	—	—	—	—
—	—	—	—	—	—	—	—	—
—	—	—	1	—	1	1	1	—
1	1	—	2	1	1	—	—	—
24	11	13	62	40	22	16	9	7
—	—	—	5	1	5	1	—	1
1	—	1	5	4	1	—	—	—
3	—	3	16	6	9	2	2	—
6	4	2	12	8	4	7	5	2
15	7	8	25	21	4	6	3	3
246	140	106	256	174	82	71	42	29
20	13	8	53	29	24	10	8	2
51	26	25	54	36	19	11	3	8
45	30	15	50	40	10	13	8	5
50	27	23	48	32	17	21	16	5
80	44	36	50	37	12	16	7	9
1012	653	360	407	306	101	320	208	111
97	65	32	63	50	13	36	26	10
188	113	75	70	56	13	58	39	20
302	214	88	112	76	35	91	54	36
235	146	89	101	76	25	77	54	24
190	115	75	61	47	14	57	35	22
1068	724	344	404	299	105	419	288	131
234	142	92	91	60	31	93	57	36
199	126	72	86	65	21	59	40	18
245	179	66	93	65	28	94	67	28
206	146	60	76	60	16	95	66	30
184	131	54	58	49	9	78	59	19

续表 5 continued

单位：人

受教育程度和年龄别 Educational Level & Age	合计 Total			未婚 Never Married			初婚有配偶 First Married		
	合计 Total	男 Male	女 Female	小计 Sub−total	男 Male	女 Female	小计 Sub−total	男 Male	女 Female
40—44	33303	26790	6512	324	315	9	31843	25609	6234
40	10614	8263	2350	94	91	3	10190	7923	2267
41	8322	6711	1611	96	96	—	7984	6427	1557
42	6172	5087	1085	63	61	2	5862	4826	1036
43	4743	3895	848	38	36	3	4524	3734	789
44	3452	2834	618	32	30	2	3284	2698	585
45—49	12078	10149	1929	116	113	3	11361	9581	1780
45	3219	2683	536	39	39	—	3039	2528	511
46	2702	2275	427	29	27	2	2547	2155	391
47	2266	1921	346	17	17	—	2147	1822	325
48	2047	1737	309	16	16	—	1910	1628	282
49	1844	1533	310	15	14	1	1720	1448	272
50—54	9701	8055	1646	77	70	7	8919	7444	1475
50	1805	1494	311	17	17	—	1676	1392	284
51	1806	1498	308	13	11	3	1664	1389	274
52	1957	1594	364	14	13	1	1809	1480	329
53	2028	1687	341	15	13	2	1849	1549	300
54	2104	1782	322	18	17	2	1922	1633	288
55—59	6455	5740	715	60	57	2	5756	5137	619
55	1779	1542	237	12	11	1	1607	1397	210
56	1438	1259	179	11	11	—	1315	1161	155
57	1276	1145	132	18	16	1	1128	1015	114
58	1063	972	91	11	11	—	933	857	75
59	899	822	76	8	8	—	772	707	65
60—64	2943	2771	172	24	23	2	2514	2374	140
60	805	756	49	8	8	—	709	669	40
61	590	543	46	5	4	2	519	482	37
62	589	554	34	3	3	—	501	474	27
63	499	478	20	3	3	—	402	387	16
64	461	439	22	5	5	—	384	362	21
65+	3904	3699	205	50	46	4	2605	2508	98

(person)

再婚有配偶 Re－Married			离婚 Divorced			丧偶 Widowed		
小计 Sub－total	男 Male	女 Female	小计 Sub－total	男 Male	女 Female	小计 Sub－total	男 Male	女 Female
614	448	166	204	176	28	318	243	75
193	140	53	58	50	8	79	60	19
131	90	41	45	41	4	66	57	9
113	91	22	54	47	7	80	62	18
108	74	34	33	27	6	40	24	16
68	53	15	15	12	3	53	40	13
358	275	82	74	60	14	169	120	49
96	83	13	20	14	6	25	19	6
83	59	24	13	12	1	31	22	9
47	37	10	10	10	—	45	33	11
63	49	14	18	16	2	40	27	12
69	47	22	12	7	5	29	18	11
346	281	65	60	55	5	298	204	94
67	53	13	8	7	1	38	25	13
58	45	12	10	10	—	62	43	19
70	57	12	8	8	—	57	35	22
79	67	13	20	16	4	65	43	22
73	59	14	14	14	—	77	58	19
312	275	38	46	44	2	281	226	55
78	67	11	14	14	1	67	53	14
54	45	9	5	5	—	52	36	16
68	62	6	9	8	1	53	44	10
63	55	8	7	7	—	50	42	8
50	45	4	11	11	—	59	51	7
181	173	7	24	24	—	200	177	23
48	45	3	2	2	—	39	32	6
30	29	1	5	5	—	31	24	7
36	34	2	7	7	—	41	36	5
34	33	1	5	5	—	55	51	4
33	33	—	5	5	—	35	34	1
291	279	12	69	67	2	889	799	90

续表 6 continued

单位:人

受教育程度和年龄别 Educational Level & Age	合计 Total			未婚 Never Married			初婚有配偶 First Married		
	合计 Total	男 Male	女 Female	小计 Sub-total	男 Male	女 Female	小计 Sub-total	男 Male	女 Female
初中 Junior High School	**2032174**	**1249896**	**782278**	**641157**	**390700**	**250457**	**1343999**	**826325**	**517674**
15—19	383355	215615	167740	380408	214532	165876	2870	1047	1823
15	95628	53148	42480	95612	53139	42473	9	4	5
16	90813	51007	39807	90766	50991	39775	42	11	30
17	70782	39991	30791	70578	39919	30659	196	66	130
18	61863	34921	26942	61176	34675	26501	670	239	431
19	64269	36548	27721	62276	35807	26469	1953	727	1226
20—24	370829	209472	161358	207669	131517	76151	161674	77128	84546
20	62843	35006	27837	56028	32865	23163	6749	2114	4635
21	68748	38263	30485	53197	32971	20226	15413	5233	10179
22	75072	42068	33003	44168	28417	15752	30643	13510	17133
23	78955	44860	34095	31829	21432	10397	46738	23219	23519
24	85212	49274	35938	22447	15832	6614	62131	33051	29080
25—29	410020	239636	170384	35942	28244	7698	368107	207681	160426
25	85132	49367	35765	14322	10605	3717	69912	38211	31701
26	80272	46682	33590	8487	6628	1859	70729	39418	31311
27	85439	49856	35582	6091	4953	1137	78098	44098	34001
28	73303	43119	30185	3772	3196	576	68281	39136	29145
29	85874	50612	35262	3270	2861	409	81086	46818	34268
30—34	341031	199279	141752	8350	7758	592	324725	186679	138046
30	84388	49213	35175	2584	2337	247	80051	45818	34234
31	78494	45236	33258	1949	1810	140	74777	42364	32413
32	89589	52137	37452	1982	1853	129	85457	48947	36510
33	58866	34914	23952	1228	1176	52	56148	32838	23310
34	29693	17778	11915	607	583	24	28292	16712	11580
35—39	181144	120620	60524	3688	3631	57	171769	113231	58538
35	35007	21841	13167	715	702	13	33235	20487	12748
36	30146	19534	10611	591	580	11	28690	18366	10323
37	37807	25205	12602	850	836	14	35766	23564	12201
38	42364	29160	13204	830	820	10	40161	27428	12733
39	35820	24879	10941	702	694	8	33918	23385	10533

(person)

再婚有配偶 Re－Married			离 婚 Divorced			丧 偶 Widowed		
小 计 Sub－total	男 Male	女 Female	小 计 Sub－total	男 Male	女 Female	小 计 Sub－total	男 Male	女 Female
20114	**12334**	**7780**	**8863**	**7209**	**1653**	**18042**	**13328**	**4713**
17	5	11	38	10	28	23	20	2
1	—	1	—	—	—	6	5	1
2	1	1	—	—	—	3	3	—
—	—	—	2	—	2	6	6	—
2	1	1	14	5	9	2	2	—
12	4	8	23	6	17	6	5	1
537	234	303	737	472	265	213	121	92
24	7	17	38	17	21	4	3	1
40	12	28	78	39	40	21	8	12
88	35	53	138	86	52	34	21	13
142	65	78	180	107	73	65	37	28
242	115	127	303	224	79	89	51	38
2799	1404	1396	2150	1648	502	1022	660	362
356	169	187	397	289	108	145	93	52
485	239	246	400	297	103	171	101	70
588	310	278	448	352	96	213	143	70
594	310	284	427	330	97	229	147	83
776	376	400	478	380	98	265	177	87
4350	2163	2187	2120	1725	395	1486	953	533
967	474	492	494	405	89	292	180	112
979	471	508	477	380	97	312	211	101
1170	607	564	576	469	107	405	262	143
788	391	398	377	309	68	324	200	124
446	221	225	196	162	34	153	101	52
3015	1673	1342	1228	1082	146	1445	1002	442
605	308	297	241	213	28	212	131	81
451	263	188	207	181	25	207	144	63
632	367	265	245	212	32	315	226	88
696	369	327	297	265	32	381	278	103
631	366	265	239	211	29	330	224	106

续表 7 continued

单位:人

受教育程度和年龄别 Educational Level & Age	合计 Total			未婚 Never Married			初婚有配偶 First Married		
	合计 Total	男 Male	女 Female	小计 Sub－total	男 Male	女 Female	小计 Sub－total	男 Male	女 Female
40－44	143300	104788	38511	2468	2440	28	135276	98198	36779
40	36796	26337	10459	745	734	11	34751	24708	10043
41	31532	22754	8778	548	542	6	29842	21403	8438
42	27586	20310	7276	499	492	6	26012	19106	6906
43	26089	19416	6673	394	391	3	24594	18247	6347
44	21297	15971	5326	282	280	2	20077	15033	5045
45－49	81881	61388	20493	1047	1034	13	76305	57202	19103
45	19647	14752	4895	244	243	1	18418	13814	4604
46	17482	13279	4203	237	229	8	16325	12414	3911
47	14686	11078	3608	188	187	1	13698	10329	3368
48	15031	11139	3892	189	188	1	13945	10331	3614
49	15035	11139	3896	189	187	2	13919	10313	3606
50－54	61080	46773	14307	790	785	6	55603	42766	12837
50	15128	11440	3688	202	201	—	13917	10563	3353
51	13991	10590	3402	152	150	1	12838	9754	3084
52	12178	9323	2855	165	164	2	11045	8499	2547
53	10339	7986	2353	134	134	—	9347	7258	2089
54	9444	7434	2009	137	136	2	8456	6692	1765
55－59	27475	22889	4586	416	409	7	24113	20201	3912
55	7607	6064	1543	99	99	—	6781	5429	1352
56	5481	4501	981	107	104	3	4842	3998	844
57	5711	4753	958	85	84	1	5000	4181	819
58	4596	3985	611	59	58	—	3988	3485	503
59	4079	3586	493	66	63	3	3502	3108	394
60－64	14389	13118	1271	177	173	4	11802	10840	962
60	3523	3136	386	56	56	—	2923	2624	299
61	3050	2763	286	38	36	2	2533	2313	219
62	3053	2820	233	34	34	—	2522	2345	177
63	2476	2270	207	26	26	—	1984	1836	147
64	2287	2128	159	21	20	2	1840	1721	119
65＋	17671	16319	1351	202	176	26	11756	11053	703

(person)

再婚有配偶 Re－Married			离 婚 Divorced			丧 偶 Widowed		
小 计 Sub－total	男 Male	女 Female	小 计 Sub－total	男 Male	女 Female	小 计 Sub－total	男 Male	女 Female
2744	1715	1029	1007	868	140	1804	1268	536
632	373	260	272	234	38	396	289	108
577	371	206	213	195	18	352	243	109
536	320	216	187	150	37	352	242	110
527	337	189	201	173	28	373	267	106
472	315	157	134	115	19	331	227	103
2076	1420	656	589	497	92	1864	1235	629
469	306	164	146	131	15	369	258	112
420	282	138	132	109	23	368	245	123
380	266	114	95	74	21	325	222	103
431	298	133	104	88	16	361	233	128
376	267	109	112	95	17	440	277	163
1687	1172	515	459	407	52	2541	1643	897
408	269	140	101	86	15	500	320	180
377	256	122	104	90	14	521	340	181
323	229	94	99	91	8	546	341	205
281	196	84	70	64	6	507	333	174
297	222	75	85	75	10	467	309	158
1003	818	185	227	213	14	1717	1249	468
250	195	55	62	56	6	415	285	130
188	155	33	41	38	3	303	205	98
208	167	41	55	54	1	364	267	97
192	161	31	35	34	1	322	247	75
165	140	25	34	31	3	312	244	68
760	678	82	147	137	10	1503	1289	214
203	170	33	29	26	3	311	260	51
158	141	17	30	29	1	291	244	47
143	132	10	26	25	1	328	284	44
132	118	14	27	24	3	307	265	42
124	117	7	34	33	1	267	237	30
1127	1053	74	161	151	10	4425	3887	538

续表 8 continued

单位:人

受教育程度和年龄别 Educational Level & Age	合计 Total			未婚 Never Married			初婚有配偶 First Married		
	合计 Total	男 Male	女 Female	小计 Sub-total	男 Male	女 Female	小计 Sub-total	男 Male	女 Female
小学 Primary School	**2496398**	**1253547**	**1242852**	**422948**	**243539**	**179410**	**1909832**	**910883**	**998949**
15-19	196981	85225	111756	191600	83994	107606	5190	1182	4008
15	36299	15821	20478	36266	15811	20455	26	8	18
16	40168	17231	22937	40012	17184	22828	149	47	102
17	38497	16390	22108	38036	16281	21756	446	106	341
18	38365	16789	21576	36981	16503	20478	1324	277	1047
19	43651	18994	24657	40305	18215	22089	3244	744	2500
20-24	299195	128185	171010	145764	81575	64188	150949	45611	105338
20	48697	20948	27750	39172	19069	20103	9288	1828	7460
21	54848	23321	31526	36446	19368	17078	18115	3851	14264
22	60277	25751	34526	30123	17286	12837	29663	8275	21388
23	63755	27307	36448	22565	13950	8615	40593	13096	27498
24	71619	30859	40760	17458	11903	5556	53290	18561	34728
25-29	375604	159804	215800	38188	31394	6793	329834	124716	205118
25	77422	32871	44551	12862	9557	3305	63282	22706	40576
26	77143	33170	43973	9046	7335	1711	66731	25162	41569
27	80961	34829	46132	7107	6120	987	72268	27934	44334
28	68123	28865	39258	4859	4377	482	61728	23750	37978
29	71955	30069	41886	4313	4006	308	65825	25163	40662
30-34	251626	97638	153988	11379	10910	469	232366	83152	149214
30	65086	26595	38490	3406	3206	200	59713	22493	37220
31	56184	22151	34033	2674	2558	115	51808	18789	33019
32	61585	23652	37933	2693	2603	90	56978	20175	36803
33	43322	15967	27355	1677	1630	47	40239	13720	26519
34	25451	9273	16177	930	913	16	23628	7975	15653
35-39	230830	98238	132592	8138	8043	95	213133	85690	127443
35	34338	13567	20771	1278	1259	18	31626	11652	19974
36	34076	14049	20027	1235	1213	22	31440	12184	19256
37	47806	20542	27264	1820	1797	23	44013	17735	26279
38	58429	25503	32926	2011	1993	18	54008	22384	31624
39	56181	24577	31604	1794	1780	13	52046	21736	30310

(person)

再婚有配偶 Re－Married			离婚 Divorced			丧偶 Widowed		
小计 Sub－total	男 Male	女 Female	小计 Sub－total	男 Male	女 Female	小计 Sub－total	男 Male	女 Female
53510	**26225**	**27285**	**16948**	**14198**	**2750**	**93160**	**58702**	**34458**
54	10	44	122	32	90	16	7	9
3	—	3	4	2	2	1	—	1
1	—	1	5	—	5	1	—	1
4	2	2	10	1	9	—	—	—
15	3	12	40	5	36	4	1	3
30	5	25	63	24	38	10	6	5
1153	316	837	1018	551	467	312	133	180
106	16	90	119	30	88	12	4	8
113	33	80	138	54	84	36	16	20
224	65	159	214	109	105	54	16	38
281	84	198	245	139	106	70	39	32
429	119	310	302	218	84	140	58	82
4189	1394	2795	2290	1705	585	1104	595	509
665	207	458	451	313	138	162	89	73
746	274	472	424	299	125	196	100	95
867	296	571	488	366	122	231	112	118
885	289	596	426	315	111	225	134	91
1025	327	698	501	413	88	291	159	131
4624	1347	3278	1859	1557	301	1398	672	726
1194	354	840	477	404	73	296	139	157
1002	303	698	401	343	58	300	158	142
1080	321	759	469	383	87	365	171	194
814	221	593	329	274	55	263	122	140
535	148	387	182	154	28	175	83	93
5469	1731	3738	1806	1586	220	2285	1188	1097
881	272	609	305	257	48	248	126	122
831	258	573	264	235	29	307	160	147
1107	394	714	403	369	34	462	248	214
1339	418	921	453	397	57	617	311	306
1310	389	921	381	329	52	651	343	308

续表 9 continued

单位:人

受教育程度和年龄别 Educational Level & Age	合计 Total 合计 Total	男 Male	女 Female	未婚 Never Married 小计 Sub-total	男 Male	女 Female	初婚有配偶 First Married 小计 Sub-total	男 Male	女 Female
40-44	330118	160361	169758	9471	9413	58	303761	142550	161211
40	66485	30838	35648	2154	2140	14	61124	27163	33961
41	67427	32144	35282	1987	1974	13	62286	28562	33724
42	66707	32514	34194	1895	1878	18	61336	28915	32421
43	68997	34545	34452	1884	1875	9	63451	30833	32617
44	60502	30320	30182	1552	1547	5	55565	27076	28488
45-49	273319	145673	127646	6806	6764	42	247281	129083	118198
45	60669	31308	29361	1543	1531	12	55265	27829	27436
46	60739	32264	28475	1439	1431	8	55187	28697	26490
47	53663	28859	24804	1313	1301	12	48615	25617	22998
48	52582	28688	23894	1294	1291	3	47337	25349	21988
49	45666	24554	21112	1218	1209	8	40876	21590	19286
50-54	174312	102985	71327	4841	4816	25	152471	88931	63540
50	40746	22529	18217	1127	1120	7	35959	19549	16410
51	36445	21057	15388	1019	1011	7	32134	18250	13883
52	33358	19710	13648	887	887	1	29224	17061	12162
53	31216	19030	12186	884	880	4	27110	16344	10766
54	32548	20659	11888	923	917	6	28045	17726	10319
55-59	136740	94099	42641	3429	3398	32	114370	78950	35420
55	29691	19419	10272	845	838	7	25213	16524	8688
56	26341	17515	8826	663	657	6	22272	14873	7399
57	28639	19914	8725	699	695	5	23862	16660	7203
58	26788	19011	7778	657	649	8	22157	15794	6363
59	25280	18240	7040	565	559	5	20866	15098	5768
60-64	97513	74559	22954	1836	1815	21	77160	59791	17369
60	23473	17281	6192	482	480	3	19034	14198	4835
61	20434	15448	4985	396	391	5	16345	12542	3803
62	20862	16177	4685	415	409	6	16482	12955	3527
63	17244	13387	3857	300	296	4	13522	10626	2896
64	15501	12266	3235	242	239	3	11777	9469	2308
65+	130160	106780	23380	1497	1416	81	83317	71227	12090

(person)

再婚有配偶 Re－Married			离 婚 Divorced			丧 偶 Widowed		
小 计 Sub－total	男 Male	女 Female	小 计 Sub－total	男 Male	女 Female	小 计 Sub－total	男 Male	女 Female
8559	3191	5368	2597	2224	372	5730	2983	2748
1798	636	1162	527	443	83	883	456	427
1617	620	996	494	429	65	1043	559	484
1788	675	1112	520	447	74	1168	599	569
1810	662	1149	577	501	76	1275	674	601
1546	598	948	478	404	74	1361	695	666
7997	3372	4626	2317	2025	292	8918	4429	4488
1814	754	1060	471	393	79	1576	801	775
1747	731	1016	544	478	66	1822	927	896
1585	682	904	440	381	59	1709	877	832
1584	663	921	474	419	56	1893	966	926
1267	542	724	387	354	33	1918	858	1060
5326	2610	2717	1583	1426	158	10091	5203	4888
1321	571	751	369	333	37	1968	956	1012
1094	516	578	323	296	27	1875	984	892
994	497	497	326	299	27	1928	967	961
952	504	447	273	238	35	1997	1063	934
966	522	443	292	260	32	2322	1234	1088
5199	3340	1859	1308	1195	112	12433	7216	5218
1061	608	454	261	237	24	2311	1211	1099
941	548	392	263	245	18	2203	1192	1011
1043	674	369	288	267	22	2746	1618	1128
1143	788	355	260	236	24	2571	1544	1027
1011	722	290	235	210	24	2603	1650	953
4437	3354	1083	971	914	57	13110	8685	4425
1038	749	289	233	218	15	2686	1635	1050
922	674	248	193	181	12	2578	1660	917
961	727	234	205	188	17	2799	1898	900
779	599	180	170	166	4	2472	1700	772
738	606	132	169	160	9	2576	1791	784
6502	5561	941	1080	983	96	37764	27593	10171

续表 10 continued

单位:人

受教育程度和年龄别 Educational Level & Age	合计 Total			未婚 Never Married			初婚有配偶 First Married		
	合计 Total	男 Male	女 Female	小计 Sub-total	男 Male	女 Female	小计 Sub-total	男 Male	女 Female
扫盲班 Literacy Class	**176755**	**55808**	**120947**	**9445**	**5836**	**3609**	**141249**	**40905**	**100344**
15-19	2428	525	1903	2281	502	1779	140	18	122
15	300	66	234	299	66	233	1	—	1
16	424	90	334	417	88	330	5	—	4
17	483	91	392	474	88	386	9	2	7
18	598	132	466	549	124	424	48	6	42
19	623	147	476	542	136	406	78	10	68
20-24	5751	1320	4431	2401	856	1546	3271	427	2845
20	801	176	625	612	156	456	179	15	164
21	978	213	764	573	172	401	395	39	356
22	1125	244	881	468	159	308	639	74	565
23	1335	321	1014	424	184	240	893	126	767
24	1513	366	1148	324	184	140	1166	173	993
25-29	10075	1901	8174	811	603	209	9015	1222	7793
25	1806	393	1413	242	149	93	1519	229	1290
26	1832	361	1471	187	140	47	1609	208	1401
27	2130	394	1736	146	111	35	1933	267	1666
28	1993	342	1651	112	94	18	1826	232	1593
29	2313	411	1902	125	109	16	2129	286	1842
30-34	11654	1689	9965	398	372	27	10848	1209	9640
30	2343	370	1972	104	94	10	2156	255	1900
31	2183	330	1853	82	79	3	2031	237	1794
32	2907	402	2505	101	96	6	2716	280	2435
33	2555	347	2209	69	62	7	2381	254	2127
34	1666	240	1425	42	41	1	1564	181	1383
35-39	17696	3265	14430	519	513	5	16487	2564	13923
35	2196	379	1817	52	52	—	2038	291	1747
36	2393	407	1985	67	67	—	2248	314	1934
37	3630	713	2918	119	117	2	3378	562	2816
38	4801	888	3914	125	124	1	4494	719	3775
39	4675	879	3796	155	154	2	4329	679	3650

(person)

再婚有配偶 Re—Married			离婚 Divorced			丧偶 Widowed		
小计 Sub—total	男 Male	女 Female	小计 Sub—total	男 Male	女 Female	小计 Sub—total	男 Male	女 Female
5719	**1878**	**3842**	**1124**	**889**	**235**	**19217**	**6299**	**12918**
1	—	1	2	—	1	4	4	—
—	—	—	—	—	—	—	—	—
—	—	—	1	—	1	2	2	—
—	—	—	—	—	—	—	—	—
—	—	—	—	—	—	2	2	—
1	—	1	1	—	1	1	1	—
31	10	21	45	25	20	2	2	—
3	1	2	6	3	3	1	1	—
3	—	3	7	3	4	—	—	—
7	1	6	11	9	2	—	—	—
6	3	3	10	7	3	1	1	—
12	5	7	12	4	8	—	—	—
169	36	133	49	30	19	31	11	20
32	8	24	8	4	4	5	4	1
23	8	16	8	5	3	5	1	4
33	8	26	12	7	5	7	2	5
34	7	27	11	6	5	11	3	8
46	6	41	9	7	2	4	3	1
261	52	209	61	42	20	85	15	70
51	13	38	11	7	4	21	2	20
47	6	41	12	7	5	10	1	10
56	9	47	15	11	4	20	7	13
66	15	51	15	11	4	24	4	20
41	10	31	9	6	3	10	2	8
455	88	366	80	62	18	156	38	118
76	19	57	13	12	1	17	5	12
51	17	34	6	5	1	20	4	16
84	13	71	20	14	6	29	6	23
119	21	98	19	14	5	45	10	35
124	18	106	23	17	6	45	12	33

续表 11 continued

单位:人

受教育程度和年龄别 Educational Level & Age	合计 Total			未婚 Never Married			初婚有配偶 First Married		
	合计 Total	男 Male	女 Female	小计 Sub-total	男 Male	女 Female	小计 Sub-total	男 Male	女 Female
40—44	29142	6356	22786	768	761	7	26835	5208	21627
40	5844	1093	4752	167	166	1	5388	848	4540
41	5879	1134	4744	135	133	3	5453	938	4515
42	5916	1294	4622	163	162	1	5437	1063	4374
43	6305	1479	4826	145	143	2	5820	1236	4584
44	5198	1356	3842	158	158	—	4737	1123	3614
45—49	18786	4889	13897	597	593	5	16698	3939	12759
45	4829	1257	3573	148	147	1	4377	1031	3346
46	4096	1066	3030	134	134	—	3653	865	2788
47	3500	944	2557	131	129	2	3069	737	2333
48	3263	855	2408	101	101	—	2882	677	2205
49	3097	768	2330	83	82	1	2717	630	2088
50—54	15694	5004	10689	479	472	7	13341	3992	9350
50	3178	905	2273	100	97	3	2743	716	2026
51	3033	896	2137	104	103	1	2603	709	1894
52	2922	946	1976	87	86	1	2485	748	1737
53	3022	1005	2017	84	83	—	2566	819	1748
54	3539	1253	2286	105	103	1	2945	1000	1945
55—59	18367	7223	11143	430	427	3	14777	5819	8958
55	3570	1290	2280	90	89	1	2904	1050	1854
56	3316	1264	2052	82	81	—	2719	1016	1703
57	3718	1515	2204	85	84	1	2994	1233	1762
58	3837	1510	2327	90	90	—	3054	1197	1857
59	3925	1645	2280	82	82	—	3106	1324	1783
60—64	18402	8639	9763	375	367	7	13741	6729	7013
60	4026	1780	2246	98	97	1	3105	1406	1699
61	3732	1704	2028	65	63	2	2886	1369	1518
62	3902	1864	2038	94	92	3	2914	1442	1472
63	3565	1745	1820	54	54	—	2599	1338	1261
64	3177	1545	1632	63	62	2	2237	1174	1063
65+	28761	14996	13765	386	370	15	16095	9779	6315

(person)

再婚有配偶 Re－Married			离　婚 Divorced			丧　偶 Widowed		
小　计 Sub－total	男 Male	女 Female	小　计 Sub－total	男 Male	女 Female	小　计 Sub－total	男 Male	女 Female
832	152	680	143	114	30	564	123	441
181	37	144	24	18	6	84	24	60
159	28	131	26	18	8	105	18	88
171	30	141	24	22	3	121	18	103
164	32	132	41	33	7	135	35	100
156	24	132	28	23	5	118	28	90
643	108	535	119	92	27	729	157	572
149	32	117	27	19	8	128	28	101
140	20	120	26	18	8	144	29	115
123	19	104	29	25	4	149	34	115
130	25	104	19	15	4	131	37	94
101	11	90	19	15	3	177	30	147
565	154	411	112	95	18	1196	291	905
108	30	78	19	14	5	208	48	161
117	26	91	20	19	1	190	40	150
106	39	67	22	20	3	221	52	169
105	27	79	19	13	6	247	63	184
129	32	97	32	29	3	329	89	240
765	242	523	138	118	20	2256	617	1639
157	43	114	29	23	5	390	85	305
123	37	86	20	17	3	373	113	260
156	51	105	31	25	6	452	122	330
159	50	109	25	23	1	509	149	360
169	61	108	34	30	5	532	148	384
814	346	469	165	139	26	3307	1058	2248
166	69	97	39	32	7	618	176	442
148	63	85	29	24	5	604	186	418
177	68	109	43	37	6	673	226	448
161	74	87	30	23	7	722	257	465
162	72	90	24	23	1	690	214	476
1184	691	493	210	173	37	10887	3982	6905

续表 12 continued

单位:人

受教育程度和年龄别 Educational Level & Age	合计 Total			未婚 Never Married			初婚有配偶 First Married		
	合计 Total	男 Male	女 Female	小计 Sub-total	男 Male	女 Female	小计 Sub-total	男 Male	女 Female
未上过学 No Schooling	**1192787**	**336678**	**856108**	**73997**	**50931**	**23066**	**787658**	**213244**	**574414**
15－19	22144	7159	14984	20060	6861	13198	2022	286	1736
15	4112	1331	2781	4094	1327	2767	17	4	13
16	4393	1441	2952	4290	1428	2862	100	12	88
17	4349	1390	2959	4086	1348	2738	254	40	214
18	4515	1466	3048	3945	1389	2555	550	74	476
19	4775	1531	3244	3645	1369	2276	1100	156	944
20－24	37093	10519	26573	13504	6958	6545	22843	3385	19458
20	5913	1808	4105	3478	1466	2012	2357	330	2026
21	6615	1981	4634	3117	1482	1635	3381	470	2911
22	7465	2095	5370	2678	1388	1290	4645	672	3973
23	8113	2264	5849	2237	1327	910	5690	894	4796
24	8987	2371	6616	1993	1295	698	6771	1019	5751
25－29	46830	11465	35365	6015	4813	1202	39144	6249	32895
25	9599	2508	7091	1646	1179	467	7648	1270	6378
26	9316	2328	6989	1304	1025	279	7718	1237	6481
27	9660	2377	7283	1176	954	222	8122	1322	6799
28	8654	2051	6602	912	780	132	7420	1196	6224
29	9600	2200	7400	978	875	102	8236	1223	7013
30－34	43572	8881	34690	3625	3223	402	37889	5194	32695
30	9821	2228	7594	995	869	126	8389	1256	7133
31	9040	1892	7148	820	722	97	7805	1081	6724
32	10518	2059	8459	847	762	85	9160	1178	7982
33	8492	1633	6859	606	555	52	7483	993	6490
34	5701	1069	4631	357	315	42	5052	686	4366
35－39	59270	12612	46657	3419	3233	186	52446	8575	43870
35	8338	1645	6693	448	413	34	7416	1122	6294
36	8652	1846	6806	531	501	30	7632	1236	6396
37	12316	2680	9636	780	735	45	10853	1767	9086
38	15408	3287	12121	879	839	40	13619	2243	11375
39	14556	3155	11401	782	745	37	12926	2207	10719

(person)

再婚有配偶 Re－Married			离 婚 Divorced			丧 偶 Widowed		
小 计 Sub－total	男 Male	女 Female	小 计 Sub－total	男 Male	女 Female	小 计 Sub－total	男 Male	女 Female
45988	**11627**	**34361**	**8421**	**5374**	**3047**	**276723**	**55502**	**221221**
17	3	14	39	6	32	6	2	4
—	—	—	—	—	—	1	—	1
1	—	1	3	2	1	—	—	—
1	—	1	6	1	5	1	—	1
6	1	5	13	2	11	—	—	—
9	2	7	18	2	16	3	2	1
377	61	315	298	97	201	72	18	54
24	2	23	47	7	40	7	3	4
47	8	39	59	19	40	11	2	9
70	14	57	52	16	36	19	5	14
104	17	87	68	24	44	14	1	12
130	20	110	72	31	41	21	6	15
1086	190	897	378	164	214	208	49	158
195	28	168	72	25	46	38	6	32
190	30	160	73	27	46	32	8	24
240	52	188	80	39	41	43	10	33
207	33	174	70	32	38	45	11	34
254	47	207	83	41	42	49	14	35
1356	200	1156	351	187	164	351	77	274
288	42	247	94	50	43	56	11	45
277	39	238	60	31	29	78	19	59
336	49	287	84	47	37	90	22	68
268	40	228	66	35	32	68	11	58
186	30	156	47	24	23	59	14	45
2217	360	1857	411	262	150	776	182	594
325	65	260	65	33	32	85	12	73
315	48	267	57	32	25	117	29	87
448	84	364	85	56	29	149	37	112
589	83	506	104	67	36	218	54	163
540	80	460	101	74	27	208	49	158

续表 13 continued

单位:人

受教育程度和年龄别 Educational Level & Age	合计 Total			未婚 Never Married			初婚有配偶 First Married		
	合计 Total	男 Male	女 Female	小计 Sub-total	男 Male	女 Female	小计 Sub-total	男 Male	女 Female
40—44	92527	20813	71713	4933	4739	194	80983	14564	66419
40	17973	3962	14012	974	933	41	15761	2718	13043
41	18163	3896	14267	1017	978	38	15939	2644	13294
42	18506	4017	14489	961	921	40	16192	2829	13364
43	20156	4700	15456	1090	1052	37	17605	3302	14302
44	17728	4238	13489	891	854	36	15486	3071	12415
45—49	90144	21977	68167	4680	4472	208	76580	15471	61109
45	18502	4753	13749	1006	959	46	15835	3356	12479
46	18782	4882	13900	1043	1001	41	16012	3449	12563
47	17097	4063	13034	859	825	34	14542	2863	11679
48	18360	4370	13990	964	924	41	15469	3021	12448
49	17403	3909	13494	808	762	45	14722	2781	11941
50—54	102424	26175	76249	4218	4019	199	83788	19075	64713
50	18815	4480	14335	856	817	40	15555	3148	12407
51	19267	4615	14652	826	793	33	15984	3322	12662
52	19795	5003	14792	806	763	43	16242	3639	12603
53	20947	5560	15387	792	743	49	17067	4163	12904
54	23600	6517	17083	937	903	33	18940	4803	14137
55—59	131294	38445	92850	4085	3936	148	100534	28646	71888
55	24077	6796	17281	887	850	38	18947	5013	13934
56	22760	6487	16273	736	709	27	17747	4834	12913
57	27003	8062	18941	868	839	29	20742	5995	14747
58	27886	8253	19633	827	797	30	20995	6120	14875
59	29568	8846	20722	767	741	26	22103	6684	15419
60—64	158604	49736	108868	3824	3630	194	109675	36038	73637
60	32814	10047	22767	984	938	46	23580	7265	16314
61	30822	9526	21296	773	737	35	21705	6975	14730
62	34153	10793	23360	786	743	43	23732	7916	15817
63	31091	9678	21413	684	641	43	20994	6971	14023
64	29724	9692	20032	597	571	27	19664	6912	12753
65+	408886	128895	279991	5636	5047	590	181755	75761	105994

(person)

再婚有配偶 Re－Married			离婚 Divorced			丧偶 Widowed		
小计 Sub－total	男 Male	女 Female	小计 Sub－total	男 Male	女 Female	小计 Sub－total	男 Male	女 Female
3564	558	3006	674	465	209	2372	487	1885
726	131	595	154	99	56	357	81	276
656	98	558	128	94	34	424	81	342
773	111	662	109	69	40	470	87	383
750	117	632	142	103	39	570	125	445
659	100	559	141	101	40	551	112	439
3806	602	3204	728	531	196	4350	901	3449
830	148	682	163	119	44	668	171	497
770	121	648	152	117	36	805	194	612
723	99	624	143	102	40	830	173	658
801	124	677	140	103	37	986	198	788
682	109	573	129	90	39	1061	166	895
4365	827	3538	833	602	230	9220	1651	7569
831	162	669	149	105	44	1423	247	1176
775	134	641	151	104	47	1531	261	1270
852	166	686	162	124	38	1733	311	1422
920	185	736	171	126	46	1996	344	1653
987	180	807	199	143	56	2536	488	2049
6223	1425	4798	1043	762	281	19409	3676	15734
1144	238	907	217	160	57	2882	536	2346
1066	245	821	169	123	46	3042	575	2467
1239	294	945	209	159	50	3946	775	3170
1319	315	1005	224	157	67	4521	864	3657
1455	333	1121	224	163	62	5019	925	4094
7686	2045	5640	1214	843	370	36206	7180	29026
1643	452	1191	273	198	75	6334	1194	5141
1509	364	1144	205	144	61	6631	1306	5325
1661	440	1220	268	185	83	7706	1509	6198
1445	382	1064	241	160	81	7728	1525	6203
1428	408	1021	227	155	71	7807	1647	6160
15290	5356	9935	2452	1453	999	203752	41278	162473

2—8 全国15岁及15岁以上死亡人口生前所从事的主要职业

单位：人

年龄（岁）Age	合计 Total 合计 Total	合计 Total 男 Male	合计 Total 女 Female	一、各类专业技术人员 Professional /Technical 小计 Sub—total	一、各类专业技术人员 男 Male	一、各类专业技术人员 女 Female
总计 Total	**61942**	**37021**	**24921**	**2524**	**1734**	**790**
15—19	626	383	243	29	17	13
20—24	1496	860	636	39	17	22
25—29	1744	1059	684	48	27	21
30—34	1535	986	549	53	31	22
35—39	1598	1026	572	63	33	30
40—44	2261	1447	813	106	63	42
45—49	2536	1648	889	139	100	39
50—54	3063	1965	1098	183	133	51
55—59	4482	2981	1501	282	223	59
60—64	6412	4359	2053	319	238	81
65+	36190	20306	15884	1262	851	411

续表1 Continued

单位：人

年龄（岁）Age	四、商业工作人员 Sales Workers 小计 Sub—total	四、商业工作人员 男 Male	四、商业工作人员 女 Female	五、服务性工作人员 Service Workers 小计 Sub—total	五、服务性工作人员 男 Male	五、服务性工作人员 女 Female
总计 Total	**1108**	**754**	**354**	**1087**	**698**	**390**
15—19	5	3	1	10	5	5
20—24	33	18	15	16	11	5
25—29	35	18	17	24	16	8
30—34	39	27	12	27	15	12
35—39	41	33	8	30	12	18
40—44	43	30	13	38	22	16
45—49	51	38	13	49	29	20
50—54	50	34	16	74	50	24
55—59	60	36	24	86	52	34
60—64	109	80	29	118	80	38
65+	643	438	205	615	406	209

DEATHS BY AGE AND MAIN OCCUPATION BEFORE ONE'S DEATH

(person)

二、国家机关、党群组织、企事业单位负责人 Administrator /Maneger			三、办事人员和有关人员 Clerical & Related Workers		
小计 Sub－total	男 Male	女 Female	小计 Sub－total	男 Male	女 Female
748	**687**	**61**	**638**	**571**	**66**
—	—	—	4	4	—
1	1	—	10	7	3
4	4	—	20	19	1
8	8	—	26	25	1
17	16	1	14	11	3
35	33	2	35	30	5
52	47	5	30	25	5
63	58	5	34	28	6
88	80	8	70	63	7
131	117	14	118	109	9
349	323	26	276	250	27

(person)

六、农、林、牧、渔劳动者 Agriculture & Related Workers			七、生产工人、运输工人和有关人员 Production & Related Workers			八、不便分类的其他劳动者 Not Stated		
小计 Sub－total	男 Male	女 Female	小计 Sub－total	男 Male	女 Female	小计 Sub－total	男 Male	女 Female
51188	**28842**	**22345**	**4622**	**3727**	**895**	**27**	**8**	**19**
525	314	212	51	40	11	2	1	1
1243	683	559	154	123	31	1	—	—
1380	777	602	232	198	34	—	—	—
1177	712	464	205	167	38	—	—	—
1227	760	467	206	161	45	—	—	—
1761	1072	689	242	197	44	1	—	1
1985	1227	758	229	181	49	—	—	—
2400	1466	934	258	196	62	—	—	—
3522	2231	1291	374	295	79	—	—	—
5088	3323	1765	527	412	115	3	1	2
30881	16278	14603	2145	1757	388	19	5	14

2—9 各地区的城镇住房设备状况

单位：户

地区与住房类型 Region/Type of Living Quarter	城镇总户数 Households in Urban Area	住房设备			
		厨房 Kitchen		厕所 Toilet	
		有 Yes	无 No	有 Yes	无 No
总 计 Total	**1016929**	**877815**	**139115**	**620063**	**396867**
单 层 One－Storey	469267	392782	76485	221597	247670
多 层 Multi－Storeys	547663	485033	62630	398466	149197
单 层 One－Storey	11283	9293	1990	3664	7620
多 层 Multi－Storeys	16736	15091	1645	14660	2076
天 津 Tianjin	20716	15086	5630	9042	11674
单 层 One－Storey	10167	6285	3882	891	9276
多 层 Multi－Storeys	10549	8801	1748	8151	2398
河 北 Hebei	32213	28768	3446	21550	10664
单 层 One－Storey	18823	16321	2502	10057	8765
多 层 Multi－Storeys	13391	12447	944	11493	1898
山 西 Shanxi	26248	21819	4429	17131	9116
单 层 One－Storey	12863	9025	3838	5346	7517
多 层 Multi－Storeys	13385	12794	591	11785	1599
内蒙古 Inner Mongolia	26067	21766	4301	11290	14777
单 层 One－Storey	21615	17447	4168	7199	14415
多 层 Multi－Storeys	4452	4320	133	4091	362
辽 宁 Liaoning	57754	54170	3584	38639	19115
单 层 One－Storey	26106	24326	1780	10318	15788
多 层 Multi－Storeys	31648	29844	1804	28321	3326
吉 林 Jilin	38963	37314	1649	25543	13419
单 层 One－Storey	22445	21191	1254	10488	11957
多 层 Multi－Storeys	16517	16123	395	15055	1463
黑龙江 Heilongjiang	53889	51730	2159	32749	21140
单 层 One－Storey	37629	36253	1376	17958	19671
多 层 Multi－Storeys	16260	15477	783	14791	1469
上 海 Shanghai	37606	24797	12809	19249	18357
单 层 One－Storey	3442	1438	2003	325	3117
多 层 Multi－Storeys	34164	23358	10806	18924	15240
江 苏 Jiangsu	55729	47691	8038	30886	24843
单 层 One－Storey	20836	16315	4520	6581	14255
多 层 Multi－Storeys	34893	31376	3517	24306	10588

LIVING QUARTERS IN URBAN AREA BY TYPE OF FACILITES AND REGION

(Household)

Facilites of Living Quarters					
炊事燃料 Fuel Used for Cooking				自来水 Piped Water	
煤 Coal	管道燃气 Piped Gas	液化石油气 Liquefied Petroleum Gas	其它 Other	有 Yes	无 No
321555	**165742**	**323852**	**205781**	**758400**	**258529**
222440	8103	85776	152948	261634	207633
99115	157639	238076	52833	496766	50897
5149	11988	10510	372	27482	537
4939	325	5699	320	10760	523
210	11663	4811	52	16723	14
3212	9366	5971	2166	16753	3962
3026	1044	3948	2148	6253	3914
186	8322	2024	17	10500	49
11825	4206	12200	3983	30516	1697
9427	282	5344	3769	17172	1651
2398	3924	6856	214	13345	46
13942	9747	2394	165	23771	2477
11606	367	830	61	10756	2107
2335	9380	1565	105	13014	370
18930	621	2640	3876	17766	8301
17287	61	576	3690	13396	8218
1643	560	2064	186	4370	82
14300	26622	10495	6338	48022	9732
13104	1395	5499	6109	16743	9363
1196	25228	4996	229	31279	369
15097	5841	9977	8047	31557	7405
13043	374	1792	7237	15081	7364
2054	5467	8186	810	16476	42
21366	4983	16494	11047	41736	12152
20002	264	7860	9503	25677	11952
1364	4719	8634	1543	16060	201
982	22143	12174	2306	37194	412
389	255	1753	1045	3169	273
594	21889	10421	1261	34025	139
9796	7997	31315	6620	49604	6125
6478	207	8821	5330	15835	5001
3319	7790	22494	1290	33769	1124

续表 1 continued

单位：户

地区与住房类型 Region/Type of Living Quarter	城镇总户数 Households in Urban Area	住房设备			
		厨房 Kitchen		厕所 Toilet	
		有 Yes	无 No	有 Yes	无 No
浙 江 Zhejiang	45568	40014	5554	22327	23241
单 层 One－Storey	9784	7646	2138	2237	7547
多 层 Multi－Storeys	35784	32368	3416	20089	15694
安 徽 Anhui	34167	28863	5304	16510	17656
单 层 One－Storey	17091	13754	3337	5161	11930
多 层 Multi－Storeys	17075	15109	1967	11349	5726
福 建 Fujian	20353	17147	3206	8404	11949
单 层 One－Storey	5170	4156	1015	665	4505
多 层 Multi－Storeys	15182	12991	2191	7739	7443
江 西 Jiangxi	19862	15910	3952	9750	10113
单 层 One－Storey	8317	6213	2105	2742	5576
多 层 Multi－Storeys	11545	9698	1847	7008	4537
山 东 Shandong	84780	75864	8916	68936	15844
单 层 One－Storey	62060	55405	6655	50206	11854
多 层 Multi－Storeys	22720	20459	2261	18730	3990
河 南 Henan	38132	34002	4129	25072	13059
单 层 One－Storey	20642	18184	2457	12472	8169
多 层 Multi－Storeys	17490	15818	1672	12600	4890
湖 北 Hubei	50982	42319	8663	32581	18401
单 层 One－Storey	19640	16275	3365	11602	8038
多 层 Multi－Storeys	31342	26044	5298	20979	10363
湖 南 Hunan	45053	37759	7295	30324	14729
单 层 One－Storey	17674	13817	3857	10695	6979
多 层 Multi－Storeys	27379	23941	3438	19628	7751
广 东 Guangdong	67726	59349	8377	44812	22914
单 层 One－Storey	21683	17521	4162	8628	13056
多 层 Multi－Storeys	46043	41828	4215	36184	9859
广 西 Guangxi	22363	20381	1982	11543	10820
单 层 One－Storey	8783	7929	854	2182	6600
多 层 Multi－Storeys	13580	12452	1128	9361	4220
海 南 Hainan	4670	4010	660	2079	2591
单 层 One－Storey	2151	1729	422	310	1841
多 层 Multi－Storeys	2519	2281	239	1769	750
四 川 Sichuan	96855	85191	11663	62677	34178

(Household)

Facilites of Living Quarters					
炊事燃料 Fuel Used for Cooking				自来水 Piped Water	
煤 Coal	管道燃气 Piped Gas	液化石油气 Liquefied Petroleum Gas	其它 Other	有 Yes	无 No
2069	865	30188	12446	32005	13563
819	11	4465	4490	4969	4815
1250	854	25723	7956	27036	8748
14222	3976	9305	6663	24078	10089
8478	365	2684	5565	8947	8144
5744	3612	6622	1098	15131	1945
5050	1476	8272	5555	13563	6790
2013	13	1123	2022	2086	3085
3037	1463	7149	3533	11477	3705
9270	1197	4974	4422	12028	7834
4942	74	537	2764	2634	5684
4328	1123	4436	1658	9395	2151
23165	7939	20504	33172	35795	48985
20623	643	7914	32880	14180	47880
2541	7297	12590	292	21615	1105
25160	4446	4062	4464	26563	11569
15529	295	728	4089	10641	10001
9631	4151	3333	375	15922	1567
12438	3795	19782	14967	34672	16310
5654	44	2506	11436	7597	12043
6784	3751	17276	3531	27075	4268
23304	857	13471	7421	30670	14383
10127	30	1605	5912	7261	10413
13176	827	11866	1510	23409	3970
3662	3567	50471	10026	54621	13105
2160	53	12420	7051	13163	8521
1502	3515	38051	2975	41459	4584
1729	381	10429	9824	15943	6419
627	9	1612	6534	4170	4612
1101	371	8818	3290	11773	1807
43	56	2875	1695	3707	963
26	28	755	1342	1283	868
17	28	2120	354	2424	95
39238	26803	3065	27749	62281	34573

续表 2 continued

单位:户

地区与住房类型 Region/Type of Living Quarter	城镇总户数 Households in Urban Area	住房设备			
		厨房 Kitchen		厕所 Toilet	
		有 Yes	无 No	有 Yes	无 No
单 层 One－Storey	40164	34371	5793	22225	17939
多 层 Multi－Storeys	56691	50821	5870	40452	16239
贵 州 Guizhou	23393	17552	5841	13086	10306
单 层 One－Storey	11384	7674	3710	6064	5320
多 层 Multi－Storeys	12008	9878	2130	7022	4986
云 南 Yunnan	15985	12382	3603	5370	10614
单 层 One－Storey	5341	3448	1894	529	4812
多 层 Multi－Storeys	10643	8934	1709	4842	5802
西 藏 Tibet	870	546	324	257	613
单 层 One－Storey	458	266	192	90	368
多 层 Multi－Storeys	412	280	133	167	245
陕 西 Shanxi	28269	24915	3354	19296	8973
单 层 One－Storey	11359	9976	1382	7091	4268
多 层 Multi－Storeys	16910	14939	1972	12205	4705
甘 肃 Gansu	16291	14771	1520	9864	6426
单 层 One－Storey	8500	7391	1109	2969	5531
多 层 Multi－Storeys	7791	7380	411	6895	895
青 海 Qinghai	3919	3055	864	2406	1513
单 层 One－Storey	1804	1099	705	585	1219
多 层 Multi－Storeys	2115	1956	159	1821	295
宁 夏 Ningxia	4502	4020	482	2209	2293
单 层 One－Storey	2557	2123	434	425	2132
多 层 Multi－Storeys	1945	1896	48	1784	161
新 疆 Xinjiang	15989	12242	3747	8156	7833
单 层 One－Storey	9497	5912	3585	1890	7607
多 层 Multi－Storeys	6492	6330	162	6266	226

(Household)

Facilites of Living Quarters					
炊事燃料 Fuel Used for Cooking				自来水 Piped Water	
煤 Coal	管道燃气 Piped Gas	液化石油气 Liquefied Petroleum Gas	其它 Other	有 Yes	无 No
21487	1227	426	17024	15813	24350
17751	25576	2639	10725	46468	10223
16752	886	1694	4061	16420	6972
9306	25	184	1869	5473	5911
7446	861	1510	2192	10947	1061
2654	2182	2473	8676	10574	5411
1141	11	158	4032	2168	3173
1513	2171	2315	4645	8406	2238
13	1	215	641	484	386
8	1	62	387	176	282
5	1	152	254	308	105
11890	1198	9807	5374	24211	4058
6296	22	851	4190	7994	3364
5594	1176	8956	1184	16216	694
5959	2262	5820	2250	14574	1717
4740	579	1843	1338	6849	1651
1218	1683	3977	912	7725	66
1972	29	1422	497	3629	291
1438	4	167	196	1525	279
534	25	1255	301	2103	12
2120	131	1882	370	4046	456
1708	73	694	83	2110	447
412	58	1188	287	1935	9
6249	180	8973	587	14136	1853
6017	24	2922	534	7753	1744
231	156	6051	54	6383	109

2—10 各地区城镇家庭户按住房间数分的户数

单位:户、间

地 区 Region	总户数 Total Households	按住房间数分的户数 1	2	3	4	5
全 国 National	**1016925**	**230218**	**401271**	**223748**	**81297**	**34214**
北 京 Beijing	28020	5842	11806	5668	2200	1108
天 津 Tianjin	20716	7762	8092	3271	998	349
河 北 Hebei	32213	4331	14088	6956	2658	1539
山 西 Shanxi	26248	3323	10779	6632	1742	2031
内蒙古 Inner Mongolia	26067	6018	12164	5575	1647	420
辽 宁 Liaoning	57754	18335	29464	8327	1270	182
吉 林 Jilin	38963	12671	19162	6113	751	185
黑龙江 Heilongjiang	53889	16763	28079	7632	1033	202
上 海 Shanghai	37606	15033	15282	3297	1702	941
江 苏 Jiangsu	55728	14071	24504	11570	3167	1198
浙 江 Zhejiang	45568	13320	17853	7665	3159	1371
安 徽 Anhui	34167	8001	13121	8496	2689	886
福 建 Fujian	20353	5254	7508	3765	1853	639
江 西 Jiangxi	19860	5828	7586	3835	1709	289
山 东 Shandong	84780	7841	23539	24648	13646	7796
河 南 Henan	38132	4421	10644	10908	4383	2789
湖 北 Hubei	50982	9474	18519	12237	6431	1646
湖 南 Hunan	45053	10983	19298	7921	3271	1283
广 东 Guangdong	67725	18230	22578	15654	5957	2033
广 西 Guangxi	22363	6567	8801	3625	1646	588
海 南 Hainan	4670	1628	1770	879	237	51
四 川 Sichuan	96855	17747	38273	25292	8707	2996
贵 州 Guizhou	23393	4437	7059	6990	2862	765
云 南 Yunnan	15985	2927	5038	5140	1470	378
西 藏 Tibet	870	203	304	220	65	37
陕 西 Shanxi	28269	5086	11085	7226	1988	925
甘 肃 Gansu	16291	2227	7360	4018	1153	632
青 海 Qinghai	3919	440	1465	1359	238	143
宁 夏 Ningxia	4502	396	1515	1765	562	140
新 疆 Xinjiang	15989	1059	4536	7064	2104	669

NUMBER OF FAMILY HOUSEHOLD IN URBAN AREA BY NUMBER OF ROOMS AND REGION

(household, room)

Households by Number of Rooms					平均每户住房间数 Average Rooms Per Household
6	7	8	9	10+	
21897	**7944**	**7595**	**2679**	**6063**	**2.49**
582	289	254	96	175	2.53
144	35	33	7	25	1.99
758	558	371	228	728	2.87
758	335	198	82	367	2.85
137	31	38	12	26	2.20
87	24	29	2	34	1.90
45	9	14	2	10	1.89
129	15	18	3	14	1.90
823	197	183	60	88	2.03
631	233	163	54	137	2.24
1090	323	379	162	246	2.35
516	147	154	39	119	2.39
550	224	269	98	192	2.55
281	74	144	22	92	2.28
3324	1707	1241	438	599	3.23
2090	814	896	301	885	3.33
1668	272	418	101	216	2.66
1124	318	447	108	298	2.43
1698	488	538	199	351	2.47
415	119	306	90	203	2.38
55	11	15	4	20	2.09
2007	635	579	180	439	2.55
621	180	209	75	195	2.74
459	156	176	52	188	2.74
17	8	9	2	6	2.55
1076	284	243	153	202	2.66
375	244	153	46	83	2.65
101	65	36	22	51	2.85
53	29	18	6	18	2.79
283	120	64	32	58	2.94

第三部分

1990年第四次全国人口普查数据

PART THREE

FIGURES OF THE 1990 POPULATION CENSUS

3—1　全国分县市的15岁及15岁以上人口婚姻状况

单位：人

县　市 County/City	15岁及以上人口 Population Aged 15 and Over			未　婚 Never Married			有配偶
	合　计 Total	男 Male	女 Female	小　计 Sub — total	男 Male	女 Female	小　计 Sub — total
北京							
北京市	6029549	3154470	2875079	1380280	849675	530605	4321460
昌平	343810	174998	168812	76848	45602	31246	245846
顺义	403996	198080	205916	71291	39859	31432	305137
通县	457851	225539	232312	86052	47313	38739	342504
大兴	391558	199818	191740	84193	49805	34388	284334
平谷	276262	135867	140395	51339	27743	23596	207671
怀柔	203967	105467	98500	42957	25656	17301	148702
密云	326258	166954	159304	71193	42168	29025	235564
延庆	205117	106162	98955	47222	28548	18674	145310
天津							
天津市	4658927	2372785	2286142	877349	511134	366215	3502951
宁河	233520	117161	116359	44934	24459	20475	174628
武清	575552	286923	288629	115416	64474	50942	422689
静海	361144	181649	179495	82823	44445	38378	256765
宝坻	437070	217939	219131	90472	50220	40252	320306
蓟县	524398	264167	260231	97583	57021	40562	393816
河北							
石家庄市	1117633	587315	530318	255549	149848	105701	812208
井陉	232428	119507	112921	54672	33858	20814	158447
获鹿	237249	118849	118400	41944	25231	16713	177551
正定	370732	181661	189071	64109	36237	27872	281045
栾城	227161	112686	114475	41069	23534	17535	169945
唐山市	1173087	603486	569601	212074	121071	91003	893806
丰润	488441	246524	241917	97643	57768	39875	357160
丰南	370305	193977	176328	78537	48104	30433	266063
滦县	374607	192727	181880	86878	51733	35145	263175
滦南	407473	206351	201122	89110	52031	37079	290928
乐亭	369163	186784	182379	73071	43656	29415	271596
迁安	442144	228713	213431	95101	58078	37023	319873
迁西	246215	127877	118338	54088	33919	20169	175067
遵化	458044	233629	224415	94526	57016	37510	334525
玉田	433356	217446	215910	83911	48509	35402	320543
唐海	101011	50839	50172	18925	10318	8607	77054
秦皇岛市	412932	214657	198275	81955	48095	33860	311579
青龙	360727	188048	172679	75029	47238	27791	262173
昌黎	391742	198592	193150	77502	46212	31290	288912
抚宁	382646	193881	188765	76009	44755	31254	283131
芦龙	291931	149253	142678	62488	37639	24849	210356

MARITAL STATUS OF POPULATION AGED 15 AND OVER BY SEX AND COUNTY/CITY

(person)

Married		丧偶 Widowed			离婚 Divorced		
男 Male	女 Female	小计 Sub－total	男 Male	女 Female	小计 Sub－total	男 Male	女 Female
2209075	2112385	278578	71907	206671	49231	23813	25418
122608	123238	18995	5429	13566	2121	1359	762
149396	155741	25646	7536	18110	1922	1289	633
168885	173619	27338	8100	19238	1957	1241	716
141945	142389	21155	6800	14355	1876	1268	608
102116	105555	16101	5170	10931	1151	838	313
74738	73964	10864	3958	6906	1444	1115	329
117251	118313	18021	6405	11616	1480	1130	350
71950	73360	11028	4416	6612	1557	1248	309
1774179	1728772	248115	71403	176712	30512	16069	14443
86877	87751	13076	5170	7906	882	655	227
208660	214029	35196	11968	23228	2251	1821	430
128198	128567	20117	7822	12295	1439	1184	255
158253	162053	25136	8530	16606	1156	936	220
195307	198509	30937	10346	20591	2062	1493	569
423779	388429	44155	10350	33805	5721	3338	2383
78429	80018	17653	5872	11781	1656	1348	308
87589	89962	16476	4991	11485	1278	1038	240
137506	143539	24117	6778	17339	1461	1140	321
83523	86422	15133	4783	10350	1014	846	168
458380	435426	60921	20594	40327	6286	3441	2845
175982	181178	31759	11354	20405	1879	1420	459
133633	132430	23355	10226	13129	2350	2014	336
129970	133205	23044	9784	13260	1510	1240	270
142876	148052	25820	10145	15675	1615	1299	316
134026	137570	22739	7802	14937	1757	1300	457
159656	160217	25509	9671	15838	1661	1308	353
86603	88464	16011	6539	9472	1049	816	233
165585	168940	27170	9598	17572	1823	1430	393
157757	162786	27514	10148	17366	1388	1032	356
38537	38517	4677	1743	2934	355	241	114
160659	150920	16950	4636	12314	2448	1267	1181
129710	132463	22360	10124	12236	1165	976	189
142018	146894	23484	8924	14560	1844	1438	406
140028	143103	21799	7761	14038	1707	1337	370
103818	106538	17875	6852	11023	1212	944	268

续表 1 continued

单位:人

县 市 County/City	15 岁及以上人口 Population Aged 15 and Over			未 婚 Never Married			有配偶
	合 计 Total	男 Male	女 Female	小 计 Sub－total	男 Male	女 Female	小 计 Sub－total
邯郸市	891573	499942	391631	182036	107679	74357	671689
邯郸	219132	105185	113947	42879	24019	18860	160057
武安市	442997	221274	221723	93228	54368	38860	315857
邢台市	302029	162419	139610	63545	35474	28071	225857
邢台	285081	142915	142166	57250	35014	22236	206244
保定市	486526	254219	232307	122842	71955	50887	341765
满城	275051	137268	137783	58125	32484	25641	198782
清苑	426077	212176	213901	83128	47918	35210	314038
张家口市	572138	294314	277824	122886	71787	51099	420048
宣化	243169	130094	113075	59993	38747	21246	168056
承德市	286605	149449	137156	62978	36209	26769	210760
承德	354674	186828	167846	90907	56349	34558	241467
沧州市	249592	129111	120481	55357	30790	24567	183311
沧县	430670	214767	215903	98668	53000	45668	304039
青县	254223	127109	127114	56867	30424	26443	181761
廊坊市	436736	223933	212803	97517	55495	42022	315616
三河	270909	134462	136447	48983	27637	21346	204113
固安	256438	127796	128642	44839	25453	19386	194100
永清	244825	123822	121003	57113	32560	24553	171538
香河	209328	103266	106062	37301	21182	16119	157769
大城	267872	133102	134770	50896	27049	23847	200723
文安	286954	144422	142532	58598	32400	26198	211381
大厂	74842	36649	38193	12214	6743	5471	57504
霸州市	338909	169097	169812	64178	35322	28856	253835
大名	429959	211433	218526	93686	51902	41784	305600
魏县	468123	231436	236687	100203	55818	44385	337234
曲周	236295	117761	118534	47919	27594	20325	171143
丘县	121935	60080	61855	24494	13634	10860	88329
鸡泽	139465	69263	70202	27668	15693	11975	101737
肥乡	191122	94983	96139	40691	23287	17404	136130
广平	142763	70194	72569	27428	15348	12080	104702
成安	215422	104941	110481	38390	21013	17377	161576
临漳	336305	163557	172748	64804	35745	29059	245786
磁县	376186	186126	190060	75709	43984	31725	271546
涉县	241780	123422	118358	54694	33308	21386	167861
永年	487484	240953	246531	106374	60131	46243	345187
馆陶	173036	85192	87844	33161	18475	14686	126641
南宫市	311569	153080	158489	63461	36034	27427	221788
沙河市	284839	148825	136014	56848	33795	23053	210041
临城	121588	61960	59628	23752	14310	9442	90048

(person)

Married		丧偶 Widowed			离婚 Divorced		
男 Male	女 Female	小计 Sub — total	男 Male	女 Female	小计 Sub — total	男 Male	女 Female
380820	290869	34271	9331	24940	3577	2112	1465
76351	83706	15339	4149	11190	857	666	191
153551	162306	31605	11433	20172	2307	1922	385
123393	102464	11419	2802	8617	1208	750	458
99623	106621	20013	6908	13105	1574	1370	204
175798	165967	19007	4718	14289	2912	1748	1164
97805	100977	17414	6401	11013	730	578	152
153674	160364	27437	9409	18028	1474	1175	299
212892	207156	25136	7151	17985	4068	2484	1584
83805	84251	13071	5759	7312	2049	1783	266
108538	102222	10672	3343	7329	2195	1359	836
120104	121363	20680	9032	11648	1620	1343	277
94643	88668	9853	2977	6876	1071	701	370
150116	153923	26515	10381	16134	1448	1270	178
90152	91609	14776	5848	8928	819	685	134
159367	156249	22264	8016	14248	1339	1055	284
100858	103255	16793	5214	11579	1020	753	267
95957	98143	16577	5731	10846	922	655	267
85076	86462	15450	5569	9881	724	617	107
77290	80479	13578	4269	9309	680	525	155
99387	101336	15334	5877	9457	919	789	130
105292	106089	15720	5643	10077	1255	1087	168
28328	29176	4845	1354	3491	279	224	55
126023	127812	19564	6702	12862	1332	1050	282
148755	156845	28987	9365	19622	1686	1411	275
165332	171902	29127	8981	20146	1559	1305	254
84103	87040	16272	5217	11055	961	847	114
43536	44793	8597	2487	6110	515	423	92
50131	51606	9550	2998	6552	510	441	69
66767	69363	13094	3934	9160	1207	995	212
51374	53328	9962	2916	7046	671	556	115
79131	82445	14362	3889	10473	1094	908	186
119253	126533	23777	6876	16901	1938	1683	255
131577	139969	26913	8892	18021	2018	1673	345
80979	86882	17288	7450	9838	1937	1685	252
168931	176256	33762	10067	23695	2161	1824	337
62431	64210	12567	3727	8840	667	559	108
109257	112531	25004	6783	18221	1316	1006	310
108414	101627	16564	5489	11075	1386	1127	259
44763	45285	7139	2330	4809	649	557	92

续表 2 continued

单位：人

县市 County/City	15岁及以上人口 Population Aged 15 and Over			未婚 Never Married			有配偶
	合计 Total	男 Male	女 Female	小计 Sub－total	男 Male	女 Female	小计 Sub－total
内丘	155851	78386	77465	28070	16860	11210	117158
柏乡	113400	56779	56621	23366	13487	9879	81908
隆尧	297152	148739	148413	62179	35563	26616	212944
任县	184586	92151	92435	36880	21118	15762	134444
南和	182513	90420	92093	38843	22031	16812	130417
宁晋	447924	226580	221344	100689	59451	41238	312928
巨鹿	212413	107146	105267	44620	26544	18076	152129
新河	112585	56287	56298	28041	16362	11679	75896
广宗	159417	79742	79675	33347	18942	14405	115181
平乡	158391	79230	79161	31889	18248	13641	115182
威县	337830	168647	169183	72715	41782	30933	238571
清河	204023	99994	104029	34150	19043	15107	154132
临西	193099	96799	96300	36001	21185	14816	141764
辛集市	419320	208478	210842	69566	40210	29356	319355
藁城市	479967	239099	240868	84715	48638	36077	362506
晋县	330447	165719	164728	59961	33935	26026	249767
深泽	163623	82743	80880	26810	15550	11260	125872
无极	309869	154639	155230	57234	31932	25302	232240
赵县	336338	169282	167056	65435	37792	27643	247029
新乐	260119	128515	131604	44155	24589	19566	198264
高邑	112117	55871	56246	19621	11330	8291	84964
元氏	234548	117502	117046	48508	28300	20208	169742
赞皇	135914	69680	66234	28201	17313	10888	98372
平山	301727	157638	144089	63425	42100	21325	213993
灵寿	197918	100866	97052	42788	26187	16601	141042
行唐	257931	129490	128441	60854	35686	25168	177287
定州市	707672	350027	357645	134009	73144	60865	522595
涿州市	355914	179214	176700	77682	44543	33139	255053
易县	367668	191055	176613	92348	56863	35485	248740
徐水	356029	176245	179784	72178	39620	32558	260059
涞源	182567	98522	84045	50752	32750	18002	118644
定兴	347682	172143	175539	73122	39849	33273	251182
完县	195840	98348	97492	44439	25601	18838	137306
唐县	324814	163762	161052	72416	41585	30831	228982
望都	165023	81669	83354	29825	16068	13757	123734
涞水	221041	112991	108050	47228	28334	18894	159001
高阳	195946	99260	96686	37603	22590	15013	144417
安新	255779	128085	127694	58066	31539	26527	181300
雄县	205953	103304	102649	40981	23346	17635	151435
容城	149058	73597	75461	27245	15163	12082	111262

(person)

Married		丧偶 Widowed			离婚 Divorced		
男 Male	女 Female	小计 Sub－total	男 Male	女 Female	小计 Sub－total	男 Male	女 Female
57692	59466	9727	3098	6629	896	736	160
40529	41379	7505	2219	5286	621	544	77
105500	107444	20333	6250	14083	1696	1426	270
66303	68141	12326	3915	8411	936	815	121
64022	66395	12412	3655	8757	841	712	129
154513	158415	31246	9889	21357	3061	2727	334
75053	77076	14567	4634	9933	1097	915	182
37164	38732	8096	2289	5807	552	472	80
57131	58050	10436	3307	7129	453	362	91
56862	58320	10659	3534	7125	661	586	75
118109	120462	25206	7622	17584	1338	1134	204
76148	77984	14962	4168	10794	779	635	144
70472	71292	14609	4507	10102	725	635	90
157797	161558	28090	8653	19437	2309	1818	491
178579	183927	30603	10115	20488	2143	1767	376
123777	125990	19145	6715	12430	1574	1292	282
62873	62999	10022	3613	6409	919	707	212
114739	117501	18853	6706	12147	1542	1262	280
122102	124927	21575	7348	14227	2299	2040	259
97555	100709	16496	5362	11134	1204	1009	195
42119	42845	7032	2017	5015	500	405	95
83590	86152	15372	4839	10533	926	773	153
48371	50001	8596	3362	5234	745	634	111
104911	109082	21946	8623	13323	2363	2004	359
69433	71609	13250	4560	8690	838	686	152
86924	90363	18828	6123	12705	962	757	205
258157	264438	47503	15899	31604	3565	2827	738
126176	128877	21911	7545	14366	1268	950	318
123005	125735	25117	9920	15197	1463	1267	196
128068	131991	22593	7587	15006	1199	970	229
59113	59531	11520	5251	6269	1651	1408	243
124095	127087	22324	7307	15017	1054	892	162
67344	69962	13283	4755	8528	812	648	164
112947	116035	22077	8176	13901	1339	1054	285
61334	62400	10762	3698	7064	702	569	133
78750	80251	13932	5152	8780	880	755	125
71363	73054	12827	4416	8411	1099	891	208
89860	91440	14952	5454	9498	1461	1232	229
75002	76433	12631	4207	8424	906	749	157
54670	56592	9951	3271	6680	600	493	107

续表 3 continued

单位:人

县市 County/City	15岁及以上人口 Population Aged 15 and Over			未婚 Never Married			有配偶
	合计 Total	男 Male	女 Female	小计 Sub－total	男 Male	女 Female	小计 Sub－total
新城	316398	158860	157538	59965	33795	26170	236459
曲阳	311382	157337	154045	70082	40243	29839	218673
阜平	135535	69345	66190	33601	20441	13160	91395
安国	254653	125460	129193	45353	25214	20139	190794
博野	157240	78235	79005	26756	15058	11698	119477
蠡县	285914	142509	143405	46076	26255	19821	219044
张北	269350	142652	126698	65984	42240	23744	188934
康保	202186	107480	94706	49322	31582	17740	142758
沽源	161388	85763	75625	38875	24574	14301	113735
尚义	135529	71731	63798	33977	21397	12580	95119
蔚县	322039	176585	145454	91418	64017	27401	205112
阳原	188525	99459	89066	49472	31486	17986	126114
怀安	174167	91173	82994	41073	26064	15009	122381
万全	149751	78807	70944	32076	20972	11104	108528
怀来	227296	119529	107767	51774	33002	18772	161746
涿鹿	241363	131762	109601	59599	40763	18836	165470
赤城	208605	116150	92455	57555	40034	17521	137894
崇礼	89060	47797	41263	20671	13688	6983	63120
宽城	156507	82280	74227	33334	21254	12080	113060
兴隆	224122	118114	106008	49177	31719	17458	160881
平泉	319574	164596	154978	84892	49523	35369	214384
滦平	232507	123230	109277	62391	38922	23469	156142
丰宁	262806	138188	124618	67372	41261	26111	178617
隆化	284807	150347	134460	74059	45882	28177	192209
围场	351477	186476	165001	89468	56206	33262	239932
泊头市	350146	174368	175778	80886	45014	35872	245547
任丘市	488213	246514	241699	93054	52011	41043	366690
黄骅市	310787	154812	155975	66358	35408	30950	226804
河间	493077	248041	245036	101107	56673	44434	359750
肃宁	208683	103577	105106	37694	21484	16210	155938
献县	339346	169643	169703	70368	39766	30602	245457
吴桥	195185	96354	98831	41078	22213	18865	139473
东光	233169	116316	116853	52465	28077	24388	164588
南皮	233842	116095	117747	53340	27944	25396	164566
盐山	262291	131325	130966	60134	32348	27786	184811
孟村	112812	55788	57024	23975	12316	11659	81528
海兴	129205	64106	65099	29867	16091	13776	91113
衡水市	240310	121937	118373	50720	28268	22452	175191
冀县	259253	127489	131764	54522	31859	22663	182557
枣强	247573	120417	127156	53450	29857	23593	174156

(person)

Married		丧偶 Widowed			离婚 Divorced		
男 Male	女 Female	小计 Sub－total	男 Male	女 Female	小计 Sub－total	男 Male	女 Female
118186	118273	19150	6206	12944	824	673	151
108433	110240	21290	7534	13756	1337	1127	210
44243	47152	9826	4077	5749	713	584	129
93696	97098	17176	5497	11679	1330	1053	277
59117	60360	10188	3420	6768	819	640	179
108547	110497	19220	6428	12792	1574	1279	295
93277	95657	13021	5903	7118	1411	1232	179
70821	71937	8966	4060	4906	1140	1017	123
56490	57245	7657	3735	3922	1121	964	157
47061	48058	5888	2804	3084	545	469	76
100377	104735	21703	8683	13020	3806	3508	298
62214	63900	11733	4696	7037	1206	1063	143
59758	62623	9448	4215	5233	1265	1136	129
53434	55094	7874	3279	4595	1273	1122	151
80445	81301	12480	4998	7482	1296	1084	212
82528	82942	14257	6694	7563	2037	1777	260
68764	69130	11298	5737	5561	1858	1615	243
31341	31779	4473	2067	2406	796	701	95
56245	56815	9440	4227	5213	673	554	119
80094	80787	12896	5340	7556	1168	961	207
106056	108328	19038	7988	11050	1260	1029	231
77406	78736	12728	5824	6904	1246	1078	168
88335	90282	15411	7391	8020	1406	1201	205
95272	96937	17039	7946	9093	1500	1247	253
119287	120645	20608	9749	10859	1469	1234	235
121234	124313	22187	6908	15279	1526	1212	314
183368	183322	25450	8734	16716	3019	2401	618
112631	114173	16646	5952	10694	979	821	158
178692	181058	30105	10877	19228	2115	1799	316
76742	79196	14192	4703	9489	859	648	211
120900	124557	22022	7713	14309	1499	1264	235
68621	70852	13670	4690	8980	964	830	134
81500	83088	14940	5693	9247	1176	1046	130
81448	83118	14877	5759	9118	1059	944	115
91369	93442	16387	6770	9617	959	838	121
40373	41155	6897	2749	4148	412	350	62
44541	46572	7803	3100	4703	422	374	48
89367	85824	13430	3574	9856	969	728	241
89055	93502	20672	5404	15268	1502	1171	331
84711	89445	18834	4936	13898	1133	913	220

续表 4 continued

单位:人

县 市 County/City	15岁及以上人口 Population Aged 15 and Over			未 婚 Never Married			有配偶
	合 计 Total	男 Male	女 Female	小 计 Sub－total	男 Male	女 Female	小 计 Sub－total
武邑	212969	106077	106892	52046	29950	22096	144996
深县	386881	193437	193444	71462	43335	28127	284543
武强	136685	67919	68766	26938	15672	11266	99697
饶阳	192125	96656	95469	36808	21739	15069	141056
安平	208367	104586	103781	33916	20402	13514	158823
故城	292592	143101	149491	60356	31785	28571	211092
景县	328663	163297	165366	76623	42340	34283	228343
阜城	218218	107960	110258	52102	28489	23613	150594
山西							
太原市	1629437	864977	764460	437395	260958	176437	1115727
清徐	188224	94660	93564	45071	26259	18812	131043
阳曲	97701	51932	45769	26437	17001	9436	63513
娄烦	61002	32827	28175	15426	10698	4728	40798
古交市	122796	70198	52598	32371	21683	10688	84613
大同市	954771	507459	447312	236382	143251	93131	681623
阳泉市	441808	242617	199191	119487	73455	46032	298284
平定	236269	119581	116688	70723	41580	29143	144299
盂县	200382	104581	95801	52647	33162	19485	131282
长治市	420845	219333	201512	115832	60862	54970	286148
长治	216223	106688	109535	49094	28290	20804	150169
潞城	132774	69187	63587	32681	19683	12998	89291
襄垣	167842	88349	79493	39983	24590	15393	113740
屯留	158568	81921	76647	39347	24295	15052	106542
平顺	115248	60138	55110	29771	18432	11339	75668
黎城	108479	58062	50417	26206	16638	9568	72707
壶关	187962	95385	92577	47340	29034	18306	125104
长子	225277	114406	110871	49761	29988	19773	156774
武乡	141373	75718	65655	41076	26341	14735	86979
沁县	115695	60881	54814	32147	20450	11697	72758
沁源	106988	57339	49649	29747	19123	10624	68290
晋城市	492318	254872	237446	116154	68260	47894	340601
沁水	152619	78488	74131	36044	21682	14362	103773
阳城	285421	145074	140347	59215	35282	23933	203000
高平	323695	160897	162798	71706	40943	30763	225519
陵川	174295	90131	84164	44866	27715	17151	113930
朔州市	318134	166605	151529	75664	46615	29049	224536
山阴	135409	70667	64742	29962	18799	11163	96999
阳高	174630	89683	84947	41049	25386	15663	121813
天镇	127760	66080	61680	31232	18888	12344	89246
广灵	107231	58511	48720	29548	20264	9284	69667

(person)

Married		丧偶 Widowed			离婚 Divorced		
男 Male	女 Female	小计 Sub－total	男 Male	女 Female	小计 Sub－total	男 Male	女 Female
70640	74356	14880	4639	10241	1047	848	199
139740	144803	28547	8584	19963	2329	1778	551
48825	50872	9499	2977	6522	551	445	106
69874	71182	13346	4373	8973	915	670	245
78474	80349	14238	4605	9633	1390	1105	285
104212	106880	20086	6327	13759	1058	777	281
112562	115781	22379	7295	15084	1318	1100	218
74094	76500	14357	4554	9803	1165	823	342
578053	537674	64450	18376	46074	11865	7590	4275
64628	66415	10998	2827	8171	1112	946	166
31153	32360	6577	2744	3833	1174	1034	140
19918	20880	3870	1378	2492	908	833	75
45982	38631	4983	1822	3161	829	711	118
351573	330050	32512	9983	22529	4254	2652	1602
159733	138551	20537	6672	13865	3500	2757	743
70370	73929	19545	6122	13423	1702	1509	193
64505	66777	14504	5138	9366	1949	1776	173
152069	134079	16680	4932	11748	2185	1470	715
72674	77495	15571	4511	11060	1389	1213	176
44265	45026	9391	3997	5394	1411	1242	169
57397	56343	12041	4530	7511	2078	1832	246
52123	54419	11486	4435	7051	1193	1068	125
37125	38543	8640	3530	5110	1169	1051	118
36251	36456	7731	3542	4189	1835	1631	204
60584	64520	14024	4411	9613	1494	1356	138
76504	80270	16715	6134	10581	2027	1780	247
42900	44079	11528	4820	6708	1790	1657	133
35971	36787	9420	3256	6164	1370	1204	166
34268	34022	7911	3002	4909	1040	946	94
173317	167284	32292	10566	21726	3271	2729	542
51260	52513	11665	4539	7126	1137	1007	130
100493	102507	20886	7328	13558	2320	1971	349
111181	114338	24548	7117	17431	1922	1656	266
55758	58172	13472	4840	8632	2027	1818	209
112923	111613	16559	5825	10734	1375	1242	133
48220	48779	7788	3048	4740	660	600	60
59383	62430	10814	4051	6763	954	863	91
43814	45432	6800	2962	3838	482	416	66
34353	35314	6997	2973	4024	1019	921	98

续表 5 continued

单位:人

县市 County/City	15岁及以上人口 Population Aged 15 and Over			未婚 Never Married			有配偶
	合计 Total	男 Male	女 Female	小计 Sub－total	男 Male	女 Female	小计 Sub－total
灵丘	141856	75684	66172	40114	25704	14410	92226
浑源	209064	108454	100610	56661	35103	21558	138823
应县	179671	93598	86073	38257	24427	13830	130112
左云	86667	47736	38931	20826	14261	6565	61675
右玉	66602	35020	31582	16302	10397	5905	46507
大同	108258	57407	50851	27589	17588	10001	73939
怀仁	152745	80929	71816	33939	21978	11961	110458
忻州市	324645	168029	156616	81356	51564	29792	220537
定襄	147092	75593	71499	33096	21719	11377	102454
五台	215501	111762	103739	56686	36698	19988	141753
原平	327858	174941	152917	80489	54063	26426	222599
代县	137565	73956	63609	33420	23414	10006	93520
繁峙	151060	81927	69133	37527	26492	11035	102754
宁武	95602	53052	42550	26153	18370	7783	63186
静乐	95242	53154	42088	26549	19270	7279	61930
神池	64157	34840	29317	15802	10912	4890	44101
五寨	69809	37469	32340	17288	11617	5671	48132
岢岚	51893	28768	23125	13138	9121	4017	34747
河曲	90993	48074	42919	19617	12749	6868	64967
保德	82320	42957	39363	18593	11769	6824	58385
偏关	65472	34670	30802	14465	9451	5014	46891
汾阳	246300	126836	119464	68135	41050	27085	160940
文水	245191	124092	121099	62188	37324	24864	165255
交城	125042	64534	60508	31968	19256	12712	84643
孝义	253179	134405	118774	66376	40043	26333	171570
兴县	152355	80472	71883	33682	21695	11987	108845
临县	330378	173290	157088	75856	47346	28510	229003
柳林	161777	83734	78043	38291	22866	15425	111229
石楼	56859	29714	27145	11861	7025	4836	41451
岚县	95425	51612	43813	22955	15753	7202	66236
方山	78661	41958	36703	18629	11845	6784	53972
离石	124399	64728	59671	33596	19337	14259	83386
中阳	77817	41070	36747	18891	11403	7488	53553
交口	65972	35772	30200	17529	11201	6328	44124
榆次市	355138	183412	171726	93681	54277	39404	241546
榆社	85842	45172	40670	23887	14978	8909	54912
左权	110719	58645	52074	30061	18669	11392	72038
和顺	95300	50829	44471	25185	15902	9283	62567
昔阳	180293	94903	85390	48585	30428	18157	116267
寿阳	161226	87157	74069	45903	29908	15995	100489

(person)

Married		丧偶 Widowed			离婚 Divorced		
男 Male	女 Female	小计 Sub — total	男 Male	女 Female	小计 Sub — total	男 Male	女 Female
45740	46486	8536	3358	5178	980	882	98
68258	70565	12618	4262	8356	962	831	131
64015	66097	10367	4298	6069	935	858	77
31623	30052	3864	1582	2282	302	270	32
22981	23526	3469	1357	2112	324	285	39
36879	37060	6206	2470	3736	524	470	54
55592	54866	7827	2905	4922	521	454	67
108860	111677	20409	5576	14833	2343	2029	314
49937	52517	10340	2860	7480	1202	1077	125
68625	73128	15219	4814	10405	1843	1625	218
111547	111052	21147	6132	15015	3623	3199	424
46350	47170	9160	2881	6279	1465	1311	154
50381	52373	9291	3679	5612	1488	1375	113
31786	31400	5286	2004	3282	977	892	85
30409	31521	5785	2547	3238	978	928	50
21886	22215	3643	1491	2152	611	551	60
23829	24303	3703	1411	2292	686	612	74
17290	17457	2996	1432	1564	1012	925	87
32242	32725	5297	2053	3244	1112	1030	82
28701	29684	4610	1811	2799	732	676	56
23210	23681	3516	1455	2061	600	554	46
79588	81352	14632	3851	10781	2593	2347	246
80849	84406	15748	4143	11605	2000	1776	224
42341	42302	7538	2152	5386	893	785	108
88691	82879	13165	3879	9286	2068	1792	276
54029	54816	8303	3289	5014	1525	1459	66
112754	116249	20057	8070	11987	5462	5120	342
54889	56340	10227	4177	6050	2030	1802	228
20694	20757	3007	1518	1489	540	477	63
32636	33600	5044	2116	2928	1190	1107	83
26651	27321	4554	2065	2489	1506	1397	109
41824	41562	6118	2446	3672	1299	1121	178
26953	26600	4582	2001	2581	791	713	78
22415	21709	3604	1526	2078	715	630	85
121427	120119	17008	5526	11482	2903	2182	721
26966	27946	6229	2502	3727	814	726	88
35701	36337	7720	3472	4248	900	803	97
31124	31443	6611	2956	3655	937	847	90
58185	58082	13379	4416	8963	2062	1874	188
49633	50856	12006	5050	6956	2828	2566	262

续表 6 continued

单位：人

县市 County/City	15岁及以上人口 Population Aged 15 and Over			未婚 Never Married			有配偶
	合计 Total	男 Male	女 Female	小计 Sub－total	男 Male	女 Female	小计 Sub－total
太谷	194736	98806	95930	55712	31535	24177	127569
祁县	167338	85830	81508	44255	26380	17875	111501
平遥	309341	156206	153135	89105	52555	36550	196311
介休	239493	123305	116188	65316	38286	27030	158727
灵石	156492	82159	74333	42632	25628	17004	103811
临汾市	421390	214174	207216	96184	54416	41768	300777
侯马市	131464	67785	63679	27730	15529	12201	97434
霍州市	169410	91272	78138	38780	23393	15387	121967
曲沃	140479	69779	70700	30590	17148	13442	100273
翼城	198298	99183	99115	45473	25931	19542	137754
襄汾	305139	151733	153406	61488	34959	26529	223043
洪洞	408881	204199	204682	86352	48768	37584	295149
古县	54823	29176	25647	14407	8929	5478	35929
安泽	51590	27276	24314	14324	8765	5559	33000
浮山	85241	43986	41255	18448	11421	7027	59901
吉县	61462	31937	29525	14107	8392	5715	43596
乡宁	120338	62738	57600	27518	16716	10802	85416
蒲县	56840	30438	26402	15121	9354	5767	38132
大宁	36456	19071	17385	8435	4977	3458	25932
永和	36331	18936	17395	7750	4522	3228	26270
隰县	58198	30068	28130	15702	8989	6713	39113
汾西	77518	40240	37278	19511	11707	7804	53167
运城市	355182	179958	175224	75295	42206	33089	258706
永济	269411	136317	133094	53474	30955	22519	199074
芮城	233538	116247	117291	48236	26772	21464	170974
临猗	344011	170300	173711	63299	36800	26499	256460
万荣	264541	130977	133564	45645	27478	18167	199564
新绛	196942	97654	99288	38637	22004	16633	144807
稷山	199727	99057	100670	37387	21425	15962	149142
河津	208135	107578	100557	44742	26692	18050	151723
闻喜	244234	122854	121380	48250	27881	20369	180592
夏县	216835	108635	108200	40008	23193	16815	162795
绛县	175878	88771	87107	38542	22036	16506	125823
平陆	153124	77783	75341	33329	19359	13970	108972
垣曲	143650	75874	67776	33340	19909	13431	100358
内蒙古							
呼和浩特市	746720	389993	356727	210603	125087	85516	502591
土默特左	230838	123346	107492	53017	34305	18712	163533
托克托	118523	62383	56140	26105	16331	9774	85356
包头市	986754	507436	479318	259215	149577	109638	683160

(person)

Married		丧偶 Widowed			离婚 Divorced		
男 Male	女 Female	小计 Sub－total	男 Male	女 Female	小计 Sub－total	男 Male	女 Female
63061	64508	10079	3075	7004	1376	1135	241
54983	56518	9575	2661	6914	2007	1806	201
95459	100852	20970	5529	15441	2955	2663	292
79614	79113	13346	3595	9751	2104	1810	294
52613	51198	8709	2824	5885	1340	1094	246
151614	149163	21917	6295	15622	2512	1849	663
50291	47143	5627	1558	4069	673	407	266
64573	57394	7833	2688	5145	830	618	212
49400	50873	8653	2490	6163	963	741	222
67743	70011	13655	4338	9317	1416	1171	245
110156	112887	18673	5090	13583	1935	1528	407
145822	149327	25302	7898	17404	2078	1711	367
18121	17808	4148	1813	2335	339	313	26
16425	16575	3871	1740	2131	395	346	49
29573	30328	6164	2340	3824	728	652	76
21704	21892	3454	1572	1882	305	269	36
43003	42413	6806	2499	4307	598	520	78
19347	18785	3239	1428	1811	348	309	39
13067	12865	1875	845	1030	214	182	32
13168	13102	2037	1004	1033	274	242	32
19484	19629	3001	1271	1730	382	324	58
26424	26743	4388	1722	2666	452	387	65
131311	127395	18999	4943	14056	2182	1498	684
99748	99326	15388	4493	10895	1475	1121	354
84393	86581	13144	4224	8920	1184	858	326
125396	131064	21801	6212	15589	2451	1892	559
97050	102514	17454	4952	12502	1878	1497	381
71530	73277	12161	3182	8979	1337	938	399
73662	75480	12232	3226	9006	966	744	222
77135	74588	10885	3098	7787	785	653	132
89588	91004	13888	4179	9709	1504	1206	298
80576	82219	12765	3867	8898	1267	999	268
62565	63258	10168	3137	7031	1345	1033	312
53983	54989	9780	3640	6140	1043	801	242
52003	48355	8933	3234	5699	1019	728	291
252455	250136	27562	9004	18558	5964	3447	2517
81760	81773	12604	5786	6818	1684	1495	189
42677	42679	6366	2726	3640	696	649	47
342507	340653	37247	11359	25888	7132	3993	3139

续表 7 continued

单位：人

县 市 County/City	15岁及以上人口 Population Aged 15 and Over			未 婚 Never Married			有配偶
	合 计 Total	男 Male	女 Female	小 计 Sub－total	男 Male	女 Female	小 计 Sub－total
土默特右	223626	119552	104074	51866	32567	19299	160753
固阳	150156	80909	69247	38796	25020	13776	102251
乌海市	237805	124709	113096	68153	39907	28246	161587
赤峰市	716935	364852	352083	177081	98963	78118	503954
阿鲁科尔沁	193572	98776	94796	51206	28728	22478	131167
巴林左	233189	119748	113441	57132	33015	24117	163072
巴林右	110764	56123	54641	29496	16455	13041	74852
林西	168019	86638	81381	40358	24054	16304	118052
克什克腾	173488	89642	83846	41651	24416	17235	121766
翁牛特	308928	157442	151486	71021	40389	30632	220192
喀喇沁	246378	127806	118572	60845	36037	24808	170625
宁城	384147	197341	186806	97178	55504	41674	262649
敖汉	386014	198263	187751	101796	57268	44528	261337
海拉尔市	159312	80465	78847	44567	24491	20076	107098
满洲里市	106334	54729	51605	28167	16183	11984	73702
扎兰屯市	284804	148745	136059	73884	43276	30608	194570
牙克石市	317529	161936	155593	86997	48402	38595	215825
阿荣	198266	104508	93758	45310	27087	18223	140733
莫力达瓦	174232	92338	81894	40846	24956	15890	122550
额尔古纳右	54662	28870	25792	15321	9163	6158	37168
额尔古纳左	134954	69398	65556	38614	21696	16918	90663
鄂伦春	210933	109085	101848	57059	32619	24440	144373
鄂温克	90234	47002	43232	23743	14254	9489	61739
新巴尔虎右	21405	10848	10557	5917	3396	2521	13653
新巴尔虎左	26830	13598	13232	7822	4574	3248	16871
陈巴尔虎	38125	19898	18227	10781	6360	4421	25290
乌兰浩特市	166111	83395	82716	43496	23326	20170	114341
科尔沁右翼前	271188	140672	130516	74627	43077	31550	181233
科尔沁右翼中	145106	73829	71277	43319	23362	19957	93400
扎赉特	243735	130922	112813	67884	41718	26166	160630
突泉	197913	102344	95569	48262	28030	20232	138209
通辽市	504020	256969	247051	130108	72603	57505	348088
霍林郭勒市	33091	17006	16085	7540	4170	3370	24538
科尔沁左翼中	315424	162568	152856	89372	50323	39049	207265
科尔沁左翼后	250779	129325	121454	76426	43043	33383	159557
开鲁	244444	124225	120219	63886	35507	28379	167454
库伦	109421	56252	53169	33411	18507	14904	69755
奈曼	265924	136394	129530	73551	40937	32614	176643
扎鲁特	169837	87121	82716	48609	27121	21488	111777
二连浩特市	9147	5092	4055	2754	1793	961	6176

(person)

Married		丧偶 Widowed			离婚 Divorced		
男 Male	女 Female	小计 Sub − total	男 Male	女 Female	小计 Sub − total	男 Male	女 Female
80519	80234	9473	5116	4357	1534	1350	184
50984	51267	7764	3742	4022	1345	1163	182
81931	79656	6311	1862	4449	1754	1009	745
252365	251589	32864	11593	21271	3036	1931	1105
65439	65728	10548	4101	6447	651	508	143
81324	81748	12057	4652	7405	928	757	171
37156	37696	6010	2198	3812	406	314	92
58628	59424	8901	3378	5523	708	578	130
60729	61037	9252	3836	5416	819	661	158
109753	110439	16707	6478	10229	1008	822	186
85142	85483	13698	5642	8056	1210	985	225
130615	132034	22880	10037	12843	1440	1185	255
130249	131088	21588	9664	11924	1293	1082	211
53556	53542	6607	1904	4703	1040	514	526
37116	36586	3938	1141	2797	527	289	238
97191	97379	14311	6789	7522	2039	1489	550
108170	107655	12516	4178	8338	2191	1186	1005
70451	70282	10756	5795	4961	1467	1175	292
61270	61280	9659	5199	4460	1177	913	264
18943	18225	1891	599	1292	282	165	117
45565	45098	4731	1631	3100	946	506	440
72292	72081	8103	3321	4782	1398	853	545
30957	30782	3937	1313	2624	815	478	337
6841	6812	1570	466	1104	265	145	120
8392	8479	1887	495	1392	250	137	113
12788	12502	1830	614	1216	224	136	88
57075	57266	7263	2482	4781	1011	512	499
90502	90731	14340	6341	7999	988	752	236
46675	46725	8078	3572	4506	309	220	89
81079	79551	13080	6262	6818	2141	1863	278
68943	69266	10682	4786	5896	760	585	175
174215	173873	23983	8903	15080	1841	1248	593
12451	12087	811	283	528	202	102	100
103440	103825	17963	8197	9766	824	608	216
79611	79946	14192	6214	7978	604	457	147
83555	83899	12394	4589	7805	710	574	136
34816	34939	5982	2719	3263	273	210	63
88153	88490	15101	6794	8307	629	510	119
55726	56051	8942	3874	5068	509	400	109
3222	2954	170	49	121	47	28	19

续表 8 continued

单位:人

县 市 County/City	15岁及以上人口 Population Aged 15 and Over			未 婚 Never Married			有配偶
	合 计 Total	男 Male	女 Female	小 计 Sub－total	男 Male	女 Female	小 计 Sub－total
锡林浩特市	94689	49652	45037	29338	16881	12457	61363
阿巴嘎	28310	14580	13730	8051	4781	3270	18252
苏尼特左	20446	10418	10028	5899	3429	2470	13155
苏尼特右	50092	26168	23924	14084	8385	5699	33562
东乌珠穆沁	39806	20709	19097	11980	7122	4858	25435
西乌珠穆沁	44902	22931	21971	13399	7572	5827	28601
太仆寺	151369	80540	70829	41456	25930	15526	102194
镶黄	19786	9970	9816	5486	3079	2407	13026
正镶白	48675	25490	23185	13504	8199	5305	32325
正蓝	52063	26787	25276	14956	8566	6390	34152
多伦	66473	35144	31329	17046	10491	6555	45482
集宁市	151438	77239	74199	39568	22555	17013	105616
武川	122527	67264	55263	34622	22809	11813	80724
和林格尔	122243	65579	56664	29219	19109	10110	85758
清水河	84670	44952	39718	18992	11979	7013	61101
卓资	167002	92505	74497	48498	33193	15305	108318
化德	114944	61515	53429	31290	19811	11479	78457
商都	235426	125615	109811	67305	42275	25030	156592
兴和	206251	110608	95643	60376	38405	21971	135589
丰镇	218854	119026	99828	61372	41144	20228	145080
凉城	170102	93737	76365	48855	33281	15574	111176
察哈尔右前	191492	103125	88367	54426	35771	18655	127016
察哈尔右中	159801	86814	72987	44015	28596	15419	106583
察哈尔右后	143577	76656	66921	40941	25819	15122	95714
达尔罕茂明安	76578	41096	35482	19814	12579	7235	52348
四子王	146319	79190	67129	40376	25736	14640	97377
东胜市	109347	57643	51704	29630	17608	12022	75004
达拉特	202434	107387	95047	47110	29879	17231	144912
准格尔	166445	90921	75524	41416	27757	13659	114801
鄂托克前	43250	22130	21120	10544	6100	4444	30299
鄂托克	74109	39391	34718	18091	11372	6719	51618
杭锦旗	90691	48103	42588	22472	14188	8284	63012
乌审	61673	31695	29978	14172	8378	5794	43672
伊金霍洛	96066	51755	44311	22454	14557	7897	68050
临河市	309597	162252	147345	84406	49753	34653	211687
五原	182033	95499	86534	45518	27254	18264	127548
磴口	76409	39894	36515	20846	12278	8568	52070
乌拉特前	216137	113457	102680	55078	33220	21858	150835
乌拉特中	90084	48483	41601	23788	15050	8738	61416
乌拉特后	32159	17018	15141	8382	5003	3379	22235

(person)

Married		丧偶 Widowed			离婚 Divorced		
男 Male	女 Female	小计 Sub－total	男 Male	女 Female	小计 Sub－total	男 Male	女 Female
31267	30096	3224	1035	2189	764	469	295
9148	9104	1694	471	1223	313	180	133
6614	6541	1230	295	935	162	80	82
17017	16545	2118	593	1525	328	173	155
12758	12677	2155	678	1477	236	151	85
14337	14264	2589	844	1745	313	178	135
50908	51286	6905	3050	3855	814	652	162
6509	6517	1103	276	827	171	106	65
16119	16206	2485	915	1570	361	257	104
17054	17098	2645	959	1686	310	208	102
22648	22834	3489	1632	1857	456	373	83
52762	52854	5311	1391	3920	943	531	412
40386	40338	6247	3232	3015	934	837	97
42826	42932	6612	3047	3565	654	597	57
30580	30521	4105	1976	2129	472	417	55
54015	54303	9107	4351	4756	1079	946	133
39141	39316	4769	2189	2580	428	374	54
77742	78850	10664	4841	5823	865	757	108
67472	68117	9510	4047	5463	776	684	92
72575	72505	11393	4418	6975	1009	889	120
55407	55769	9014	4094	4920	1057	955	102
62962	64054	9228	3687	5541	822	705	117
53201	53382	8118	4045	4073	1085	972	113
47681	48033	6382	2688	3694	540	468	72
26174	26174	3826	1891	1935	590	452	138
48701	48676	7648	3961	3687	918	792	126
37881	37123	3881	1591	2290	832	563	269
72434	72478	9540	4316	5224	872	758	114
57665	57136	8894	4303	4591	1334	1196	138
15119	15180	2060	712	1348	347	199	148
26167	25451	3657	1408	2249	743	444	299
31571	31441	4616	1912	2704	591	432	159
21896	21776	3241	1129	2112	588	292	296
34435	33615	4993	2286	2707	569	477	92
106918	104769	11649	4256	7393	1855	1325	530
64169	63379	7868	3163	4705	1099	913	186
26207	25863	2974	1044	1930	519	365	154
75459	75376	8858	3677	5181	1366	1101	265
31232	30184	4117	1619	2498	763	582	181
11394	10841	1287	444	843	255	177	78

续表 9 continued

单位：人

县 市 County/City	15岁及以上人口 Population Aged 15 and Over 合计 Total	男 Male	女 Female	未婚 Never Married 小计 Sub－total	男 Male	女 Female	有配偶 小计 Sub－total
杭锦后	194928	100614	94314	51087	29672	21415	133787
阿拉善左	91435	47640	43795	27547	15876	11671	59196
阿拉善右	17351	8906	8445	5221	2943	2278	11059
额济纳	11201	5687	5514	3226	1877	1349	7346
辽宁							
沈阳市	3720519	1887400	1833119	719007	426237	292770	2789058
新民	491114	250061	241053	101266	57920	43346	359977
辽中	365782	185869	179913	62885	36478	26407	280764
大连市	2007850	1028573	979277	447904	271671	176233	1450316
新金	616807	312974	303833	140254	80346	59908	440978
长海	65322	33127	32195	14204	8247	5957	47366
庄河	674691	339818	334873	147843	82203	65640	487513
瓦房店市	764478	390091	374387	161101	93434	67667	559993
鞍山市	1152937	586136	566801	218560	128325	90235	875818
台安	268227	135768	132459	51131	28671	22460	201099
海城市	770237	392923	377314	143318	83073	60245	582034
抚顺市	1108149	559302	548847	224203	129133	95070	813500
抚顺	153370	79163	74207	34567	20638	13929	108216
新宾	226650	116239	110411	48494	28530	19964	163604
清原	251730	129436	122294	57319	33587	23732	177928
本溪市	743644	375694	367950	151016	85984	65032	551197
本溪	224222	114636	109586	46783	27027	19756	164285
桓仁	218404	112123	106281	48258	28343	19915	156357
丹东市	525452	261998	263454	106652	59905	46747	387787
凤城	452688	232317	220371	104228	61544	42684	320746
岫岩	363269	188231	175038	82847	49454	33393	257328
东沟	475733	240204	235529	103079	57105	45974	345474
宽甸	335890	174256	161634	79767	46691	33076	236162
锦州市	588252	297436	290816	121984	70366	51618	435035
锦县	463452	234775	228677	97514	55575	41939	337606
北镇	395527	201004	194523	81735	46891	34844	289383
黑山	489420	247607	241813	97160	54894	42266	361699
义县	322283	164007	158276	65964	38354	27610	234155
营口市	443210	227672	215538	89525	52045	37480	331245
营口	482095	246278	235817	88560	51681	36879	367629
盖县	632390	320743	311647	120271	69290	50981	475466
阜新市	592068	297833	294235	130777	72410	58367	431472
阜新	527402	267992	259410	128522	71496	57026	366748
彰武	294737	149654	145083	64353	36223	28130	213218
辽阳市	503889	255853	248036	99735	57524	42211	378526

(person)

Married		丧偶 Widowed			离婚 Divorced		
男 Male	女 Female	小计 Sub－total	男 Male	女 Female	小计 Sub－total	男 Male	女 Female
66860	66927	9097	3276	5821	957	806	151
30202	28994	3965	1137	2828	727	425	302
5639	5420	908	240	668	163	84	79
3657	3689	517	93	424	112	60	52
1391640	1397418	174362	50428	123934	38092	19095	18997
179418	180559	27135	10679	16456	2736	2044	692
139866	140898	19661	7750	11911	2472	1775	697
724560	725756	91801	23089	68712	17829	9253	8576
217925	223053	32711	12633	20078	2864	2070	794
23813	23553	3439	856	2583	313	211	102
241094	246419	36390	14369	22021	2945	2152	793
279432	280561	39340	14448	24892	4044	2777	1267
438730	437088	47167	13681	33486	11392	5400	5992
100182	100917	14786	6018	8768	1211	897	314
290107	291927	39800	16373	23427	5085	3370	1715
407356	406144	54319	14708	39611	16127	8105	8022
53852	54364	9073	3524	5549	1514	1149	365
81656	81948	12653	4750	7903	1899	1303	596
88470	89458	14084	5734	8350	2399	1645	754
275787	275410	33263	9794	23469	8168	4129	4039
82497	81788	11788	4256	7532	1366	856	510
77846	78511	12175	4856	7319	1614	1078	536
192640	195147	25315	6690	18625	5698	2763	2935
159647	161099	24579	9070	15509	3135	2056	1079
128242	129086	21164	9202	11962	1930	1333	597
172104	173370	24574	9245	15329	2606	1750	856
118725	117437	17589	7193	10396	2372	1647	725
216949	218086	25849	7296	18553	5384	2825	2559
168084	169522	25992	9482	16510	2340	1634	706
144332	145051	22208	8133	14075	2201	1648	553
180305	181394	27995	10649	17346	2566	1759	807
116362	117793	20346	7970	12376	1818	1321	497
167761	163484	18595	5685	12910	3845	2181	1664
183556	184073	23408	9412	13996	2498	1629	869
236780	238686	33422	12574	20848	3231	2099	1132
215772	215700	25167	7336	17831	4652	2315	2337
182718	184030	30415	12449	17966	1717	1329	388
106368	106850	16091	6279	9812	1075	784	291
189786	188740	20114	5802	14312	5514	2741	2773

续表 10 continued

单位：人

县 市 County/City	15岁及以上人口 Population Aged 15 and Over			未 婚 Never Married			有配偶
	合 计 Total	男 Male	女 Female	小 计 Sub－total	男 Male	女 Female	小 计 Sub－total
辽阳	443354	227532	215822	93809	54943	38866	323550
灯塔	368037	188792	179245	73565	43006	30559	273586
盘锦市	338013	177570	160443	77250	45704	31546	249566
大洼	258710	131466	127244	51432	29281	22151	194813
盘山	206035	104476	101559	41678	23511	18167	152695
铁岭市	255748	127690	128058	54067	29352	24715	189216
铁岭	291449	149474	141975	65089	38091	26998	207835
西丰	252538	130994	121544	53734	31968	21766	181868
昌图	738228	375935	362293	169591	94259	75332	526149
康平	249463	128800	120663	56975	33190	23785	178500
法库	332527	169916	162611	71336	40670	30666	240043
铁法市	157420	80471	76949	34462	19276	15186	115631
开原市	442319	226903	215416	96851	56204	40647	317745
朝阳市	284000	142334	141666	64212	34001	30211	208474
朝阳	459408	234659	224749	118078	66187	51891	311030
建平	396386	199050	197336	90618	48393	42225	282685
凌原	451608	234088	217520	113056	66450	46606	311860
喀喇沁左翼	295154	149317	145837	70489	38664	31825	206032
北票市	476878	242232	234646	109468	61290	48178	339335
锦西市	634680	321241	313439	126747	72182	54565	472386
绥中	439928	224913	215015	90274	53305	36969	322804
建昌	413968	213853	200115	96734	57218	39516	290225
兴城市	399413	202641	196772	88372	50515	37857	288390
吉林							
长春市	1730462	881319	849143	405093	234203	170890	1228749
榆树	837382	426336	411046	179980	100367	79613	605928
农安	741517	378219	363298	164830	91410	73420	537582
德惠	586865	297617	289248	130484	70975	59509	423420
双阳	289331	148729	140602	59320	34266	25054	211995
九台市	575565	294971	280594	130900	74450	56450	408183
吉林市	1037018	522814	514204	225439	127482	97957	749621
永吉	540668	280349	260319	121500	71884	49616	383672
舒兰	479910	247325	232585	107970	62925	45045	341399
磐石	388260	201802	186458	87112	52304	34808	276328
桦甸市	323892	168185	155707	78742	46600	32142	226069
蛟河市	352292	181731	170561	84587	49995	34592	245570
四平市	317206	157935	159271	67103	35840	31263	232390
梨树	600209	306496	293713	122933	68529	54404	443249
伊通	322546	166566	155980	71359	41362	29997	230627
双辽	281388	142958	138430	66967	37441	29526	198490

(person)

Married		丧偶 Widowed			离婚 Divorced		
男 Male	女 Female	小计 Sub－total	男 Male	女 Female	小计 Sub－total	男 Male	女 Female
161093	162457	23258	9566	13692	2737	1930	807
136789	136797	18152	7013	11139	2734	1984	750
128014	121552	9227	2839	6388	1970	1013	957
97134	97679	11288	4233	7055	1177	818	359
76067	76628	10712	4201	6511	950	697	253
94071	95145	10291	3194	7097	2174	1073	1101
102985	104850	16387	6834	9553	2138	1564	574
90607	91261	15043	7051	7992	1893	1368	525
262412	263737	38925	16679	22246	3563	2585	978
89581	88919	13000	5244	7756	988	785	203
119747	120296	19385	8140	11245	1763	1359	404
58382	57249	6196	2146	4050	1131	667	464
158121	159624	24011	10079	13932	3712	2499	1213
104674	103800	10173	3069	7104	1141	590	551
154144	156886	28964	13271	15693	1336	1057	279
140663	142022	21853	9056	12797	1230	938	292
156114	155746	24276	9550	14726	2416	1974	442
102463	103569	17679	7430	10249	954	760	194
169224	170111	26161	10420	15741	1914	1298	616
236065	236321	31706	10721	20985	3841	2273	1568
160762	162042	24865	9482	15383	1985	1364	621
144439	145786	25564	11089	14475	1445	1107	338
143489	144901	20766	7404	13362	1885	1233	652
613247	615502	77059	24073	52986	19561	9796	9765
302317	303611	46468	20187	26281	5006	3465	1541
268328	269254	35886	16148	19738	3219	2333	886
211108	212312	30135	13569	16566	2826	1965	861
105752	106243	15885	7169	8716	2131	1542	589
203560	204623	31883	13958	17925	4599	3003	1596
374171	375450	48128	14619	33509	13830	6542	7288
191210	192462	31003	13996	17007	4493	3259	1234
170417	170982	26510	11260	15250	4031	2723	1308
137748	138580	21414	9323	12091	3406	2427	979
113008	113061	16529	6808	9721	2552	1769	783
122339	123231	18938	7256	11682	3197	2141	1056
115653	116737	14265	4761	9504	3448	1681	1767
221647	221602	30163	13433	16730	3864	2887	977
114926	115701	17941	8352	9589	2619	1926	693
98997	99493	14665	5632	9033	1266	888	378

续表 11 continued

单位:人

县 市 County/City	15 岁及以上人口 Population Aged 15 and Over			未 婚 Never Married			有配偶
	合 计 Total	男 Male	女 Female	小 计 Sub — total	男 Male	女 Female	小 计 Sub — total
公主岭市	703794	358103	345691	133689	75113	58576	529565
辽源市	316062	158039	158023	69903	38131	31772	226344
东丰	295680	154301	141379	66283	39755	26528	210042
东辽	295864	154186	141678	68609	40767	27842	207668
通化市	315948	158631	157317	74498	41064	33434	222640
通化	186707	97108	89599	45848	27404	18444	128245
辉南	268788	138646	130142	62296	36409	25887	189749
柳河	259527	134638	124889	59503	35442	24061	183219
梅河口市	408573	208898	199675	84961	48718	36243	298723
集安市	167844	85763	82081	40838	23361	17477	116593
浑江市	549185	283783	265402	143934	84107	59827	372857
抚松	228122	117002	111120	61908	34908	27000	154248
靖宇	100029	51922	48107	24042	14200	9842	70189
长白	64858	34757	30101	17542	11115	6427	43939
白城市	257286	129674	127612	58279	32279	26000	186271
洮南市	367776	188014	179762	86676	48944	37732	261953
扶余市	686078	346100	339978	149248	81183	68065	499654
大安市	298074	151105	146969	71038	39251	31787	211962
长岭	381763	194940	186823	83310	46779	36531	278873
前郭尔罗斯	435780	222416	213364	100676	56549	44127	313515
镇赉	233828	125344	108484	59373	36572	22801	161896
通榆	239253	122470	116783	57853	32637	25216	169073
乾安	182198	92538	89660	35909	19810	16099	137206
延吉市	226911	112132	114779	53609	29655	23954	159270
图门市	94203	46887	47316	18866	11013	7853	69067
敦化市	355903	183653	172250	85773	50239	35534	249427
珲春市	137863	70914	66949	31928	19761	12167	96755
龙井市	212227	106131	106096	46636	28076	18560	149908
和龙	179955	90633	89322	41487	24889	16598	125507
汪清	199182	101096	98086	49211	28401	20810	137747
安图	155293	79692	75601	36531	21558	14973	109247
黑龙江							
哈尔滨市	2394208	1206573	1187635	557272	318686	238586	1691225
呼兰	436471	221185	215286	97874	54526	43348	313642
阿城市	441074	226955	214119	102274	59414	42860	311987
齐齐哈尔市	1106514	558952	547562	248221	139904	108317	795652
龙江	401901	207679	194222	97080	55639	41441	282088
讷河	494376	255564	238812	117245	66736	50509	348042
依安	339853	175490	164363	85169	48190	36979	235258
泰来	230435	121076	109359	58830	35222	23608	158256

(person)

Married		丧偶 Widowed			离婚 Divorced		
男 Male	女 Female	小计 Sub — total	男 Male	女 Female	小计 Sub — total	男 Male	女 Female
264367	265198	36350	15636	20714	4190	2987	1203
112484	113860	15468	5321	10147	4347	2103	2244
104829	105213	17144	8138	9006	2211	1579	632
103588	104080	17292	8072	9220	2295	1759	536
110914	111726	14982	4705	10277	3828	1948	1880
63922	64323	11061	4656	6405	1553	1126	427
94651	95098	14096	5812	8284	2647	1774	873
91226	91993	14753	6465	8288	2052	1505	547
148833	149890	21397	9039	12358	3492	2308	1184
58195	58398	9033	3322	5711	1380	885	495
186945	185912	26507	9345	17162	5887	3386	2501
77146	77102	10191	3855	6336	1775	1093	682
35107	35082	4821	1944	2877	977	671	306
22429	21510	2925	903	2022	452	310	142
92716	93555	10974	3801	7173	1762	878	884
130626	131327	17701	7406	10295	1446	1038	408
249501	250153	34445	13569	20876	2731	1847	884
105736	106226	14043	5467	8576	1031	651	380
139240	139633	18287	8012	10275	1293	909	384
156646	156869	19829	8097	11732	1760	1124	636
82472	79424	10606	4588	6018	1953	1712	241
84463	84610	11511	4774	6737	816	596	220
68533	68673	8315	3661	4654	768	534	234
79552	79718	11224	1636	9588	2808	1289	1519
34595	34472	5382	846	4536	888	433	455
124796	124631	17433	6547	10886	3270	2071	1199
48763	47992	7861	1536	6325	1319	854	465
74814	75094	13737	2105	11632	1946	1136	810
62804	62703	11327	1980	9347	1634	960	674
68852	68895	10649	2824	7825	1575	1019	556
54640	54607	8265	2666	5599	1250	828	422
843898	847327	116280	30936	85344	29431	13053	16378
156494	157148	22232	8333	13899	2723	1832	891
156306	155681	22958	8680	14278	3855	2555	1300
397158	398494	52283	16819	35464	10358	5071	5287
140913	141175	20549	9456	11093	2184	1671	513
174132	173910	26114	12492	13622	2975	2204	771
117530	117728	17697	8489	9208	1729	1281	448
79430	78826	11613	4943	6670	1736	1481	255

续表 12 continued

单位:人

县 市 County/City	15 岁及以上人口 Population Aged 15 and Over			未 婚 Never Married			有配偶
	合 计 Total	男 Male	女 Female	小 计 Sub－total	男 Male	女 Female	小 计 Sub－total
甘南	257741	133086	124655	59116	33742	25374	183873
杜尔伯特	171225	88045	83180	44916	25509	19407	117111
富裕	205542	106132	99410	48840	28058	20782	145550
林甸	175629	90519	85110	44046	24978	19068	122536
克山	336256	172727	163529	82004	45804	36200	234824
克东	188292	97662	90630	47365	26787	20578	129263
拜泉	394392	203723	190669	95017	53515	41502	276410
鸡西市	645161	330265	314896	171733	98081	73652	436684
鸡东	231621	120958	110663	56448	33677	22771	161995
鹤岗市	517087	263018	254069	138565	77347	61218	350394
萝北	170608	87504	83104	43181	24456	18725	119697
绥滨	128657	66266	62391	31497	17786	13711	90413
双鸭山市	386645	199077	187568	102739	58691	44048	263918
集贤	219819	114183	105636	53625	31143	22482	153685
大庆市	785032	402332	382700	199660	111661	87999	554739
伊春市	689904	347578	342326	168183	92505	75678	486666
嘉荫	53447	27552	25895	13162	7503	5659	37766
佳木斯市	509295	256914	252381	120630	67194	53436	360909
桦南	294001	152695	141306	74659	43345	31314	201960
依兰	255749	132743	123006	64724	37767	26957	175699
桦川	160846	83054	77792	38463	22219	16244	113148
宝清	294065	151374	142691	69560	39962	29598	209870
汤原	236950	124840	112110	60234	36329	23905	162481
饶河	98656	51034	47622	23150	13566	9584	71295
抚远	44508	23435	21073	10267	6191	4076	32476
友谊	90738	46233	44505	22513	12456	10057	63952
同江市	98760	51126	47634	23024	13407	9617	71426
七台河市	312274	165808	146466	75304	46629	28675	222126
勃利	247395	127810	119585	59956	34711	25245	172004
牡丹江市	562679	285077	277602	136477	77532	58945	395131
宁安	306440	156312	150128	77503	44355	33148	211064
海林	322042	165145	156897	80408	46397	34011	223860
穆棱	220337	113571	106766	53639	31167	22472	154700
东宁	147513	75585	71928	37316	21568	15748	102128
林口	296856	155448	141408	72132	43271	28861	206720
虎林	217754	111526	106228	53201	30388	22813	154710
绥芬河市	21459	11192	10267	5666	3331	2335	14782
双城市	519330	264494	254836	113489	64377	49112	375709
尚志市	416741	216626	200115	103945	60851	43094	287840
宾县	392178	201082	191096	89412	50315	39097	278791

(person)

Married		丧偶 Widowed			离婚 Divorced		
男 Male	女 Female	小计 Sub－total	男 Male	女 Female	小计 Sub－total	男 Male	女 Female
91884	91989	13045	6216	6829	1707	1244	463
58680	58431	8454	3348	5106	744	508	236
72902	72648	10068	4405	5663	1084	767	317
61229	61307	8390	3803	4587	657	509	148
117255	117569	17664	8427	9237	1764	1241	523
64576	64687	10412	5386	5026	1252	913	339
138084	138326	21213	10793	10420	1752	1331	421
218811	217873	29181	9343	19838	7563	4030	3533
81559	80436	10931	4159	6772	2247	1563	684
175356	175038	23041	7576	15465	5087	2739	2348
60170	59527	6477	2115	4362	1253	763	490
45346	45067	5924	2574	3350	823	560	263
132957	130961	16099	5347	10752	3889	2082	1807
77239	76446	10858	4623	6235	1651	1178	473
280266	274473	26868	8678	18190	3765	1727	2038
243144	243522	28941	8939	20002	6114	2990	3124
18981	18785	2111	791	1320	408	277	131
180049	180860	22586	7181	15405	5170	2490	2680
101142	100818	15225	6656	8569	2157	1552	605
87778	87921	13296	5776	7520	2030	1422	608
56601	56547	8238	3498	4740	997	736	261
105195	104675	12797	4991	7806	1838	1226	612
82044	80437	11802	4636	7166	2433	1831	602
35795	35500	3588	1249	2339	623	424	199
16508	15968	1570	609	961	195	127	68
32138	31814	3742	1324	2418	531	315	216
35829	35597	3688	1474	2214	622	416	206
112625	109501	11865	4574	7291	2979	1980	999
86045	85959	13150	5516	7634	2285	1538	747
197948	197183	25089	6715	18374	5982	2882	3100
105420	105644	15708	5095	10613	2165	1442	723
112072	111788	15139	5011	10128	2635	1665	970
77628	77072	10500	3752	6748	1498	1024	474
51114	51014	7009	2226	4783	1060	677	383
103763	102957	15513	6620	8893	2491	1794	697
77464	77246	8286	2716	5570	1557	958	599
7500	7282	888	294	594	123	67	56
187460	188249	27417	10778	16639	2715	1879	836
144149	143691	21576	9282	12294	3380	2344	1036
139323	139468	22024	10083	11941	1951	1361	590

续表 13 continued

单位:人

县 市 County/City	15岁及以上人口 Population Aged 15 and Over			未 婚 Never Married			有配偶
	合 计 Total	男 Male	女 Female	小 计 Sub - total	男 Male	女 Female	小 计 Sub - total
五常	624060	321270	302790	136748	79537	57211	447620
巴彦	438035	222732	215303	99341	54943	44398	313951
木兰	177908	91909	85999	38650	22310	16340	128270
通河	165666	85277	80389	39441	22666	16775	116429
方正	153224	79465	73759	35955	20830	15125	108178
延寿	169241	88741	80500	37886	22815	15071	120423
绥化市	556949	281111	275838	118987	65005	53982	408040
安达市	329288	168137	161151	81778	45714	36064	229867
肇东市	551670	279789	271881	125060	68758	56302	397717
海伦市	543105	278236	264869	134522	74736	59786	377924
望奎	312265	160043	152222	72559	40890	31669	222135
兰西	315304	160277	155027	77252	42410	34842	221487
青冈	299819	153473	146346	77264	42954	34310	206362
肇源	310802	161182	149620	79278	45966	33312	214156
肇州	286460	145865	140595	64568	35810	28758	207179
庆安	252308	129064	123244	62599	34890	27709	176372
明水	227132	116586	110546	53897	30311	23586	160571
绥棱	221912	113255	108657	52998	29440	23558	157228
黑河市	111491	56945	54546	27866	15739	12127	77485
北安市	335281	172591	162690	84342	47576	36766	232032
五大连池市	18024	9349	8675	4431	2540	1891	12750
嫩江	321766	166102	155664	78468	44659	33809	225485
德都	239107	126222	112885	59694	35551	24143	166360
逊克	63047	32471	30576	14416	8317	6099	45441
孙吴	56750	29375	27375	13388	7855	5533	40511
加格达奇区	101676	51943	49733	27251	15253	11998	70127
松岭区	28532	14520	14012	8430	4620	3810	18929
新林区	47805	24201	23604	13802	7479	6323	32087
呼中区	43631	22089	21542	11614	6281	5333	30350
呼玛	32780	17540	15240	8120	5070	3050	23018
塔河	75662	38971	36691	20647	11560	9087	52240
漠河	63013	33948	29065	15842	9930	5912	44934
富锦市	291658	150148	141510	72415	41123	31292	203514
铁力市	301606	152230	149376	73951	40290	33661	212957
密山市	312294	161050	151244	75181	43316	31865	219954
上海							
上海市	6812720	3542301	3270419	1320338	867323	453015	4975634
上海	363835	182194	181641	55844	34901	20943	283557
嘉定	434097	216247	217850	67966	40892	27074	336486
川沙	513102	246025	267077	85853	50757	35096	391473

(person)

Married		丧偶 Widowed			离婚 Divorced		
男 Male	女 Female	小计 Sub — total	男 Male	女 Female	小计 Sub — total	男 Male	女 Female
223605	224015	34588	14540	20048	5104	3588	1516
156808	157143	22946	9697	13249	1797	1284	513
64055	64215	9765	4643	5122	1223	901	322
58200	58229	8320	3449	4871	1476	962	514
54123	54055	7796	3596	4200	1295	916	379
60265	60158	9590	4683	4907	1342	978	364
203836	204204	26971	10429	16542	2951	1841	1110
114599	115268	16077	6812	9265	1566	1012	554
198543	199174	26619	10927	15692	2274	1561	713
188741	189183	28351	13119	15232	2308	1640	668
110942	111193	16324	7328	8996	1247	883	364
110610	110877	15411	6447	8964	1154	810	344
103002	103360	15239	6840	8399	954	677	277
107430	106726	15271	6107	9164	2097	1679	418
103419	103760	13628	5895	7733	1085	741	344
88121	88251	12202	5264	6938	1135	789	346
80190	80381	11812	5469	6343	852	616	236
78519	78709	10454	4479	5975	1232	817	415
38827	38658	5025	1697	3328	1115	682	433
116152	115880	15680	6688	8992	3227	2175	1052
6422	6328	708	310	398	135	77	58
112737	112748	15294	6978	8316	2519	1728	791
83873	82487	10877	5154	5723	2176	1644	532
22796	22645	2657	1011	1646	533	347	186
20269	20242	2459	1002	1457	392	249	143
35184	34943	3489	1131	2358	809	375	434
9496	9433	988	298	690	185	106	79
16086	16001	1577	483	1094	339	153	186
15228	15122	1390	439	951	277	141	136
11788	11230	1379	505	874	263	177	86
26390	25850	2259	763	1496	516	258	258
23181	21753	1809	603	1206	428	234	194
102049	101465	13994	5774	8220	1735	1202	533
106381	106576	12819	4527	8292	1879	1032	847
110630	109324	14862	5565	9297	2297	1539	758
2547268	2428366	438043	90270	347773	78705	37440	41265
141174	142383	22433	4956	17477	2001	1163	838
168204	168282	27393	5919	21474	2252	1232	1020
187679	203794	33007	6146	26861	2769	1443	1326

续表 14 continued

单位：人

县市 County/City	15岁及以上人口 Population Aged 15 and Over 合计 Total	男 Male	女 Female	未婚 Never Married 小计 Sub－total	男 Male	女 Female	有配偶 小计 Sub－total
南汇	551621	267540	284081	83394	46190	37204	432771
奉贤	417660	203374	214286	63494	33871	29623	327033
松江	411415	204207	207208	68172	38926	29246	313580
金山	442442	222943	219499	70919	40536	30383	343122
青浦	372908	186383	186525	60111	35265	24846	286732
崇明	590218	288557	301661	95966	55197	40769	450433
江苏							
南京市	2199715	1177532	1022183	545618	356186	189432	1524107
江宁	555851	279838	276013	120510	71494	49016	397225
江浦	214767	107931	106836	49305	28219	21086	150928
六合	494073	247374	246699	104870	60680	44190	355250
溧水	303973	157175	146798	73045	44442	28603	210198
高淳	326153	168736	157417	78693	48749	29944	222150
无锡市	830519	425584	404935	184664	108583	76081	596392
无锡	862630	429823	432807	154143	91692	62451	647234
江阴市	856561	432111	424450	158423	96352	62071	641934
宜兴市	866715	442485	424230	176541	107541	69000	632098
徐州市	751498	409276	342222	168017	102736	65281	546774
丰县	675108	330654	344454	161936	86431	75505	467690
沛县	707550	350697	356853	159464	86561	72903	502800
铜山	1183962	592465	591497	257978	145987	111991	846014
睢宁	813507	407680	405827	196484	113134	83350	556201
邳县	979324	488467	490857	223592	125795	97797	690575
新沂市	617707	307642	310065	143585	81950	61635	430041
常州市	606616	312521	294095	148479	86537	61942	424344
武进	1004137	503280	500857	189064	115070	73994	743471
金坛	422640	213358	209282	80023	48152	31871	314719
溧阳县	593550	309608	283942	140248	87516	52732	415280
苏州市	733265	379144	354121	167091	101387	65704	516424
太仓	378883	186084	192799	52041	29034	23007	297759
吴县	898614	445464	453150	154499	89061	65438	681777
吴江	624172	313547	310625	118151	68936	49215	456316
常熟市	847085	413017	434068	147695	79957	67738	634677
张家港市	648444	320922	327522	118783	66746	52037	487865
昆山市	462353	230912	231441	80363	45811	34552	350056
南通市	394398	202602	191796	88111	50703	37408	283071
海安	790415	395688	394727	151727	90931	60796	577056
如皋	1138032	571291	566741	227685	138546	89139	818769
如东	929069	468023	461046	173546	104398	69148	685160
南通	1264003	628454	635549	252369	147972	104397	917995

(person)

Married		丧偶 Widowed			离婚 Divorced		
男 Male	女 Female	小计 Sub－total	男 Male	女 Female	小计 Sub－total	男 Male	女 Female
212518	220253	32498	7166	25332	2958	1666	1292
162595	164438	24696	5558	19138	2437	1350	1087
156827	156753	27048	6787	20261	2615	1667	948
174098	169024	25791	6593	19198	2610	1716	894
143690	143042	23771	5933	17838	2294	1495	799
221912	228521	40585	9363	31222	3234	2085	1149
785553	738554	112405	25795	86610	17585	9998	7587
196444	200781	35524	9679	25845	2592	2221	371
75168	75760	13616	3835	9781	918	709	209
175909	179341	32466	9623	22843	1487	1162	325
104832	105366	18354	5696	12658	2376	2205	171
109578	112572	21101	6394	14707	4209	4015	194
304665	291727	43596	8920	34676	5867	3416	2451
322153	325081	58204	13783	44421	3049	2195	854
320289	321645	53517	13509	40008	2687	1961	726
316251	315847	53740	15056	38684	4336	3637	699
297124	249650	32836	7360	25476	3871	2056	1815
230475	237215	43517	12448	31069	1965	1300	665
250830	251970	43254	11943	31311	2032	1363	669
421592	424422	76393	22110	54283	3577	2776	801
274774	281427	57794	17303	40491	3028	2469	559
342232	348343	62716	18551	44165	2441	1889	552
213233	216808	41678	10776	30902	2403	1683	720
217588	206756	30307	6426	23881	3486	1970	1516
368664	374807	68113	16936	51177	3489	2610	879
156058	158661	26130	7704	18426	1768	1444	324
208488	206792	34450	10467	23983	3572	3137	435
264789	251635	43418	9321	34097	6332	3647	2685
149308	148451	27375	6683	20692	1708	1059	649
339310	342467	59020	14518	44502	3318	2575	743
228134	228182	44591	12275	32316	5114	4202	912
315502	319175	61385	15270	46115	3328	2288	1040
241891	245974	39844	10879	28965	1952	1406	546
175246	174810	29619	8154	21465	2315	1701	614
145647	137424	20879	4985	15894	2337	1267	1070
285168	291888	58894	17415	41479	2738	2174	564
403860	414909	87451	25799	61652	4127	3086	1041
339342	345818	65223	20157	45066	5140	4126	1014
452494	465501	89322	24837	64485	4317	3151	1166

续表 15 continued

单位:人

县 市 County/City	15岁及以上人口 Population Aged 15 and Over			未 婚 Never Married			有配偶
	合 计 Total	男 Male	女 Female	小 计 Sub－total	男 Male	女 Female	小 计 Sub－total
海门	807052	393633	413419	167569	96149	71420	579086
启东市	922759	451825	470934	173990	97655	76335	685581
连云港市	412526	211704	200822	95249	55691	39558	297223
赣榆	658075	329403	328672	156456	86901	69555	459312
东海	695763	352038	343725	144722	84231	60491	506786
灌云	616007	312612	303395	131785	78206	53579	449265
淮阴市	340660	177939	162721	80810	49352	31458	241108
淮阴	564564	286537	278027	143183	85798	57385	379571
灌南	426061	216311	209750	93620	56247	37373	306430
沭阳	1027953	519294	508659	250393	146675	103718	712266
泗阳	728718	365529	363189	181044	104428	76616	495639
涟水	662134	332944	329190	164293	96292	68001	451686
泗洪	637327	327900	309427	162647	96371	66276	432342
洪泽	275958	138328	137630	66881	37847	29034	191445
盱眙	508503	259527	248976	124710	73680	51030	352018
金湖	273827	137295	136532	58429	32941	25488	196860
宿迁市	738605	370880	367725	170129	100853	69276	510601
淮安市	835987	423207	412780	195240	115913	79327	578598
盐城市	1027270	521354	505916	234744	135471	99273	726104
响水	351656	177958	173698	70051	42286	27765	259872
滨海	714224	364082	350142	157576	95843	61733	511631
阜宁	742463	374354	368109	177060	104456	72604	513283
射阳	761441	385351	376090	167166	97897	69269	549176
建湖	582205	290320	291885	127739	71811	55928	414557
大丰	608424	311370	297054	129602	77900	51702	441242
东台市	933188	469541	463647	172205	104413	67792	690720
扬州市	375050	194129	180921	96470	57765	38705	257193
高邮	664912	333136	331776	149791	85549	64242	464962
宝应	686279	342309	343970	155039	88013	67026	477944
靖江	486708	239669	247039	94561	54468	40093	355607
泰兴	1093445	545097	548348	256556	154020	102536	744284
江都	839298	409469	429829	177931	100516	77415	597292
邗江	432672	212104	220568	86947	50620	36327	312686
泰县	842678	426262	416416	181710	111238	70472	594035
泰州市	208341	105106	103235	42025	23935	18090	152347
仪征市	439670	222490	217180	99121	58637	40484	310598
兴化市	1166071	593936	572135	242004	146220	95784	842470
镇江市	410192	221811	188381	105928	67061	38867	281264
丹徒	354033	172904	181129	69551	40807	28744	257050
句容	454764	232575	222189	101568	62118	39450	322371

(person)

Married		丧偶 Widowed			离婚 Divorced		
男 Male	女 Female	小计 Sub — total	男 Male	女 Female	小计 Sub — total	男 Male	女 Female
281646	297440	57887	14000	43887	2510	1838	672
337359	348222	59926	14425	45501	3262	2386	876
150648	146575	18623	4571	14052	1431	794	637
227695	231617	40473	13283	27190	1834	1524	310
252320	254466	41586	13290	28296	2669	2197	472
223137	226128	33371	9925	23446	1586	1344	242
123451	117657	17504	4393	13111	1238	743	495
188487	191084	40004	10844	29160	1806	1408	398
152344	154086	24743	6677	18066	1268	1043	225
352959	359307	61936	17431	44505	3358	2229	1129
245607	250032	49785	13781	36004	2250	1713	537
223597	228089	44059	11557	32502	2096	1498	598
217152	215190	39192	11849	27343	3146	2528	618
94841	96604	16931	5084	11847	701	556	145
175531	176487	30038	8932	21106	1737	1384	353
98096	98764	17742	5607	12135	796	651	145
252421	258180	54460	14865	39595	3415	2741	674
286552	292046	59475	18485	40990	2674	2257	417
363885	362219	63197	19471	43726	3225	2527	698
129235	130637	20821	5696	15125	912	741	171
253693	257938	43309	13208	30101	1708	1338	370
253631	259652	50082	14677	35405	2038	1590	448
273803	275373	42964	12090	30874	2135	1561	574
205348	209209	38298	11837	26461	1611	1324	287
221459	219783	35425	10418	25007	2155	1593	562
343026	347694	67196	19663	47533	3067	2439	628
130715	126478	19786	4775	15011	1601	874	727
230670	234292	47374	14515	32859	2785	2402	383
236753	241191	51153	15700	35453	2143	1843	300
174978	180629	35280	9358	25922	1260	865	395
363977	380307	88608	24246	64362	3997	2854	1143
290392	306900	60908	16135	44773	3167	2426	741
152370	160316	31723	8077	23646	1316	1037	279
293301	300734	63244	18659	44585	3689	3064	625
77207	75140	12900	3308	9592	1069	656	413
154428	156170	28378	8147	20231	1573	1278	295
419242	423228	77244	24670	52574	4353	3804	549
148236	133028	20526	5019	15507	2474	1495	979
124609	132441	25826	6355	19471	1606	1133	473
160009	162362	28654	8533	20121	2171	1915	256

续表 16 continued

单位:人

县 市 County/City	15岁及以上人口 Population Aged 15 and Over			未婚 Never Married			有配偶
	合计 Total	男 Male	女 Female	小计 Sub－total	男 Male	女 Female	小计 Sub－total
扬中	219418	107015	112403	42571	24089	18482	160330
丹阳市	630965	313024	317941	123687	71999	51688	462441
浙江							
杭州市	1235847	652726	583121	319699	202451	117248	840347
桐庐	287977	147780	140197	69131	42687	26444	198620
富阳	441133	228084	213049	113381	69986	43395	296527
临安	383845	198488	185357	83706	52389	31317	273281
余杭	704711	368754	335957	159362	102510	56852	494706
建德	364659	189282	175377	81694	52485	29209	258702
淳安	332307	173000	159307	81686	51370	30316	226633
萧山市	903938	450696	453242	204104	120457	83647	636870
宁波市	931255	477801	453454	212494	130256	82238	655499
象山	374477	192001	182476	91541	55645	35896	257018
宁海	398868	203204	195664	103768	61180	42588	266598
鄞县	560224	280429	279795	130746	75828	54918	388726
余姚市	637280	323407	313873	140063	84369	55694	451725
慈溪市	754448	379069	375379	156413	91852	64561	549289
奉化市	366955	187014	179941	89608	53311	36297	251302
温州市	463343	233871	229472	112575	65512	47063	321430
瓯海	357019	182211	174808	84712	50863	33849	249736
洞头	84617	43462	41155	22815	13973	8842	55931
乐清	649278	330123	319155	149421	89572	59849	457453
永嘉	501289	257787	243502	140345	82372	57973	327131
平阳	492853	258553	234300	116606	75529	41077	341492
苍南	708346	375018	333328	162309	107526	54783	498478
文成	214267	114211	100056	58591	37826	20765	137459
泰顺	218078	120388	97690	59144	39924	19220	139912
瑞安市	736513	376698	359815	179720	108559	71161	506433
嘉兴市	607094	309577	297517	135013	80937	54076	428225
嘉善	301885	152989	148896	66256	39500	26756	212776
平湖	382826	191370	191456	85198	48401	36797	269115
海盐	284321	142100	142221	60341	33880	26461	204088
桐乡	510296	263848	246448	111393	68661	42732	360373
海宁市	496624	247814	248810	95679	56239	39440	363826
湖州市	834535	432444	402091	149822	95647	54175	615280
德清	321641	166774	154867	62614	39218	23396	235103
长兴	466103	246514	219589	117723	74408	43315	317837
安吉	336586	175299	161287	85393	52166	33227	228768
绍兴市	238443	119064	119379	58382	33355	25027	162918
绍兴	714238	348570	365668	173786	98346	75440	484295

(person)

Married		丧偶 Widowed			离婚 Divorced		
男 Male	女 Female	小计 Sub — total	男 Male	女 Female	小计 Sub — total	男 Male	女 Female
78369	81961	15722	4035	11687	795	522	273
228281	234160	42447	10968	31479	2390	1776	614
430898	409449	65480	13670	51810	10321	5707	4614
99027	99593	18462	4626	13836	1764	1440	324
148294	148233	28680	7675	21005	2545	2129	416
136845	136436	23446	6589	16857	3412	2665	747
249416	245290	46647	13497	33150	3996	3331	665
129028	129674	22151	6074	16077	2112	1695	417
113212	113421	21594	6357	15237	2394	2061	333
315627	321243	60403	12636	47767	2561	1976	585
330730	324769	55708	11698	44010	7554	5117	2437
127660	129358	23803	6961	16842	2115	1735	380
132214	134384	25745	7551	18194	2757	2259	498
193721	195005	37778	8469	29309	2974	2411	563
225514	226211	41665	10298	31367	3827	3226	601
273614	275675	44325	9914	34411	4421	3689	732
125450	125852	23449	6047	17402	2596	2206	390
161184	160246	25974	5394	20580	3364	1781	1583
124251	125485	21644	6308	15336	927	789	138
27932	27999	5558	1305	4253	313	252	61
226912	230541	39999	11714	28285	2405	1925	480
162451	164680	31101	10509	20592	2712	2455	257
169593	171899	30304	9443	20861	4451	3988	463
248555	249923	41414	13294	28120	6145	5643	502
67193	70266	14767	5897	8870	3450	3295	155
69684	70228	14368	6332	8036	4654	4448	206
251669	254764	46734	13350	33384	3626	3120	506
215207	213018	39837	10558	29279	4019	2875	1144
106291	106485	21126	5837	15289	1727	1361	366
134237	134878	26617	7296	19321	1896	1436	460
102687	101401	18896	4798	14098	996	735	261
180539	179834	34832	11427	23405	3698	3221	477
180823	183003	35163	9302	25861	1956	1450	506
309598	305682	60084	19043	41041	9349	8156	1193
117980	117123	21404	7381	14023	2520	2195	325
159937	157900	26853	8930	17923	3690	3239	451
114745	114023	20025	6306	13719	2400	2082	318
81876	81042	15958	3120	12838	1185	713	472
237279	247016	53920	11071	42849	2237	1874	363

续表 17 continued

单位：人

县 市 County/City	15岁及以上人口 Population Aged 15 and Over			未 婚 Never Married			有配偶
	合 计 Total	男 Male	女 Female	小 计 Sub－total	男 Male	女 Female	小 计 Sub－total
上虞	561292	278072	283220	131472	77548	53924	387000
嵊县	548576	286773	261803	133056	86071	46985	374378
新昌	318499	166147	152352	81165	51304	29861	213337
诸暨市	772953	394404	378549	189789	116505	73284	525179
金华市	241736	126295	115441	68043	40880	27163	159977
金华	400889	211052	189837	102536	67126	35410	268624
永康	354403	176541	177862	82707	48322	34385	245869
武义	244152	128263	115889	57306	36335	20971	169940
浦江	259383	129689	129694	65241	37431	27810	174866
磐安	148749	77493	71256	40311	24377	15934	97927
兰溪市	476178	248240	227938	124412	79995	44417	314497
义乌市	461089	234173	226916	116050	69539	46511	311890
东阳市	525008	249812	275196	120128	66509	53619	363698
衢州市	184966	96514	88452	50219	30342	19877	123753
衢县	381736	204303	177433	109021	71452	37569	245826
常山	219421	115390	104031	59595	37998	21597	145197
开化	248421	130334	118087	67427	41602	25825	165124
龙游	294726	156027	138699	80542	51244	29298	194159
江山市	396884	205381	191503	117831	71938	45893	250522
舟山市	528256	268384	259872	118559	72467	46092	373494
岱山	169194	84162	85032	36797	21824	14973	119506
嵊泗	70110	35719	34391	16958	10284	6674	48231
丽水市	247315	129134	118181	61484	37814	23670	169306
青田	311798	163231	148567	92885	57328	35557	196002
云和	84686	45786	38900	23788	15070	8718	54733
龙泉	200969	107076	93893	58560	35404	23156	127737
庆元	132029	69661	62368	38891	22788	16103	83849
缙云	287340	148166	139174	76897	46430	30467	190542
遂昌	172945	92651	80294	48761	31273	17488	111650
松阳	166670	88231	78439	48967	30268	18699	105509
景宁	122961	67187	55774	35576	22659	12917	77437
椒江市	301935	151105	150830	74189	42190	31999	207860
临海市	737007	367404	369603	207047	114415	92632	482497
黄岩市	686113	345976	340137	169814	100125	69689	469315
温岭	738157	367097	371060	159248	92947	66301	524648
仙居	318748	164958	153790	99623	58932	40691	197901
天台	340398	170659	169739	89693	52174	37519	223123
三门	271661	140056	131605	78087	46273	31814	176877
玉环	268394	137078	131316	62775	37877	24898	187758
安徽							

(person)

Married		丧偶 Widowed			离婚 Divorced		
男 Male	女 Female	小计 Sub — total	男 Male	女 Female	小计 Sub — total	男 Male	女 Female
189449	197551	40788	9360	31428	2032	1715	317
186695	187683	37841	11137	26704	3301	2870	431
106226	107111	22192	7068	15124	1805	1549	256
260560	264619	53298	13275	40023	4687	4064	623
81560	78417	11932	2697	9235	1784	1158	626
133951	134673	26715	7315	19400	3014	2660	354
120575	125294	23684	5908	17776	2143	1736	407
85009	84931	14530	4887	9643	2376	2032	344
86622	88244	17994	4585	13409	1282	1051	231
48812	49115	9573	3464	6109	938	840	98
156684	157813	33631	8358	25273	3638	3203	435
155096	156794	30861	7697	23164	2288	1841	447
172396	191302	38872	9108	29764	2310	1799	511
63077	60676	9812	2295	7517	1182	800	382
123176	122650	24271	7239	17032	2618	2436	182
72565	72632	13414	3747	9667	1215	1080	135
82609	82515	13854	4293	9561	2016	1830	186
97238	96921	17531	5336	12195	2494	2209	285
124242	126280	26135	7050	19085	2396	2151	245
186023	187471	32843	7512	25331	3360	2382	978
59175	60331	11747	2373	9374	1144	790	354
24248	23983	4431	858	3573	490	329	161
84316	84990	13652	4661	8991	2873	2343	530
96776	99226	20823	7270	13553	2088	1857	231
27625	27108	5022	2084	2938	1143	1007	136
64352	63385	12136	4982	7154	2536	2338	198
42161	41688	7807	3388	4419	1482	1324	158
94373	96169	17732	5574	12158	2169	1789	380
56023	55627	10830	3876	6954	1704	1479	225
52579	52930	10341	3722	6619	1853	1662	191
38890	38547	7937	3740	4197	2011	1898	113
103381	104479	18643	4672	13971	1243	862	381
237937	244560	44579	12800	31779	2884	2252	632
232645	236670	44230	11072	33158	2754	2134	620
258296	266352	51047	13168	37879	3214	2686	528
98302	99599	19107	5898	13209	2117	1826	291
109765	113358	25903	7353	18550	1679	1367	312
87991	88886	15705	4984	10721	992	808	184
93702	94056	16474	4477	11997	1387	1022	365

续表 18 continued

单位:人

县 市 County/City	15岁及以上人口 Population Aged 15 and Over			未 婚 Never Married			有配偶
	合 计 Total	男 Male	女 Female	小 计 Sub－total	男 Male	女 Female	小 计 Sub－total
合肥市	895972	482358	413614	265685	166667	99018	587725
长丰	589275	304127	285148	170480	99664	70816	378406
肥东	716404	363256	353148	228794	130716	98078	441041
肥西	631500	327493	304007	183589	108572	75017	405853
芜湖市	458545	238704	219841	110907	67993	42914	318725
芜湖	386985	200153	186832	114329	68011	46318	246478
繁昌	327177	169271	157906	96218	56867	39351	209294
南陵	371356	195081	176275	105632	65316	40316	239889
蚌埠市	539858	278106	261752	134511	79568	54943	374270
怀远	737814	379927	357887	186437	111117	75320	500745
五河	424460	215682	208778	122398	69459	52939	275518
固镇	380144	191891	188253	95970	54109	41861	258442
淮南市	908705	472256	436449	241391	143244	98147	620029
凤台	404459	211841	192618	100890	63655	37235	276532
马鞍山市	359733	189786	169947	96808	59075	37733	245746
当涂	461165	237212	223953	123829	73850	49979	304335
淮北市	415737	225413	190324	106573	61993	44580	292003
濉溪	725886	358633	367253	198965	108712	90253	479101
铜陵市	229139	122878	106261	69065	41480	27585	149678
铜陵	246103	125601	120502	75497	43829	31668	153681
安庆市	387603	198203	189400	109855	63748	46107	252258
桐城	534303	271914	262389	143816	87728	56088	348133
怀宁	525348	265689	259659	142774	83097	59677	343537
枞阳	629311	317156	312155	191817	111168	80649	391358
潜山	394109	203755	190354	102426	62812	39614	261743
太湖	381363	197258	184105	102739	61756	40983	246822
宿松	512890	265244	247646	149707	89140	60567	326277
望江	385088	194457	190631	106536	60233	46303	250355
岳西	276310	146339	129971	72235	46177	26058	181180
黄山市	293974	153776	140198	81700	50095	31605	191916
歙县	367458	187217	180241	103608	63598	40010	233875
休宁	201147	103190	97957	54395	32727	21668	132246
黟县	71405	36787	34618	20034	12381	7653	45585
祁门	134214	69324	64890	39586	23439	16147	85141
阜阳市	174440	88973	85467	43353	23988	19365	122415
亳州市	854583	426754	427829	210708	117379	93329	581997
界首市	428983	213073	215910	101123	55290	45833	299495
阜阳	888036	450178	437858	239622	138850	100772	589148
临泉	1076376	538105	538271	301966	167074	134892	704917
太和	897464	449971	447493	244115	134786	109329	591402

(person)

Married		丧偶 Widowed			离婚 Divorced		
男 Male	女 Female	小计 Sub－total	男 Male	女 Female	小计 Sub－total	男 Male	女 Female
302705	285020	36543	9231	27312	6019	3755	2264
188362	190044	36264	12236	24028	4125	3865	260
217057	223984	43481	12735	30746	3088	2748	340
201645	204208	37971	13508	24463	4087	3768	319
162115	156610	24841	5989	18852	4072	2607	1465
122800	123678	23845	7228	16617	2333	2114	219
104512	104782	19735	6195	13540	1930	1697	233
119457	120432	23109	7870	15239	2726	2438	288
188800	185470	26943	7182	19761	4134	2556	1578
248952	251793	45625	15213	30412	5007	4645	362
136930	138588	24719	7753	16966	1825	1540	285
128343	130099	23331	7382	15949	2401	2057	344
312806	307223	42465	12819	29646	4820	3387	1433
137405	139127	24816	8741	16075	2221	2040	181
125291	120455	14887	3942	10945	2292	1478	814
151541	152794	29199	8389	20810	3802	3432	370
158305	133698	15593	4208	11385	1568	907	661
234278	244823	44833	13313	31520	2987	2330	657
77887	71791	8736	2340	6396	1660	1171	489
76295	77386	15845	4561	11284	1080	916	164
127534	124724	23642	5739	17903	1848	1182	666
171173	176960	40882	11809	29073	1472	1204	268
170508	173029	37187	10571	26616	1850	1513	337
191636	199722	44476	12978	31498	1660	1374	286
130292	131451	28169	9123	19046	1771	1528	243
122962	123860	29059	10190	18869	2743	2350	393
163521	162756	34362	10330	24032	2544	2253	291
124650	125705	26279	7931	18348	1918	1643	275
90475	90705	20912	7972	12940	1983	1715	268
97080	94836	18053	4874	13179	2305	1727	578
115194	118681	27760	6812	20948	2215	1613	602
66084	66162	13560	3646	9914	946	733	213
22784	22801	5327	1297	4030	459	325	134
42799	42342	8627	2425	6202	860	661	199
62574	59841	7514	1709	5805	1158	702	456
289149	292848	57636	16995	40641	4242	3231	1011
148407	151088	27193	8409	18784	1172	967	205
291877	297271	56437	17019	39418	2829	2432	397
349576	355341	66062	18665	47397	3431	2790	641
293582	297820	58769	18878	39891	3178	2725	453

续表 19 continued

单位:人

县市 County/City	15岁及以上人口 Population Aged 15 and Over			未婚 Never Married			有配偶
	合计 Total	男 Male	女 Female	小计 Sub－total	男 Male	女 Female	小计 Sub－total
涡阳	775743	395964	379779	190858	112826	78032	527871
蒙城	674717	342546	332171	167991	97190	70801	459094
阜南	856343	432232	424111	229562	130151	99411	574248
颍上	866872	450596	416276	220034	134887	85147	592814
利辛	791051	406998	384053	203906	122360	81546	531431
宿州市	186949	93515	93434	48137	26099	22038	129303
砀山	512334	252639	259695	118588	64451	54137	359406
萧县	742477	370247	372230	199241	110904	88337	491468
宿县	796557	398965	397592	216777	120219	96558	525558
灵璧	652942	329523	323419	177189	99576	77613	427479
泗县	514691	260777	253914	146482	83079	63403	331582
滁州市	314757	160639	154118	86592	49515	37077	209960
天长	432342	219297	213045	110296	63077	47219	292355
来安	327652	166674	160978	87259	50489	36770	219416
全椒	308602	157268	151334	88473	50686	37787	199827
定远	556365	286027	270338	172664	98488	74176	349987
凤阳	440559	225728	214831	125611	72285	53326	287631
嘉山	407446	208698	198748	118876	68584	50292	263440
六安市	155647	79976	75671	41583	23596	17987	105990
六安	997333	526770	470563	283762	175420	108342	645785
寿县	797938	419797	378141	227463	140033	87430	516531
霍丘	1008839	531639	477200	262221	163707	98514	684119
舒城	672543	348957	323586	194788	118177	76611	430312
金寨	444086	233961	210125	136303	81195	55108	277161
霍山	277125	143700	133425	78326	45787	32539	179098
宣州市	596872	315850	281022	185697	113281	72416	372943
郎溪	243313	129797	113516	77175	46997	30178	150915
广德	361691	191195	170496	114077	68661	45416	224983
宁国	278794	147343	131451	77633	48828	28805	182185
泾县	269261	144093	125168	76879	49547	27332	171503
旌德	110668	58438	52230	29206	18427	10779	73275
绩溪	132480	68140	64340	34634	21320	13314	88179
巢湖市	568679	287907	280772	163457	93511	69946	366489
庐江	809298	428037	381261	240286	149137	91149	510972
无为	910491	469053	441438	270060	160354	109706	577671
含山	293043	149417	143626	85121	48701	36420	188051
和县	434956	218667	216289	117678	66510	51168	285782
贵池市	424652	218364	206288	135359	78892	56467	260175
东至	370519	191571	178948	106672	63717	42955	236207
石台	83502	44622	38880	25786	16467	9319	51218

(person)

Married		丧偶 Widowed			离婚 Divorced		
男 Male	女 Female	小计 Sub - total	男 Male	女 Female	小计 Sub - total	男 Male	女 Female
262513	265358	53347	17566	35781	3667	3059	608
228282	230812	44856	14678	30178	2776	2396	380
284798	289450	49686	14843	34843	2847	2440	407
294002	298812	50102	18161	31941	3922	3546	376
263836	267595	51998	17450	34548	3716	3352	364
64894	64409	8409	1872	6537	1100	650	450
177723	181683	32635	9255	23380	1705	1210	495
241591	249877	48395	15095	33300	3373	2657	716
260775	264783	50531	14999	35532	3691	2972	719
212429	215050	44363	14107	30256	3911	3411	500
164833	166749	33979	10611	23368	2648	2254	394
105119	104841	16573	4744	11829	1632	1261	371
146393	145962	27725	8238	19487	1966	1589	377
109433	109983	19699	5705	13994	1278	1047	231
99917	99910	18803	5435	13368	1499	1230	269
174749	175238	30828	10183	20645	2886	2607	279
143543	144088	24983	7919	17064	2334	1981	353
131624	131816	23085	6865	16220	2045	1625	420
53672	52318	7074	2030	5044	1000	678	322
321027	324758	62244	25092	37152	5542	5231	311
256623	259908	48510	18029	30481	5434	5112	322
340568	343551	57095	22323	34772	5404	5041	363
213070	217242	44994	15487	29507	2449	2223	226
138276	138885	28632	12659	15973	1990	1831	159
89372	89726	18009	7042	10967	1692	1499	193
187983	184960	34064	10918	23146	4168	3668	500
76068	74847	13051	4822	8229	2172	1910	262
112619	112364	20365	7912	12453	2266	2003	263
91395	90790	16911	5449	11462	2065	1671	394
85782	85721	17543	5830	11713	3336	2934	402
36656	36619	6865	2309	4556	1322	1046	276
43860	44319	8626	2183	6443	1041	777	264
182030	184459	35979	10082	25897	2754	2284	470
257003	253969	53931	18184	35747	4109	3713	396
287212	290459	59214	18420	40794	3546	3067	479
93919	94132	18384	5482	12902	1487	1315	172
141384	144398	29041	8613	20428	2455	2160	295
130520	129655	27432	7594	19838	1686	1358	328
118427	117780	25066	7320	17746	2574	2107	467
25872	25346	5747	1652	4095	751	631	120

续表 20 continued

单位:人

县 市 County/City	15岁及以上人口 Population Aged 15 and Over			未 婚 Never Married			有配偶
	合 计 Total	男 Male	女 Female	小 计 Sub－total	男 Male	女 Female	小 计 Sub－total
青阳	206499	108274	98225	61941	38282	23659	129485
福建							
福州市	1113710	577373	536337	288327	178937	109390	747335
闽侯	392103	202249	189854	100274	62298	37976	261244
连江	392948	199914	193034	102430	62508	39922	260857
罗源	158743	84732	74011	43083	27529	15554	102966
闽清	193539	101148	92391	44823	27506	17317	135544
永泰	213126	110555	102571	51025	31101	19924	146202
长乐	391580	196058	195522	89576	55861	33715	270376
福清	686943	343707	343236	150802	89425	61377	491016
平潭	213898	108503	105395	53882	31914	21968	147773
厦门市	520906	274120	246786	147219	90967	56252	339008
同安	353014	173854	179160	83587	48125	35462	241989
莆田市	226187	107861	118326	48458	24928	23530	160030
莆田	920161	429405	490756	185135	96480	88655	664652
仙游	586618	292882	293736	136031	78363	57668	410297
三明市	206741	111548	95193	57022	34944	22078	140409
明溪	81877	43243	38634	19748	12082	7666	56933
清流	99314	52725	46589	26683	16630	10053	65806
宁化	227524	116891	110633	53678	31959	21719	157598
大田	211921	111803	100118	46496	28695	17801	151954
尤溪	261084	138343	122741	63186	38790	24396	180045
沙县	166273	86886	79387	47830	28129	19701	107576
将乐	116801	62012	54789	28141	17634	10507	81452
泰宁	87296	46004	41292	21786	13393	8393	59840
建宁	100604	52122	48482	22113	13527	8586	71673
永安市	233609	128344	105265	63881	41187	22694	156408
泉州市	354111	177258	176853	85590	50172	35418	243293
惠安	674499	310244	364255	122163	69964	52199	499233
晋江	611401	306346	305055	153666	92329	61337	414947
南安	801534	387370	414164	173056	97303	75753	570349
安溪	558822	279891	278931	124076	71431	52645	397049
永春	326857	167100	159757	77087	46721	30366	228042
德化	173713	91046	82667	43210	26680	16530	119782
金门	—	—	—	—	—	—	—
石狮市	180830	92156	88674	46824	28859	17965	122092
漳州市	264094	135300	128794	75008	44700	30308	171361
龙海	576385	289296	287089	146219	86084	60135	389315
云霄	257672	131019	126653	76442	45417	31025	162380
漳浦	485725	243687	242038	131150	75325	55825	321795

(person)

Married		丧偶 Widowed			离婚 Divorced		
男 Male	女 Female	小计 Sub — total	男 Male	女 Female	小计 Sub — total	男 Male	女 Female
64504	64981	13542	4225	9317	1531	1263	268
379321	368014	71387	15001	56386	6661	4114	2547
129835	131409	27761	7546	20215	2824	2570	254
128857	132000	27835	6967	20868	1826	1582	244
51428	51538	11008	4237	6771	1686	1538	148
68202	67342	11399	3770	7629	1773	1670	103
72520	73682	13721	4907	8814	2178	2027	151
132170	138206	29391	6076	23315	2237	1951	286
241796	249220	42189	9999	32190	2936	2487	449
73349	74424	11766	2848	8918	477	392	85
176471	162537	31748	5042	26706	2931	1640	1291
120128	121861	26638	4972	21666	800	629	171
79106	80924	16740	3274	13466	959	553	406
316763	347889	68333	14822	53511	2041	1340	701
202996	207301	37860	9650	28210	2430	1873	557
73346	67063	7838	2264	5574	1472	994	478
29123	27810	4510	1469	3041	686	569	117
33795	32011	6138	1726	4412	687	574	113
79264	78334	14977	4636	10341	1271	1032	239
76865	75089	11716	4618	7098	1755	1625	130
90615	89430	15080	6322	8758	2773	2616	157
54460	53116	9607	3214	6393	1260	1083	177
41633	39819	6606	2236	4370	602	509	93
30378	29462	5151	1794	3357	519	439	80
36180	35493	6346	2035	4311	472	380	92
81896	74512	11257	3565	7692	2063	1696	367
122325	120968	23921	3933	19988	1307	828	479
229205	270028	51328	9732	41596	1775	1343	432
206051	208896	41142	6577	34565	1646	1389	257
276574	293775	55798	11453	44345	2331	2040	291
196405	200644	36241	10765	25476	1456	1290	166
113892	114150	20598	5496	15102	1130	991	139
60204	59578	9887	3433	6454	834	729	105
—	—	—	—	—	—	—	—
61159	60933	11455	1763	9692	459	375	84
86498	84863	16237	3244	12993	1488	858	630
193612	195703	39252	8346	30906	1599	1254	345
80922	81458	17978	4045	13933	872	635	237
160520	161275	31593	6882	24711	1187	960	227

续表 21 continued

单位:人

县 市 County/City	15 岁及以上人口 Population Aged 15 and Over			未 婚 Never Married			有配偶
	合 计 Total	男 Male	女 Female	小 计 Sub — total	男 Male	女 Female	小 计 Sub — total
诏安	359196	179983	179213	101816	58848	42968	230678
长泰	125055	63292	61763	30354	18128	12226	85980
东山	131985	64902	67083	38286	22013	16273	83188
南靖	236510	121272	115238	65340	38907	26433	154728
平和	346966	178085	168881	103201	62028	41173	217679
华安	108994	56272	52722	31391	18831	12560	70615
南平市	352426	187366	165060	103313	61917	41396	229206
邵武市	218606	114789	103817	57453	34513	22940	149089
武夷山市	144667	78046	66621	39581	25277	14304	95511
顺昌	176212	92552	83660	45830	27452	18378	119783
建阳	243729	130536	113193	68538	42536	26002	158863
建瓯	351148	182397	168751	95217	55774	39443	233154
浦城	290937	153781	137156	83162	51306	31856	188315
光泽	108995	57625	51370	29884	18307	11577	72178
松溪	105126	55054	50072	28454	16771	11683	70500
政和	131125	70293	60832	36000	22424	13576	87084
宁德市	250360	136024	114336	76053	49568	26485	153478
福安市	366292	199511	166781	107648	72105	35543	228960
福鼎	330909	180223	150686	80844	56532	24312	222830
霞浦	310687	170074	140613	84395	57720	26675	201136
古田	268605	143626	124979	66597	42301	24296	182823
屏南	108605	58882	49723	28546	18576	9970	71543
寿宁	144084	77500	66584	39340	25214	14126	93643
周宁	107316	58607	48709	28944	19548	9396	69754
柘荣	59028	33143	25885	15545	11266	4279	38598
龙岩市	316616	170862	145754	87410	56577	30833	210062
长汀	288679	144283	144396	75733	43822	31911	189437
永定	289877	149105	140772	73007	44533	28474	196106
上杭	299933	148917	151016	73377	42862	30515	202202
武平	225300	113679	111621	54909	32815	22094	153401
漳平	174773	92702	82071	43034	27077	15957	120982
连城	196869	100533	96336	51500	31234	20266	129268
江西							
南昌市	1058390	547027	511363	287699	173477	114222	708918
南昌	646752	326496	320256	158502	92931	65571	441766
新建	404741	219310	185431	114764	75212	39552	263744
安义	141468	73198	68270	33782	20875	12907	98107
进贤	437173	224658	212515	100453	62643	37810	307497
景德镇市	289536	152377	137159	76800	47156	29644	194325
乐平	452080	234960	217120	112199	68315	43884	309750

(person)

Married		丧偶 Widowed			离婚 Divorced		
男 Male	女 Female	小计 Sub − total	男 Male	女 Female	小计 Sub − total	男 Male	女 Female
114854	115824	25485	5343	20142	1217	938	279
42890	43090	8376	2037	6339	345	237	108
41288	41900	10080	1391	8689	431	210	221
77813	76915	15572	3853	11719	870	699	171
108392	109287	24597	6375	18222	1489	1290	199
35381	35234	6586	1740	4846	402	320	82
117605	111601	17478	5912	11566	2429	1932	497
76030	73059	10894	3335	7559	1170	911	259
48672	46839	8380	3071	5309	1195	1026	169
60942	58841	9208	3051	6157	1391	1107	284
81064	77799	14013	4935	9078	2315	2001	314
117064	116090	20691	7751	12940	2086	1808	278
94326	93989	17362	6307	11055	2098	1842	256
36445	35733	6284	2336	3948	649	537	112
35480	35020	5338	2080	3258	834	723	111
44019	43065	7333	3194	4139	708	656	52
76828	76650	17078	6153	10925	3751	3475	276
114975	113985	26248	9222	17026	3436	3209	227
111096	111734	23231	8887	14344	4004	3708	296
100411	100725	21672	8669	13003	3484	3274	210
92358	90465	16246	6283	9963	2939	2684	255
36005	35538	7220	3092	4128	1296	1209	87
46879	46764	9725	4122	5603	1376	1285	91
34831	34923	7319	3006	4313	1299	1222	77
19337	19261	3900	1625	2275	985	915	70
109267	100795	17315	3660	13655	1829	1358	471
94153	95284	21372	4962	16410	2137	1346	791
98393	97713	18785	4387	14398	1979	1792	187
100237	101965	22417	4342	18075	1937	1476	461
76648	76753	15808	3266	12542	1182	950	232
61871	59111	9813	2957	6856	944	797	147
64738	64530	14844	3523	11321	1257	1038	219
357887	351031	53501	11022	42479	8272	4641	3631
219866	221900	42840	10517	32323	3644	3182	462
134297	129447	22744	6686	16058	3489	3115	374
48821	49286	8531	2580	5951	1048	922	126
153294	154203	27107	6930	20177	2116	1791	325
99313	95012	15384	4028	11356	3027	1880	1147
154893	154857	26575	8750	17825	3556	3002	554

续表 22 continued

单位:人

县 市 County/City	15岁及以上人口 Population Aged 15 and Over			未 婚 Never Married			有配偶
	合 计 Total	男 Male	女 Female	小 计 Sub－total	男 Male	女 Female	小 计 Sub－total
浮粱	189582	101650	87932	52749	32884	19865	123608
萍乡市	950308	489893	460415	255546	150802	104744	634570
九江市	337823	174925	162898	94080	55093	38987	224025
九江	201139	102931	98208	49284	29025	20259	138127
武宁	233822	122554	111268	57211	35732	21479	158220
修水	467289	248860	218429	110886	70254	40632	317031
永修	238790	124306	114484	63297	38064	25233	159953
德安	118401	61302	57099	30532	17882	12650	80143
星子	135268	69375	65893	33933	20419	13514	92403
都昌	377595	190545	187050	86025	53258	32767	261755
湖口	166067	84444	81623	40538	24033	16505	112421
彭泽	214470	109693	104777	58804	34372	24432	140711
瑞昌市	253438	132061	121377	65628	39619	26009	170611
新余市	489031	254824	234207	135993	80549	55444	326878
分宜	205695	107340	98355	58630	34433	24197	135543
鹰潭市	99397	52217	47180	25686	15016	10670	68674
贵溪	340613	177609	163004	88171	54081	34090	230888
余江	210454	107966	102488	49469	30261	19208	147020
赣州市	299012	156744	142268	89565	54136	35429	190550
赣县	324333	164395	159938	93206	53982	39224	208308
南康	480496	231520	248976	143944	79880	64064	300196
信丰	395320	197244	198076	103022	58263	44759	266351
大余	185842	96902	88940	53737	31070	22667	120490
上犹	178294	90469	87825	51641	30322	21319	113027
崇义	139054	75762	63292	40109	24768	15341	90090
安远	193001	96125	96876	51411	28106	23305	128531
龙南	180399	89820	90579	50815	29779	21036	115275
定南	118578	59872	58706	31577	18679	12898	78079
全南	123111	62653	60458	34299	19869	14430	80406
宁都	422572	216574	205998	110180	63869	46311	286045
于都	489647	245114	244533	127127	73408	53719	326733
兴国	403435	207472	195963	105563	63052	42511	269790
瑞金	336042	173153	162889	86413	52760	33653	226627
会昌	245049	124343	120706	61956	36467	25489	165596
寻乌	165014	84157	80857	41214	24987	16227	112093
石城	166925	85068	81857	42122	24523	17599	113425
宜春市	577304	300724	276580	163408	98368	65040	377693
丰城市	756995	384492	372503	193699	114785	78914	510468
樟树市	340148	172287	167861	89841	52656	37185	226172
高安	489868	254812	235056	128510	77474	51036	327340

(person)

Married		丧偶 Widowed			离婚 Divorced		
男 Male	女 Female	小计 Sub — total	男 Male	女 Female	小计 Sub — total	男 Male	女 Female
63280	60328	11155	3726	7429	2070	1760	310
316493	318077	56091	19561	36530	4101	3037	1064
114249	109776	17249	4170	13079	2469	1413	1056
69275	68852	12848	3880	8968	880	751	129
79106	79114	15328	5244	10084	3063	2472	591
158417	158614	33034	14453	18581	6338	5736	602
80244	79709	13738	4491	9247	1802	1507	295
40318	39825	6765	2328	4437	961	774	187
45987	46416	8412	2524	5888	520	445	75
126987	134768	26857	7696	19161	2958	2604	354
55726	56695	11815	3615	8200	1293	1070	223
70288	70423	13726	4001	9725	1229	1032	197
86137	84474	15347	4839	10508	1852	1466	386
165769	161109	23787	6600	17187	2373	1906	467
68538	67005	10313	3335	6978	1209	1034	175
35739	32935	4400	1043	3357	637	419	218
115798	115090	19465	5909	13556	2089	1821	268
72805	74215	12643	3740	8903	1322	1160	162
98062	92488	17150	3531	13619	1747	1015	732
103097	105211	21676	6435	15241	1143	881	262
142878	157318	34968	7710	27258	1388	1052	336
132464	133887	24322	5359	18963	1625	1158	467
62773	57717	10979	2583	8396	636	476	160
55859	57168	12816	3567	9249	810	721	89
47758	42332	8168	2659	5509	687	577	110
64193	64338	12285	3257	9028	774	569	205
57158	58117	13237	2351	10886	1072	532	540
39084	38995	8230	1651	6579	692	458	234
40785	39621	7706	1570	6136	700	429	271
142712	143333	24748	8654	16094	1599	1339	260
161732	165001	34213	8694	25519	1574	1280	294
134212	135578	25999	8432	17567	2083	1776	307
112894	113733	21365	6049	15316	1637	1450	187
82546	83050	16506	4543	11963	991	787	204
56015	56078	10642	2427	8215	1065	728	337
56639	56786	10476	3205	7271	902	701	201
188626	189067	33377	11432	21945	2826	2298	528
254173	256295	49481	12612	36869	3347	2922	425
112487	113685	22436	5680	16756	1699	1464	235
165250	162090	31080	9498	21582	2938	2590	348

续表 23 continued

单位:人

县 市 County/City	15 岁及以上人口 Population Aged 15 and Over			未 婚 Never Married			有配偶
	合 计 Total	男 Male	女 Female	小 计 Sub－total	男 Male	女 Female	小 计 Sub－total
奉新	176310	91754	84556	43917	26754	17163	118843
万载	287475	149867	137608	71668	45917	28751	191362
上高	219993	114234	105759	57021	34445	22576	148303
宜丰	183964	96475	87489	50303	29973	20330	120487
靖安	92751	49735	43016	23947	15425	8522	61582
铜鼓	91351	49437	41914	24288	15528	8760	59621
上饶市	129354	64972	64382	34968	19638	15330	87183
上饶	500558	261832	238726	140675	87971	52704	327887
广丰	433225	224435	208790	127466	79413	48053	276809
玉山	345417	181725	163692	96974	61896	35078	225529
铅山	255337	133857	121480	66309	41241	25068	172491
横峰	119351	62470	56881	29871	18535	11336	82619
弋阳	225086	117533	107553	57446	35006	22440	154250
余干	477348	244561	232787	113497	67782	45715	331304
波阳	752596	395645	356951	198131	124151	73980	501938
万年	216890	112856	104034	52378	32209	20169	149938
德兴	205447	110244	95203	56131	34834	21297	137997
婺源	218603	113388	105215	59816	36081	23735	142417
吉安市	208974	106283	102691	57123	33477	23646	137890
井岗山市	38504	20242	18262	11512	6844	4668	24628
吉安	334496	168716	165780	91113	53041	38072	219297
吉水	288744	146314	142430	76814	44970	31844	191640
峡江	100635	51542	49093	26529	15271	11258	67971
新干	184781	93620	91161	48575	27594	20981	123871
永丰	232412	119377	113035	59422	34780	24642	158032
泰和	300818	152067	148751	82755	47889	34866	196282
遂川	312327	161869	150458	90333	53780	36553	197725
万安	173405	89884	83521	49868	29672	20196	111571
安福	244166	126176	117990	68422	39886	28536	159253
永新	289152	147965	141187	87303	51072	36231	181315
莲花	146457	74794	71663	41059	23805	17254	94725
宁冈	49915	25656	24259	13523	8054	5469	32961
临川市	599902	307393	292509	151858	93103	58755	406066
南城	184873	93382	91491	46228	27241	18987	125785
黎川	146182	75080	71102	38905	22916	15989	97575
南丰	162063	82152	79911	40263	23677	16586	110707
崇仁	179729	92754	86975	44200	26978	17222	123348
乐安	210901	109264	101637	57507	33202	24305	139697
宜黄	131773	68632	63141	33842	20484	13358	88777
金溪	160103	82520	77583	38921	24049	14872	109774

(person)

Married		丧偶 Widowed			离婚 Divorced		
男 Male	女 Female	小计 Sub－total	男 Male	女 Female	小计 Sub－total	男 Male	女 Female
59467	59376	11731	3933	7798	1819	1600	219
95126	96236	19042	6695	12347	2403	2129	274
74140	74163	12809	4028	8781	1860	1621	239
60691	59796	10869	3775	7094	2305	2036	269
31191	30391	5913	2025	3888	1309	1094	215
30125	29496	5772	2337	3435	1670	1447	223
43616	43567	6391	1288	5103	812	430	382
163259	164628	30002	8824	21178	1994	1778	216
135860	140949	27284	7651	19633	1666	1511	155
112125	113404	21517	6466	15051	1397	1238	159
86270	86221	15008	5023	9985	1529	1323	206
41419	41200	6290	2048	4242	571	468	103
77275	76975	11839	3972	7867	1551	1280	271
164663	166641	29722	9654	20068	2825	2462	363
250592	251346	46411	15410	31001	6116	5492	624
74835	75103	12986	4424	8562	1588	1388	200
70773	67224	9695	3341	6354	1624	1296	328
71052	71365	14558	4756	9802	1812	1499	313
69465	68425	12974	2746	10228	987	595	392
12469	12159	2117	748	1369	247	181	66
108988	110309	22960	5791	17169	1126	896	230
94975	96665	19010	5297	13713	1280	1072	208
34079	33892	5685	1812	3873	450	380	70
61959	61912	11599	3392	8207	736	675	61
79019	79013	13891	4625	9266	1067	953	114
97813	98469	20548	5434	15114	1233	931	302
98414	99311	22761	8303	14458	1508	1372	136
56291	55280	11232	3347	7885	734	574	160
80318	78935	15233	4976	10257	1258	996	262
89651	91664	19354	6407	12947	1180	835	345
47018	47707	10140	3566	6574	533	405	128
16475	16486	3150	932	2218	281	195	86
201618	204448	38414	9807	28607	3564	2865	699
62763	63022	12371	3001	9370	489	377	112
48805	48770	9169	2953	6216	533	406	127
55318	55389	10536	2743	7793	557	414	143
61766	61582	11304	3267	8037	877	743	134
70628	69069	12363	4273	8090	1334	1161	173
44712	44065	8432	2858	5574	722	578	144
54822	54952	10580	2953	7627	828	696	132

续表 24 continued

单位：人

县 市 County/City	15岁及以上人口 Population Aged 15 and Over 合计 Total	男 Male	女 Female	未婚 Never Married 小计 Sub－total	男 Male	女 Female	有配偶 小计 Sub－total
资溪	69394	36366	33028	17048	10457	6591	47762
东乡	244188	125574	118614	54992	33505	21487	173491
广昌	128607	65857	62750	29562	17720	11842	89654
山东							
济南市	1903823	983452	920371	455890	277370	178520	1332519
章丘	731216	356371	374845	171841	92994	78847	504490
长清	389650	194707	194943	92174	53469	38705	269027
平阴	274014	134633	139381	62319	34652	27667	191232
济阳	378529	188426	190103	78751	44898	33853	270184
商河	408146	204153	203993	95065	52068	42997	281721
青岛市	1688733	858031	830702	387513	227820	159693	1198633
胶南	645566	327727	317839	162616	92486	70130	435037
莱西	538716	272753	265963	121516	70517	50999	378503
胶州市	549810	275436	274374	140096	78715	61381	370012
即墨市	788096	393568	394528	197489	108786	88703	535840
平度市	1004588	509627	494961	254461	148048	106413	676232
淄博市	1947265	992887	954378	466182	266158	200024	1368195
桓台	338579	154556	184023	72829	36210	36619	239869
高青	262691	131129	131562	57244	32283	24961	185448
沂源	430088	217337	212751	106274	58293	47981	298998
枣庄市	1260457	641450	619007	333440	193150	140290	849007
滕州市	991478	506455	485023	237249	137907	99342	689903
东营市	500535	265386	235149	154157	89833	64324	326131
垦利	155864	77500	78364	36995	19972	17023	108304
利津	219487	109085	110402	53410	29108	24302	150526
广饶	341879	169737	172142	87991	47894	40097	229640
烟台市	681711	353425	328286	170350	99283	71067	474537
蓬莱	380499	188010	192489	80215	45087	35128	274256
招远	439479	217625	221854	92426	51651	40775	315355
栖霞	513938	258475	255463	109586	61965	47621	371370
海阳	548203	276022	272181	121107	68274	52833	390305
牟平	451344	225568	225776	93320	52909	40411	328907
长岛	38875	19939	18936	10360	5996	4364	26509
龙口市	464956	230299	234657	91962	50901	41061	342569
莱阳市	661169	332582	328587	149055	84545	64510	468304
莱州市	682437	341108	341329	136750	80063	56687	495060
潍坊市	895520	458989	436531	227384	132563	94821	611033
安丘	776586	387331	389255	188046	103754	84292	534113
寿光	744389	372418	371971	187905	103896	84009	504204
临朐	599273	300525	298748	141799	77919	63880	420227

(person)

Married		丧偶 Widowed			离婚 Divorced		
男 Male	女 Female	小计 Sub－total	男 Male	女 Female	小计 Sub－total	男 Male	女 Female
24168	23594	4062	1310	2752	522	431	91
86920	86571	14434	4076	10358	1271	1073	198
44864	44790	8776	2780	5996	615	493	122
675390	657129	106607	25742	80865	8807	4950	3857
247696	256794	52510	13990	38520	2375	1691	684
132402	136625	27122	7787	19335	1327	1049	278
93490	97742	19561	5820	13741	902	671	231
133630	136554	27855	8396	19459	1739	1502	237
139569	142152	29373	10788	18585	1987	1728	259
601578	597055	91411	22725	68686	11176	5908	5268
215679	219358	45836	17845	27991	2077	1717	360
188421	190082	36121	11647	24474	2576	2168	408
182934	187078	37656	12150	25506	2046	1637	409
265343	270497	51823	16952	34871	2944	2487	457
336281	339951	69951	21950	48001	3944	3348	596
693333	674862	106520	29096	77424	6368	4300	2068
110065	129804	24545	7207	17338	1336	1074	262
91704	93744	18634	5993	12641	1365	1149	216
149022	149976	23637	9046	14591	1179	976	203
424228	424779	74739	21567	53172	3271	2505	766
349006	340897	62031	17669	44362	2295	1873	422
169150	156981	18857	5463	13394	1390	940	450
53779	54525	10031	3281	6750	534	468	66
74358	76168	14594	4757	9837	957	862	95
113643	115997	23048	7217	15831	1200	983	217
244087	230450	32866	7820	25046	3958	2235	1723
135029	139227	23672	6211	17461	2356	1683	673
156034	159321	29338	8126	21212	2360	1814	546
183867	187503	30939	11015	19924	2043	1628	415
193038	197267	34598	12957	21641	2193	1753	440
162488	166419	27132	8634	18498	1985	1537	448
13472	13037	1824	367	1457	182	104	78
170835	171734	28151	6963	21188	2274	1600	674
232212	236092	41718	14240	27478	2092	1585	507
244969	250091	46182	12691	33491	4445	3385	1060
308655	302378	53578	15209	38369	3525	2562	963
264638	269475	52424	17244	35180	2003	1695	308
251587	252617	50210	15287	34923	2070	1648	422
209114	211113	36173	12572	23601	1074	920	154

续表 25 continued

单位:人

县 市 County/City	15岁及以上人口 Population Aged 15 and Over			未 婚 Never Married			有配偶
	合 计 Total	男 Male	女 Female	小 计 Sub－total	男 Male	女 Female	小 计 Sub－total
昌乐	412010	207724	204286	108079	61133	46946	275495
昌邑	519372	256741	262631	113582	62942	50640	365274
高密	632999	316962	316037	157503	88144	69359	429991
五莲	387089	198197	188892	96492	55312	41180	263270
青州市	640701	320983	319718	159297	88319	70978	439660
诸城市	794171	398278	395893	212217	117048	95169	526218
济宁市	629625	316244	313381	145745	82571	63174	445541
兖州	412739	208915	203824	87643	51643	36000	297418
邹县	730430	382336	348094	181589	112573	69016	501970
微山	426143	219036	207107	106768	63712	43056	291891
鱼台	270757	134079	136678	62582	34334	28248	189833
金乡	383872	187745	196127	82880	43601	39279	274256
嘉祥	494059	247783	246276	117636	65225	52411	342422
汶上	477306	236829	240477	118165	64646	53519	326563
泗水	396949	205127	191822	93938	58557	35381	276430
梁山	457784	229730	228054	111262	60840	50422	316018
曲阜市	431288	218151	213137	100893	60724	40169	299775
泰安市	1086186	550114	536072	280299	163485	116814	735332
宁阳	568931	288654	280277	138017	82769	55248	389658
肥城	695235	350530	344705	160625	91208	69417	486536
东平	526721	260125	266596	124843	68772	56071	363430
莱芜市	862145	439560	422585	212390	119246	93144	597534
新泰市	939565	479811	459754	228340	127390	100950	657186
威海市	210675	105049	105626	51728	28252	23476	148752
乳山	491558	247798	243760	99429	56159	43270	361256
文登市	564049	283912	280137	109034	63102	45932	419418
荣城市	594047	298969	295078	115799	67791	48008	440316
日照市	778187	391496	386691	193766	106147	87619	534570
滨州市	424084	214529	209555	102546	57018	45528	292293
惠民	452787	224962	227825	94351	51708	42643	324466
阳信	305290	154157	151133	73808	41815	31993	208948
无棣	304874	155103	149771	67027	37777	29250	217597
沾化	277583	138993	138590	55316	30647	24669	202495
博兴	338860	168490	170370	84414	45948	38466	230618
邹平	512410	253339	259071	122072	67734	54338	352945
德州市	248646	128018	120628	57055	32303	24752	178886
乐陵市	420608	210973	209635	90769	50106	40663	299339
陵县	424658	209471	215187	97997	50281	47716	299269
平原	331365	163389	167976	70286	36974	33312	237540
夏津	333377	165054	168323	67355	36518	30837	241184

(person)

Married		丧偶 Widowed			离婚 Divorced		
男 Male	女 Female	小计 Sub－total	男 Male	女 Female	小计 Sub－total	男 Male	女 Female
137142	138353	27294	8513	18781	1142	936	206
181047	184227	38583	11244	27339	1933	1508	425
213318	216673	43358	13725	29633	2147	1775	372
131167	132103	26222	10773	15449	1105	945	160
218825	220835	40338	12744	27594	1406	1095	311
261191	265027	53866	18504	35362	1870	1535	335
222903	222638	36604	9660	26944	1735	1110	625
149295	148123	26603	7204	19399	1075	773	302
254193	247777	44839	13914	30925	2032	1656	376
146303	145588	25978	7711	18267	1506	1310	196
94042	95791	17524	5047	12477	818	656	162
135838	138418	25484	7341	18143	1252	965	287
170200	172222	32678	11264	21414	1323	1094	229
161685	164878	31537	9772	21765	1041	726	315
137374	139056	25373	8185	17188	1208	1011	197
157803	158215	29062	9905	19157	1442	1182	260
148474	151301	29604	8126	21478	1016	827	189
365087	370245	67572	19456	48116	2983	2086	897
193259	196399	39987	11625	28362	1269	1001	268
245585	240951	46355	12507	33848	1719	1230	489
179346	184084	37185	11051	26134	1263	956	307
301503	296031	50353	17484	32869	1868	1327	541
333078	324108	51951	17758	34193	2088	1585	503
74014	74738	9302	2216	7086	893	567	326
179362	181894	29121	10893	18228	1752	1384	368
207763	211655	32735	10754	21981	2862	2293	569
218378	221938	34514	10123	24391	3418	2677	741
266184	268386	47785	17491	30294	2066	1674	392
146988	145305	27137	8810	18327	2108	1713	395
160593	163873	32072	11083	20989	1898	1578	320
103418	105530	20930	7530	13400	1604	1394	210
108360	109237	19032	7898	11134	1218	1068	150
100491	102004	18403	6691	11712	1369	1164	205
114139	116479	22467	7256	15211	1361	1147	214
174297	178648	35585	9897	25688	1808	1411	397
91426	87460	11534	3505	8029	1171	784	387
148237	151102	28656	10996	17660	1844	1634	210
148494	150775	25660	9195	16465	1732	1501	231
117889	119651	22234	7459	14775	1305	1067	238
119735	121449	23575	7727	15848	1263	1074	189

续表 26 continued

单位：人

县 市 County/City	15 岁及以上人口 Population Aged 15 and Over			未 婚 Never Married			有配偶
	合 计 Total	男 Male	女 Female	小 计 Sub－total	男 Male	女 Female	小 计 Sub－total
武城	250551	122429	128122	49380	25201	24179	182858
齐河	428635	216703	211932	94696	53963	40733	300244
禹城	338078	167910	170168	72368	39748	32620	240740
临邑	342409	171778	170631	78986	43189	35797	239145
宁津	316809	158415	158394	69909	38740	31169	224396
庆云	192307	98252	94055	39470	23005	16465	139844
聊城市	580804	287161	293643	128853	68661	60192	413770
临清市	468957	230932	238025	93537	50156	43381	342309
阳谷	498717	243210	255507	104936	54347	50589	359809
莘县	592587	291461	301126	135689	71544	64145	415494
茌平	384524	190394	194130	81572	44666	36906	274854
东阿	295278	145886	149392	59169	32428	26741	213728
冠县	466902	229271	237631	101969	54070	47899	331829
高唐	324584	160635	163949	63222	34584	28638	236391
临沂市	1112807	564443	548364	286576	159524	127052	761398
郯城	624169	315427	308742	147060	84425	62635	432654
苍山	751083	384180	366903	176556	105019	71537	526549
莒南	690238	347404	342834	183775	99290	84485	465304
莒县	741412	370291	371121	199942	105747	94195	493954
沂水	752252	380092	372160	177038	98741	78297	526385
蒙阴	368341	184743	183598	89957	49161	40796	257350
平邑	663077	341574	321503	165996	99793	66203	455798
费县	605685	309466	296219	149597	87667	61930	418179
沂南	599321	302156	297165	152801	85051	67750	408682
临沭	423218	215477	207741	108003	61748	46255	288374
菏泽市	796302	398773	397529	207567	114247	93320	538158
曹县	864527	429776	434751	219442	119075	100367	584918
定陶	380338	188413	191925	92256	50415	41841	260778
成武	390694	190314	200380	94154	49151	45003	268940
单县	703951	346261	357690	180548	96390	84158	476091
巨野	556145	276154	279991	136035	72812	63223	383417
郓城	709245	352759	356486	182113	98185	83928	477281
鄄城	489857	247166	242691	132170	73833	58337	326384
东明	423210	211040	212170	113974	61982	51992	279829
河南							
郑州市	1442901	760224	682677	405217	239195	166022	967231
荥阳	421978	210191	211787	98667	56829	41838	292912
中牟	437561	221876	215685	123479	70030	53449	285535
新郑	395411	199934	195477	99055	57562	41493	269190
巩县	503118	254906	248212	114776	66285	48491	352814

(person)

Married		丧偶 Widowed			离婚 Divorced		
男 Male	女 Female	小计 Sub－total	男 Male	女 Female	小计 Sub－total	男 Male	女 Female
90665	92193	17294	5742	11552	1019	821	198
150336	149908	31131	10129	21002	2564	2275	289
119509	121231	23503	7401	16102	1467	1252	215
119458	119687	22820	7907	14913	1458	1224	234
111242	113154	21129	7260	13869	1375	1173	202
69403	70441	12002	4997	7005	991	847	144
206651	207119	36177	10311	25866	2004	1538	466
170034	172275	31371	9332	22039	1740	1410	330
177950	181859	32355	9595	22760	1617	1318	299
205214	210280	38767	12418	26349	2637	2285	352
136308	138546	26559	8106	18453	1539	1314	225
105751	107977	21180	6724	14456	1201	983	218
164414	167415	31771	9687	22084	1333	1100	233
117341	119050	23533	7473	16060	1438	1237	201
381303	380095	61645	21024	40621	3188	2592	596
216239	216415	42149	12995	29154	2306	1768	538
261927	264622	45191	14930	30261	2787	2304	483
230917	234387	39563	15875	23688	1596	1322	274
245660	248294	45847	17564	28283	1669	1320	349
261144	265241	46849	18610	28239	1980	1597	383
127712	129638	20244	7249	12995	790	621	169
227040	228758	39017	12817	26200	2266	1924	342
207752	210427	35986	12368	23618	1923	1679	244
202367	206315	36240	13466	22774	1598	1272	326
143264	145110	25237	9205	16032	1604	1260	344
268104	270054	47845	14209	33636	2732	2213	519
290043	294875	57228	18224	39004	2939	2434	505
129319	131459	26134	7699	18435	1170	980	190
133032	135908	26440	7182	19258	1160	949	211
235455	240636	45233	12903	32330	2079	1513	566
190377	193040	34982	11554	23428	1711	1411	300
236969	240312	47281	15447	31834	2570	2158	412
162315	164069	29610	9563	20047	1693	1455	238
138507	141322	27390	8685	18705	2017	1866	151
501275	465956	61944	15391	46553	8509	4363	4146
143440	149472	28534	8474	20060	1865	1448	417
142321	143214	27254	8449	18805	1293	1076	217
133180	136010	25512	7840	17672	1654	1352	302
176743	176071	33238	10160	23078	2290	1718	572

续表 27 continued

单位:人

县 市 County/City	15岁及以上人口 Population Aged 15 and Over			未 婚 Never Married			有配偶
	合 计 Total	男 Male	女 Female	小 计 Sub－total	男 Male	女 Female	小 计 Sub－total
登封	387638	200270	187368	96833	57835	38998	264547
密县	475421	243256	232165	116611	70218	46393	327146
开封市	541282	272282	269000	133554	75272	58282	374189
杞县	618021	304154	313867	148467	80492	67975	424284
通许	345788	171398	174390	87202	48009	39193	234511
尉氏	531257	266903	264354	131920	74626	57294	362019
开封	434023	217804	216219	112444	63945	48499	289950
兰考	452626	225312	227314	119976	65604	54372	302139
洛阳市	931102	482751	448351	246375	144003	102372	637244
偃师	526959	257174	269785	123505	66891	56614	364227
孟津	287374	140441	146933	67609	37687	29922	197668
新安	348133	179742	168391	99098	57917	41181	225424
栾川	210011	109459	100552	55622	33748	21874	139419
嵩县	350159	182719	167440	101390	62068	39322	222481
汝阳	264231	136939	127292	71943	43873	28070	172990
宜阳	415136	211412	203724	114910	64853	50057	271409
洛宁	286320	148167	138153	75667	44647	31020	189108
伊川	438019	222079	215940	114066	65078	48988	294100
平顶山市	545133	307059	238074	149955	88953	61002	372815
舞钢区	217326	113731	103595	60451	37393	23058	141323
宝丰县	310644	160129	150515	83731	49801	33930	205847
叶县	537420	272901	264519	147946	86389	61557	350165
鲁山	534967	280211	254756	149561	94297	55264	346040
郏县	366045	187312	178733	99743	58502	41241	240418
襄城	520123	261153	258970	134125	75991	58134	351041
汝州市	586429	301664	284765	148638	87167	61471	396620
安阳市	475094	249497	225597	118553	66319	52234	332094
林县	655280	323730	331550	128113	69662	58451	479666
安阳	708403	346185	362218	154448	85061	69387	498600
汤阴	277051	134478	142573	60957	32916	28041	193959
滑县	732620	362800	369820	176924	97071	79853	502391
内黄	438596	217917	220679	94699	52661	42038	311421
鹤壁市	284781	155861	128920	74986	44341	30645	195444
浚县	425413	209146	216267	102057	55866	46191	290983
淇县	155593	76827	78766	38575	21108	17467	105627
新乡市	485467	254237	231230	131434	75609	55825	330363
新乡	275989	134910	141079	58534	30949	27585	198273
获嘉	235735	114778	120957	50310	27041	23269	167884
原阳	396710	197600	199110	103266	56865	46401	267131
延津	287597	142991	144606	70616	38532	32084	197039

(person)

Married		丧偶 Widowed			离婚 Divorced		
男 Male	女 Female	小计 Sub－total	男 Male	女 Female	小计 Sub－total	男 Male	女 Female
131991	132556	23755	8439	15316	2503	2005	498
161379	165767	29271	9691	19580	2393	1968	425
188174	186015	29381	6609	22772	4158	2227	1931
209166	215118	43303	12893	30410	1967	1603	364
115771	118740	22943	6658	16285	1132	960	172
179264	182755	35242	11218	24024	2076	1795	281
143493	146457	29997	8976	21021	1632	1390	242
150004	152135	29137	8513	20624	1374	1191	183
325508	311736	41446	9864	31582	6037	3376	2661
178202	186025	36812	10339	26473	2415	1742	673
95700	101968	20622	5931	14691	1475	1123	352
112310	113114	21629	7856	13773	1982	1659	323
69653	69766	13463	4803	8660	1507	1255	252
110467	112014	23715	7994	15721	2573	2190	383
85587	87403	17436	5912	11524	1862	1567	295
135746	135663	26450	8940	17510	2367	1873	494
93885	95223	19118	7600	11518	2427	2035	392
145681	148419	27492	9371	18121	2361	1949	412
210902	161913	19325	5493	13832	3038	1711	1327
70317	71006	13903	4737	9166	1649	1284	365
102806	103041	19133	5908	13225	1933	1614	319
172311	177854	36229	11546	24683	3080	2655	425
170500	175540	34977	11667	23310	4389	3747	642
119294	121124	23436	7385	16051	2448	2131	317
172753	178288	32783	10612	22171	2174	1797	377
199098	197522	37701	12384	25317	3470	3015	455
176722	155372	22054	5247	16807	2393	1209	1184
236066	243600	44983	15963	29020	2518	2039	479
242972	255628	51728	15323	36405	3627	2829	798
94416	99543	20796	6097	14699	1339	1049	290
245944	256447	49174	16153	33021	4131	3632	499
153373	158048	29728	9477	20251	2748	2406	342
106477	88967	12963	4139	8824	1388	904	484
142158	148825	30499	9515	20984	1874	1607	267
52033	53594	10806	3219	7587	585	467	118
171425	158938	20216	4953	15263	3454	2250	1204
97798	100475	18050	5355	12695	1132	808	324
82184	85700	16442	4701	11741	1099	852	247
131490	135641	24783	7885	16898	1530	1360	170
96953	100086	18483	6191	12292	1459	1315	144

续表 28 continued

单位:人

县市 County/City	15岁及以上人口 Population Aged 15 and Over 合计 Total	男 Male	女 Female	未婚 Never Married 小计 Sub－total	男 Male	女 Female	有配偶 小计 Sub－total
封丘	435888	215727	220161	105777	58105	47672	300296
长垣	473053	233254	239799	106575	58140	48435	335268
卫辉市	307836	153518	154318	75537	41628	33909	211757
辉县市	493487	247207	246280	99514	56709	42805	357769
焦作市	465530	250567	214963	124767	74401	50366	318590
修武	188629	96770	91859	46375	26732	19643	129186
博爱	268202	131380	136822	63652	34597	29055	184063
武陟	389804	189411	200393	92624	49485	43139	266253
温县	251445	122695	128750	54363	29226	25137	177067
孟县	221220	108114	113106	44715	24623	20092	157792
济源市	401613	202043	199570	94022	52300	41722	279228
沁阳市	285201	141198	144003	60147	33452	26695	203305
濮阳市	216752	112058	104694	57822	31907	25915	147780
清丰	428543	214051	214492	97087	54247	42840	299355
南乐	291718	144569	147149	67831	36501	31330	202396
范县	298768	150766	148002	74934	42423	32511	204080
台前	206161	101836	104325	48146	26452	21694	144747
濮阳	675969	338502	337467	168357	93323	75034	457410
许昌市	233826	120452	113374	59224	33390	25834	162756
长葛	429910	212410	217500	102103	56976	45127	297663
许昌	516454	256266	260188	123822	70235	53587	355092
鄢陵	392791	195699	197092	93209	50989	42220	271987
禹州市	774923	397359	377564	194760	114512	80248	524483
漯河市	149114	74072	75042	34844	18437	16407	105705
舞阳	395439	196868	198571	98512	56629	41883	265936
临颍	416467	206341	210126	96082	53879	42203	290208
郾城	583551	288208	295343	139401	77468	61933	401365
三门峡市	154144	79747	74397	41644	23672	17972	105370
渑池	222842	116063	106779	64708	37550	27158	143619
陕县	242312	126622	115690	62053	36839	25214	164286
灵宝	475728	245696	230032	114435	66502	47933	329356
卢氏	255009	134619	120390	71254	43226	28028	163589
义马市	83591	49310	34281	21294	12847	8447	59229
商丘市	184287	94272	90015	44503	24450	20053	130756
虞城	650165	327249	322916	158967	90527	68440	446344
商丘	693179	343495	349684	161766	88373	73393	483506
民权	485764	241586	244178	123630	67825	55805	330522
宁陵	342226	169715	172511	79067	42891	36176	240870
睢县	470551	233138	237413	114956	62515	52441	324111
夏邑	656841	330302	326539	152176	86192	65984	459407

(person)

Married		丧偶 Widowed			离婚 Divorced		
男 Male	女 Female	小计 Sub－total	男 Male	女 Female	小计 Sub－total	男 Male	女 Female
147134	153162	27670	8579	19091	2145	1909	236
164827	170441	29034	8406	20628	2176	1881	295
105041	106716	19278	5834	13444	1264	1015	249
177562	180207	33946	11012	22934	2258	1924	334
169915	148675	19733	4774	14959	2440	1477	963
65878	63308	12254	3525	8729	814	635	179
91014	93049	19336	4871	14465	1151	898	253
130854	135399	29196	7660	21536	1731	1412	319
88066	89001	18843	4486	14357	1172	917	255
78085	79707	17328	4379	12949	1385	1027	358
140137	139091	26886	8479	18407	1477	1127	350
100994	102311	20353	5708	14645	1396	1044	352
76164	71616	10218	3302	6916	932	685	247
148073	151282	29811	9840	19971	2290	1891	399
99790	102606	19890	6989	12901	1601	1289	312
101670	102410	18660	5848	12812	1094	825	269
70960	73787	12701	3943	8758	567	481	86
226080	231330	45858	15348	30510	4344	3751	593
83851	78905	10192	2377	7815	1654	834	820
146032	151631	28519	8093	20426	1625	1309	316
173274	181818	35401	10926	24475	2139	1831	308
134503	137484	26149	8914	17235	1446	1293	153
262336	262147	50953	16369	34584	4727	4142	585
53525	52180	7719	1721	5998	846	389	457
130457	135479	29063	8156	20907	1928	1626	302
142241	147967	28811	9119	19692	1366	1102	264
197427	203938	40817	11749	29068	1968	1564	404
53818	51552	6214	1772	4442	916	485	431
72561	71058	13388	5000	8388	1127	952	175
83026	81260	14562	5574	8988	1411	1183	228
166102	163254	29217	10879	18338	2720	2213	507
81444	82145	18101	8188	9913	2065	1761	304
35471	23758	2755	807	1948	313	185	128
67437	63319	7895	1774	6121	1133	611	522
220339	226005	42551	14381	28170	2303	2002	301
238433	245073	45467	14665	30802	2440	2024	416
163357	167165	30228	9280	20948	1384	1124	260
119127	121743	21181	6809	14372	1108	888	220
159992	164119	29874	9391	20483	1610	1240	370
227595	231812	42503	14154	28349	2755	2361	394

续表 29 continued

单位:人

县 市 County/City	15岁及以上人口 Population Aged 15 and Over			未 婚 Never Married			有配偶
	合 计 Total	男 Male	女 Female	小 计 Sub－total	男 Male	女 Female	小 计 Sub－total
柘城	551596	274081	277515	140593	76391	64202	374159
永城	802663	405202	397461	208009	117490	90519	539798
周口市	188427	92824	95603	48086	24659	23427	130046
扶沟	443463	219041	224422	99749	53698	46051	311465
西华	528329	266250	262079	130784	73489	57295	362367
商水	717876	357863	360013	190505	104844	85661	477221
太康	785895	392340	393555	184001	101226	82775	547687
鹿邑	665784	333776	332008	172005	94950	77055	446367
郸城	755125	381300	373825	201393	112228	89165	501893
淮阳	801420	399434	401986	203625	111463	92162	541522
沈丘	715038	354668	360370	172088	93642	78446	494033
项城	671013	334700	336313	153478	84801	68677	475251
驻马店市	189846	95271	94575	49731	26365	23366	129719
确山	418613	213925	204688	120519	69012	51507	269389
泌阳	578323	306953	271370	172849	109408	63441	365505
遂平	411798	207002	204796	103393	58446	44947	277341
西平	573566	285350	288216	147656	82094	65562	384387
上蔡	844889	420535	424354	235091	129325	105766	550818
汝南	573590	285516	288074	151047	83709	67338	382481
平舆	587141	292984	294157	144455	82024	62431	402419
新蔡	655044	326774	328270	181445	101279	80166	429718
正阳	484479	246344	238135	125910	71767	54143	326679
南阳市	294793	152581	142212	83112	45803	37309	197613
邓州市	954803	489400	465403	247233	148659	98574	635805
南召	406142	220507	185635	122044	79106	42938	255212
方城	646239	343730	302509	186302	120888	65414	412450
西峡	306335	162694	143641	82759	53148	29611	199793
南阳	747645	384426	363219	184294	113632	70662	508013
镇平	607926	315882	292044	145795	92647	53148	413843
内乡	435200	226842	208358	116738	73526	43212	281541
淅川	467305	240631	226674	127901	76098	51803	303954
社旗	408036	212364	195672	113128	70282	42846	265717
唐河	812837	421552	391285	211102	132203	78899	540075
新野	474797	242830	231967	109461	66033	43428	329273
桐柏	281396	148738	132658	82448	50024	32424	181193
信阳市	219925	111681	108244	63519	35495	28024	144668
息县	559860	282028	277832	141159	79494	61665	382412
淮滨	413506	207586	205920	109608	61056	48552	278426
信阳	695318	359355	335963	187016	110067	76949	462627
潢川	504491	255617	248874	124779	71819	52960	346066

(person)

Married		丧偶 Widowed			离婚 Divorced		
男 Male	女 Female	小计 Sub — total	男 Male	女 Female	小计 Sub — total	男 Male	女 Female
184398	189761	35024	11741	23283	1820	1551	269
268479	271319	51348	16358	34990	3508	2875	633
65538	64508	9406	2187	7219	889	440	449
154454	157011	30702	9582	21120	1547	1307	240
180840	181527	33262	10298	22964	1916	1623	293
236444	240777	47622	14454	33168	2528	2121	407
271776	275911	51053	16627	34426	3154	2711	443
221447	224920	44513	14940	29573	2899	2439	460
249906	251987	49343	16942	32401	2496	2224	272
268109	273413	52905	16840	36065	3368	3022	346
243678	250355	46598	15420	31178	2319	1928	391
235602	239649	40474	12823	27651	1810	1474	336
65965	63754	9003	2193	6810	1393	748	645
134350	135039	26591	8859	17732	2114	1704	410
181347	184158	36843	13453	23390	3126	2745	381
137506	139835	28753	9123	19630	2311	1927	384
190012	194375	39272	11382	27890	2251	1862	389
272953	277865	55888	15715	40173	3092	2542	550
189623	192858	37479	10097	27382	2583	2087	496
199139	203280	38119	10141	27978	2148	1680	468
213129	216589	41241	10264	30977	2640	2102	538
163653	163026	29485	8879	20606	2405	2045	360
102804	94809	12458	3080	9378	1610	894	716
315027	320778	66225	20745	45480	5540	4969	571
128539	126673	24999	9404	15595	3887	3458	429
204542	207908	42987	14296	28691	4500	4004	496
99898	99895	21368	7545	13823	2415	2103	312
251457	256556	50474	15001	35473	4864	4336	528
204902	208941	43673	14128	29545	4615	4205	410
139926	141615	33639	10479	23160	3282	2911	371
151528	152426	33090	10952	22138	2360	2053	307
131900	133817	26837	8090	18747	2354	2092	262
267090	272985	55975	17031	38944	5685	5228	457
163062	166211	32728	10637	22091	3335	3098	237
91154	90039	16142	6189	9953	1613	1371	242
72887	71781	10241	2524	7717	1497	775	722
190210	192202	33955	10376	23579	2334	1948	386
138480	139946	23916	6755	17161	1556	1295	261
230941	231686	42355	15480	26875	3320	2867	453
172245	173821	31945	10135	21810	1701	1418	283

续表 30 continued

单位：人

县 市 County/City	15岁及以上人口 Population Aged 15 and Over			未 婚 Never Married			有配偶
	合 计 Total	男 Male	女 Female	小 计 Sub — total	男 Male	女 Female	小 计 Sub — total
光山	526773	270648	256125	154627	91049	63578	335416
固始	1006926	521579	485347	287358	169785	117573	655916
商城	452754	229897	222857	131054	74228	56826	291539
罗山	483961	251801	232160	138116	82349	55767	312779
新县	228565	118837	109728	74358	44199	30159	137743
湖北							
武汉市	3237443	1691817	1545626	800138	495307	304831	2237606
汉阳	334187	167913	166274	70835	42134	28701	238588
武昌	387897	196369	191528	99035	56449	42586	262196
黄陂	660612	334234	326378	173785	101834	71951	436691
新洲	588125	296835	291290	140181	80956	59225	400555
黄石市	426709	227129	199580	104840	61698	43142	301081
大冶	522108	261064	261044	134405	75905	58500	348981
十堰市	308050	165243	142807	89876	54038	35838	204931
沙市市	292246	148295	143951	71449	40168	31281	204237
宜昌市	391212	206531	184681	94677	57659	37018	274705
襄樊市	434151	227335	206816	120637	68905	51732	293567
襄阳	829033	416658	412375	181439	102105	79334	588167
宜城	359677	183484	176193	73506	41594	31912	261608
南漳	425686	222035	203651	98591	61189	37402	294122
谷城	388845	202164	186681	94147	58419	35728	263741
保康	214598	115159	99439	56479	36883	19596	141344
随州市	1000110	511902	488208	239123	137753	101370	688593
老河口市	316936	158913	158023	76649	43224	33425	217685
枣阳市	677248	344261	332987	159111	91340	67771	470350
鄂州市	627327	315326	312001	159149	90031	69118	423693
荆门市	753736	383452	370284	154481	90026	64455	549879
麻城市	751647	387346	364301	206285	121008	85277	482787
武穴市	445030	228893	216137	96164	60200	35964	315499
黄冈县	468757	243780	224977	117331	72883	44448	317570
红安	416040	215924	200116	124904	75049	49855	256962
罗田	386099	202882	183217	92861	58505	34356	261864
英山	285358	151346	134012	68885	45398	23487	190642
浠水	651240	335992	315248	160979	98460	62519	436559
蕲春	596309	307995	288314	138533	85205	53328	408241
黄梅	596799	305339	291460	149981	90169	59812	404058
孝感市	898313	456152	442161	243135	138648	104487	594449
应城市	417102	212309	204793	97181	55628	41553	293857
安陆市	396104	200372	195732	99881	56047	43834	269838
广水市	552458	284061	268397	138979	81656	57323	374709

(person)

Married		丧偶 Widowed			离婚 Divorced		
男 Male	女 Female	小计 Sub — total	男 Male	女 Female	小计 Sub — total	男 Male	女 Female
166407	169009	34869	11500	23369	1861	1692	169
326037	329879	60112	22593	37519	3540	3164	376
142956	148583	28686	11428	17258	1475	1285	190
156598	156181	30835	10869	19966	2231	1985	246
67628	70115	15536	6172	9364	928	838	90
1139329	1098277	172436	42289	130147	27263	14892	12371
118327	120261	23310	6225	17085	1454	1227	227
130333	131863	24576	7828	16748	2090	1759	331
215000	221691	47353	14928	32425	2783	2472	311
197931	202624	44366	15234	29132	3023	2714	309
159117	141964	17714	4552	13162	3074	1762	1312
171403	177578	35608	11168	24440	3114	2588	526
106382	98549	11593	3922	7671	1650	901	749
103841	100396	14402	3289	11113	2158	997	1161
142520	132185	18230	4432	13798	3600	1920	1680
152746	140821	17761	4363	13398	2186	1321	865
292939	295228	56191	18837	37354	3236	2777	459
131707	129901	22924	8865	14059	1639	1318	321
146620	147502	30335	12025	18310	2638	2201	437
131174	132567	28545	10436	18109	2412	2135	277
70571	70773	14860	6138	8722	1915	1567	348
343574	345019	67676	26381	41295	4718	4194	524
108027	109658	21253	6605	14648	1349	1057	292
234108	236242	44594	15970	28624	3193	2843	350
210288	213405	40665	11808	28857	3820	3199	621
275029	274850	46250	16180	30070	3126	2217	909
239005	243782	58710	23779	34931	3865	3554	311
156961	158538	30764	9452	21312	2603	2280	323
157473	160097	30544	10478	20066	3312	2946	366
127276	129686	32193	11802	20391	1981	1797	184
130290	131574	28277	11253	17024	3097	2834	263
94626	96016	22216	8043	14173	3615	3279	336
216280	220279	48791	16775	32016	4911	4477	434
202715	205526	44350	15404	28946	5185	4671	514
200542	203516	40270	12359	27911	2490	2269	221
294371	300078	57505	20284	37221	3224	2849	375
146712	147145	24027	8197	15830	2037	1772	265
134399	135439	25092	8873	16219	1293	1053	240
186110	188599	36418	14225	22193	2352	2070	282

续表 31 continued

单位:人

县 市 County/City	15岁及以上人口 Population Aged 15 and Over 合计 Total	男 Male	女 Female	未婚 Never Married 小计 Sub－total	男 Male	女 Female	有配偶 小计 Sub－total
大悟	387968	205206	182762	120467	74446	46021	238163
云梦	354047	178917	175130	75988	43775	32213	254197
汉川	646662	324869	321793	152110	84481	67629	454177
咸宁市	311957	160695	151262	86859	50881	35978	204695
蒲圻市	308528	156184	152344	81100	45413	35687	208063
嘉鱼	223023	112627	110396	55492	31044	24448	153521
通城	285264	147986	137278	69665	42008	27657	195217
崇阳	266456	136680	129776	73466	42428	31038	173897
通山	239164	124112	115052	65536	39188	26348	155190
阳新	507347	262826	244521	132590	79996	52594	340252
仙桃市	952294	477678	474616	212288	116173	96115	683153
石首市	415252	212101	203151	98643	56934	41709	288721
洪湖市	576798	291889	284909	134200	75593	58607	409282
天门市	1061009	528998	532011	223937	121963	101974	764921
潜江市	634692	319772	314920	143577	80633	62944	452427
江陵	715496	366719	348777	158563	94011	64552	511589
松滋	647469	328741	318728	137294	80529	56765	458327
公安	698032	353334	344698	141271	82553	58718	506559
监利	883498	446693	436805	183027	103981	79046	646278
钟祥	703559	353920	349639	150098	84862	65236	505911
京山	465923	236516	229407	112129	63407	48722	323371
沙洋农管局	69263	54163	15100	31471	28850	2621	32691
丹江口市	321883	169838	152045	85441	53263	32178	213383
郧县	411952	216255	195697	103936	65888	38048	276323
郧西	354123	191249	162874	100113	66474	33639	227444
竹山	330407	179444	150963	85987	58290	27697	216923
竹溪	257349	138385	118964	68010	44542	23468	168359
房县	341507	184479	157028	90969	59558	31411	223868
枝城市	298656	152344	146312	63861	38386	25475	210803
当阳市	349833	176828	173005	70466	40700	29766	253331
宜昌	427695	224903	202792	99252	63209	36043	294450
枝江	409605	205191	204414	80814	45842	34972	297056
远安	169472	89361	80111	43397	26789	16608	113987
兴山	138863	73464	65399	32207	20747	11460	95549
秭归	309232	160984	148248	69749	43644	26105	214936
长阳	317109	167510	149599	74265	47531	26734	217055
五峰	153977	81273	72704	33225	21604	11621	108877
恩施市	532171	280286	251885	157437	94293	63144	337800
利川市	531987	280318	251669	148431	88408	60023	348658
建始	360466	187243	173223	97340	57154	40186	236026

(person)

Married		丧偶 Widowed			离婚 Divorced		
男 Male	女 Female	小计 Sub — total	男 Male	女 Female	小计 Sub — total	男 Male	女 Female
118240	119923	27461	10826	16635	1877	1694	183
126135	128062	22477	7764	14713	1385	1243	142
225534	228643	38500	13246	25254	1875	1608	267
102207	102488	18707	6198	12509	1696	1409	287
104055	104008	17795	5563	12232	1570	1153	417
76603	76918	13098	4226	8872	912	754	158
97025	98192	18605	7400	11205	1777	1553	224
86693	87204	17273	6029	11244	1820	1530	290
77385	77805	16157	5559	10598	2281	1980	301
170127	170125	31606	10169	21437	2899	2534	365
340115	343038	54563	19566	34997	2290	1824	466
144160	144561	25153	8909	16244	2735	2098	637
204468	204814	31705	10553	21152	1611	1275	336
380866	384055	69728	24261	45467	2423	1908	515
226171	226256	36424	11443	24981	2264	1525	739
257335	254254	41593	12691	28902	3751	2682	1069
228565	229762	48058	17006	31052	3790	2641	1149
252240	254319	45404	15097	30307	4798	3444	1354
322717	323561	50897	17432	33465	3296	2563	733
252369	253542	45472	15158	30314	2078	1531	547
161670	161701	28812	10194	18618	1611	1245	366
21424	11267	2462	1395	1067	2639	2494	145
106823	106560	20979	8065	12914	2080	1687	393
137028	139295	29593	11441	18152	2100	1898	202
113245	114199	24549	9712	14837	2017	1818	199
108020	108903	24717	10599	14118	2780	2535	245
83909	84450	18849	8018	10831	2131	1916	215
111512	112356	24281	11265	13016	2389	2144	245
105114	105689	22343	7768	14575	1649	1076	573
126379	126952	24295	8540	15755	1741	1209	532
146974	147476	31674	12970	18704	2319	1750	569
148238	148818	29874	9894	19980	1861	1217	644
57603	56384	10834	4148	6686	1254	821	433
47817	47732	10020	4085	5935	1087	815	272
106552	108384	22906	9518	13388	1641	1270	371
108629	108426	24059	10133	13926	1730	1217	513
54484	54393	10398	4228	6170	1477	957	520
169187	168613	34175	14723	19452	2759	2083	676
174115	174543	32688	15987	16701	2210	1808	402
117705	118321	25148	10978	14170	1952	1406	546

续表 32 continued

单位:人

县 市 County/City	15岁及以上人口 Population Aged 15 and Over			未 婚 Never Married			有配偶
	合 计 Total	男 Male	女 Female	小 计 Sub－total	男 Male	女 Female	小 计 Sub－total
巴东	344281	181572	162709	86394	53659	32735	230974
宣恩	228319	118697	109622	63983	37616	26367	148007
咸丰	237462	126183	111279	64125	39829	24296	156370
来凤	190353	98918	91435	50891	30171	20720	124835
鹤峰	151471	79472	71999	39396	24228	15168	101502
神农架	54739	30217	24522	15185	9823	5362	35308
湖南							
长沙市	1125380	591115	534265	313338	193280	120058	739334
长沙	590917	307069	283848	144298	90039	54259	403195
望城	530871	276713	254158	124401	78935	45466	368567
浏阳	938788	491119	447669	231695	143860	87835	630899
宁乡	947336	494127	453209	234903	148210	86693	643439
株洲市	464974	245082	219892	125027	75346	49681	316852
株洲	346548	179506	167042	78574	49021	29553	243313
攸县	532620	273636	258984	107382	65414	41968	388893
茶陵	378747	192395	186352	95353	55806	39547	257038
酃县	125922	65182	60740	33338	20161	13177	83187
醴陵市	670443	347720	322723	155963	95838	60125	465747
湘潭市	471091	246210	224881	128067	76725	51342	316673
湘潭	775790	400049	375741	167687	106377	61310	550751
湘乡	621323	317136	304187	141697	86642	55055	432644
韶山区	73046	37097	35949	17063	9972	7091	50952
衡阳市	555760	287753	268007	146504	86785	59719	375825
衡阳	764141	399801	364340	200218	126304	73914	509537
衡南	678271	356217	322054	177638	113204	64434	452530
衡山	266334	137872	128462	62544	38801	23743	185593
衡东	448426	234606	213820	100750	64515	36235	316781
常宁	542049	285338	256711	139822	89603	50219	361597
祁东	616107	321439	294668	155227	97037	58190	418624
耒阳市	763103	402035	361068	195807	124524	71283	512493
邵阳市	389609	199136	190473	102744	59983	42761	263889
邵东	757576	388577	368999	188224	115204	73020	515237
新邵	488676	255584	233092	123927	78863	45064	329301
邵阳	579393	301144	278249	138231	86443	51788	401623
隆回	688055	358661	329394	170666	107196	63470	471431
洞口	509354	263199	246155	115879	72857	43022	360553
武冈	468861	243742	225119	110163	69330	40833	328011
绥宁	220062	113013	107049	54909	32314	22595	151159
新宁	366394	191024	175370	81006	51081	29925	260172
城步	158726	82201	76525	39211	23620	15591	109001

(person)

Married		丧偶 Widowed			离婚 Divorced		
男 Male	女 Female	小计 Sub－total	男 Male	女 Female	小计 Sub－total	男 Male	女 Female
115334	115640	25036	11172	13864	1877	1407	470
73916	74091	15452	6465	8987	877	700	177
78152	78218	15808	7275	8533	1159	927	232
62389	62446	13623	5585	8038	1004	773	231
50707	50795	9257	3680	5577	1316	857	459
18393	16915	3718	1608	2110	528	393	135
377655	361679	59022	13255	45767	13686	6925	6761
199676	203519	40980	15334	25646	2444	2020	424
182225	186342	36041	14016	22025	1862	1537	325
313872	317027	67185	25319	41866	9009	8068	941
319266	324173	64364	22561	41803	4630	4090	540
162274	154578	19389	5475	13914	3706	1987	1719
119791	123522	22793	9112	13681	1868	1582	286
194156	194737	33762	11971	21791	2583	2095	488
128592	128446	25047	7111	17936	1309	886	423
41705	41482	8745	2814	5931	652	502	150
230696	235051	44464	17522	26942	4269	3664	605
161891	154782	22839	5714	17125	3512	1880	1632
271168	279583	54246	19781	34465	3106	2723	383
213394	219250	43736	14232	29504	3246	2868	378
25253	25699	4730	1630	3100	301	242	59
191455	184370	28466	6802	21664	4965	2711	2254
251929	257608	52211	19586	32625	2175	1982	193
224393	228137	45698	16455	29243	2405	2165	240
91958	93635	17243	6332	10911	954	781	173
157408	159373	28927	10989	17938	1968	1694	274
180706	180891	38556	13210	25346	2074	1819	255
206975	211649	38965	14508	24457	3291	2919	372
256599	255894	51473	18062	33411	3330	2850	480
132872	131017	21039	5174	15865	1937	1107	830
254440	260797	51146	16260	34886	2969	2673	296
163552	165749	33368	11296	22072	2080	1873	207
199373	202250	37221	13230	23991	2318	2098	220
234004	237427	43171	14998	28173	2787	2463	324
179033	181520	30205	8915	21290	2717	2394	323
163064	164947	29027	9871	19156	1660	1477	183
75663	75496	12910	4212	8698	1084	824	260
129462	130710	23208	8728	14480	2008	1753	255
54576	54425	9751	3381	6370	763	624	139

续表 33 continued

单位:人

县 市 County/City	15岁及以上人口 Population Aged 15 and Over			未 婚 Never Married			有配偶
	合 计 Total	男 Male	女 Female	小 计 Sub－total	男 Male	女 Female	小 计 Sub－total
岳阳市	408864	217667	191197	119077	71489	47588	269611
岳阳	547622	283972	263650	138843	82395	56448	368827
临湘	321156	165273	155883	83440	48507	34933	217088
华容	549911	282165	267746	139987	80792	59195	374065
湘阴	460838	242583	218255	112929	71210	41719	315757
平江	689686	366527	323159	178122	111496	66626	454255
汨罗市	491316	254658	236658	123397	74445	48952	332504
常德市	961075	494457	466618	230531	136822	93709	665595
安乡	403208	206766	196442	98347	56745	41602	278334
汉寿	564455	292880	271575	135620	82626	52994	390173
澧县	672643	343966	328677	161426	92980	68446	461289
临澧	317913	161982	155931	74207	42860	31347	219647
桃源	736143	385148	350995	176973	109668	67305	501602
石门	529103	276832	252271	138959	84939	54020	350600
津市市	188562	100182	88380	48565	30440	18125	126092
大庸市	301608	156928	144680	82889	48933	33956	198147
慈利	496791	258371	238420	128850	77977	50873	330654
桑植	290155	150489	139666	76981	46119	30862	191593
益阳市	316413	161742	154671	79806	46042	33764	218007
沅江市	512545	264708	247837	129120	76354	52766	350928
益阳	548381	285280	263101	134392	82523	51869	378052
南县	514164	264366	249798	129293	75331	53962	351980
桃江	573018	300022	272996	129010	81946	47064	405275
安化	637455	339598	297857	159774	103465	56309	431263
娄底市	226764	119583	107181	60480	35782	24698	153283
冷水江市	223977	117041	106936	56095	32797	23298	154758
涟源市	697336	358751	338585	164885	102805	62080	481226
双峰	603105	306813	296292	150262	90623	59639	405854
新化	803668	417608	386060	200484	127300	73184	544004
郴州市	186209	98318	87891	55979	32908	23071	120628
资兴市	265370	139516	125854	71928	44059	27869	175835
郴县	231513	121279	110234	60546	37449	23097	154822
桂阳	480693	248803	231890	122819	75100	47719	321720
永兴	394131	203601	190530	100391	61029	39362	264914
宜章	333963	170661	163302	90654	53121	37533	219672
嘉禾	206997	104467	102530	49309	28885	20424	143041
临武	197072	102208	94864	47699	29701	17998	134727
汝城	236570	124070	112500	64786	39967	24819	154597
桂东	116218	60961	55257	34632	21422	13210	73196
安仁	246601	125808	120793	56105	33864	22241	173891

(person)

Married		丧偶 Widowed			离婚 Divorced		
男 Male	女 Female	小计 Sub — total	男 Male	女 Female	小计 Sub — total	男 Male	女 Female
138945	130666	16646	4897	11749	3530	2336	1194
183408	185419	35642	14253	21389	4310	3916	394
108486	108602	18658	6644	12014	1970	1636	334
186774	187291	32467	11826	20641	3392	2773	619
156994	158763	29897	12327	17570	2255	2052	203
226562	227693	48709	20586	28123	8600	7883	717
165056	167448	32589	12625	19964	2826	2532	294
333368	332227	57589	18848	38741	7360	5419	1941
138802	139532	23744	9028	14716	2783	2191	592
194153	196020	34476	12573	21903	4186	3528	658
229668	231621	45266	17533	27733	4662	3785	877
109400	110247	21879	8040	13839	2180	1682	498
249530	252072	49251	18912	30339	8317	7038	1279
175045	175555	35940	14145	21795	3604	2703	901
64325	61767	11692	3765	7927	2213	1652	561
99234	98913	18462	7097	11365	2110	1664	446
164398	166256	33655	13064	20591	3632	2932	700
95467	96126	20024	7669	12355	1557	1234	323
109420	108587	16619	5032	11587	1981	1248	733
175465	175463	29095	10116	18979	3402	2773	629
187424	190628	33208	12921	20287	2729	2412	317
175588	176392	29766	11004	18762	3125	2443	682
201715	203560	35442	13446	21996	3291	2915	376
214710	216553	41750	17283	24467	4668	4140	528
79440	73843	11957	3598	8359	1044	763	281
80629	74129	12243	3031	9212	881	584	297
238241	242985	47590	14504	33086	3635	3201	434
200475	205379	44216	13210	31006	2773	2505	268
268968	275036	55881	18493	37388	3299	2847	452
62748	57880	7935	1769	6166	1667	893	774
89090	86745	16052	5215	10837	1555	1152	403
78244	76578	15126	4800	10326	1019	786	233
160815	160905	33251	10448	22803	2903	2440	463
131913	133001	27180	9296	17884	1646	1363	283
109453	110219	21982	6750	15232	1655	1337	318
70659	72382	13266	3752	9514	1381	1171	210
67225	67502	13099	4002	9097	1547	1280	267
77128	77469	15557	5487	10070	1630	1488	142
36414	36782	7965	2768	5197	425	357	68
86125	87766	15722	5117	10605	883	702	181

续表 34 continued

单位：人

县 市 County/City	15 岁及以上人口 Population Aged 15 and Over			未 婚 Never Married			有配偶
	合 计 Total	男 Male	女 Female	小 计 Sub — total	男 Male	女 Female	小 计 Sub — total
永州市	382481	199181	183300	104407	62370	42037	250211
冷水滩市	285625	148885	136740	72760	43708	29052	194162
东安	380843	199192	181651	96302	59737	36565	258428
道县	405150	216110	189040	107206	67575	39631	266964
宁远	466429	246228	220201	123436	77882	45554	306738
江永	157367	81272	76095	44674	26159	18515	100525
江华	280215	148264	131951	71506	45431	26075	188004
蓝山	210396	110284	100112	49258	31884	17374	145065
新田	224009	116410	107599	47323	30064	17259	159115
双牌	106749	56585	50164	28769	17709	11060	70198
祁阳	632208	330472	301736	159269	100868	58401	426771
怀化市	355428	185822	169606	98905	58299	40606	238263
洪江市	70084	35298	34786	17885	10258	7627	47288
黔阳	297662	153320	144342	76881	46078	30803	202394
沅陵	438867	229655	209212	127486	75909	51577	278958
辰溪	325975	167687	158288	88970	52139	36831	216136
溆浦	569851	294303	275548	142825	86386	56439	388287
麻阳	225618	116948	108670	61849	37299	24550	148937
新晃	173428	91655	81773	37027	24262	12765	123006
芷江	243298	128088	115210	63315	39403	23912	164576
会同	229493	117040	112453	60185	35118	25067	154533
靖县	157292	79283	78009	39918	22350	17568	107327
通道	140047	72464	67583	35676	21003	14673	94826
吉首市	167121	87248	79873	49514	29321	20193	106907
泸溪	169098	87130	81968	46270	27141	19129	111158
凤凰	219544	112305	107239	60354	35027	25327	143060
花垣	163210	84091	79119	43768	26263	17505	106906
保靖	179254	93360	85894	51002	31221	19781	114056
古丈	82778	43318	39460	24896	14986	9910	51807
永顺	297347	152054	145293	83305	47911	35394	191131
龙山	319137	163632	155505	84159	49179	34980	210485
广东							
广州市	3070727	1678629	1392098	1031980	622655	409325	1974492
花县	349723	172015	177708	96913	54581	42332	227534
从化	417523	142182	275341	79304	46759	32545	181514
增城	434833	219630	215203	130169	76259	53910	273373
番禺	587663	288363	299300	181703	96102	85601	368739
韶关市	347770	187392	160378	103817	64740	39077	226329
曲江	270021	141989	128032	86524	53171	33353	163995
始兴	155851	76990	78861	49171	27124	22047	94061

(person)

Married		丧偶 Widowed			离婚 Divorced		
男 Male	女 Female	小计 Sub－total	男 Male	女 Female	小计 Sub－total	男 Male	女 Female
125411	124800	25364	9302	16062	2499	2098	401
97817	96345	17252	6200	11052	1451	1160	291
128650	129778	23690	8709	14981	2423	2096	327
133129	133835	27387	12046	15341	3593	3360	233
152624	154114	33503	13174	20329	2752	2548	204
50328	50197	11112	3906	7206	1056	879	177
93903	94101	18515	7000	11515	2190	1930	260
72331	72734	14495	4682	9813	1578	1387	191
79243	79872	16112	5805	10307	1459	1298	161
35280	34918	7117	3022	4095	665	574	91
211210	215561	42163	14865	27298	4005	3529	476
120926	117337	16127	5134	10993	2133	1463	670
23650	23638	4084	922	3162	827	468	359
101181	101213	16412	4611	11801	1975	1450	525
139326	139632	29546	12143	17403	2877	2277	600
108077	108059	19043	6204	12839	1826	1267	559
193566	194721	35302	11787	23515	3437	2564	873
74228	74709	13798	4595	9203	1034	826	208
61231	61775	11968	5038	6930	1427	1124	303
82136	82440	13546	5060	8486	1861	1489	372
77167	77366	13680	3949	9731	1095	806	289
53681	53646	9139	2643	6496	908	609	299
47434	47392	8573	3327	5246	972	700	272
54217	52690	9403	2817	6586	1297	893	404
55424	55734	10975	4016	6959	695	549	146
71273	71787	14917	5103	9814	1213	902	311
53491	53415	11448	3485	7963	1088	852	236
56716	57340	12921	4412	8509	1275	1011	264
25917	25890	5309	1857	3452	766	558	208
95244	95887	21299	7748	13551	1612	1151	461
104908	105577	23065	8492	14573	1428	1053	375
1015019	959473	44182	30573	13609	20073	10382	9691
112551	114983	24143	4030	20113	1133	853	280
90224	91290	155466	4255	151211	1239	944	295
135292	138081	29337	6486	22851	1954	1593	361
183877	184862	35640	7314	28326	1581	1070	511
118753	107576	15382	2617	12765	2242	1282	960
83782	80213	17736	3739	13997	1766	1297	469
47231	46830	11618	2125	9493	1001	510	491

续表 35 continued

单位：人

县市 County/City	15岁及以上人口 Population Aged 15 and Over			未婚 Never Married			有配偶
	合计 Total	男 Male	女 Female	小计 Sub－total	男 Male	女 Female	小计 Sub－total
南雄	300824	148294	152530	92498	50692	41806	183483
仁化	123879	64385	59494	37055	21731	15324	79041
乐昌	319634	169094	150540	93325	55976	37349	205609
翁源	228483	116529	111954	67394	41033	26361	142497
乳源	123168	62810	60358	36024	20899	15125	77891
新丰	130795	66308	64487	32005	20222	11783	87806
深圳市	750818	398436	352382	375964	187176	188788	361761
宝安	672613	302454	370159	412028	165194	246834	242500
珠海市	272414	140880	131534	115531	60008	55523	147344
斗门	210649	109679	100970	53214	33699	19515	144302
汕头市	672815	339727	333088	201784	118012	83772	426413
澄海	513882	255559	258323	128108	76085	52023	346346
饶平	575566	290828	284738	159110	94939	64171	371183
南澳	46317	23041	23276	10805	6331	4474	31906
潮阳	1318025	658920	659105	397007	228390	168617	825764
揭阳	993521	504375	489146	278185	169313	108872	637893
揭西	437284	227207	210077	120929	77936	42993	282422
普宁	870088	441485	428603	254315	152589	101726	553268
惠来	502104	256448	245656	149900	89928	59972	314615
佛山市	354563	181072	173491	128516	70920	57596	205969
三水	258979	128067	130912	78438	44695	33743	160303
南海	758807	361448	397359	247708	123453	124255	460192
顺德	719057	351096	367961	220796	118228	102568	448006
高明	169337	85801	83536	49159	29550	19609	106307
江门市	236607	119902	116705	72460	41891	30569	149970
新会	636029	313009	323020	174714	101094	73620	412434
台山	697771	352054	345717	197196	125901	71295	440718
恩平	304842	157553	147289	86953	54633	32320	196722
开平	444361	209638	234723	122120	71120	51000	283627
鹤山	238277	119506	118771	71048	42723	28325	147622
湛江市	746681	387541	359140	214628	130378	84250	486422
吴川	462323	231061	231262	130517	76285	54232	298294
廉江	745565	388619	356946	190787	119683	71104	501790
遂溪	482198	251896	230302	141579	86880	54699	310340
海康	707989	369071	338918	200004	121451	78553	459907
徐闻	359678	185742	173936	97767	58712	39055	239923
茂名市	365655	187998	177657	104712	61871	42841	238885
信宜	568549	292519	276030	141580	92446	49134	381210
高州	786245	401864	384381	183288	119455	63833	541927
电白	820997	427456	393541	232241	146160	86081	532211

(person)

Married		丧偶 Widowed			离婚 Divorced		
男 Male	女 Female	小计 Sub－total	男 Male	女 Female	小计 Sub－total	男 Male	女 Female
91755	91728	23119	5016	18103	1724	831	893
40483	38558	7181	1748	5433	602	423	179
106027	99582	18967	5708	13259	1733	1383	350
71024	71473	16871	3237	13634	1721	1235	486
38953	38938	8586	2448	6138	667	510	157
42843	44963	9933	2442	7491	1051	801	250
208628	153133	10869	1666	9203	2224	966	1258
133913	108587	17153	2758	14395	932	589	343
78942	68402	8861	1556	7305	678	374	304
72288	72014	12408	3081	9327	725	611	114
214398	212015	42592	6195	36397	2026	1122	904
171990	174356	38173	6489	31684	1255	995	260
184781	186402	43432	9489	33943	1841	1619	222
15940	15966	3483	677	2806	123	93	30
410104	415660	93162	18558	74604	2092	1868	224
316725	321168	74733	15935	58798	2710	2402	308
138679	143743	30862	7748	23114	3071	2844	227
273382	279886	60452	13714	46738	2053	1800	253
156990	157625	36184	8255	27929	1405	1275	130
106800	99169	18971	2786	16185	1107	566	541
79869	80434	19507	2988	16519	731	515	216
229029	231163	49306	7852	41454	1601	1114	487
223440	224566	48344	8184	40160	1911	1244	667
53100	53207	13358	2711	10647	513	440	73
75287	74683	13248	2190	11058	929	534	395
201515	210919	46999	8846	38153	1882	1554	328
213210	227508	56511	9943	46568	3346	3000	346
97152	99570	20249	4904	15345	918	864	54
131479	152148	37381	5963	31418	1233	1076	157
71981	75641	18669	3999	14670	938	803	135
244206	242216	41564	9964	31600	4067	2993	1074
144576	153718	31680	8544	23136	1832	1656	176
249278	252512	48713	15714	32999	4275	3944	331
154933	155407	28111	8122	19989	2168	1961	207
229597	230310	42696	13057	29639	5382	4966	416
119710	120213	20136	5698	14438	1852	1622	230
119977	118908	20973	5384	15589	1085	766	319
184782	196428	43828	13587	30241	1931	1704	227
263098	278829	58527	17081	41446	2503	2230	273
262982	269229	53862	15881	37981	2683	2433	250

续表 36 continued

单位:人

县市 County/City	15岁及以上人口 Population Aged 15 and Over			未婚 Never Married			有配偶
	合计 Total	男 Male	女 Female	小计 Sub-total	男 Male	女 Female	小计 Sub-total
化州	648977	333670	315307	164250	105666	58584	436534
肇庆市	276688	139462	137226	84103	47030	37073	174988
高要	429639	209901	219738	120036	69301	50735	272194
四会	261185	127735	133450	69340	40465	28875	169403
广宁	312585	156052	156533	83500	50767	32733	201200
怀集	438755	217999	220756	122619	70621	51998	278612
封开	276036	140791	135245	87009	52063	34946	166001
德庆	224158	116571	107587	75074	46519	28555	129292
云浮	327431	168073	159358	97125	60448	36677	204380
新兴	257973	127980	129993	72850	44654	28196	160658
郁南	275108	142691	132417	72772	48168	24604	179147
罗定	554562	282552	272010	149744	94390	55354	359304
惠州市	216354	106422	109932	87412	44134	43278	117560
惠阳	337971	165590	172381	109293	61899	47394	201119
博罗	435280	220924	214356	122087	74195	47892	279991
惠东	391256	197665	193591	123099	73029	50070	236517
龙门	185240	96466	88774	48034	30951	17083	122532
梅县市	180348	93902	86446	47850	30125	17725	120590
梅县	384549	194437	190112	86155	57971	28184	265318
大埔	301898	153014	148884	67928	45442	22486	207440
丰顺	337588	174405	163183	86301	56547	29754	225591
五华	575462	278465	296997	138265	84510	53755	391658
兴宁	593872	306659	287213	150063	95951	54112	431739
平远	204723	90658	114065	41518	25274	16244	110584
蕉岭	148348	76924	71424	34808	23488	11320	101770
汕尾市	223016	115106	107910	70900	44213	26687	136265
海丰	383150	198505	184645	116816	73578	43238	236163
陆丰	647559	339837	307722	196286	123884	72402	406206
陆河	124440	65995	58445	34031	23084	10947	80455
河源市	369959	192081	177878	88268	59654	28614	250096
紫金	365229	186738	178491	91174	58984	32190	243435
龙川	424419	209315	215104	92525	59924	32601	294900
连平	206101	106464	99637	54339	35081	19258	134864
和平	260123	132717	127406	64884	41423	23461	173980
阳江市	612451	312159	300292	181283	109739	71544	389759
阳西	259324	138216	121108	79537	52739	26798	161627
阳春	599509	313361	286148	170866	107594	63272	387936
清远市	669331	335928	333403	180402	109483	70919	435066
佛冈	172527	87836	84691	46709	29680	17029	111394
英德	604970	314105	290865	182136	113073	69063	376122

(person)

Married		丧偶 Widowed			离婚 Divorced		
男 Male	女 Female	小计 Sub — total	男 Male	女 Female	小计 Sub — total	男 Male	女 Female
212092	224442	45655	13608	32047	2538	2304	234
89267	85721	16836	2746	14090	761	419	342
132169	140025	36524	7680	28844	885	751	134
82582	86821	21564	4077	17487	878	611	267
97214	103986	26810	7148	19662	1075	923	152
135958	142654	35099	9171	25928	2425	2249	176
82829	83172	22257	5276	16981	769	623	146
64296	64996	19001	5086	13915	791	670	121
101115	103265	24928	5663	19265	998	847	151
78207	82451	23678	4553	19125	787	566	221
87716	91431	22120	5889	16231	1069	918	151
175657	183647	43239	10475	32764	2275	2030	245
60369	57191	10721	1525	9196	661	394	267
98046	103073	26290	4666	21624	1269	979	290
138804	141187	31150	6305	24845	2052	1620	432
116580	119937	29258	6014	23244	2382	2042	340
61167	61365	13288	3180	10108	1386	1168	218
61841	58749	10745	1260	9485	1163	676	487
129859	135459	30096	4408	25688	2980	2199	781
101023	106417	23872	4276	19596	2658	2273	385
110811	114780	23927	5513	18414	1769	1534	235
182702	208956	41922	8207	33715	3617	3046	571
208171	223568	10892	1835	9057	1178	702	476
55121	55463	49204	7994	41210	3417	2269	1148
50838	50932	10420	1586	8834	1350	1012	338
66678	69587	14599	3072	11527	1252	1143	109
115926	120237	26891	6022	20869	3280	2979	301
202091	204115	41873	10889	30984	3194	2973	221
38931	41524	8491	2604	5887	1463	1376	87
123027	127069	28337	6674	21663	3258	2726	532
119451	123984	27377	5629	21748	3243	2674	569
139927	154973	34127	7205	26922	2867	2259	608
66856	68008	14979	3014	11965	1919	1513	406
85035	88945	18912	4376	14536	2347	1883	464
191801	197958	38423	7978	30445	2986	2641	345
79699	81928	16576	4285	12291	1584	1493	91
193624	194312	37905	9682	28223	2802	2461	341
212676	222390	51528	11808	39720	2335	1961	374
54564	56830	13437	2826	10611	987	766	221
188079	188043	43386	10393	32993	3326	2560	766

续表 37 continued

单位：人

县 市 County/City	15岁及以上人口 Population Aged 15 and Over 合计 Total	男 Male	女 Female	未婚 Never Married 小计 Sub－total	男 Male	女 Female	有配偶 小计 Sub－total
阳山	294528	151982	142546	78021	50041	27980	190444
连县	307820	159552	148268	82631	51686	30945	201182
连山	67425	35837	31588	19768	12496	7272	42773
连南	90246	46071	44175	24184	14355	9829	59679
东莞市	1352974	618813	734161	584610	250077	334533	698357
中山市	910555	451699	458856	289304	158619	130685	559395
潮州市	949286	475446	473840	261823	156023	105800	612682
广西							
南宁市	899847	472751	427096	298422	178921	119501	550490
邕宁	551081	286811	264270	172085	103978	68107	340122
武鸣	409631	209900	199731	113179	69018	44161	265416
柳州市	636958	330721	306237	180921	106213	74708	419810
柳江	306496	161573	144923	94956	59100	35856	189572
柳城	248081	130837	117244	69923	43579	26344	161223
桂林市	435654	226360	209294	125471	74650	50821	284210
阳朔	196741	102190	94551	57801	34717	23084	124528
临桂	278863	142488	136375	84004	49166	34838	173104
梧州市	230919	117204	113715	61354	35413	25941	153244
苍梧	395863	209387	186476	133533	83773	49760	230664
北海市	167475	86756	80719	44158	26037	18121	113367
合浦	655941	343188	312753	180601	111262	69339	434112
凭祥市	58615	29941	28674	16445	9357	7088	38099
横县	651876	337087	314789	181972	111245	70727	421957
宾阳	559342	290021	269321	179689	108116	71573	339298
上林	269650	138533	131117	80030	48621	31409	167931
隆安	230358	117260	113098	68586	40836	27750	142698
马山	290746	148661	142085	84696	50752	33944	183118
扶绥	255050	131709	123341	81293	48577	32716	155410
崇左	203974	104904	99070	65294	38666	26628	123662
大新	235588	118527	117061	63099	35890	27209	154687
天等	253917	126848	127069	66582	37499	29083	166800
宁明	230252	117359	112893	69599	39453	30146	145330
龙州	177174	89984	87190	49039	28525	20514	114926
合山市	86713	44988	41725	23202	13313	9889	58940
鹿寨	293314	161383	131931	92042	60691	31351	180151
象州	218586	113587	104999	66334	40001	26333	135462
武宣	223454	116788	106666	71759	44385	27374	135613
来宾	519465	266312	253153	163071	93711	69360	320753
融安	202232	106691	95541	57527	36116	21411	129847
三江	212894	109990	102904	58276	34643	23633	138991

(person)

Married		丧偶 Widowed			离婚 Divorced		
男 Male	女 Female	小计 Sub－total	男 Male	女 Female	小计 Sub－total	男 Male	女 Female
93975	96469	24591	6699	17892	1472	1267	205
99898	101284	21669	5948	15721	2338	2020	318
21393	21380	4213	1372	2841	671	576	95
29566	30113	5747	1638	4109	636	512	124
355908	342449	67829	11328	56501	2178	1500	678
279016	280379	58940	12007	46933	2916	2057	859
304157	308525	72408	13200	59208	2373	2066	307
282448	268042	44274	8183	36091	6661	3199	3462
170312	169810	36144	10065	26079	2730	2456	274
132110	133306	29278	7399	21879	1758	1373	385
215394	204416	28416	5234	23182	7811	3880	3931
95280	94292	20179	5715	14464	1789	1478	311
81039	80184	14848	4550	10298	2087	1669	418
144998	139212	21407	4340	17067	4566	2372	2194
62008	62520	13229	4519	8710	1183	946	237
86160	86944	20544	6169	14375	1211	993	218
78148	75096	14591	2760	11831	1730	883	847
114961	115703	30027	9188	20839	1639	1465	174
58401	54966	9036	1811	7225	914	507	407
216330	217782	38003	12742	25261	3225	2854	371
19241	18858	3779	1162	2617	292	181	111
209503	212454	44200	12884	31316	3747	3455	292
170278	169020	37907	9689	28218	2448	1938	510
83401	84530	20316	5428	14888	1373	1083	290
70842	71856	18382	4989	13393	692	593	99
90379	92739	21436	6280	15156	1496	1250	246
77870	77540	17431	4629	12802	916	633	283
61888	61774	14283	3824	10459	735	526	209
77085	77602	17045	5056	11989	757	496	261
82226	84574	19880	6617	13263	655	506	149
72660	72670	14392	4598	9794	931	648	283
57284	57642	12337	3581	8756	872	594	278
30339	28601	4185	1110	3075	386	226	160
92125	88026	17884	5794	12090	3237	2773	464
67503	67959	14970	4493	10477	1820	1590	230
67506	68107	14991	3961	11030	1091	936	155
159893	160860	33292	10817	22475	2349	1891	458
64815	65032	13052	4309	8743	1806	1451	355
69210	69781	14237	5065	9172	1390	1072	318

续表 38 continued

单位：人

县 市 County/City	15岁及以上人口 Population Aged 15 and Over			未 婚 Never Married			有配偶
	合 计 Total	男 Male	女 Female	小 计 Sub－total	男 Male	女 Female	小 计 Sub－total
融水	291756	149588	142168	84831	48970	35861	186137
金秀	95678	50488	45190	26237	16656	9581	62316
忻城	254967	131935	123032	76733	46813	29920	158332
灵川	228874	117631	111243	56478	34621	21857	154872
全州	501302	266052	235250	136396	84803	51593	329375
兴安	248544	129409	119135	63380	38414	24966	168265
永福	179033	93216	85817	53803	32374	21429	111863
灌阳	184145	97363	86782	45159	28146	17013	126143
龙胜	120678	63733	56945	29046	18308	10738	82411
资源	111275	58204	53071	29499	17670	11829	74484
平乐	267276	137790	129486	81002	47778	33224	166941
荔浦	255104	132929	122175	73450	45105	28345	162524
恭城	189957	99639	90318	58460	35454	23006	117738
岑溪	425955	223807	202148	133217	83398	49819	259812
藤县	507665	275869	231796	170349	111442	58907	297800
昭平	234526	125317	109209	72811	46269	26542	144048
蒙山	128057	67617	60440	37816	24004	13812	80749
贺县	517433	267937	249496	150350	89545	60805	328926
钟山	285789	151151	134638	86494	51920	34574	178288
富川	171939	88209	83730	48007	27383	20624	111747
玉林市	888954	467039	421915	258176	163087	95089	571737
贵港市	881033	444169	436864	232652	133884	98768	585230
桂平	897019	465021	431998	291936	174152	117784	542758
平南	695320	367786	327534	215415	133212	82203	433097
容县	416320	221494	194826	128135	82934	45201	258103
北流	613557	323032	290525	169351	109806	59545	399605
陆川	435492	227646	207846	121868	74817	47051	284808
博白	740596	392386	348210	198194	124186	74008	494797
百色市	215065	111753	103312	62909	37580	25329	137285
田阳	225528	113585	111943	62930	36444	26486	143964
田东	240039	119574	120465	65830	36550	29280	155793
平果	264655	132469	132186	64825	37217	27608	178157
德保	229653	122725	106928	63315	40834	22481	146097
靖西	362804	189352	173452	99299	60398	38901	233121
那坡	125409	64631	60778	34317	20211	14106	81387
凌云	106509	53169	53340	26110	14370	11740	72448
乐业	79015	39622	39393	20838	11385	9453	52613
田林	137120	69164	67956	35079	20034	15045	91841
隆林	208451	109482	98969	53647	32492	21155	140347
西林	76881	38791	38090	18270	10318	7952	53708

(person)

Married		丧偶 Widowed			离婚 Divorced		
男 Male	女 Female	小计 Sub－total	男 Male	女 Female	小计 Sub－total	男 Male	女 Female
92763	93374	18958	6582	12376	1830	1273	557
31067	31249	6180	2025	4155	945	740	205
78377	79955	18685	5842	12843	1217	903	314
77240	77632	16165	4735	11430	1359	1035	324
164107	165268	31631	13557	18074	3900	3585	315
83899	84366	15328	5776	9552	1571	1320	251
55926	55937	12067	3818	8249	1300	1098	202
62873	63270	11482	5078	6404	1361	1266	95
41155	41256	7973	3288	4685	1248	982	266
37253	37231	6734	2796	3938	558	485	73
83105	83836	18124	5892	12232	1209	1015	194
80875	81649	17383	5554	11829	1747	1395	352
58780	58958	12688	4504	8184	1071	901	170
128974	130838	31023	9725	21298	1903	1710	193
148467	149333	36793	13494	23299	2723	2466	257
72041	72007	15789	5280	10509	1878	1727	151
40313	40436	8619	2553	6066	873	747	126
164308	164618	34334	10825	23509	3823	3259	564
89802	88486	18588	7198	11390	2419	2231	188
55683	56064	11247	4304	6943	938	839	99
284877	286860	55795	16248	39547	3246	2827	419
290902	294328	58976	15688	43288	4175	3695	480
268895	273863	58848	18857	39991	3477	3117	360
216340	216757	43008	14821	28187	3800	3413	387
127968	130135	28618	9318	19300	1464	1274	190
197334	202271	42247	13768	28479	2354	2124	230
141764	143044	26164	8674	17490	2652	2391	261
246715	248082	42129	16302	25827	5476	5183	293
69758	67527	13138	3352	9786	1733	1063	670
71592	72372	17485	4745	12740	1149	804	345
77989	77804	17415	4411	13004	1001	624	377
88581	89576	20410	5697	14713	1263	974	289
72781	73316	18781	7790	10991	1460	1320	140
116506	116615	28468	10859	17609	1916	1589	327
40561	40826	8966	3291	5675	739	568	171
36077	36371	7328	2322	5006	623	400	223
26311	26302	5068	1601	3467	496	325	171
45791	46050	9293	2837	6456	907	502	405
71331	69016	13185	4800	8385	1272	859	413
26816	26892	4493	1438	3055	410	219	191

续表 39 continued

单位：人

县 市 County/City	15岁及以上人口 Population Aged 15 and Over			未 婚 Never Married			有配偶
	合 计 Total	男 Male	女 Female	小 计 Sub－total	男 Male	女 Female	小 计 Sub－total
河池市	194906	101576	93330	55586	33303	22283	125733
宜山	381495	197670	183825	105258	64797	40461	247285
罗城	223684	117082	106602	60461	36865	23596	145681
环江	205259	107110	98149	57658	34431	23227	133294
南丹	178183	93527	84656	51690	31168	20522	113953
天峨	83546	42133	41413	24650	13648	11002	52991
凤山	102258	51138	51120	26915	15082	11833	67379
东兰	166563	83019	83544	41747	23392	18355	110957
巴马	136484	67804	68680	34134	18744	15390	91566
都安	390152	202337	187815	114856	72130	42726	241604
大化	248777	127619	121158	63981	39112	24869	163790
钦州市	646234	346360	299874	179801	118160	61641	424116
上思	126597	67758	58839	34484	23019	11465	82829
防城	308980	162019	146961	82546	50675	31871	209047
灵山	691492	368210	323282	201042	130379	70663	442763
浦北	432820	231342	201478	120563	78931	41632	283543
海南							
海口市	319100	170271	148829	105512	62875	42637	197026
三亚市	241226	124611	116615	78736	46644	32092	148804
通什市	63570	32971	30599	21785	12780	9005	39121
琼山	384621	196679	187942	111481	68407	43074	242624
文昌	351856	174959	176897	84877	54503	30374	234896
琼海	296273	150964	145309	72488	46208	26280	200132
万宁	313613	160808	152805	75390	45727	29663	218978
定安	186576	97748	88828	51143	32361	18782	121560
屯昌	156966	83027	73939	40339	26155	14184	106667
澄迈	278104	147652	130452	77614	50151	27463	179766
临高	226155	117589	108566	65734	39296	26438	143621
儋县	447970	228683	219287	119857	69932	49925	298468
白沙	107556	57253	50303	32672	20247	12425	69769
昌江	133835	69142	64693	42448	24996	17452	84436
东方	191671	98509	93162	57625	33935	23690	122261
乐东	265949	135163	130786	83195	48529	34666	166612
陵水	185195	95635	89560	53689	32095	21594	119358
保亭	105223	55255	49968	32662	19903	12759	67544
琼中	132161	71489	60672	39473	25448	14025	86954
西沙群岛	1225	1188	37	503	497	6	718
南沙群岛	2	2	0	2	2	0	0
四川							
成都市	2451828	1283633	1168195	627216	377748	249468	1661287

(person)

Married		丧偶 Widowed			离婚 Divorced		
男 Male	女 Female	小计 Sub — total	男 Male	女 Female	小计 Sub — total	男 Male	女 Female
63814	61919	12141	3532	8609	1446	927	519
123244	124041	26509	7872	18637	2443	1757	686
73424	72257	15323	5033	10290	2219	1760	459
67519	65775	12909	4120	8789	1398	1040	358
58061	55892	11216	3359	7857	1324	939	385
26408	26583	5562	1850	3712	343	227	116
33587	33792	7443	2124	5319	521	345	176
55062	55895	12823	3810	9013	1036	755	281
45746	45820	10069	2893	7176	715	421	294
119052	122552	32334	10057	22277	1358	1098	260
81441	82349	19620	5946	13674	1386	1120	266
211996	212120	38333	12537	25796	3984	3667	317
41619	41210	8583	2530	6053	701	590	111
105234	103813	16201	5101	11100	1186	1009	177
219204	223559	43566	14718	28848	4121	3909	212
140343	143200	26516	10036	16480	2198	2032	166
104243	92783	15125	2366	12759	1437	787	650
74581	74223	12583	2798	9785	1103	588	515
19611	19510	2389	415	1974	275	165	110
120278	122346	28439	6328	22111	2077	1666	411
114876	120020	30322	4320	26002	1761	1260	501
99140	100992	22368	4599	17769	1285	1017	268
109382	109596	18081	4762	13319	1164	937	227
60978	60582	12966	3636	9330	907	773	134
53391	53276	9257	2886	6371	703	595	108
89799	89967	18577	5721	12856	2147	1981	166
71472	72149	14092	4330	9762	2708	2491	217
149297	149171	25814	6639	19175	3831	2815	1016
35291	34478	4551	1280	3271	564	435	129
42411	42025	6207	1320	4887	744	415	329
61792	60469	10520	2107	8413	1265	675	590
83336	83276	14905	2588	12317	1237	710	527
59610	59748	11258	3222	8036	890	708	182
33888	33656	4536	1130	3406	481	334	147
44072	42882	5142	1526	3616	592	443	149
687	31	4	4	0	0	0	0
0	0	0	0	0	0	0	0
851855	809432	133695	38517	95178	29630	15513	14117

续表 40 continued

单位:人

县 市 County/City	15岁及以上人口 Population Aged 15 and Over			未 婚 Never Married			有配偶
	合 计 Total	男 Male	女 Female	小 计 Sub－total	男 Male	女 Female	小 计 Sub－total
金堂	603314	315915	287399	169186	104778	64408	388580
双流	654239	332321	321918	169405	97882	71523	439899
温江	211773	106517	105256	48848	28434	20414	147753
郫县	331532	165018	166514	78736	45264	33472	227872
新都	425288	212794	212494	104240	59808	44432	291627
彭县	585054	297592	287462	124640	74441	50199	418249
崇庆	496649	252901	243748	115196	68570	46626	344135
大邑	380242	196989	183253	94208	56721	37487	258796
邛崃	497165	253169	243996	135485	78842	56643	325382
蒲江	193584	97316	96268	51874	29163	22711	128256
新津	216971	108666	108305	54276	31170	23106	146649
都江堰市	429201	217994	211207	103958	60261	43697	294369
重庆市	2583548	1352563	1230985	581744	362579	219165	1819021
长寿	661848	335586	326262	182667	104167	78500	436864
巴县	963229	501888	461341	229497	149778	79719	665371
綦江	721321	377361	343960	203588	125309	78279	468246
江北	807862	418548	389314	234288	144967	89321	519459
江津	1148976	606960	542016	322542	206335	116207	747527
合川	1150875	595920	554955	314659	194583	120076	757733
潼南	611466	311722	299744	150080	90802	59278	418498
铜梁	613345	315384	297961	169334	103159	66175	401624
永川	776953	405121	371832	216703	132772	83931	507301
大足	638374	327589	310785	171987	102382	69605	422525
荣昌	579051	297377	281674	159908	95219	64689	377768
璧山	451991	233970	218021	121183	75385	45798	298900
自贡市	760785	389936	370849	178731	108960	69771	528025
荣县	679348	350849	328499	190806	113964	76842	441909
富顺	837731	431169	406562	223612	136760	86852	551459
攀枝花市	514275	290755	223520	148714	87797	60917	344694
米易	141191	72594	68597	42092	24265	17827	88804
盐边	96678	49801	46877	28375	16581	11794	61144
泸州市	334258	170481	163777	75748	43671	32077	236240
泸县	1074150	552678	521472	290941	178050	112891	705359
合江	643934	336540	307394	188219	116359	71860	410489
纳溪	367425	189806	177619	109791	65088	44703	232879
叙永	453112	234700	218412	135999	79763	56236	285523
古蔺	467596	242618	224978	132727	77205	55522	299707
德阳市	611741	319950	291791	152043	93175	58868	418413
绵竹	404504	211213	193291	94436	59656	34780	281168
中江	1005060	525932	479128	274674	176170	98504	647489

(person)

Married		丧偶 Widowed			离婚 Divorced		
男 Male	女 Female	小计 Sub - total	男 Male	女 Female	小计 Sub - total	男 Male	女 Female
193178	195402	42873	15870	27003	2675	2089	586
217184	222715	41627	15024	26603	3308	2231	1077
72835	74918	13725	4269	9456	1447	979	468
111529	116343	22679	6786	15893	2245	1439	806
142923	148704	27024	8523	18501	2397	1540	857
208051	210198	38953	12876	26077	3212	2224	988
169800	174335	34292	12392	21900	3026	2139	887
129328	129468	24872	9229	15643	2366	1711	655
160747	164635	33382	11591	21791	2916	1989	927
63433	64823	12341	4027	8314	1113	693	420
71727	74922	14590	4797	9793	1456	972	484
146323	148046	27999	9537	18462	2875	1873	1002
935119	883902	138827	31419	107408	43956	23446	20510
216445	220419	39483	13075	26408	2834	1899	935
327516	337855	62702	20380	42322	5659	4214	1445
234344	233902	45925	15190	30735	3562	2518	1044
255595	263864	50737	15524	35213	3378	2462	916
369228	378299	71211	25188	46023	7696	6209	1487
373727	384006	73238	23574	49664	5245	4036	1209
205007	213491	40355	13849	26506	2533	2064	469
197212	204412	39640	12729	26911	2747	2284	463
252648	254653	47478	15380	32098	5471	4321	1150
208684	213841	40803	14034	26769	3059	2489	570
187863	189905	38610	12209	26401	2765	2086	679
146901	151999	28925	9297	19628	2983	2387	596
264609	263416	49244	13518	35726	4785	2849	1936
219527	222382	44039	15520	28519	2594	1838	756
272254	279205	59308	19640	39668	3352	2515	837
195701	148993	16891	5057	11834	3976	2200	1776
44696	44108	9237	2966	6271	1058	667	391
30751	30393	6480	2020	4460	679	449	230
120665	115581	18802	4331	14471	3462	1814	1648
345990	359369	73495	25049	48446	4355	3589	766
203140	207349	42307	14715	27592	2919	2326	593
115311	117568	23366	8320	15046	1389	1087	302
142191	143332	29466	11208	18258	2124	1538	586
149447	150260	32940	14286	18654	2222	1680	542
211044	207369	36792	12422	24370	4493	3309	1184
141472	139696	26579	8318	18261	2321	1767	554
317291	330198	78997	29114	49883	3900	3357	543

续表 41 continued

单位:人

县 市 County/City	15岁及以上人口 Population Aged 15 and Over			未 婚 Never Married			有配偶
	合 计 Total	男 Male	女 Female	小 计 Sub－total	男 Male	女 Female	小 计 Sub－total
什邡	332415	171189	161226	73684	44712	28972	235726
广汉市	422944	212920	210024	98662	58351	40311	295210
绵阳市	735670	391023	344647	197936	123036	74900	489335
三台	1040234	541748	498486	266783	171300	95483	687034
盐亭	472509	243333	229176	119444	74148	45296	317640
安县	372462	194922	177540	97485	61301	36184	249203
梓潼	296617	152865	143752	76877	45612	31265	197840
北川	119003	63538	55465	35484	21981	13503	75733
平武	137237	72940	64297	39541	24747	14794	87967
江油市	655643	343428	312215	168895	102041	66854	443077
广元市	673914	352829	321085	198314	114999	83315	433603
旺苍	338008	179626	158382	106337	62427	43910	211862
青川	158871	82852	76019	46134	27190	18944	101600
剑阁	459728	238484	221244	115878	69623	46255	310609
苍溪	597114	302775	294339	151486	87103	64383	407339
遂宁市	921548	464954	456594	210025	127097	82928	640002
蓬溪	860773	440125	420648	200284	124277	76007	591838
射洪	713516	361039	352477	176820	108847	67973	478398
内江市	968392	496406	471986	263036	159123	103913	637803
乐至	645770	332376	313394	174887	107174	67713	421165
安岳	1079323	553310	526013	262870	161307	101563	738908
威远	541205	282190	259015	139915	87699	52216	362100
资中	906935	473596	433339	252860	159604	93256	584679
资阳	744564	386033	358531	190159	118309	71850	497165
简阳	1058826	549611	509215	290767	175056	115711	687608
隆昌	543900	277424	266476	142914	86749	56165	360024
乐山市	857525	438482	419043	221603	128432	93171	577361
仁寿	1094252	565168	529084	310710	185164	125546	703954
眉山	593658	300701	292957	149508	86752	62756	404020
犍为	427828	220055	207773	124412	73479	50933	273277
井研	322281	165792	156489	91942	55072	36870	207161
夹江	269091	135346	133745	69027	39160	29867	181845
洪雅	260620	132729	127891	72662	41880	30782	170520
彭山	232649	118015	114634	55012	32946	22066	159876
沐川	183123	99318	83805	57198	36830	20368	112441
青神	156556	79303	77253	40674	24039	16635	105022
丹棱	120115	60832	59283	30946	17749	13197	81159
峨边	94056	50391	43665	29245	17849	11396	58800
马边	107655	55873	51782	30881	18426	12455	68937
峨嵋市	318609	165661	152948	88480	51421	37059	210033

(person)

Married		丧偶 Widowed			离婚 Divorced		
男 Male	女 Female	小计 Sub − total	男 Male	女 Female	小计 Sub − total	男 Male	女 Female
118332	117394	20814	6642	14172	2191	1503	688
145287	149923	27056	7838	19218	2016	1444	572
249046	240289	42199	14601	27598	6200	4340	1860
337288	349746	80536	28119	52417	5881	5041	840
156612	161028	33066	10684	22382	2359	1889	470
124065	125138	23633	7845	15788	2141	1711	430
98617	99223	20447	7513	12934	1453	1123	330
38319	37414	7148	2715	4433	638	523	115
44343	43624	8933	3243	5690	796	607	189
223673	219404	38974	14357	24617	4697	3357	1340
221253	212350	38823	14322	24501	3174	2255	919
108791	103071	18331	7288	11043	1478	1120	358
50942	50658	10205	4045	6160	932	675	257
155203	155406	30916	11906	19010	2325	1752	573
200932	206407	36744	13565	23179	1545	1175	370
312307	327695	66851	21906	44945	4670	3644	1026
290151	301687	65304	22950	42354	3347	2747	600
232136	246262	55174	17522	37652	3124	2534	590
315627	322176	62720	18347	44373	4833	3309	1524
206664	214501	47458	16763	30695	2260	1775	485
363353	375555	73752	25529	48223	3793	3121	672
180473	181627	36629	12121	24508	2561	1897	664
288505	296174	65132	22107	43025	4264	3380	884
245930	251235	54161	19480	34681	3079	2314	765
341102	346506	75458	29492	45966	4993	3961	1032
177726	182298	38417	11112	27305	2545	1837	708
289795	287566	53596	17339	36257	4965	2916	2049
347627	356327	76538	29982	46556	3050	2395	655
199963	204057	37873	12525	25348	2257	1461	796
135455	137822	28322	9946	18376	1817	1175	642
102001	105160	22208	8048	14160	970	671	299
89972	91873	17303	5622	11681	916	592	324
84831	85689	16546	5458	11088	892	560	332
78756	81120	16623	5557	11066	1138	756	382
56732	55709	12259	4768	7491	1225	988	237
51723	53299	10235	3147	7088	625	394	231
40325	40834	7605	2521	5084	405	237	168
30284	28516	5506	1911	3595	505	347	158
34426	34511	7269	2619	4650	568	402	166
106736	103297	18625	6571	12054	1471	933	538

续表 42 continued

单位：人

县 市 County/City	15岁及以上人口 Population Aged 15 and Over 合 计 Total	男 Male	女 Female	未 婚 Never Married 小 计 Sub－total	男 Male	女 Female	有配偶 小 计 Sub－total
万县市	257232	129352	127880	63524	35339	28185	176538
万县	972309	503381	468928	283378	166642	116736	622804
开县	1030033	538727	491306	284021	172634	111387	669758
忠县	717703	365011	352692	189064	107988	81076	477356
梁平	647640	335596	312044	189616	110555	79061	415646
云阳	864674	450713	413961	238137	144458	93679	564764
奉节	679976	358931	321045	192270	116831	75439	440722
巫山	401610	212148	189462	118317	71589	46728	254819
巫溪	358839	191876	166963	99888	62402	37486	232566
城口	161269	87579	73690	43078	28140	14938	105989
涪陵市	826732	423657	403075	256555	147680	108875	521770
垫江	617480	316589	300891	179143	103158	75985	397577
南川	511955	261793	250162	159184	89803	69381	322357
丰都	572868	293971	278897	176292	102384	73908	357457
武隆	300588	157894	142694	97820	58301	39519	182797
宜宾市	544883	279638	265245	151297	87328	63969	355230
宜宾	684943	352888	332055	198277	115937	82340	437446
南溪	284474	145352	139122	80539	46989	33550	182993
江安	358175	185590	172585	105255	62796	42459	227896
长宁	297885	153692	144193	88336	52090	36246	187703
高县	343933	177653	166280	97235	57123	40112	222044
筠连	240948	123547	117401	65925	38005	27920	158221
珙县	287873	155553	132320	83899	51643	32256	185916
兴文	304788	159883	144905	95582	56702	38880	188851
屏山	173522	90382	83140	49649	29777	19872	110996
南充市	228257	118644	109613	58233	34273	23960	156115
华蓥市	260241	139868	120373	73114	44703	28411	171961
南充	1033752	536147	497605	275730	172531	103199	682244
南部	918546	469537	449009	251672	150288	101384	601701
岳池	760674	387751	372923	200037	119942	80095	505484
营山	614861	312223	302638	148492	89565	58927	420728
广安	815798	421088	394710	229912	140239	89673	526627
蓬安	482143	250312	231831	127064	77686	49378	319901
仪陇	667589	342311	325278	166318	99642	66676	454581
武胜	550696	281568	269128	142799	87151	55648	369707
西充	473103	240800	232303	113951	68874	45077	325128
阆中	675242	344095	331147	172406	102334	70072	456438
达县市	265848	141784	124064	78519	44887	33632	175416
达县	926550	476362	450188	253462	149077	104385	612392
宣汉	792239	410962	381277	218985	127205	91780	518654

(person)

Married		丧偶 Widowed			离婚 Divorced		
男 Male	女 Female	小计 Sub－total	男 Male	女 Female	小计 Sub－total	男 Male	女 Female
88911	87627	15325	4074	11251	1845	1028	817
308889	313915	63084	25405	37679	3043	2445	598
331506	338252	71380	30466	40914	4874	4121	753
236099	241257	49190	19347	29843	2093	1577	516
206920	208726	39904	16300	23604	2474	1821	653
279394	285370	57778	23394	34384	3995	3467	528
220304	220418	44212	19476	24736	2772	2320	452
127149	127670	26656	11856	14800	1818	1554	264
116086	116480	24436	11694	12742	1949	1694	255
52849	53140	10666	5260	5406	1536	1330	206
260606	261164	45156	13127	32029	3251	2244	1007
196964	200613	38436	14723	23713	2324	1744	580
160348	162009	28519	10418	18101	1895	1224	671
177240	180217	37177	12968	24209	1942	1379	563
91257	91540	19081	7654	11427	890	682	208
179301	175929	34356	10676	23680	4000	2333	1667
217039	220407	46350	17831	28519	2870	2081	789
90855	92138	19524	6598	12926	1418	910	508
113333	114563	23442	8309	15133	1582	1152	430
92877	94826	20476	7658	12818	1370	1067	303
110709	111335	23081	8646	14435	1573	1175	398
78856	79365	15318	5575	9743	1484	1111	373
96658	89258	16230	5892	10338	1828	1360	468
94610	94241	18863	7345	11518	1492	1226	266
55398	55598	11966	4499	7467	911	708	203
80468	75647	11942	2899	9043	1967	1004	963
89295	82666	13760	4784	8976	1406	1086	320
333586	348658	71217	26276	44941	4561	3754	807
294592	307109	60858	20971	39887	4315	3686	629
247040	258444	52238	18342	33896	2915	2427	488
205115	215613	43168	15517	27651	2473	2026	447
258967	267660	56838	19988	36850	2421	1894	527
157987	161914	33071	12830	20241	2107	1809	298
222089	232492	44061	18186	25875	2629	2394	235
180654	189053	36180	12033	24147	2010	1730	280
159043	166085	32425	11589	20836	1599	1294	305
224645	231793	44192	15407	28785	2206	1709	497
93361	82055	10190	2664	7526	1723	872	851
303129	309263	57998	21983	36015	2698	2173	525
258381	260273	51157	22489	28668	3443	2887	556

续表 43 continued

单位:人

县 市 County/City	15岁及以上人口 Population Aged 15 and Over			未 婚 Never Married			有配偶
	合 计 Total	男 Male	女 Female	小 计 Sub－total	男 Male	女 Female	小 计 Sub－total
开江	376033	197861	178172	107792	65698	42094	241129
万源	323673	170132	153541	95104	55103	40001	207270
通江	483558	246248	237310	140838	77039	63799	311031
南江	423926	219707	204219	122011	70173	51838	275143
巴中	846692	431920	414772	210432	121364	89068	579380
平昌	578745	293564	285181	161789	89862	71927	380575
大竹	760361	397213	363148	206763	125967	80796	499946
渠县	927817	481938	445879	246478	152643	93835	613843
邻水	606883	313879	293004	176365	104674	71691	390345
白沙	55215	28908	26307	15514	8699	6815	36503
雅安市	242750	125405	117345	70173	41219	28954	157528
名山	195379	100558	94821	52908	31207	21701	129998
荥经	104466	53632	50834	31860	18453	13407	65912
汉源	243534	124722	118812	68559	40391	28168	158312
石棉	89231	47672	41559	25819	15932	9887	57523
天全	106212	55874	50338	33245	19863	13382	65569
芦山	87364	47049	40315	29024	18206	10818	52257
宝兴	40182	21236	18946	12629	7690	4939	24765
汶川	71288	38539	32749	20656	12345	8311	46026
理县	30439	16059	14380	8599	5050	3549	19559
茂县	58734	30424	28310	17043	10105	6938	37298
松潘	43652	23145	20507	12197	7390	4807	27518
南坪	36041	19349	16692	9647	6014	3633	23455
金川	48601	25420	23181	15395	8944	6451	29659
小金	49349	25630	23719	15352	8942	6410	30719
黑水	39709	20531	19178	9593	5526	4067	26856
马尔康	43766	23619	20147	12864	7748	5116	27512
壤塘	20510	10542	9968	6907	4308	2599	11009
阿坝	32913	16240	16673	11234	7136	4098	17039
若尔盖	37768	18846	18922	9997	6087	3910	22788
红原	20083	10085	9998	5948	3558	2390	11775
康定	71168	37946	33222	23971	14858	9113	41645
泸定	48547	24924	23623	13644	8126	5518	31131
丹巴	40234	20944	19290	10863	6530	4333	25923
九龙	28208	14557	13651	8217	4922	3295	17693
雅江	24907	12796	12111	7180	4323	2857	15344
道孚	30209	15663	14546	11074	6721	4353	16541
炉霍	25123	13124	11999	8726	5350	3376	14016
甘孜	37327	18187	19140	15358	8847	6511	17865
新龙	26215	13326	12889	9044	5200	3844	14426

(person)

Married		丧偶 Widowed			离婚 Divorced		
男 Male	女 Female	小计 Sub-total	男 Male	女 Female	小计 Sub-total	男 Male	女 Female
119217	121912	25442	11464	13978	1670	1482	188
104335	102935	20042	9707	10335	1257	987	270
155125	155906	30534	13217	17317	1155	867	288
137365	137778	25314	10996	14318	1458	1173	285
287252	292128	54747	21586	33161	2133	1718	415
188461	192114	35107	14240	20867	1274	1001	273
248989	250957	49422	18676	30746	4230	3581	649
302874	310969	63306	22836	40470	4190	3585	605
193105	197240	38052	14378	23674	2121	1722	399
18735	17768	3006	1336	1670	192	138	54
78825	78703	12997	4185	8812	2052	1176	876
64501	65497	11438	4131	7307	1035	719	316
33074	32838	6157	1767	4390	537	338	199
78518	79794	15428	5063	10365	1235	750	485
29580	27943	4957	1544	3413	932	616	316
33465	32104	6685	2104	4581	713	442	271
26579	25678	5146	1614	3532	937	650	287
12597	12168	2549	798	1751	239	151	88
24342	21684	4179	1577	2602	427	275	152
10202	9357	2114	696	1418	167	111	56
18758	18540	4080	1329	2751	313	232	81
14634	12884	3511	934	2577	426	187	239
12197	11258	2497	887	1610	442	251	191
15457	14202	2938	815	2123	609	204	405
15588	15131	3022	932	2090	256	168	88
14158	12698	2995	748	2247	265	99	166
14981	12531	2565	619	1946	825	271	554
5787	5222	1718	350	1368	876	97	779
8400	8639	3534	570	2964	1106	134	972
11759	11029	3946	775	3171	1037	225	812
5936	5839	1782	415	1367	578	176	402
21349	20296	4611	1289	3322	941	450	491
15499	15632	3433	1104	2329	339	195	144
13432	12491	2946	772	2174	502	210	292
8882	8811	2077	642	1435	221	111	110
7875	7469	2149	524	1625	234	74	160
8358	8183	2269	500	1769	325	84	241
7181	6835	2139	526	1613	242	67	175
8483	9382	3455	741	2714	649	116	533
7578	6848	2484	486	1998	261	62	199

续表 44 continued

单位:人

县 市 County/City	15岁及以上人口 Population Aged 15 and Over			未 婚 Never Married			有配偶
	合 计 Total	男 Male	女 Female	小 计 Sub－total	男 Male	女 Female	小 计 Sub－total
德格	38472	19073	19399	16671	10277	6394	16739
白玉	27476	13846	13630	11988	7007	4981	11489
石渠	38240	18902	19338	14260	8466	5794	19422
色达	22515	11257	11258	8749	5302	3447	11486
理塘	30218	14842	15376	11966	6819	5147	14932
巴塘	32088	15608	16480	10461	5544	4917	18182
乡城	16760	8389	8371	4291	2572	1719	10779
稻城	17635	8702	8933	4840	2845	1995	10848
得荣	10564	5339	5225	3239	1946	1293	6169
西昌市	361039	187664	173375	101749	59461	42288	234668
木理	76637	40094	36543	20300	12059	8241	49739
盐源	182266	94540	87726	52732	31666	21066	115668
德昌	118880	61437	57443	33381	19324	14057	76529
会理	299094	153771	145323	86113	50358	35755	192138
会东	237934	124426	113508	68567	41285	27282	154048
宁南	112683	57394	55289	30965	17697	13268	73331
普格	85308	45968	39340	20671	13686	6985	57656
布拖	81994	41710	40284	17164	10186	6978	57647
金阳	77290	39716	37574	15860	9795	6065	54576
昭觉	125341	63648	61693	25007	15341	9666	88968
喜德	76405	38802	37603	17402	10106	7296	52865
冕宁	191912	97374	94538	52826	29895	22931	123899
越西	133684	67399	66285	34597	19656	14941	88937
甘洛	98419	50483	47936	25080	14772	10308	65728
美姑	93821	47441	46380	20100	12207	7893	64729
雷波	132233	72142	60091	37364	24585	12779	83333
石柱	351116	179178	171938	104658	58878	45780	224937
秀山	389046	202977	186069	116477	68460	48017	243614
黔江	316005	165225	150780	92233	53794	38439	200983
酉阳	492427	258344	234083	152431	90691	61740	303766
彭水	425179	221448	203731	135392	78445	56947	261290
贵州							
贵阳市	1295650	690013	605637	393509	240611	152898	821367
六盘水市	251310	137600	113710	77084	45255	31829	163934
盘县特区	594557	308475	286082	166187	97388	68799	393301
六枝特区	345227	179776	165451	95583	56662	38921	227173
水城县	389486	202072	187414	104473	63110	41363	260712
遵义市	337261	179742	157519	97408	58259	39149	222051
遵义	861855	439314	422541	250207	139962	110245	555117
桐梓	386352	200238	186114	116013	66928	49085	244228

(person)

Married		丧偶 Widowed			离婚 Divorced		
男 Male	女 Female	小计 Sub－total	男 Male	女 Female	小计 Sub－total	男 Male	女 Female
7848	8891	3336	738	2598	1726	210	1516
6026	5463	3482	738	2744	517	75	442
9263	10159	3748	940	2808	810	233	577
5425	6061	1891	408	1483	389	122	267
7348	7584	2657	538	2119	663	137	526
9232	8950	3052	742	2310	393	90	303
5408	5371	1406	335	1071	284	74	210
5442	5406	1592	327	1265	355	88	267
3089	3080	1030	269	761	126	35	91
119390	115278	21409	6873	14536	3213	1940	1273
26008	23731	5785	1672	4113	813	355	458
58170	57498	12437	3790	8647	1429	914	515
38561	37968	8067	2943	5124	903	609	294
96179	95959	19083	6113	12970	1760	1121	639
77226	76822	14236	5114	9122	1083	801	282
36649	36682	7514	2507	5007	873	541	332
29498	28158	5689	1899	3790	1292	885	407
28944	28703	6371	2145	4226	812	435	377
27227	27349	6269	2388	3881	585	306	279
44243	44725	10315	3543	6772	1051	521	530
26615	26250	5582	1802	3780	556	279	277
62233	61666	13728	4388	9340	1459	858	601
44646	44291	9380	2668	6712	770	429	341
33263	32465	6805	2000	4805	806	448	358
32049	32680	7857	2528	5329	1135	657	478
42650	40683	9844	3651	6193	1692	1256	436
112318	112619	20376	7237	13139	1145	745	400
121307	122307	27467	11939	15528	1488	1271	217
100444	100539	21457	9869	11588	1332	1118	214
151237	152529	34560	15040	19520	1670	1376	294
130309	130981	26928	11488	15440	1569	1206	363
421884	399483	62122	17237	44885	18652	10281	8371
88836	75098	8402	2475	5927	1890	1034	856
196539	196762	32670	12788	19882	2399	1760	639
113993	113180	19926	7284	12642	2545	1837	708
128833	131879	22303	8551	13752	1998	1578	420
115326	106725	13628	3839	9789	4174	2318	1856
276420	278697	52603	20293	32310	3928	2639	1289
121776	122452	24172	10165	14007	1939	1369	570

续表 45 continued

单位：人

县 市 County/City	15岁及以上人口 Population Aged 15 and Over 合计 Total	男 Male	女 Female	未婚 Never Married 小计 Sub-total	男 Male	女 Female	有配偶 小计 Sub-total
绥阳	296881	153822	143059	81611	47231	34380	195309
正安	348297	180738	167559	103900	58658	45242	218430
道真	205805	106872	98933	68186	38046	30140	123092
务川	237940	122752	115188	71958	40079	31879	150093
凤冈	242971	124151	118820	82681	45570	37111	145439
湄潭	282070	144225	137845	86804	48828	37976	177520
余庆	181302	92216	89086	57106	31625	25481	114158
仁怀	335673	172534	163139	98280	55845	42435	213597
赤水	204247	105423	98824	58821	34852	23969	130659
习水	394621	202693	191928	111030	63753	47277	256205
铜仁市	210814	112051	98763	62902	38566	24336	134377
江口	131427	69637	61790	37795	23166	14629	84393
玉屏	84636	44100	40536	22003	13142	8861	57249
石阡	226264	115685	110579	70498	39360	31138	140045
思南	377941	192643	185298	116625	64852	51773	236177
印江	242612	126321	116291	76016	43837	32179	149107
德江	247265	125506	121759	76444	41372	35072	154405
沿河	296701	151271	145430	89311	49621	39690	186155
松桃	353531	186964	166567	103556	62882	40674	222603
万山特区	48053	25131	22922	14901	8851	6050	30136
兴义市	394420	200554	193866	106083	61194	44889	261754
兴仁	231983	117505	114478	64151	36259	27892	152990
普安	151000	77370	73630	39742	23170	16572	101496
晴隆	152636	79106	73530	40735	23927	16808	101766
贞丰	184894	93110	91784	47231	26575	20656	124073
望谟	156854	79104	77750	39720	21847	17873	105870
册亨	114217	57657	56560	29756	16487	13269	75899
安龙	231416	117376	114040	60340	34738	25602	154796
毕节	678124	348305	329819	196934	116380	80554	437060
大方	504875	262150	242725	142664	86378	56286	330027
黔西	440758	230738	210020	129541	79138	50403	282834
金沙	350974	182440	168534	107689	63598	44091	220679
织金	491670	257043	234627	141611	86190	55421	319608
纳雍	393345	203611	189734	103200	62622	40578	265803
威宁	567251	297864	269387	153600	93615	59985	381779
赫章	344862	177784	167078	95404	56632	38772	228114
安顺市	478420	243630	234790	137738	77211	60527	309374
开阳	255900	134271	121629	75057	44199	30858	164879
息烽	153169	80703	72466	45675	27475	18200	97989
修文	177481	93210	84271	53149	32361	20788	113742

(person)

Married		丧偶 Widowed			离婚 Divorced		
男 Male	女 Female	小计 Sub－total	男 Male	女 Female	小计 Sub－total	男 Male	女 Female
97352	97957	18678	8332	10346	1283	907	376
108648	109782	24741	12549	12192	1226	883	343
61371	61721	14022	7087	6935	505	368	137
74804	75289	15087	7303	7784	802	566	236
72466	72973	14277	5718	8559	574	397	177
88314	89206	16434	6172	10262	1312	911	401
56781	57377	9419	3377	6042	619	433	186
106280	107317	22500	9545	12955	1296	864	432
65232	65427	13563	4480	9083	1204	859	345
127632	128573	25702	10303	15399	1684	1005	679
67757	66620	11967	4529	7438	1568	1199	369
42022	42371	8666	3974	4692	573	475	98
28514	28735	4911	2062	2849	473	382	91
69498	70547	15118	6364	8754	603	463	140
117107	119070	24176	9952	14224	963	732	231
73982	75125	16574	7748	8826	915	754	161
76510	77895	15773	7142	8631	643	482	161
92123	94032	20302	8830	11472	933	697	236
110411	112192	25679	12212	13467	1693	1459	234
15049	15087	2687	1009	1678	329	222	107
130350	131404	24752	7659	17093	1831	1351	480
75773	77217	13909	4804	9105	933	669	264
50580	50916	8869	2957	5912	893	663	230
51102	50664	9268	3419	5849	867	658	209
61372	62701	12781	4563	8218	809	600	209
52757	53113	10645	4077	6568	619	423	196
37916	37983	8031	2910	5121	531	344	187
77002	77794	15087	4736	10351	1193	900	293
216407	220653	41266	13501	27765	2864	2017	847
164219	165808	30581	10362	20219	1603	1191	412
140710	142124	26745	9644	17101	1638	1246	392
109985	110694	21117	7781	13336	1489	1076	413
159004	160604	28429	10277	18152	2022	1572	450
131507	134296	22151	7782	14369	2191	1700	491
190085	191694	29850	12530	17320	2022	1634	388
113395	114719	19877	6688	13189	1467	1069	398
154983	154391	27413	8868	18545	3895	2568	1327
82680	82199	14600	6382	8218	1364	1010	354
49339	48650	8576	3222	5354	929	667	262
56644	57098	9583	3458	6125	1007	747	260

续表 46 continued

单位：人

县 市 County/City	15岁及以上人口 Population Aged 15 and Over			未 婚 Never Married			有配偶
	合 计 Total	男 Male	女 Female	小 计 Sub－total	男 Male	女 Female	小 计 Sub－total
清镇	289992	154122	135870	86544	53294	33250	186857
平坝	207496	107368	100128	61493	35236	26257	133639
普定	217540	112985	104555	61147	36471	24676	140823
关岭	169796	87236	82560	41802	24878	16924	115863
镇宁	191412	97839	93573	53596	30900	22696	123799
紫云	177144	90889	86255	45785	26434	19351	119112
凯里市	269445	142243	127202	79473	48311	31162	174322
黄平	211418	109643	101775	64265	37959	26306	133842
施秉	89493	46144	43349	25472	14973	10499	58280
三穗	114460	59518	54942	30022	17938	12084	76892
镇远	149343	77405	71938	44013	25431	18582	95788
岑巩	124617	65256	59361	36566	21278	15288	79990
天柱	228365	117037	111328	58900	34115	24785	152798
锦屏	124871	63489	61382	33664	18728	14936	82369
剑河	116062	60327	55735	30324	17830	12494	77814
台江	90889	47011	43878	26714	15895	10819	57918
黎平	286199	148347	137852	74967	44324	30643	190157
榕江	176635	91765	84870	50481	29872	20609	114379
从江	183811	94392	89419	47820	28051	19769	122760
雷山	85181	45161	40020	24730	15292	9438	54715
82910	麻江	125297	64320	60977	33673	19815	13858
丹寨	93786	48395	45391	23213	13708	9505	64083
都匀市	309402	159276	150126	88968	51971	36997	200626
荔波	94615	48663	45952	27348	15878	11470	60223
贵定	170365	88265	82100	51566	30410	21156	106811
福泉	167716	88823	78893	49510	30389	19121	107554
瓮安	251065	131168	119897	73854	43074	30780	162436
独山	202284	102450	99834	57978	32909	25069	128972
平塘	182320	93565	88755	54631	31274	23357	115019
罗甸	182246	91983	90263	52312	28755	23557	116818
长顺	131991	67884	64107	36558	21103	15455	85932
龙里	120918	63418	57500	34881	20767	14114	77545
惠水	239371	122063	117308	68425	38551	29874	152656
三都	165833	84820	81013	43635	25601	18034	109527
云南							
昆明市	1326847	705812	621035	395427	241993	153434	852346
呈贡	108299	54551	53748	28909	16336	12573	72316
晋宁	188606	95064	93542	52374	29412	22962	123690
安宁	190007	105096	84911	55736	35801	19935	123024
富民	95065	47867	47198	27522	15560	11962	61356

(person)

Married		丧偶 Widowed			离婚 Divorced		
男 Male	女 Female	小计 Sub - total	男 Male	女 Female	小计 Sub - total	男 Male	女 Female
94682	92175	14871	4971	9900	1720	1175	545
67389	66250	10999	3759	7240	1365	984	381
70112	70711	13852	5000	8852	1718	1402	316
57514	58349	11185	4089	7096	946	755	191
61506	62293	12960	4632	8328	1057	801	256
59252	59860	11379	4587	6792	868	616	252
88204	86118	13546	4339	9207	2104	1389	715
66630	67212	12295	4248	8047	1016	806	210
28996	29284	5314	1869	3445	427	306	121
38162	38730	6842	2833	4009	704	585	119
47756	48032	8950	3779	5171	592	439	153
39879	40111	7570	3675	3895	491	424	67
75820	76978	15146	5882	9264	1521	1220	301
41013	41356	8103	3127	4976	735	621	114
38796	39018	7236	3176	4060	688	525	163
28718	29200	5770	2059	3711	487	339	148
95054	95103	19284	7555	11729	1791	1414	377
57001	57378	10797	4127	6670	978	765	213
61362	61398	12290	4342	7948	941	637	304
27223	27492	5221	2238	2983	515	408	107
41155	41655	8319	2957	5362	495	393	102
31917	32166	5914	2303	3611	576	467	109
100697	99929	17387	5042	12345	2421	1566	855
30192	30031	6409	2076	4333	635	517	118
53075	53736	10755	3882	6873	1233	898	335
53863	53691	9817	3931	5886	835	640	195
81462	80974	13346	5491	7855	1429	1141	288
64347	64625	14346	4420	9926	988	774	214
57273	57746	11993	4499	7494	677	519	158
58135	58683	12335	4591	7744	781	502	279
42729	43203	8956	3621	5335	545	431	114
38860	38685	7739	3212	4527	753	579	174
75968	76688	16946	6510	10436	1344	1034	310
54455	55072	11648	3888	7760	1023	876	147
438574	413772	61732	15136	46596	17342	10109	7233
36115	36201	6445	1736	4709	629	364	265
61480	62210	11193	3390	7803	1349	782	567
64885	58139	8596	2702	5894	2651	1708	943
30145	31211	5560	1800	3760	627	362	265

续表 47 continued

单位:人

县 市 County/City	15岁及以上人口 Population Aged 15 and Over 合计 Total	男 Male	女 Female	未婚 Never Married 小计 Sub－total	男 Male	女 Female	有配偶 小计 Sub－total
宜良	282713	144239	138474	75923	44330	31593	187153
路南	142900	72253	70647	40787	22993	17794	93127
嵩明	220551	111174	109377	55245	31141	24104	150857
禄劝	288700	147977	140723	76517	45577	30940	193349
东川市	199225	105149	94076	57596	35070	22526	129463
昭通市	403805	206175	197630	120744	68970	51774	257756
鲁甸	174381	90088	84293	45000	26844	18156	118477
巧家	297741	155913	141828	82306	51024	31282	194814
盐津	191861	100759	91102	49791	31185	18606	127348
大关	135468	70653	64815	33319	20541	12778	91514
永善	235108	122128	112980	66676	39752	26924	150704
绥江	88672	46030	42642	23894	14581	9313	57734
镇雄	609273	312857	296416	165330	97398	67932	401471
彝良	266259	138169	128090	65531	39651	25880	181378
威信	195134	100205	94929	51819	30302	21517	130304
水富	54615	28518	26097	13967	8585	5382	36604
曲靖市	600389	307284	293105	172691	96055	76636	394790
马龙	126293	65426	60867	39170	22214	16956	80576
宣威	750971	388903	362068	221179	126961	94218	488163
富源	349452	181433	168019	97322	56131	41191	231633
罗平	292151	149148	143003	77652	43927	33725	197126
师宗	190513	97755	92758	48923	28038	20885	130345
陆良	344527	172343	172184	97950	52904	45046	228579
寻甸	300206	154276	145930	84340	48869	35471	197941
会泽	534861	277306	257555	145727	87415	58312	356684
楚雄市	307272	160431	146841	86557	51448	35109	200679
双柏	106659	56090	50569	30297	18837	11460	68721
牟定	136283	68703	67580	35430	20113	15317	91317
南华	153368	78155	75213	37583	21745	15838	105627
姚安	139342	71230	68112	36525	21619	14906	92969
大姚	198139	101711	96428	50223	30692	19531	132602
永仁	70925	36827	34098	17846	11175	6671	47478
元谋	133175	68107	65068	35874	21463	14411	87724
武定	167890	85460	82430	41998	24711	17287	114361
禄丰	281887	146426	135461	79403	46984	32419	183414
玉溪市	239089	118206	120883	63571	35357	28214	159781
江川	163088	79329	83759	48030	25875	22155	104107
澄江	97626	48614	49012	28842	16042	12800	62344
通海	167600	80488	87112	42495	23319	19176	111411
华宁	126181	64302	61879	36167	21111	15056	81644

(person)

Married		丧偶 Widowed			离婚 Divorced		
男 Male	女 Female	小计 Sub－total	男 Male	女 Female	小计 Sub－total	男 Male	女 Female
93376	93777	17602	5175	12427	2035	1358	677
46136	46991	8320	2689	5631	666	435	231
74516	76341	13247	4640	8607	1202	877	325
95920	97429	17710	5690	12020	1124	790	334
65647	63816	10901	3624	7277	1265	808	457
128310	129446	23718	7827	15891	1587	1068	519
58908	59569	10203	3755	6448	701	581	120
97000	97814	19503	7124	12379	1118	765	353
63318	64030	13983	5694	8289	739	562	177
45486	46028	9963	4128	5835	672	498	174
75160	75544	16991	6747	10244	737	469	268
28748	28986	6732	2480	4252	312	221	91
199082	202389	39660	14182	25478	2812	2195	617
90300	91078	17914	7131	10783	1436	1087	349
64740	65564	12206	4578	7628	805	585	220
18376	18228	3775	1390	2385	269	167	102
198439	196351	30243	10987	19256	2665	1803	862
40317	40259	6135	2579	3556	412	316	96
243095	245068	39327	17137	22190	2302	1710	592
116196	115437	19289	8202	11087	1208	904	304
98492	98634	16437	6028	10409	936	701	235
65119	65226	10655	4167	6488	590	431	159
113156	115423	17073	5690	11383	925	593	332
98154	99787	16902	6472	10430	1023	781	242
176894	179790	30526	11583	18943	1924	1414	510
101465	99214	17741	6133	11608	2295	1385	910
34311	34410	7039	2551	4488	602	391	211
44920	46397	8734	3155	5579	802	515	287
52512	53115	9320	3363	5957	838	535	303
45794	47175	8805	3175	5630	1043	642	401
65449	67153	13493	4567	8926	1821	1003	818
23658	23820	5004	1615	3389	597	379	218
43835	43889	8608	2236	6372	969	573	396
56832	57529	10827	3464	7363	704	453	251
92552	90862	17092	5552	11540	1978	1338	640
78900	80881	14373	3092	11281	1364	857	507
50661	53446	10242	2368	7874	709	425	284
30741	31603	5974	1550	4424	466	281	185
54279	57132	12737	2283	10454	957	607	350
40639	41005	7722	2108	5614	648	444	204

续表 48 continued

单位：人

县市 County/City	15岁及以上人口 Population Aged 15 and Over 合计 Total	男 Male	女 Female	未婚 Never Married 小计 Sub－total	男 Male	女 Female	有配偶 小计 Sub－total
易门	123580	64316	59264	37511	21923	15588	78172
峨山	101405	51703	49702	30495	17625	12870	63196
新平	170210	87207	83003	40745	23988	16757	118119
元江	123054	63044	60010	32409	19120	13289	81630
个旧市	288205	151519	136686	75848	46532	29316	193366
开远市	182166	96810	85356	46854	29263	17591	123986
蒙自	196005	99447	96558	48424	28489	19935	133653
屏边	87455	45951	41504	22789	14405	8384	58928
建水	317424	159961	157463	84499	50073	34426	208991
石屏	182717	89420	93297	47052	26976	20076	120360
弥勒	301484	152415	149069	77904	45142	32762	203753
泸西	217031	109636	107395	54303	30364	23939	150045
元阳	217189	110504	106685	46410	27230	19180	152939
红河	150435	76056	74379	28926	17320	11606	109355
金平	180769	91491	89278	35910	21469	14441	132328
绿春	114117	58165	55952	24890	14671	10219	81810
河口	50625	26309	24316	12971	7881	5090	34679
文山	243543	124558	118985	62730	36874	25856	164952
砚山	244107	124331	119776	55354	31782	23572	172399
西畴	153413	79900	73513	40602	25495	15107	102318
麻栗坡	168606	87703	80903	42866	26648	16218	114467
马关	216421	111848	104573	53125	32741	20384	148637
丘北	242208	123963	118245	62502	35701	26801	165530
广南	415162	210368	204794	96751	54722	42029	288534
富宁	235805	120936	114869	60078	35019	25059	157818
思茅	109039	57001	52038	32745	19589	13156	70521
普洱	125802	65529	60273	35583	22014	13569	81466
墨江	213926	111432	102494	57519	35664	21855	140202
景东	228680	120757	107923	66573	41642	24931	145203
景谷	186900	97869	89031	55524	34517	21007	117991
镇沅	134600	71591	63009	39204	25323	13881	85178
江城	56850	29518	27332	14534	9034	5500	38858
孟连	66752	34643	32109	14296	9194	5102	47897
澜沧	282635	147436	135199	62333	40356	21977	200301
西盟	49167	25232	23935	12106	7542	4564	33410
景洪	240431	124410	116021	55577	33991	21586	171642
勐海	183944	93618	90326	33399	20767	12632	137057
勐腊	121349	63726	57623	27444	17757	9687	87113
大理市	319413	159470	159943	82006	44832	37174	217126
漾濞	60215	31008	29207	15960	9412	6548	39641

(person)

Married		丧偶 Widowed			离婚 Divorced		
男 Male	女 Female	小计 Sub — total	男 Male	女 Female	小计 Sub — total	男 Male	女 Female
39875	38297	7218	2069	5149	679	449	230
31825	31371	6965	1777	5188	749	476	273
59391	58728	10308	3175	7133	1038	653	385
41062	40568	7870	2186	5684	1145	676	469
99819	93547	15744	3372	12372	3247	1796	1451
64086	59900	9382	2268	7114	1944	1193	751
66612	67041	12365	3333	9032	1563	1013	550
29480	29448	5328	1775	3553	410	291	119
103022	105969	21699	5264	16435	2235	1602	633
58458	61902	14327	3316	11011	978	670	308
101280	102473	18147	4941	13206	1680	1052	628
74717	75328	11818	3974	7844	865	581	284
76134	76805	15167	5441	9726	2673	1699	974
54307	55048	10370	3224	7146	1784	1205	579
66014	66314	10779	2963	7816	1752	1045	707
40776	41034	6714	2275	4439	703	443	260
17437	17242	2518	712	1806	457	279	178
82617	82335	14450	4184	10266	1411	883	528
86527	85872	15048	5128	9920	1306	894	412
50912	51406	9927	3057	6870	566	436	130
57080	57387	10641	3520	7121	632	455	177
74013	74624	13616	4365	9251	1043	729	314
82850	82680	13266	4758	8508	910	654	256
143657	144877	28018	10608	17410	1859	1381	478
78791	79027	16282	5927	10355	1627	1199	428
35687	34834	4947	1281	3666	826	444	382
40503	40963	7977	2525	5452	776	487	289
69764	70438	15047	5258	9789	1158	746	412
73038	72165	15680	5225	10455	1224	852	372
58973	59018	12660	3960	8700	725	419	306
42650	42528	9484	3136	6348	734	482	252
19340	19518	3188	978	2210	270	166	104
24077	23820	3632	949	2683	927	423	504
100247	100054	17832	5572	12260	2169	1261	908
16801	16609	3191	733	2458	460	156	304
86380	85262	10472	2575	7897	2740	1464	1276
68509	68548	10229	2718	7511	3259	1624	1635
43771	43342	5718	1637	4081	1074	561	513
108106	109020	18192	5482	12710	2089	1050	1039
19923	19718	4097	1390	2707	517	283	234

续表 49 continued

单位:人

县 市 County/City	15 岁及以上人口 Population Aged 15 and Over			未 婚 Never Married			有配偶
	合 计 Total	男 Male	女 Female	小 计 Sub — total	男 Male	女 Female	小 计 Sub — total
祥云	286652	144486	142166	83838	47117	36721	185166
宾川	204469	103778	100691	56930	32396	24534	134537
弥渡	200197	101038	99159	60535	34303	26232	126962
南涧	135293	68659	66634	34542	20071	14471	90593
巍山	185331	93526	91805	50613	28561	22052	121088
永平	107144	54766	52378	29370	17366	12004	69648
云龙	124023	63754	60269	34676	20857	13819	79401
洱源	196471	97870	98601	49579	26775	22804	132544
剑川	103168	50995	52173	29199	15637	13562	66624
鹤庆	166759	83396	83363	43531	24077	19454	110833
保山市	540674	270751	269923	150885	84261	66624	353483
施甸	208178	104344	103834	56080	31313	24767	137078
腾冲	365620	185362	180258	97203	54778	42425	240990
龙陵	171317	87534	83783	49613	28483	21130	110033
昌宁	224909	115985	108924	66906	39175	27731	141943
畹町市	7869	4214	3655	2277	1464	813	5062
潞西	196013	98820	97193	56347	31082	25265	127176
梁河	90427	45909	44518	23408	13399	10009	61094
盈江	145633	72743	72890	38901	21843	17058	95658
陇川	94830	47509	47321	25957	14744	11213	61869
瑞丽	61062	31400	29662	15069	9026	6043	41547
丽江	232304	120443	111861	64097	38264	25833	151258
永胜	241703	120506	121197	61629	33760	27869	162043
华坪	99653	51665	47988	25677	15855	9822	66134
宁蒗	124093	62219	61874	33404	18970	14434	80843
泸水	91632	47772	43860	24596	14658	9938	60443
福贡	49275	24891	24384	10747	6276	4471	34985
贡山	20689	10811	9878	4981	3141	1840	14004
兰坪	110211	56900	53311	28593	16887	11706	73572
中甸	80409	41134	39275	21212	12564	8648	52475
德钦	39707	19599	20108	10844	5909	4935	25053
维西	84996	43348	41648	21373	12746	8627	56858
临沧	176107	91030	85077	53137	31578	21559	110824
凤庆	266096	136240	129856	74446	43987	30459	171333
云县	243542	127645	115897	72745	44277	28468	152773
永德	197720	101898	95822	57964	34437	23527	126304
镇康	90510	46639	43871	24972	14878	10094	59785
双江	95237	49390	45847	23900	14766	9134	64453
耿马	140269	73068	67201	34114	21255	12859	96785
沧源	92328	48213	44115	23730	14884	8846	62258

(person)

Married		丧偶 Widowed			离婚 Divorced		
男 Male	女 Female	小计 Sub — total	男 Male	女 Female	小计 Sub — total	男 Male	女 Female
90595	94571	16624	6158	10466	1024	616	408
67083	67454	11800	3557	8243	1202	742	460
62352	64610	11918	3911	8007	782	472	310
45079	45514	9661	3192	6469	497	317	180
59946	61142	12697	4470	8227	933	549	384
34609	35039	7338	2356	4982	788	435	353
39458	39943	8954	2914	6040	992	525	467
65621	66923	12861	4687	8174	1487	787	700
32825	33799	6811	2269	4542	534	264	270
54804	56029	11332	3916	7416	1063	599	464
174860	178623	33782	10169	23613	2524	1461	1063
67964	69114	14202	4596	9606	818	471	347
119954	121036	25366	9165	16201	2061	1465	596
54850	55183	11119	3831	7288	552	370	182
71476	70467	14990	4690	10300	1070	644	426
2612	2450	398	80	318	132	58	74
63977	63199	10770	3102	7668	1720	659	1061
30438	30656	5418	1752	3666	507	320	187
47768	47890	9718	2494	7224	1356	638	718
30927	30942	5856	1331	4525	1148	507	641
21130	20417	3047	643	2404	1399	601	798
76302	74956	15646	5101	10545	1303	776	527
80536	81507	16538	5437	11101	1493	773	720
33085	33049	6974	2172	4802	868	553	315
40433	40410	8639	2327	6312	1207	489	718
30604	29839	5798	2134	3664	795	376	419
17506	17479	3077	899	2178	466	210	256
7113	6891	1426	419	1007	278	138	140
37154	36418	7298	2518	4780	748	341	407
26559	25916	5842	1654	4188	880	357	523
12633	12420	3392	928	2464	418	129	289
28261	28597	5997	2027	3970	768	314	454
55491	55333	11227	3401	7826	919	560	359
85255	86078	19491	6472	13019	826	526	300
77082	75691	17242	5779	11463	782	507	275
62895	63409	12550	4047	8503	902	519	383
29867	29918	5475	1734	3741	278	160	118
32257	32196	6349	2053	4296	535	314	221
48774	48011	8230	2433	5797	1140	606	534
31328	30930	5784	1757	4027	556	244	312

续表 50 continued

单位：人

县 市 County/City	15 岁及以上人口 Population Aged 15 and Over			未 婚 Never Married			有配偶
	合 计 Total	男 Male	女 Female	小 计 Sub－total	男 Male	女 Female	小 计 Sub－total
西藏							
拉萨市	107842	60202	47640	37897	23627	14270	63589
林周	30165	14265	15900	10639	5570	5069	16272
当雄	20318	10026	10292	5969	3355	2614	11808
尼木	16365	7713	8652	5637	2596	3041	8846
曲水	18586	8988	9598	6337	3401	2936	10235
堆龙德庆	27975	14134	13841	9306	5285	4021	16059
达孜	15468	7795	7673	5259	3057	2202	8657
墨竹工卡	22627	11055	11572	8008	4317	3691	11905
昌都	49832	25339	24493	17008	10217	6791	28257
江达	37435	18061	19374	15035	8483	6552	17480
贡觉	25524	12238	13286	8825	3720	5105	14257
类乌齐	20360	10126	10234	7557	4206	3351	10645
丁青	31429	15390	16039	11559	6164	5395	16700
察雅	31375	14876	16499	12298	6085	6213	15742
八宿	20934	10157	10777	7235	3900	3335	11423
左贡	23823	11562	12261	8463	4428	4035	12970
芒康	43612	21034	22578	11383	4937	6446	28194
洛隆	20833	10097	10736	7442	4471	2971	10875
边坝	16457	7980	8477	5890	3283	2607	9010
盐井	—	—	—	—	—	—	—
碧土	—	—	—	—	—	—	—
妥坝	—	—	—	—	—	—	—
生达	—	—	—	—	—	—	—
乃东	31610	16202	15408	10693	6220	4473	18212
扎囊	21738	10638	11100	8370	4520	3850	11262
贡嘎	26586	13310	13276	9625	5364	4261	14351
桑日	9269	4440	4829	3187	1771	1416	5202
琼结	10516	4898	5618	3992	1995	1997	5511
曲松	9056	4495	4561	3259	1840	1419	4882
措美	8006	3891	4115	2277	1210	1067	4813
洛扎	10547	5025	5522	3125	1727	1398	6426
加查	10498	5126	5372	3659	1993	1666	5814
隆子	18740	9123	9617	6571	3652	2919	10323
错那	9755	4713	5042	3388	1835	1553	5640
浪卡子	18737	9200	9537	6470	3530	2940	10336
日喀则市	51362	26025	25337	14033	6915	7118	32830
南木林	36470	17602	18868	10771	4855	5916	22053
江孜	35197	16892	18305	10814	5040	5774	21324
定日	25376	12334	13042	8991	4413	4578	13846

(person)

Married		丧偶 Widowed			离婚 Divorced		
男 Male	女 Female	小计 Sub－total	男 Male	女 Female	小计 Sub－total	男 Male	女 Female
34886	28703	4594	1072	3522	1762	617	1145
7876	8396	2220	665	1555	1034	154	880
5945	5863	1671	518	1153	870	208	662
4542	4304	1407	506	901	475	69	406
5004	5231	1331	446	885	683	137	546
8079	7980	1916	620	1296	694	150	544
4291	4366	1168	358	810	384	89	295
5924	5981	1938	675	1263	776	139	637
14027	14230	3613	870	2743	954	225	729
8507	8973	3172	873	2299	1748	198	1550
7722	6535	2289	757	1532	153	39	114
5336	5309	1634	485	1149	524	99	425
8294	8406	2724	824	1900	446	108	338
7829	7913	2882	882	2000	453	80	373
5608	5815	1974	574	1400	302	75	227
6360	6610	2089	696	1393	301	78	223
14939	13255	3703	1093	2610	332	65	267
5009	5866	1906	497	1409	610	120	490
4220	4790	1378	407	971	179	70	109
—	—	—	—	—	—	—	—
—	—	—	—	—	—	—	—
—	—	—	—	—	—	—	—
—	—	—	—	—	—	—	—
9221	8991	2144	625	1519	561	136	425
5439	5823	1724	599	1125	382	80	302
7144	7207	2006	698	1308	604	104	500
2433	2769	708	193	515	172	43	129
2633	2878	750	227	523	263	43	220
2373	2509	703	235	468	212	47	165
2404	2409	666	225	441	250	52	198
3009	3417	853	252	601	143	37	106
2861	2953	773	231	542	252	41	211
5017	5306	1325	369	956	521	85	436
2658	2982	590	192	398	137	28	109
5030	5306	1530	558	972	401	82	319
17743	15087	3489	1176	2313	1010	191	819
11664	10389	2730	897	1833	916	186	730
10956	10368	2408	767	1641	651	129	522
7136	6710	1934	668	1266	605	117	488

续表 51 continued

单位:人

县 市 County/City	15岁及以上人口 Population Aged 15 and Over 合计 Total	男 Male	女 Female	未婚 Never Married 小计 Sub－total	男 Male	女 Female	有配偶 小计 Sub－total
萨迦	23578	11699	11879	6888	2983	3905	14521
拉孜	24249	11742	12507	7387	3537	3850	14390
昂仁	23924	11818	12106	6963	3686	3277	14527
谢通门	21368	10334	11034	6250	2786	3464	12868
白朗	21928	11037	10891	6372	2625	3747	13389
仁布	17422	8548	8874	5367	2441	2926	10394
康马	10713	5179	5534	2869	1408	1461	6915
定结	9444	4692	4752	2468	1065	1403	6061
仲巴	8437	4134	4303	2260	1225	1035	5277
亚东	7314	3538	3776	1821	918	903	4885
吉隆	6274	3148	3126	1847	944	903	3813
聂拉木	7577	3936	3641	2183	1179	1004	4774
萨嘎	5685	2870	2815	1390	768	622	3710
岗巴	4913	2400	2513	1222	490	732	3246
那曲	37456	18677	18779	11125	6575	4550	22282
嘉黎	11937	5832	6105	3760	2053	1707	6873
比如	21883	10525	11358	8415	4745	3670	11062
聂荣	14123	6849	7274	4207	2383	1824	8054
安多	16528	8211	8317	4536	2711	1825	9813
申扎	24446	12126	12320	7159	4383	2776	14232
索县	17795	8681	9114	7037	4005	3032	9004
班戈	16088	7756	8332	4426	2511	1915	9531
巴青	16679	8167	8512	5469	2859	2610	9744
尼玛	—	—	—	—	—	—	—
普兰	4907	2379	2528	1825	991	834	2538
扎达	3210	1539	1671	1091	602	489	1766
葛尔	6579	3769	2810	2051	1398	653	4096
日土	3539	1767	1772	959	551	408	2221
革吉	6079	3077	3002	1669	1005	664	3757
改则	8052	3927	4125	2197	1208	989	5079
措勤	6041	2976	3065	1533	892	641	3690
隆格尔	—	—	—	—	—	—	—
林芝	22619	12953	9666	7310	4865	2445	13918
工布江达	13517	6738	6779	4778	2566	2212	7453
米林	10488	5571	4917	3320	2078	1242	6183
墨脱	5100	2559	2541	1281	712	569	3336
波密	16944	8882	8062	6312	3724	2588	8984
察隅	15342	7459	7883	5372	2789	2583	8411
朗县	8002	3949	4053	2923	1608	1315	4354
陕西							
西安市	2269114	1189267	1079847	596507	360497	236010	1559958

(person)

Married		丧偶 Widowed			离婚 Divorced		
男 Male	女 Female	小计 Sub－total	男 Male	女 Female	小计 Sub－total	男 Male	女 Female
7967	6554	1699	659	1040	470	90	380
7446	6944	1867	622	1245	605	137	468
7403	7124	1770	550	1220	664	179	485
6812	6056	1617	571	1046	633	165	468
7690	5699	1505	630	875	662	92	570
5550	4844	1199	490	709	462	67	395
3492	3423	771	247	524	158	32	126
3334	2727	773	254	519	142	39	103
2610	2667	691	217	474	209	82	127
2463	2422	457	116	341	151	41	110
2008	1805	485	157	328	129	39	90
2572	2202	509	138	371	111	47	64
1911	1799	440	134	306	145	57	88
1790	1456	362	105	257	83	15	68
10817	11465	2675	847	1828	1374	438	936
3334	3539	723	242	481	581	203	378
5138	5924	1311	388	923	1095	254	841
3991	4063	684	161	523	1178	314	864
4823	4990	1539	473	1066	640	204	436
6736	7496	1790	557	1233	1265	450	815
4136	4868	1150	343	807	604	197	407
4551	4980	841	284	557	1290	410	880
4838	4906	1223	388	835	243	82	161
—	—	—	—	—	—	—	—
1227	1311	417	129	288	127	32	95
822	944	286	90	196	67	25	42
2212	1884	312	98	214	120	61	59
1102	1119	239	62	177	120	52	68
1841	1916	471	155	316	182	76	106
2489	2590	567	170	397	209	60	149
1804	1886	536	157	379	282	123	159
—	—	—	—	—	—	—	—
7654	6264	1066	310	756	325	124	201
3750	3703	1067	360	707	219	62	157
3219	2964	752	204	548	233	70	163
1673	1663	407	147	260	76	27	49
4694	4290	1298	347	951	350	117	233
4185	4226	1343	408	935	216	77	139
2139	2215	611	173	438	114	29	85
796450	763508	97426	24188	73238	15223	8132	7091

续表 52 continued

单位：人

县 市 County/City	15岁及以上人口 Population Aged 15 and Over			未 婚 Never Married			有配偶
	合 计 Total	男 Male	女 Female	小 计 Sub－total	男 Male	女 Female	小 计 Sub－total
长安	576176	284563	291613	128887	74580	54307	406570
蓝田	406727	203412	203315	101393	58985	42408	275556
临潼	422240	209679	212561	93570	51847	41723	303485
周至	390858	199779	191079	93164	55650	37514	270661
户县	377775	189784	187991	79185	45457	33728	274297
高陵	148194	72988	75206	30557	16811	13746	109058
铜川市	314053	169798	144255	86021	51208	34813	213068
耀县	198562	104620	93942	50321	29507	20814	136617
宜君	62786	33901	28885	17898	11150	6748	40191
宝鸡市	357861	188709	169152	86282	51026	35256	253649
宝鸡	473105	243515	229590	114681	69307	45374	327410
凤翔	330325	165833	164492	81611	48209	33402	227420
岐山	308518	153727	154791	72494	42014	30480	216163
扶风	285277	142018	143259	63422	36407	27015	204601
眉县	195568	100543	95025	47548	28348	19200	135302
陇县	163387	84886	78501	38545	23223	15322	113566
千阳	87617	45824	41793	22016	13313	8703	59498
麟游	57717	31452	26265	16924	10419	6505	36771
凤县	84231	45733	38498	22818	14309	8509	55478
太白	35696	20031	15665	10291	6537	3754	22925
咸阳市	541632	279702	261930	134177	76645	57532	382499
兴平	351867	177865	174002	80809	46224	34585	249776
三原	249240	124031	125209	54109	30122	23987	180783
泾阳	310382	154217	156165	64458	35934	28524	227777
乾县	334225	168242	165983	80438	46323	34115	232206
礼泉	278610	138841	139769	62034	34793	27241	199301
永寿	115541	60375	55166	30547	18201	12346	77362
彬县	193260	100884	92376	44324	26776	17548	136830
长武	112125	57564	54561	27399	16387	11012	77647
旬邑	165097	86636	78461	41596	25342	16254	112432
淳化	116690	60802	55888	27603	16618	10985	81379
武功	246327	123162	123165	55763	32020	23743	175727
渭南市	555561	277786	277775	123005	69291	53714	397949
韩城市	245970	128781	117189	52471	31233	21238	179060
华县	236908	120681	116227	50070	29572	20498	170110
华阴	150663	76373	74290	32078	19004	13074	108709
潼关	90559	46161	44398	18315	10859	7456	66164
大荔	455326	223712	231614	85586	47385	38201	339685
蒲城	478439	239330	239109	102269	57365	44904	347472
澄城	247659	125734	121925	50115	28779	21336	181571
白水	171374	88356	83018	39707	23231	16476	121494

(person)

Married		丧偶 Widowed			离婚 Divorced		
男 Male	女 Female	小计 Sub－total	男 Male	女 Female	小计 Sub－total	男 Male	女 Female
196585	209985	37951	11264	26687	2768	2134	634
132614	142942	28334	10585	17749	1444	1228	216
149808	153677	23620	6915	16705	1565	1109	456
133422	137239	24629	8577	16052	2404	2130	274
136069	138228	22418	6886	15532	1875	1372	503
53661	55397	8040	2106	5934	539	410	129
112741	100327	12748	4239	8509	2216	1610	606
69970	66647	10738	4440	6298	886	703	183
20237	19954	4232	2095	2137	465	419	46
132020	121629	15124	4030	11094	2806	1633	1173
162305	165105	28454	9794	18660	2560	2109	451
110483	116937	20083	6117	13966	1211	1024	187
105569	110594	18422	4977	13445	1439	1167	272
99498	105103	16174	5205	10969	1080	908	172
67182	68120	11507	3988	7519	1211	1025	186
56585	56981	10165	4151	6014	1111	927	184
29539	29959	5425	2380	3045	678	592	86
18808	17963	3663	1906	1757	359	319	40
28607	26871	5164	2235	2929	771	582	189
12316	10609	2144	901	1243	336	277	59
195232	187267	22269	6156	16113	2687	1669	1018
124510	125266	19634	5869	13765	1648	1262	386
89204	91579	13408	4050	9358	940	655	285
112309	115468	16811	4964	11847	1336	1010	326
113437	118769	20178	7237	12941	1403	1245	158
97604	101697	16122	5482	10640	1153	962	191
38329	39033	7130	3386	3744	502	459	43
67574	69256	11372	5879	5493	734	655	79
37852	39795	6609	2927	3682	470	398	72
55589	56843	10295	5022	5273	774	683	91
40288	41091	7129	3391	3738	579	505	74
86085	89642	13936	4333	9603	901	724	177
197515	200434	31796	8926	22870	2811	2054	757
92412	86648	13184	4230	8954	1255	906	349
85119	84991	15134	4838	10296	1594	1152	442
54087	54622	8924	2587	6337	952	695	257
32981	33183	5478	1876	3602	602	445	157
166869	172816	27653	7682	19971	2402	1776	626
172334	175138	26551	8008	18543	2147	1623	524
91015	90556	14543	4834	9709	1430	1106	324
60888	60606	9364	3605	5759	809	632	177

续表 53 continued

单位：人

县市 County/City	15岁及以上人口 Population Aged 15 and Over 合计 Total	男 Male	女 Female	未婚 Never Married 小计 Sub－total	男 Male	女 Female	有配偶 小计 Sub－total
合阳	288273	144119	144154	56500	32729	23771	211472
富平	494633	248863	245770	115660	65849	49811	350030
汉中市	342563	176300	166263	84517	50181	34336	236820
南郑	406112	211537	194575	110845	67020	43825	268479
城固	367999	189838	178161	90745	55127	35618	251323
洋县	319418	165912	153506	85230	51456	33774	210419
西乡	295281	157775	137506	77782	49401	28381	195227
勉县	320872	166584	154288	84310	50477	33833	215583
宁强	250295	132021	118274	69936	42753	27183	161079
略阳	153740	84358	69382	41364	26715	14649	99454
镇巴	202761	110439	92322	55352	36070	19282	130862
留坝	34655	19300	15355	9790	6715	3075	21754
佛坪	26101	14802	11299	7614	5182	2432	16164
安康市	599280	319941	279339	166970	106313	60657	388005
汉阴	191485	105493	85992	54413	37337	17076	121516
石泉	128471	71242	57229	37235	25400	11835	80559
宁陕	54460	30693	23767	15010	10436	4574	34197
紫阳	233298	131599	101699	65427	46779	18648	146903
岚皋	122070	68769	53301	34674	24819	9855	76041
平利	166582	92359	74223	47078	32756	14322	104474
镇坪	40403	22439	17964	11053	7679	3374	25883
旬阳	314213	169244	144969	86436	57006	29430	201227
白河	141174	78396	62778	40801	28765	12036	87922
商州市	357047	187942	169105	96604	60184	36420	234943
洛南	312901	162724	150177	77380	46950	30430	212448
丹凤	197877	103544	94333	54432	33417	21015	129397
商南	157519	83708	73811	43575	27429	16146	102900
山阳	280269	149859	130410	76115	48683	27432	184442
镇安	201751	111104	90647	56694	38570	18124	127829
柞水	109785	60344	49441	32551	21422	11129	68669
延安市	212624	111467	101157	47533	28643	18890	154137
延长	90507	47181	43326	18984	11482	7502	66274
延川	95131	49259	45872	21721	13045	8676	68531
子长	124680	64145	60535	25930	15905	10025	92356
安塞	88967	46242	42725	15469	9733	5736	68368
志丹	67192	35070	32122	10500	6703	3797	52921
吴旗	70703	37083	33620	13091	8293	4798	54079
甘泉	46134	24615	21519	9750	5935	3815	33824
富县	89775	47799	41976	22748	13692	9056	61465
洛川	120442	62814	57628	30803	17609	13194	82104
宜川	73348	37948	35400	16085	9358	6727	52704

(person)

Married		丧偶 Widowed			离婚 Divorced		
男 Male	女 Female	小计 Sub－total	男 Male	女 Female	小计 Sub－total	男 Male	女 Female
104043	107429	18426	5845	12581	1875	1502	373
172620	177410	26765	8590	18175	2178	1804	374
118729	118091	18445	5406	13039	2781	1984	797
132706	135773	24381	9840	14541	2407	1971	436
124260	127063	23197	8208	14989	2734	2243	491
104694	105725	22023	8289	13734	1746	1473	273
97296	97931	19897	9134	10763	2375	1944	431
107827	107756	19175	6917	12258	1804	1363	441
80459	80620	17673	7570	10103	1607	1239	368
51539	47915	11020	4698	6322	1902	1406	496
65303	65559	14742	7464	7278	1805	1602	203
11062	10692	2522	1037	1485	589	486	103
8410	7754	1906	865	1041	417	345	72
193975	194030	40518	16514	24004	3787	3139	648
60219	61297	13509	6048	7461	2047	1889	158
40230	40329	8922	4025	4897	1755	1587	168
17373	16824	4188	1978	2210	1065	906	159
73468	73435	18417	9020	9397	2551	2332	219
37988	38053	9847	4602	5245	1508	1360	148
52121	52353	13082	5726	7356	1948	1756	192
12955	12928	2915	1314	1601	552	491	61
100488	100739	23794	9248	14546	2756	2502	254
43900	44022	10987	4381	6606	1464	1350	114
116854	118089	23577	9252	14325	1923	1652	271
105881	106567	21137	8228	12909	1936	1665	271
63893	65504	13105	5396	7709	943	838	105
51195	51705	10296	4401	5895	748	683	65
91651	92791	18438	8394	10044	1274	1131	143
63856	63973	15061	6695	8366	2167	1983	184
34401	34268	7697	3743	3954	868	778	90
77962	76175	9986	4155	5831	968	707	261
33039	33235	4897	2359	2538	352	301	51
34070	34461	4667	1966	2701	212	178	34
45717	46639	6143	2322	3821	251	201	50
34016	34352	4857	2268	2589	273	225	48
26395	26526	3545	1785	1760	226	187	39
27002	27077	3342	1630	1712	191	158	33
17258	16566	2366	1261	1105	194	161	33
31172	30293	5099	2520	2579	463	415	48
41402	40702	7018	3339	3679	517	464	53
26217	26487	4223	2084	2139	336	289	47

续表 54 continued

单位:人

县 市 County/City	15岁及以上人口 Population Aged 15 and Over			未 婚 Never Married			有配偶
	合 计 Total	男 Male	女 Female	小 计 Sub－total	男 Male	女 Female	小 计 Sub－total
黄龙	34561	19028	15533	9181	5865	3316	22847
黄陵	79319	45216	34103	22156	14524	7632	52988
榆林市	244590	125253	119337	53384	30984	22400	176570
神木	202345	107197	95148	41660	26607	15053	147726
府谷	124754	66426	58328	26488	17061	9427	89981
横山	177425	91159	86266	30482	18586	11896	136899
靖边	147507	75568	71939	24308	14491	9817	116454
定边	172086	89733	82353	32910	20278	12632	130898
绥德	205831	106203	99628	44119	26926	17193	147982
米脂	125783	64027	61756	24966	15057	9909	92306
佳县	150337	78153	72184	34674	21518	13156	105455
吴堡	49044	25527	23517	11303	7032	4271	34058
清涧	124903	65277	59626	28577	17840	10737	88295
子洲	165046	84340	80706	34857	20946	13911	119732
甘肃							
兰州市	1300156	691789	608367	379104	226536	152568	861259
永登	331471	169239	162232	89393	51011	38382	223428
皋兰	106270	53124	53146	29042	15740	13302	71222
榆中	288584	147850	140734	83887	48641	35246	187510
嘉峪关市	87985	49328	38657	25977	15938	10039	59198
金昌市	125026	66291	58735	39256	22426	16830	81547
永昌	167549	86756	80793	49723	28762	20961	109032
白银市	287357	156843	130514	79365	45575	33790	198520
靖远	266407	136111	130296	76003	43101	32902	178377
会宁	340755	174005	166750	90256	51996	38260	233364
景泰	135663	68440	67223	38384	21161	17223	91291
天水市	745619	387390	358229	201939	117751	84188	495444
清水	191908	100608	91300	53537	31896	21641	124037
秦安	352580	179015	173565	98861	57121	41740	230253
甘谷	336229	172244	163985	87682	51772	35910	227417
武山	251634	131972	119662	65292	40256	25036	170537
张家川	170039	87532	82507	36790	22547	14243	123250
玉门市	153376	81036	72340	45604	27085	18519	101783
酒泉市	228473	115170	113303	64312	36487	27825	151412
敦煌市	85850	43055	42795	22815	12544	10271	58802
金塔	91350	46358	44992	23874	13722	10152	62047
肃北	7793	4212	3581	2637	1608	1029	4823
阿克塞	4669	2539	2130	1409	873	536	3059
安西	55970	29605	26365	15965	9593	6372	37285
张掖市	321998	165596	156402	92944	53873	39071	210513
肃南	25261	13084	12177	8151	4626	3525	15696

(person)

Married		丧偶 Widowed			离婚 Divorced		
男 Male	女 Female	小计 Sub－total	男 Male	女 Female	小计 Sub－total	男 Male	女 Female
11781	11066	2177	1074	1103	356	308	48
28697	24291	3720	1606	2114	455	389	66
88257	88313	13721	5307	8414	915	705	210
74473	73253	12230	5464	6766	729	653	76
45194	44787	7627	3573	4054	658	598	60
68149	68750	9659	4094	5565	385	330	55
58009	58445	6387	2797	3590	358	271	87
65346	65552	7762	3693	4069	516	416	100
73269	74713	12834	5219	7615	896	789	107
45627	46679	8115	3005	5110	396	338	58
52003	53452	9704	4174	5530	504	458	46
16871	17187	3349	1331	2018	334	293	41
43840	44455	7504	3129	4375	527	468	59
59134	60598	10127	3972	6155	330	288	42
447241	414018	49457	12569	36888	10336	5443	4893
111757	111671	17639	5739	11900	1011	732	279
35404	35818	5717	1755	3962	289	225	64
92506	95004	15961	5648	10313	1226	1055	171
32465	26733	2229	608	1621	581	317	264
42630	38917	3740	962	2778	483	273	210
55175	53857	8112	2270	5842	682	549	133
108108	90412	8265	2503	5762	1207	657	550
88608	89769	11424	3928	7496	603	474	129
114956	118408	16329	6380	9949	806	673	133
45344	45947	5691	1726	3965	297	209	88
248691	246753	44056	17691	26365	4180	3257	923
61684	62353	13434	6209	7225	900	819	81
112632	117621	22285	8200	14085	1181	1062	119
112361	115056	19473	6635	12838	1657	1476	181
84944	85593	13904	5135	8769	1901	1637	264
61007	62243	9345	3435	5910	654	543	111
51955	49828	5124	1455	3669	865	541	324
74788	76624	11433	2878	8555	1316	1017	299
29222	29580	3921	1082	2839	312	207	105
30898	31149	4954	1319	3635	475	419	56
2521	2302	292	59	233	41	24	17
1605	1454	179	43	136	22	18	4
18973	18312	2393	785	1608	327	254	73
104820	105693	16741	5374	11367	1800	1529	271
8037	7659	1267	337	930	147	84	63

续表 55 continued

单位：人

县市 County/City	15岁及以上人口 Population Aged 15 and Over			未婚 Never Married			有配偶
	合计 Total	男 Male	女 Female	小计 Sub－total	男 Male	女 Female	小计 Sub－total
民乐	155956	81854	74102	43786	26973	16813	102402
临泽	96643	49658	46985	26947	15797	11150	63831
高台	105924	54203	51721	27045	16104	10941	72305
山丹	137408	70716	66692	39866	22808	17058	90415
武威市	630936	316988	313948	187220	104748	82472	408283
民勤	193073	95740	97333	56519	30387	26132	124651
古浪	232487	118316	114171	67924	39108	28816	152239
天祝	152589	81293	71296	46035	27958	18077	98418
定西	300861	155955	144906	84111	49607	34504	200665
通渭	271465	139893	131572	74212	44878	29334	180368
陇西	305355	157672	147683	85356	50340	35016	202521
渭源	224288	118184	106104	58372	37487	20885	150368
临洮	335121	172607	162514	85557	52535	33022	228045
漳县	113005	58429	54576	25488	15361	10127	79436
岷县	276772	144494	132278	65338	41333	24005	190688
武都	335921	178434	157487	85514	54955	30559	225507
宕昌	189253	99430	89823	44520	28661	15859	130677
成县	166247	87018	79229	42578	25658	16920	109200
康县	142455	76716	65739	35491	23666	11825	92480
文县	156555	82257	74298	41320	25466	15854	103234
西和	226331	118682	107649	49187	31335	17852	158067
礼县	307910	162064	145846	60724	39537	21187	222689
两当	35908	19714	16194	9947	6459	3488	22991
徽县	148304	78351	69953	41010	25001	16009	94889
平凉市	287705	148162	139543	80049	46334	33715	191765
泾川	216903	112191	104712	51435	31086	20349	151365
灵台	154713	81548	73165	42943	26050	16893	100814
崇信	61929	32482	29447	15584	9211	6373	42266
华亭	122486	66078	56408	34835	20943	13892	80642
庄浪	259615	134217	125398	69548	43076	26472	172639
静宁	297639	152202	145437	82422	48764	33658	197477
西峰市	187904	95354	92550	38458	21783	16675	139454
庆阳	189793	100319	89474	38457	23105	15352	141224
环县	193450	101519	91931	36799	22983	13816	144468
华池	75657	39722	35935	14234	8626	5608	57149
合水	97712	50314	47398	21908	12536	9372	70197
正宁	135066	69908	65158	31977	18974	13003	94696
宁县	312436	159488	152948	72926	42956	29970	221684
镇原	305126	156737	148389	63122	38095	25027	221169
临夏市	122440	61271	61169	32712	18704	14008	82080
临夏	222053	113452	108601	51918	32136	19782	155843

(person)

Married		丧偶 Widowed			离婚 Divorced		
男 Male	女 Female	小计 Sub－total	男 Male	女 Female	小计 Sub－total	男 Male	女 Female
51125	51277	8995	3095	5900	773	661	112
31774	32057	5267	1559	3708	598	528	70
35869	36436	6087	1787	4300	487	443	44
45542	44873	6629	1967	4662	498	399	99
201115	207168	33595	9651	23944	1838	1474	364
61105	63546	11307	3712	7595	596	536	60
75028	77211	11693	3652	8041	631	528	103
50249	48169	7525	2585	4940	611	501	110
99599	101066	14509	5445	9064	1576	1304	272
88594	91774	15507	5169	10338	1378	1252	126
100554	101967	15696	5286	10410	1782	1492	290
74555	75813	13433	4324	9109	2115	1818	297
112380	115665	19758	6288	13470	1761	1404	357
39548	39888	7142	2709	4433	939	811	128
94667	96021	17202	5781	11421	3544	2713	831
112482	113025	22028	8976	13052	2872	2021	851
65152	65525	11787	4190	7597	2269	1427	842
54780	54420	12242	4771	7471	2227	1809	418
46151	46329	11900	5071	6829	2584	1828	756
51747	51487	10924	4312	6612	1077	732	345
78345	79722	16364	6603	9761	2713	2399	314
110795	111894	21391	9170	12221	3106	2562	544
11746	11245	2583	1203	1380	387	306	81
47541	47348	10571	4326	6245	1834	1483	351
95407	96358	14265	5289	8976	1626	1132	494
74380	76985	13070	5800	7270	1033	925	108
49877	50937	10201	4955	5246	755	666	89
21209	21057	3785	1830	1955	294	232	62
42028	38614	6053	2403	3650	956	704	252
84079	88560	16378	6118	10260	1050	944	106
96568	100909	16750	5989	10761	990	881	109
69579	69875	9034	3378	5656	958	614	344
72152	69072	9266	4411	4855	846	651	195
72075	72393	11286	5682	5604	897	779	118
28752	28397	3968	2084	1884	306	260	46
34914	35283	5185	2525	2660	422	339	83
46745	47951	7961	3816	4145	432	373	59
109003	112681	16742	6620	10122	1084	909	175
108559	112610	19555	8990	10565	1280	1093	187
40350	41730	6296	1532	4764	1352	685	667
76412	79431	12210	3515	8695	2082	1389	693

续表 56 continued

单位:人

县 市 County/City	15岁及以上人口 Population Aged 15 and Over 合 计 Total	男 Male	女 Female	未 婚 Never Married 小 计 Sub－total	男 Male	女 Female	有配偶 小 计 Sub－total
康乐	134964	69349	65615	29875	18413	11462	97009
永靖	135527	70592	64935	37104	22102	15002	91146
广河	103297	51345	51952	23480	12805	10675	74280
和政	112312	58332	53980	25231	15947	9284	80026
东乡族	145011	74457	70554	37131	21680	15451	99917
积石山	136273	70909	65364	31109	19706	11403	96155
临潭	94118	49143	44975	22508	14464	8044	64695
卓尼	59170	30031	29139	13656	8097	5559	40530
舟曲	81540	41690	39850	23981	14028	9953	51400
迭部	35241	18485	16756	10145	5834	4311	22175
玛曲	18730	9340	9390	6074	3504	2570	10575
碌曲	16829	8220	8609	4106	2315	1791	10778
夏河	96474	48600	47874	25202	14920	10282	62131
青海							
西宁市	550619	286126	264493	167091	96578	70513	359053
大通	268427	140065	128362	73180	43266	29914	180757
平安	70815	35877	34938	20700	11555	9145	46288
民和	215916	111671	104245	56345	33586	22759	147096
乐都	193763	99574	94189	57421	32922	24499	124953
湟中	298972	154774	144198	92569	54610	37959	188533
湟源	90938	47439	43499	28709	17042	11667	56513
互助	227679	119115	108564	60871	37061	23810	151458
化隆	128267	66232	62035	32724	19999	12725	85092
循化	60333	29950	30383	13708	7884	5824	41600
门源	94754	50567	44187	28010	16795	11215	61939
祁连	27658	15137	12521	7774	4851	2923	18132
海晏	29091	16443	12648	9288	6074	3214	18541
刚察	26531	14608	11923	6847	4280	2567	17634
同仁	44655	22350	22305	12674	7789	4885	27515
尖扎	31336	17481	13855	8504	5610	2894	20256
泽库	24695	12392	12303	6034	3838	2196	16243
河南	15066	7456	7610	4356	2789	1567	9260
共和	88624	49262	39362	27739	17193	10546	55858
同德	24082	12149	11933	7287	4142	3145	14649
贵德	59645	30756	28889	17415	10606	6809	37344
兴海	29887	15203	14684	8176	5067	3109	19117
贵南	36162	18532	17630	10353	6304	4049	22719
玛沁	20669	11417	9252	6821	4378	2443	12217
班玛	12034	6051	5983	4464	2806	1658	6535
甘德	14083	7167	6916	5465	3370	2095	7128
达日	14066	7252	6814	5272	3249	2023	7413

(person)

Married		丧偶 Widowed			离婚 Divorced		
男 Male	女 Female	小计 Sub－total	男 Male	女 Female	小计 Sub－total	男 Male	女 Female
48158	48851	7030	2057	4973	1050	721	329
45570	45576	6593	2428	4165	684	492	192
36865	37415	4814	1315	3499	723	360	363
39743	40283	5891	1848	4043	1164	794	370
49751	50166	7290	2582	4708	673	444	229
47709	48446	7483	2510	4973	1526	984	542
32119	32576	5802	1755	4047	1113	805	308
20517	20013	4279	1057	3222	705	360	345
25748	25652	5539	1635	3904	620	279	341
12013	10162	2570	520	2050	351	118	233
5424	5151	1529	283	1246	552	129	423
5474	5304	1392	261	1131	553	170	383
31552	30579	7367	1532	5835	1774	596	1178
181839	177214	18151	4504	13647	6324	3205	3119
90960	89797	12417	4532	7885	2073	1307	766
22931	23357	3312	1112	2200	515	279	236
73109	73987	10905	4015	6890	1570	961	609
61980	62973	10202	3824	6378	1187	848	339
93068	95465	16202	5914	10288	1668	1182	486
28145	28368	5187	1896	3291	529	356	173
75273	76185	13579	5480	8099	1771	1301	470
42419	42673	7150	2282	4868	3301	1532	1769
20773	20827	3684	831	2853	1341	462	879
31599	30340	3916	1595	2321	889	578	311
9742	8390	1351	354	997	401	190	211
9925	8616	998	315	683	264	129	135
9602	8032	1526	494	1032	524	232	292
13578	13937	3543	727	2816	923	256	667
11141	9115	1858	443	1415	718	287	431
7892	8351	1971	495	1476	447	167	280
4330	4930	1085	213	872	365	124	241
30219	25639	3565	1081	2484	1462	769	693
7457	7192	1547	338	1209	599	212	387
18514	18830	3791	1046	2745	1095	590	505
9350	9767	2000	538	1462	594	248	346
11397	11322	2200	538	1662	890	293	597
6604	5613	1139	253	886	492	182	310
3010	3525	914	181	733	121	54	67
3429	3699	1214	288	926	276	80	196
3654	3759	1187	284	903	194	65	129

续表 57 continued

单位：人

县市 County/City	15岁及以上人口 Population Aged 15 and Over 合计 Total	男 Male	女 Female	未婚 Never Married 小计 Sub－total	男 Male	女 Female	有配偶 小计 Sub－total
久治	10412	5077	5335	3799	2399	1400	5598
玛多	6553	3525	3028	1937	1229	708	4061
玉树	40365	19300	21065	16546	9017	7529	19874
杂多	18649	9166	9483	7416	4054	3362	9656
称多	23029	11228	11801	8746	4883	3863	11798
治多	11762	5648	6114	3817	2083	1734	6635
囊谦	34335	16497	17838	14709	8265	6444	15588
曲麻莱	11291	5490	5801	3616	2037	1579	6390
格尔木市	64479	38336	26143	22707	15096	7611	40463
德令哈市	38350	20477	17873	11884	6937	4947	24954
乌兰	25991	14504	11487	8849	5505	3344	16135
都兰	39818	23049	16769	14317	9929	4388	23173
天峻	10454	5352	5102	3106	1912	1194	6336
芒崖大柴旦	52022	28875	23147	15547	9606	5941	35526
宁夏							
银川市	390160	202582	187578	109474	63267	46207	263481
永宁	118075	59179	58896	31826	17204	14622	80309
贺兰	119442	60814	58628	31405	17853	13552	81916
石咀山市	216079	114213	101866	64066	36332	27734	144786
平罗	170683	88429	82254	48609	28135	20474	113678
陶乐	15045	7743	7302	4121	2348	1773	10217
惠农	49645	25908	23737	15152	8905	6247	31833
吴忠市	169312	84927	84385	43158	23535	19623	118405
青铜峡市	153671	79593	74078	42895	24044	18851	103888
中卫	191972	96468	95504	53537	29205	24332	129218
中宁	136632	68076	68556	35480	18909	16571	94258
灵武	145074	73614	71460	36671	20025	16646	102659
盐池	89919	45255	44664	23775	13031	10744	62201
同心	160131	81448	78683	39879	22842	17037	113862
固原	268238	138636	129602	74527	44032	30495	180151
海原	171340	87518	83822	43925	25239	18686	120467
西吉	214850	110589	104261	55914	33076	22838	148339
隆德	121139	63468	57671	35134	21753	13381	78509
泾源	55381	29190	26191	14145	9115	5030	38150
彭阳	127998	67356	60642	32692	20295	12397	88134
新疆							
乌鲁木齐市	994627	516969	477658	344574	198022	146552	607929
乌鲁木齐	116359	61255	55104	38034	22336	15698	72630
克拉玛依市	164419	87434	76985	52583	31159	21424	106422
吐鲁番市	142229	72998	69231	40023	23410	16613	93104
鄯善	101451	52036	49415	25336	15008	10328	69509

(person)

Married		丧偶 Widowed			离婚 Divorced		
男 Male	女 Female	小计 Sub — total	男 Male	女 Female	小计 Sub — total	男 Male	女 Female
2484	3114	843	140	703	172	54	118
2134	1927	410	94	316	145	68	77
9612	10262	3069	512	2557	876	159	717
4669	4987	1388	390	998	189	53	136
5785	6013	2132	479	1653	353	81	272
3280	3355	1081	234	847	229	51	178
7503	8085	2979	591	2388	1059	138	921
3135	3255	1041	252	789	244	66	178
22779	17684	964	279	685	345	182	163
12891	12063	1140	392	748	372	257	115
8645	7490	789	223	566	218	131	87
12140	11033	1738	556	1182	590	424	166
3130	3206	749	206	543	263	104	159
18943	16583	622	155	467	327	171	156
133910	129571	13242	3377	9865	3963	2028	1935
39914	40395	5422	1688	3734	518	373	145
40783	41133	5496	1747	3749	625	431	194
75467	69319	5582	1536	4046	1645	878	767
57015	56663	7518	2590	4928	878	689	189
5122	5095	631	218	413	76	55	21
15919	15914	2288	786	1502	372	298	74
59154	59251	6888	1771	5117	861	467	394
53188	50700	6238	1939	4299	650	422	228
64213	65005	8594	2610	5984	623	440	183
46785	47473	6463	2082	4381	431	300	131
51867	50792	5232	1439	3793	512	283	229
30532	31669	3633	1448	2185	310	244	66
56437	57425	5951	1928	4023	439	241	198
89489	90662	12248	4187	8061	1312	928	384
59813	60654	6461	2149	4312	487	317	170
73381	74958	9943	3636	6307	654	496	158
38572	39937	6943	2659	4284	553	484	69
18920	19230	2750	901	1849	336	254	82
43788	44346	6800	2979	3821	372	294	78
306361	301568	28642	6271	22371	13482	6315	7167
36970	35660	4674	1326	3348	1021	623	398
54887	51535	3625	662	2963	1789	726	1063
46858	46246	6057	1310	4747	3045	1420	1625
34979	34530	4301	1003	3298	2305	1046	1259

续表 58 continued

单位:人

县 市 County/City	15岁及以上人口 Population Aged 15 and Over			未 婚 Never Married			有配偶
	合 计 Total	男 Male	女 Female	小 计 Sub - total	男 Male	女 Female	小 计 Sub - total
托克逊	63502	32692	30810	19528	11223	8305	40540
哈密市	218828	112580	106248	73436	41056	32380	135235
巴里坤	67298	34360	32938	22178	12389	9789	41972
伊吾	11427	5910	5517	4243	2378	1865	6610
昌吉市	197349	102687	94662	68435	38844	29591	120630
米泉	105854	54927	50927	35458	20341	15117	65733
呼图壁	121435	63055	58380	41452	23657	17795	74323
玛纳斯	103621	53990	49631	36734	21127	15607	61947
奇台	149590	76695	72895	50628	28302	22326	91914
阜康	91926	48167	43759	30566	17696	12870	57397
吉木萨尔	86733	44710	42023	30435	16982	13453	52316
木垒	57334	29194	28140	19435	10617	8818	35194
博乐市	111648	58079	53569	37540	21254	16286	69239
精河	66615	34572	32043	20733	11933	8800	42402
温泉	43543	22510	21033	14083	8012	6071	27110
库尔勒市	185815	97079	88736	58759	33994	24765	117876
轮台	49677	26212	23465	13926	8857	5069	30848
尉犁	55377	29962	25415	16371	10429	5942	35542
若羌	18686	10658	8028	6124	4174	1950	11372
且末	26860	14525	12335	7546	4873	2673	17136
焉耆	74831	39555	35276	24206	14459	9747	46399
和静	111713	58708	53005	35260	21021	14239	69764
和硕	35835	18347	17488	11266	6650	4616	22795
博湖	32019	16652	15367	9445	5488	3957	21182
阿克苏市	273724	146468	127256	78165	49718	28447	175952
温宿	111735	58653	53082	27849	17737	10112	72637
库车	213845	110624	103221	52171	32900	19271	139446
沙雅	100192	53197	46995	20900	14165	6735	67698
新和	75530	39072	36458	17674	11234	6440	50410
拜城	109754	57577	52177	26760	17315	9445	71616
乌什	97060	50433	46627	21667	13946	7721	64957
阿瓦提	95842	50472	45370	20201	13284	6917	66013
柯坪	19540	9991	9549	4150	2673	1477	13766
阿图什市	97551	50033	47518	24450	15378	9072	66394
阿克陶	77845	40125	37720	14407	9858	4549	55112
阿合奇	16495	8439	8056	4106	2513	1593	10917
乌恰	23666	12365	11301	5704	3691	2013	16196
喀什市	146303	73587	72716	40703	23734	16969	93752
疏附	205460	106605	98855	34676	25238	9438	150048
疏勒	153815	78884	74931	26036	18101	7935	111085
英吉沙	108996	55962	53034	16793	11839	4954	78634

(person)

Married		丧偶 Widowed			离婚 Divorced		
男 Male	女 Female	小计 Sub－total	男 Male	女 Female	小计 Sub－total	男 Male	女 Female
20297	20243	2362	640	1722	1072	532	540
67972	67263	7530	2188	5342	2627	1364	1263
20954	21018	2907	840	2067	241	177	64
3297	3313	454	169	285	120	66	54
60940	59690	6426	1816	4610	1858	1087	771
32993	32740	3772	1083	2689	891	510	381
37315	37008	4682	1435	3247	978	648	330
31052	30895	4118	1227	2891	822	584	238
45843	46071	6179	1979	4200	869	571	298
28919	28478	3174	1041	2133	789	511	278
26179	26137	3600	1274	2326	382	275	107
17580	17614	2473	827	1646	232	170	62
35115	34124	3859	1108	2751	1010	602	408
21297	21105	2723	843	1880	757	499	258
13619	13491	1955	602	1353	395	277	118
59919	57957	5952	1536	4416	3228	1630	1598
15470	15378	2604	621	1983	2299	1264	1035
18036	17506	1989	622	1367	1475	875	600
5937	5435	649	204	445	541	343	198
8749	8387	1096	318	778	1082	585	497
23471	22928	2991	853	2138	1235	772	463
35191	34573	4978	1507	3471	1711	989	722
10984	11811	1323	425	898	451	288	163
10639	10543	1092	344	748	300	181	119
88619	87333	10451	2932	7519	9156	5199	3957
36522	36115	6152	1666	4486	5097	2728	2369
69404	70042	11200	2543	8657	11028	5777	5251
33926	33772	4846	1348	3498	6748	3758	2990
25195	25215	3889	797	3092	3557	1846	1711
36004	35612	5834	1338	4496	5544	2920	2624
32413	32544	5899	1575	4324	4537	2499	2038
33097	32916	4824	1415	3409	4804	2676	2128
6890	6876	1165	212	953	459	216	243
33197	33197	4716	675	4041	1991	783	1208
27549	27563	4747	960	3787	3579	1758	1821
5481	5436	987	225	762	485	220	265
8264	7932	1069	136	933	697	274	423
46856	46896	6712	1100	5612	5136	1897	3239
74962	75086	12625	2423	10202	8111	3982	4129
55331	55754	10119	2005	8114	6575	3447	3128
39301	39333	6889	1424	5465	6680	3398	3282

续表 59 continued

单位:人

县 市 County/City	15岁及以上人口 Population Aged 15 and Over			未 婚 Never Married			有配偶
	合 计 Total	男 Male	女 Female	小 计 Sub－total	男 Male	女 Female	小 计 Sub－total
泽普	93889	48394	45495	17994	11388	6606	65636
莎车	338755	174296	164459	64375	42183	22192	231467
叶城	186029	95495	90534	32150	21120	11030	132031
麦盖提	104516	53727	50789	19319	12455	6864	73850
岳普湖	67877	34772	33105	10643	7395	3248	49549
伽师	154431	80686	73745	22801	17583	5218	115731
巴楚	181051	98586	82465	35123	27237	7886	126524
塔什库尔干	13877	7094	6783	3750	2220	1530	8998
和田市	89622	45899	43723	22272	13760	8512	58003
和田	130300	67293	63007	21498	15110	6388	91338
墨玉	202716	104305	98411	31131	21398	9733	143772
皮山	115228	59390	55838	20133	13400	6733	80256
洛浦	121564	62712	58852	20789	14372	6417	83898
策勒	70411	36086	34325	13412	8754	4658	48413
于田	103561	54125	49436	18834	13197	5637	73062
民丰	16661	8650	8011	4277	2606	1671	10660
奎屯市	183121	96581	86540	63939	37293	26646	111209
伊宁市	191418	97057	94361	68875	38449	30426	109480
伊宁	207982	107833	100149	69548	40099	29449	125117
察布查尔	96748	50361	46387	32623	18820	13803	58739
霍城	199295	102806	96489	65698	37372	28326	122912
巩留	78307	40554	37753	25821	14881	10940	47795
新源	149230	78108	71122	50007	29129	20878	91126
昭苏	79680	41348	38332	25568	14723	10845	49730
特克斯	69281	35837	33444	20460	12009	8451	44857
尼勒克	76540	39702	36838	25262	14535	10727	46871
塔城市	91542	46764	44778	31635	17473	14162	55398
额敏	109190	56249	52941	37480	21145	16335	65975
乌苏	108831	57107	51724	34963	20417	14546	68233
沙湾	111649	57453	54196	39262	22011	17251	67058
托里	43703	22671	21032	16027	9123	6904	25052
裕民	29928	15680	14248	9887	5755	4132	18665
和布克赛尔	26448	13951	12497	9544	5619	3925	15285
阿勒泰市	123596	63529	60067	44063	24570	19493	73857
布尔津	33129	17099	16030	11833	6756	5077	19343
富蕴	50919	26601	24318	18376	10528	7848	29756
福海	36209	19139	17070	12157	7216	4941	22266
哈巴河	38170	19695	18475	13589	7745	5844	22399
青河	25622	13251	12371	8270	4784	3486	15956
吉木乃	19658	10183	9475	6830	3966	2864	11599
石河子市	442560	228137	214423	158195	88038	70157	263261

(person)

Married		丧偶 Widowed			离婚 Divorced		
男 Male	女 Female	小计 Sub - total	男 Male	女 Female	小计 Sub - total	男 Male	女 Female
32925	32711	5324	1184	4140	4935	2897	2038
115753	115714	21863	4664	17199	21050	11696	9354
65825	66206	11122	2659	8463	10726	5891	4835
36905	36945	5098	1145	3953	6249	3222	3027
24719	24830	4304	862	3442	3381	1796	1585
57928	57803	9606	1714	7892	6293	3461	2832
63757	62767	8835	1893	6942	10569	5699	4870
4475	4523	858	262	596	271	137	134
29069	28934	4116	751	3365	5231	2319	2912
45653	45685	7213	1375	5838	10251	5155	5096
71938	71834	11110	2152	8958	16703	8817	7886
40038	40218	6571	1486	5085	8268	4466	3802
41887	42011	7205	1360	5845	9672	5093	4579
24195	24218	4100	886	3214	4486	2251	2235
36548	36514	5392	1262	4130	6273	3118	3155
5343	5317	827	242	585	897	459	438
56211	54998	6076	1831	4245	1897	1246	651
54826	54654	8792	1933	6859	4271	1849	2422
62668	62449	9439	2910	6529	3878	2156	1722
29519	29220	4269	1367	2902	1117	655	462
61590	61322	8268	2452	5816	2417	1392	1025
23965	23830	3793	1175	2618	898	533	365
45847	45279	6600	2114	4486	1497	1018	479
25154	24576	3693	1035	2658	689	436	253
22508	22349	3426	1004	2422	538	316	222
23484	23387	3716	1226	2490	691	457	234
27764	27634	3760	1081	2679	749	446	303
33082	32893	4821	1431	3390	914	591	323
34583	33650	4478	1315	3163	1157	792	365
33494	33564	4545	1417	3128	784	531	253
12615	12437	2321	726	1595	303	207	96
9427	9238	1178	368	810	198	130	68
7796	7489	1446	416	1030	173	120	53
37120	36737	4750	1278	3472	926	561	365
9687	9656	1811	558	1253	142	98	44
15114	14642	2513	785	1728	274	174	100
11294	10972	1545	454	1091	241	175	66
11209	11190	2008	610	1398	174	131	43
8028	7928	1309	372	937	87	67	20
5825	5774	1098	305	793	131	87	44
132223	131038	15534	4582	10952	5570	3294	2276

第四部分

全国历年人口统计数据

PART FOUR

FIGURES OF POPULATION STATISTICS OVER THE PAST YEARS

一、总户数、总人口

Ⅰ. HOUSEHOLD AND POPULATION

4—1 各地区历年总人口和性别比(抽样调查推算数)

POPULATION AND SEX RATIO OVER THE PAST YEARS BY REGION

(Figures estimated based on the national sample survey)

单位:万人 (10000 persons)

地区 Region	总人口 Population				性别比(女=100) Sex Ratio (female=100)			
	1995	1996	1997	1998	1995	1996	1997	1998
全国 National	**121121**	**122389**	**123626**	**124810**	**104.19**	**103.34**	**103.83**	**103.51**
北京 Beijing	1251	1259	1240	1246	100.50	96.40	100.05	103.84
天津 Tianjin	942	948	953	957	100.19	99.70	100.14	100.60
河北 Hebei	96437	6484	6525	6569	103.00	101.00	102.58	102.53
山西 Shanxi	3077	3109	3141	3172	104.28	104.00	105.55	104.82
内蒙古 Inner Mongolia	2284	2307	2326	2345	105.76	105.00	105.42	104.45
辽宁 Liaoning	4092	4116	4138	4157	102.88	102.00	102.45	100.49
吉林 Jilin	2592	2610	2628	2644	103.20	103.00	103.77	104.00
黑龙江 Heilongjiang	3701	3728	3751	3773	104.00	104.00	103.98	104.78
上海 Shanghai	1415	1419	1457	1464	99.48	97.00	96.85	97.99
江苏 Jiangsu	7066	7110	7148	7182	99.57	98.30	99.24	98.30
浙江 Zhejiang	4319	4343	4435	4456	102.82	102.00	102.66	105.48
安徽 Anhui	6013	6070	6127	6184	105.43	106.00	105.71	105.75
福建 Fujian	3237	3261	3282	3299	104.00	102.00	102.61	100.90
江西 Jiangxi	4063	4105	4150	4191	105.30	107.00	105.87	103.98
山东 Shandong	8705	8738	8785	8838	101.32	101.00	101.34	100.53
河南 Henan	9100	9172	9243	9315	104.54	105.00	104.75	105.11
湖北 Hubei	5772	5825	5873	5907	105.21	105.00	105.62	104.50
湖南 Hunan	6392	6428	6465	6502	105.40	107.00	105.42	106.84
广东 Guangdong	6868	6961	7051	7143	102.66	102.00	103.94	102.28
广西 Guangxi	4543	4589	4633	4675	109.76	106.00	109.69	105.81
海南 Hainan	724	734	743	753	108.67	110.00	108.08	109.91
重庆 Chongqing	—	—	3042	3060	—	—	103.91	104.78
四川 Sichuan	11325	11430	8430	8493	102.40	103.00	102.82	102.41
贵州 Guizhou	3508	3555	3606	3658	106.59	106.00	109.18	110.77
云南 Yunnan	3990	4042	4094	4144	105.39	105.00	102.86	102.32
西藏 Tibet	240	244	248	252	98.40	94.10	94.88	98.05
陕西 Shaanxi	3513	3543	3570	3596	105.12	107.00	105.66	104.94
甘肃 Gansu	2438	2467	2494	2519	106.35	104.00	104.23	104.99
青海 Qinghai	481	488	496	503	104.91	103.00	101.47	100.58
宁夏 Ningxia	513	521	530	538	102.27	102.00	102.90	103.08
新疆 Xinjiang	1661	1689	1478	1747	104.45	102.00	103.47	102.59

4－2 全国历年总户数、总人口、非农业人口和农业人口

TOTAL HOUSEHOLD,POULATION,AGRICULTURAL AND NON－AGRICULTURAL POPULATION OVER THE PAST YEARS

单位:万人、万户 (10000 persons、10000 households)

年份 Year	总户数 Household	人口数 Population 合计 Total	男 Male	女 Female	性别比(女＝100) Sex Ratio (Female＝100)	非农业人口 Non－agricultural 人口数 Population	占总人口% %to Total Population	农业人口 Agricultural 人口数 Population	占总人口% %to Total Population
1955	13754	61465	31809	29656	107.3	9335	15.2	52130	84.8
1956	14048	62828	32536	30292	107.4	10002	15.9	52826	84.1
1957	14431	64653	33469	31184	107.3	10618	16.4	54035	83.6
1958	14420	65994	34195	31799	107.5	12210	18.5	53784	81.5
1959	14661	67207	34890	32317	108.0	13567	20.2	53640	79.8
1960	14746	66207	34283	31924	107.4	13731	20.7	52476	79.3
1961	15307	65859	33880	31979	105.9	12415	18.9	53444	81.1
1962	15533	67295	34517	32778	105.3	11271	16.7	56024	83.3
1963	15637	69172	35533	33639	105.6	11584	16.7	57588	83.3
1964	15759	70499	36142	34357	105.2	11677	16.6	58822	83.4
1965	15953	72538	37128	35410	104.9	12122	16.7	60416	83.3
1966	16098	74542	38189	36353	105.1	12340	16.6	62202	83.4
1967	16341	76368	39115	37253	105.0	12637	16.5	63731	83.5
1968	16671	78534	40226	38308	105.0	12554	16.0	65980	84.0
1969	17072	80671	41289	39382	104.8	12403	15.4	68268	84.6
1970	17515	82992	42686	40306	105.9	12660	15.3	70332	84.7
1971	17962	85229	43819	41410	105.8	13350	15.7	71879	84.3
1972	18222	87177	44813	42364	105.8	13632	15.6	73545	84.4
1973	18555	89211	45876	43335	105.9	13992	15.7	75219	84.3
1974	18906	90859	46727	44132	105.9	14079	15.5	76780	84.5
1975	19311	92420	47564	44856	106.0	14278	15.4	78142	84.6
1976	19787	93717	48257	45460	106.2	14517	15.5	79200	84.5
1977	20235	94974	48908	46066	106.2	14694	15.5	80280	84.5
1978	20641	96259	49567	46692	106.2	15230	15.8	81029	84.2
1979	20986	97542	50192	47350	106.0	16186	16.6	81356	83.4
1980	21396	98705	50785	47920	106.0	16800	17.0	81905	83.0
1981	22057	100072	51519	48553	106.1	17413	17.4	82659	82.6
1982	22538	101541	52310	49231	106.3	17910	17.6	83631	82.4
1983	23000	102495	52865	49630	106.5	18378	17.9	84117	82.1
1984	23476	103475	53423	50052	106.7	19686	19.0	83789	81.0
1985	24134	104532	54011	50521	106.9	21054	20.1	83478	79.9
1986	24927	105721	54605	51116	106.8	20902	19.8	84819	80.2
1987	25834	107240	55409	51831	106.9	21592	20.1	85648	79.9
1988	26933	108978	56298	52680	106.9	22551	20.7	86427	79.3
1989	27888	110676	57193	53483	106.9	23371	21.1	87305	78.9
1990	28830	113274	58498	54776	106.8	23887	21.1	89387	78.9
1991	29458	114511	59140	55371	106.8	24418	21.3	90093	78.7
1992	30039	115563	59705	55858	106.9	25298	21.9	90265	78.1
1993	30574	116597	60251	56346	106.9	26388	22.6	90209	77.4
1994	31104	117674	60818	56856	107.0	27638	23.5	90036	76.5
1995	31658	118788	61394	57394	107.0	28555	24.0	90233	76.0
1996	32168	119866	61940	57926	106.9	29459	24.6	90407	75.4
1997	32663	120903	62449	58454	106.8	30211	25.0	90692	75.0
1998	33209	121818	62902	58916	106.8	30785	25.3	91033	74.7

注:1. 本表为公安年报户籍人口统计数。

2. 总人口和性别比含中国人民解放军现役军人,未包括港澳台人口数。现役军人全部作为非农业人口计算。

Note:1. Figures in this table are taken from the annual report of the Ministry of Public Security.

2. The figures of national total Population and sex ratio exclude the population in Taiwan,Hong Kong and Macao,and include the military personnel who is counted as non－agricultural population.

4—3 全国历年人口密度

POPULATION DENSITY OVER THE PAST YEARS

年份 Year	总人口(万人) Population(10000)	人口密度(人/平方公里) Population Density (person/sq. km)	年份 Year	总人口(万人) Population(10000)	人口密度(人/平方公里) Population Density (person/sq. km)
1949	54167	57	1974	90859	95
1950	55196	58	1975	92420	97
1951	56300	59	1976	93717	98
1952	57482	60	1977	94974	99
1953	58796	61	1978	96259	101
1954	60266	63	1979	97542	102
1955	61465	64	1980	98705	103
1956	62828	66	1981	100072	105
1957	64653	68	1982	101654	106
1958	65994	69	1983	103008	108
1959	67207	70	1984	104357	109
1960	66207	69	1985	105851	111
1961	65859	69	1986	107507	112
1962	67295	70	1987	109300	114
1963	69172	72	1988	111026	116
1964	70499	74	1989	112704	118
1965	72538	76	1990	114333	120
1966	74542	78	1991	115823	121
1967	76368	80	1992	117171	123
1968	78534	82	1993	118517	124
1969	80671	84	1994	119850	125
1970	82992	87	1995	121121	127
1971	85229	89	1996	122389	128
1972	87177	91	1997	123626	129
1973	89211	93	1998	124810	130

注：1. 本表各年人口包括中国人民解放军现役军人数据，未包括香港特别行政区、台湾省和澳门地区的人口数据。(表 4—6 同)

2. 1982—1989 年数据根据 1982 年、1990 年两次人口普查数据调整的，1990 年以后数据是人口变动抽样调查推算数，其余年份数据为户籍统计数。(表 4—6、4—10 同)

Note: 1. Data in this table include the military Personnel, but exclude the Population of Hong Kong, Macao and Taiwan (The table 4—6 is the same).

2. Data in 1982—1989 were adjusted on the basis of the 1982 and 1990 National Population Censuses. Since 1990, data have been estimated on the basis of the annual National Sample Survey on Ppopulation Changes. Data of other years were taken from the annual report of the Ministry of Public Security. (The same as the table 4—6, 4—10)

4—4 台湾、香港、澳门历年人口数

POPULATION OF TAIWAN, HONGKONG AND MACAO OVER THER PAST YEARS

单位:万人 (10000 persons)

年份 Year	台湾 Taiwan	香港和澳门 Hong Kong and Macao	香港 Hong Kong
1949	739	186	—
1950	755	236	—
1951	787	202	—
1952	813	213	—
1953	844	224	—
1954	875	237	—
1955	908	249	—
1956	939	262	—
1957	969	274	—
1958	1004	285	—
1959	1043	297	—
1960	1079	308	—
1961	1115	318	—
1962	1151	341	—
1963	1188	359	—
1964	1226	387	—
1965	1263	369	—
1966	1299	373	—
1967	1330	383	—
1968	1365	392	—
1969	1433	399	—
1970	1468	409	—
1971	1499	405	—
1972	1529	408	—
1973	1556	416	—
1974	1585	425	—
1975	1615	437	—
1976	1651	444	—
1977	1681	451	—
1978	1714	472	—
1979	1748	490	—
1980	1781	514	—
1981	1814	526	496
1982	1846	538	506
1983	1873	520	486
1984	1899	536	498
1985	1923	586	545
1986	1945	601	559
1987	1967	609	566
1988	1990	618	575
1989	2011	626	581
1990	2035	586	586
1991	2054	622	582
1992	2075	627	590
1993	2094	632	592
1994	2118	647	606
1995	2136	658	616
1996	2153	673	631
1997	2174	692	650

4－5　各地区历年总户数、总人口

HOUSEHOLD AND POPULATION OVER PAST YEARS BY REGION

单位:万户、万人　　(10000 household,10000 persons)

地　区 Region	1960			1965		
	总户数 Household	总人口 Population	性别比(女=100) Sex Ratio (female=100)	总户数 Household	总人口 Population	性别比(女=100) Sex Ratio (female=100)
全　国 National	14746.2	66207.0	107.4	15953.5	72537.7	104.9
北　京 Beijing	145.8	732.0	113.1	156.7	776.3	106.5
天　津 Tianjin	—	—	—	—	—	—
河　北 Hebei	968.7	4429.1	105.4	1040.5	4723.7	104.1
山　西 Shanxi	400.9	1712.0	115.8	442.4	1871.6	111.8
内蒙古 Inner Mongolia	237.9	1175.2	129.9	268.0	1296.4	117.4
辽　宁 Liaoning	495.7	2566.4	109.6	547.8	2808.3	105.1
吉　林 Jilin	270.7	1404.7	114.0	318.5	1639.1	107.7
黑龙江 Heilongjiang	346.0	1815.4	117.8	414.5	2133.9	109.8
上　海 Shanghai	232.9	1050.6	102.1	242.0	1093.8	98.6
江　苏 Jiangsu	1041.0	4272.6	100.6	1110.1	4623.7	100.7
浙　江 Zhejiang	622.6	2650.6	112.5	667.1	2957.3	108.6
安　徽 Anhui	743.4	3085.6	106.9	781.5	3285.6	106.3
福　建 Fujian	336.1	1594.7	110.3	365.3	1759.8	107.3
江　西 Jiangxi	471.5	2018.8	109.6	490.1	2209.5	106.0
山　东 Shandong	1218.4	5219.1	101.4	1288.7	5710.7	100.7
河　南 Henan	1060.2	4846.3	103.6	1144.1	5239.9	102.1
湖　北 Hubei	718.7	3168.0	107.9	762.9	3504.5	104.8
湖　南 Hunan	867.3	3589.4	109.6	934.1	3901.5	107.7
广　东 Guangdong	948.7	3995.1	104.9	936.9	4231.3	102.5
广　西 Guangxi	438.7	1955.3	105.0	537.8	2444.7	105.6
海　南 Hainan	—	—	—	—	—	—
重　庆 Chongqing	—	—	—	—	—	—
四　川 Sichuan	1494.6	6854.0	107.2	1651.8	7137.0	103.7
贵　州 Guizhou	407.2	1665.3	99.7	398.3	1820.7	103.4
云　南 Yunnan	394.9	1907.6	100.2	446.3	2160.4	99.1
西　藏 Tibet	24.4	112.9	93.7	27.9	135.7	93.2
陕　西 Shaanxi	385.7	1954.2	115.6	432.3	2144.3	109.9
甘　肃 Gansu	243.3	1262.5	110.5	267.8	1345.4	108.1
青　海 Qinghai	38.4	248.6	134.7	44.5	230.5	111.3
宁　夏 Ningxia	39.9	216.3	120.7	44.1	226.8	110.7
新　疆 Xinjiang	152.6	704.7	125.9	191.5	789.1	113.1
其　他 Other	—	—	—	—	336.2	—

续表 1 continued

单位:万户、万人 (10000 household, 10000 persos)

地区 Region	1970 总户数 Household	1970 总人口 Population	1970 性别比(女=100) Sex Ratio (female=100)	1975 总户数 Household	1975 总人口 Population	1975 性别比(女=100) Sex Ratio (female=100)
全 国 National	17515	82992	105.9	19310.7	92420.1	106.0
北 京 Beijing	169	771	104.5	188.2	822.6	104.2
天 津 Tianjin	95	423	103.4	157.3	699.8	104.0
河 北 Hebei	1039	4774	104.8	1078.9	4913.4	104.8
山 西 Shanxi	492	2111	111.3	533.1	2340.0	110.9
内蒙古 Inner Mongolia	175	744	134.0	195.4	853.1	116.4
辽 宁 Liaoning	678	3389	105.1	736.6	3622.3	105.0
吉 林 Jilin	399	2131	106.1	458.3	2371.4	105.8
黑龙江 Heilongjiang	513	2685	107.7	620.0	3182.9	107.2
上 海 Shanghai	253	1072	98.5	271.9	1076.7	98.1
江 苏 Jiangsu	1215	5252	100.7	1315.6	5636.1	101.8
浙 江 Zhejiang	742	3316	108.0	826.8	3614.5	108.1
安 徽 Anhui	873	3940	107.0	952.9	4492.6	106.8
福 建 Fujian	407	2047	107.0	450.3	2310.3	106.8
江 西 Jiangxi	544	2584	106.4	582.0	2968.5	106.7
山 东 Shandong	1395	6441	101.3	1510.2	6971.5	102.2
河 南 Henan	1229	5991	102.8	1341.6	6757.6	103.4
湖 北 Hubei	833	4027	104.7	886.5	4408.1	105.4
湖 南 Hunan	996	4481	107.8	1092.3	4991.4	108.2
广 东 Guangdong	1018	4811	103.0	1083.1	5355.3	104.2
广 西 Guangxi	574	2817	105.2	618.2	3201.0	106.2
海 南 Hainan	—	—	—	—	—	—
重 庆 Chongqing	—	—	—	—	—	—
四 川 Sichuan	1783	8342	103.7	2079.3	9467.2	104.6
贵 州 Guizhou	452	2180	103.4	506.0	2531.0	103.2
云 南 Yunnan	495	2509	100.4	538.3	2884.3	100.0
西 藏 Tibet	27	145	93.3	34.1	170.2	95.1
陕 西 Shaanxi	472	2427	108.7	524.9	2692.1	108.4
甘 肃 Gansu	296	1588	107.0	330.4	1806.6	106.9
青 海 Qinghai	51	283	109.6	58.9	337.5	107.6
宁 夏 Ningxia	54	285	108.0	63.5	337.6	108.1
新 疆 Xinjiang	246	976	107.7	276.1	1154.5	105.6
其 他 Other	—	450	—	—	450.0	—

续表 2 continued

单位:万户、万人 (10000 households, 10000 persons)

地 区 Region	1980 总户数 Household	1980 总人口 Population	1980 性别比(女=100) Sex Ratio (female=100)	1985 总户数 Household	1985 总人口 Population	1985 性别比(女=100) Sex Ratio (female=100)
全 国 National	21396.3	98705.6	106.0	24133.6	104532.1	106.9
北 京 Beijing	223.2	886.0	102.5	274.1	960.3	103.9
天 津 Tianjin	179.7	751.4	103.4	216.9	808.4	103.8
河 北 Hebei	1207.2	5167.6	105.3	1351.5	5547.5	105.8
山 西 Shanxi	581.2	2476.4	110.4	631.7	2626.5	110.5
内蒙古 Inner Mongolia	402.7	1876.5	110.0	461.6	2006.7	109.3
辽 宁 Liaoning	792.2	3486.9	104.2	951.4	3686.2	104.5
吉 林 Jilin	479.6	2210.7	105.0	546.1	2298.0	105.1
黑龙江 Heilongjiang	680.0	3203.8	105.2	771.9	3311.4	104.8
上 海 Shanghai	303.9	1146.3	98.6	352.7	1216.7	100.5
江 苏 Jiangsu	1471.8	5938.2	102.4	1640.2	6213.5	104.0
浙 江 Zhejiang	923.6	3826.6	107.9	1081.2	4029.6	107.8
安 徽 Anhui	1051.0	4892.8	107.1	1174.4	5155.8	108.5
福 建 Fujian	499.7	2517.8	106.4	572.2	2713.1	106.8
江 西 Jiangxi	644.7	3270.2	106.5	698.6	3460.3	107.2
山 东 Shandong	1672.2	7296.4	102.5	1863.5	7694.7	104.0
河 南 Henan	1480.5	7285.4	103.8	1675.0	7712.9	105.2
湖 北 Hubei	975.0	4684.4	105.2	1119.1	4930.9	106.2
湖 南 Hunan	1197.9	5281.0	107.9	1335.1	5622.7	108.7
广 东 Guangdong	1180.0	5780.2	104.5	1332.9	6253.1	106.0
广 西 Guangxi	676.2	3538.4	106.1	756.9	3872.9	107.4
海 南 Hainan	—	—	—	—	—	—
重 庆 Chongqing	—	—	—	—	—	—
四 川 Sichuan	2211.8	9819.6	105.6	2453.2	10187.5	107.0
贵 州 Guizhou	552.9	2776.7	103.1	614.2	2967.9	105.1
云 南 Yunnan	590.9	3173.4	100.4	667.4	3406.2	102.9
西 藏 Tibet	34.4	185.3	95.5	35.5	199.5	97.4
陕 西 Shaanxi	584.8	2831.4	107.7	676.8	3001.7	109.0
甘 肃 Gansu	361.9	1918.4	106.6	410.2	2041.3	107.4
青 海 Qinghai	68.4	376.9	106.3	78.9	407.4	104.8
宁 夏 Ningxia	70.1	373.7	106.8	80.8	414.6	106.4
新 疆 Xinjiang	298.8	1283.2	104.2	309.6	1361.1	104.9
其 他 Other	—	450.0	—	—	423.7	—

续表 3 continued

单位:万户、万人 (10000 household，10000 persons)

地区 Region	1987 总户数 Household	1987 总人口 Population	1987 性别比(女=100) Sex Ratio (female=100)	1988 总户数 Household	1988 总人口 Population	1988 性别比(女=100) Sex Ratio (female=100)
全 国 National	25834.1	107240.4	106.9	26932.7	108978.0	106.9
北 京 Beijing	299.4	992.6	104.1	310.8	1003.9	103.9
天 津 Tianjin	230.9	832.4	103.9	241.6	843.4	103.8
河 北 Hebei	1422.0	5695.8	105.8	1468.1	5791.9	105.7
山 西 Shanxi	668.7	2690.8	110.3	693.8	2731.4	110.0
内蒙古 Inner Mongolia	486.9	2053.6	109.6	502.5	2083.1	109.4
辽 宁 Liaoning	1011.8	3777.4	104.5	1046.6	3825.5	104.6
吉 林 Jilin	572.7	2336.4	105.0	589.2	2357.4	105.2
黑龙江 Heilongjiang	810.3	3364.0	104.9	830.7	3401.5	104.9
上 海 Shanghai	380.2	1249.5	101.3	394.9	1262.4	101.5
江 苏 Jiangsu	1723.7	6348.0	104.4	1834.3	6438.3	104.5
浙 江 Zhejiang	1167.3	4121.2	107.7	1211.1	4169.9	107.6
安 徽 Anhui	1278.4	5286.6	108.4	1339.1	5377.1	108.3
福 建 Fujian	611.2	2800.5	106.9	634.8	2845.3	106.9
江 西 Jiangxi	756.2	3559.0	107.3	785.8	3633.4	107.1
山 东 Shandong	1960.4	7889.5	104.4	2039.0	8009.2	104.5
河 南 Henan	1779.7	7933.5	105.6	1862.9	8079.8	105.6
湖 北 Hubei	1211.2	5058.1	106.5	1272.7	5144.3	106.4
湖 南 Hunan	1485.8	5782.6	108.8	1562.4	5915.7	108.6
广 东 Guangdong	1415.4	6447.2	106.3	1326.1	5928.3	106.2
广 西 Guangxi	807.6	4016.4	107.6	831.4	4088.1	107.6
海 南 Hainan	—	—	—	144.0	627.5	107.5
重 庆 Chongqing	—	—	—	—	—	—
四 川 Sichuan	2679.0	10458.4	107.3	2807.7	10589.7	107.4
贵 州 Guizhou	661.7	3051.4	105.3	697.4	3143.9	104.6
云 南 Yunnan	721.4	3513.0	103.5	753.1	3582.6	103.6
西 藏 Tibet	36.3	207.9	96.9	36.5	212.3	97.2
陕 西 Shaanxi	723.8	3088.2	109.3	753.0	3140.0	109.3
甘 肃 Gansu	438.5	2103.4	107.0	452.6	2135.7	107.0
青 海 Qinghai	83.5	417.5	105.0	87.9	421.5	104.7
宁 夏 Ningxia	88.0	435.2	106.7	92.3	444.5	106.5
新 疆 Xinjiang	322.1	1406.3	104.8	330.4	1426.4	105.0
其 他 Other	—	324.0	—	—	324.0	—

续表 4 continued

单位:万户、万人 (10000 household, 10000 persons)

地 区 Region	1989 总户数 Household	1989 总人口 Population	1989 性别比(女=100) Sex Ratio (female=100)	1990 总户数 Household	1990 总人口 Population	1990 性别比(女=100) Sex Ratio (female=100)
全 国 National	27888.0	110676.0	106.9	28830.0	113274.2	106.8
北 京 Beijing	322.5	1024.7	103.9	335.0	1035.7	103.6
天 津 Tianjin	249.4	856.9	103.8	258.4	870.5	103.6
河 北 Hebei	1508.7	5888.4	105.6	1583.8	6116.8	105.1
山 西 Shanxi	718.3	2774.4	100.1	740.6	2845.2	109.6
内蒙古 Inner Mongolia	516.6	2112.5	109.3	536.8	2149.4	109.0
辽 宁 Liaoning	1084.5	3876.0	104.4	1126.5	3917.4	104.2
吉 林 Jilin	612.5	2395.4	105.2	637.2	2440.2	104.7
黑龙江 Heilongjiang	858.3	3442.4	104.9	899.9	3488.9	104.7
上 海 Shanghai	406.8	1276.4	101.7	415.3	1283.4	101.7
江 苏 Jiangsu	1903.4	6535.9	104.5	1956.9	6671.7	104.3
浙 江 Zhejiang	1240.4	4208.9	107.5	1259.5	4235.9	107.5
安 徽 Anhui	1397.6	5469.2	108.2	1444.7	5660.7	107.6
福 建 Fujian	652.8	2889.0	107.0	679.7	2999.8	106.4
江 西 Jiangxi	818.6	3695.2	107.2	852.5	3761.4	107.3
山 东 Shandong	2115.2	8180.9	104.5	2204.1	8423.6	104.2
河 南 Henan	1933.6	8231.1	105.8	2014.0	8564.4	105.5
湖 北 Hubei	1316.3	5223.9	106.5	1349.7	5373.5	106.5
湖 南 Hunan	1623.0	6013.6	108.6	1661.4	6110.6	108.4
广 东 Guangdong	1358.6	6025.0	106.3	1411.1	6246.3	105.9
广 西 Guangxi	866.9	4150.0	107.7	895.9	4241.6	108.3
海 南 Hainan	147.7	638.8	108.0	150.3	651.2	108.2
重 庆 Chongqing	—	—	—	—	—	—
四 川 Sichuan	2912.4	10700.3	107.6	2986.6	10813.4	107.8
贵 州 Guizhou	729.4	3184.0	105.6	749.1	3237.0	106.4
云 南 Yunnan	782.7	3642.2	104.2	812.0	3694.5	105.0
西 藏 Tibet	37.6	215.9	97.1	38.3	218.1	98.5
陕 西 Shaanxi	780.3	3198.0	109.4	802.0	3275.0	108.8
甘 肃 Gansu	468.1	2170.8	106.9	486.7	2229.9	107.1
青 海 Qinghai	89.1	427.3	104.8	91.5	434.8	105.0
宁 夏 Ningxia	96.0	454.8	106.4	100.9	465.7	106.1
新 疆 Xinjiang	340.7	1454.2	105.1	349.6	1498.7	105.5
其 他 Other	—	319.9	—	—	319.9	—

续表 5 continued

单位:万户、万人 (10000 household, 10000 persons)

地 区 Region	1991			1992		
	总户数 Household	总人口 Population	性别比(女=100) Sex Ratio (female=100)	总户数 Household	总人口 Population	性别比(女=100) Sex Ratio (female=100)
全 国 National	29457.9	114510.8	106.8	30039.0	115563.0	106.9
北 京 Beijing	343.1	1042.9	103.4	349.3	1048.7	103.3
天 津 Tianjin	262.8	876.6	103.5	266.8	882.7	103.3
河 北 Hebei	1613.2	6183.2	105.0	1650.1	6249.3	104.9
山 西 Shanxi	754.6	2883.4	109.4	766.5	2919.1	109.6
内蒙古 Inner Mongolia	548.7	2164.8	108.7	559.7	2178.5	108.7
辽 宁 Liaoning	1146.0	3938.5	104.2	1166.9	3957.9	104.1
吉 林 Jilin	648.9	2459.7	104.8	661.2	2474.0	104.7
黑龙江 Heilongjiang	921.4	3510.7	104.6	932.8	3526.2	104.6
上 海 Shanghai	425.8	1287.2	101.7	431.7	1289.4	101.7
江 苏 Jiangsu	1987.5	6733.9	104.4	2015.2	6767.5	104.5
浙 江 Zhejiang	1276.8	4261.4	107.4	1297.8	4285.9	107.3
安 徽 Anhui	1481.3	5744.0	107.6	1500.3	5817.5	107.6
福 建 Fujian	693.5	3039.0	106.6	707.5	3066.9	106.6
江 西 Jiangxi	872.8	3801.9	107.5	887.7	3827.0	107.6
山 东 Shandong	2261.5	8534.0	104.1	2325.1	8579.8	104.0
河 南 Henan	2064.9	8687.0	105.6	2118.0	8811.5	105.8
湖 北 Hubei	1383.2	5446.8	106.2	1407.8	5513.6	106.3
湖 南 Hunan	1696.9	6167.0	108.4	1723.1	6209.2	108.6
广 东 Guangdong	1454.5	6349.0	106.0	1504.6	6463.2	106.1
广 西 Guangxi	918.2	4294.5	108.4	949.7	4359.4	109.0
海 南 Hainan	155.4	661.5	108.6	158.2	671.3	109.0
重 庆 Chongqing	—	—	—	—	—	—
四 川 Sichuan	3030.6	10886.8	107.9	3064.0	10942.9	108.0
贵 州 Guizhou	767.9	3271.4	106.5	776.9	3301.0	106.8
云 南 Yunnan	837.4	3734.7	105.2	857.9	3767.1	105.5
西 藏 Tibet	39.2	221.8	97.0	40.2	225.3	96.9
陕 西 Shaanxi	817.7	3309.9	109.0	836.1	3340.3	109.2
甘 肃 Gansu	499.0	2258.0	107.0	512.6	2288.1	107.2
青 海 Qinghai	93.6	439.4	105.1	96.4	443.1	104.8
宁 夏 Ningxia	103.5	473.8	106.1	107.1	482.3	106.2
新 疆 Xinjiang	358.0	1528.0	105.5	367.5	1554.1	105.5
其 他 Other	—	320.0	—	—	320.0	—

续表 6 continued

单位:万户、万人 (10000 household, 10000 persons)

地 区 Region	1993			1994		
	总户数 Household	总人口 Population	性别比(女=100) Sex Ratio (female=100)	总户数 Household	总人口 Population	性别比(女=100) Sex Ratio (female=100)
全 国 National	30573.9	116596.6	106.9	31104.0	117673.7	107.0
北 京 Beijing	354.6	1056.9	103.3	360.3	1068.2	103.2
天 津 Tianjin	270.8	889.6	103.3	273.9	894.5	103.3
河 北 Hebei	1679.8	6309.6	104.7	1693.6	6366.0	104.5
山 西 Shanxi	785.2	2955.5	109.5	800.2	2990.9	109.4
内蒙古 Inner Mongolia	572.2	2198.0	108.5	581.8	2217.4	108.4
辽 宁 Liaoning	1186.4	3982.9	104.1	1204.2	4007.2	104.1
吉 林 Jilin	678.8	2496.1	104.6	691.6	2515.6	104.6
黑龙江 Heilongjiang	943.8	3538.9	104.6	962.6	3557.6	104.7
上 海 Shanghai	438.7	1294.7	101.7	444.4	1298.8	101.8
江 苏 Jiangsu	2034.9	6800.7	104.6	2056.0	6831.3	104.6
浙 江 Zhejiang	1311.1	4313.3	107.3	1321.5	4341.2	107.3
安 徽 Anhui	1512.3	5870.0	107.7	1531.9	5937.9	107.8
福 建 Fujian	718.4	3099.2	106.7	733.6	3126.9	106.7
江 西 Jiangxi	898.8	3857.2	107.4	916.5	3893.7	107.6
山 东 Shandong	2364.3	8620.4	103.9	2405.7	8652.6	103.8
河 南 Henan	2181.4	8914.6	105.9	2234.6	9005.0	105.9
湖 北 Hubei	1437.1	5590.5	106.3	1463.4	5656.8	106.4
湖 南 Hunan	1746.5	6248.0	108.5	1767.1	6305.9	108.4
广 东 Guangdong	1557.1	6581.6	106.2	1589.8	6691.5	106.5
广 西 Guangxi	972.6	4408.8	109.2	996.7	4455.1	109.2
海 南 Hainan	161.0	681.8	109.1	163.3	691.4	109.1
重 庆 Chongqing	—	—	—	—	—	—
四 川 Sichuan	3097.5	11022.4	108.2	3154.8	11084.3	108.3
贵 州 Guizhou	787.8	3332.3	107.0	805.5	3380.6	107.2
云 南 Yunnan	883.4	3802.1	105.8	902.4	3837.1	106.0
西 藏 Tibet	39.8	228.9	97.8	41.4	232.0	97.7
陕 西 Shaanxi	847.5	3369.7	109.4	861.6	3401.6	109.5
甘 肃 Gansu	524.6	2318.6	107.3	538.0	2352.4	107.3
青 海 Qinghai	97.2	446.3	104.9	98.8	451.0	105.0
宁 夏 Ningxia	110.0	490.9	106.0	116.9	503.9	105.9
新 疆 Xinjiang	380.5	1577.1	105.6	391.9	1605.3	105.6
其 他 Other	—	320.0	—	—	320.0	—

续表 7 continued

单位:万户、万人 (10000 household, 10000 persos)

地区 Region	1995			1996		
	总户数 Household	总人口 Population	性别比(女=100) Sex Ratio (female=100)	总户数 Household	总人口 Population	性别比(女=100) Sex Ratio (female=100)
全　国 National	31658.1	118787.6	107.0	32167.6	119866.0	106.9
北　京 Beijing	365.7	1077.0	103.1	370.9	1083.2	103.1
天　津 Tianjin	276.9	898.6	103.1	279.6	902.4	102.9
河　北 Hebei	1742.9	6420.5	104.7	1764.3	6461.0	104.3
山　西 Shanxi	815.2	3025.7	109.2	834.0	3059.2	109.1
内蒙古 Inner Mongolia	594.9	2237.2	108.3	607.2	2263.0	108.1
辽　宁 Liaoning	1224.0	4034.0	104.0	1239.9	4056.8	103.9
吉　林 Jilin	704.1	2550.9	104.4	717.9	2579.1	104.1
黑龙江 Heilongjiang	976.1	3576.8	104.8	990.8	3605.1	104.5
上　海 Shanghai	450.8	1301.4	101.8	457.5	1304.4	101.7
江　苏 Jiangsu	2086.0	6868.4	104.5	2113.1	6908.1	104.4
浙　江 Zhejiang	1339.8	4369.6	107.1	1354.0	4400.1	106.9
安　徽 Anhui	1550.9	5999.6	108.1	1569.0	6054.0	108.0
福　建 Fujian	750.2	3164.6	106.8	769.4	3210.6	106.9
江　西 Jiangxi	935.1	3938.6	107.8	961.1	3981.0	107.4
山　东 Shandong	2448.3	8701.2	103.7	2491.3	8747.0	103.6
河　南 Henan	2268.8	9108.8	105.8	2297.3	9203.1	105.8
湖　北 Hubei	1488.5	5727.1	106.4	1505.9	5776.4	106.5
湖　南 Hunan	1785.6	6356.7	108.3	1788.7	6403.9	108.3
广　东 Guangdong	1631.0	6788.7	106.5	1673.7	6896.8	106.7
广　西 Guangxi	1019.7	4502.1	109.4	1039.7	4545.5	109.4
海　南 Hainan	160.3	702.4	110.1	170.8	714.1	109.5
重　庆 Chongqing	—	—	—	—	—	—
四　川 Sichuan	3195.4	11162.9	108.4	3228.2	11238.2	108.4
贵　州 Guizhou	819.8	3419.5	107.3	841.5	3459.5	107.3
云　南 Yunnan	925.9	3873.5	106.3	946.1	3909.4	106.5
西　藏 Tibet	42.3	235.6	97.7	43.2	239.3	98.8
陕　西 Shaanxi	878.1	3431.9	109.5	893.0	3457.7	109.6
甘　肃 Gansu	554.3	2388.4	107.4	566.9	2427.8	107.3
青　海 Qinghai	101.6	456.2	104.9	103.4	462.6	104.9
宁　夏 Ningxia	119.5	512.4	105.7	123.5	521.2	105.8
新　疆 Xinjiang	406.3	1637.3	105.8	425.7	1675.6	106.1
其　他 Other	—	320.0	—	—	320.0	—

续表 8 continued

单位:万户、万人 (10000 household,10000 persos)

地区 Region	1997 总户数 Household	1997 总人口 Poulation	1997 性别比(女=100) Sex Ratio (female=100)	1998 总户数 Household	1998 总人口 Population	1998 性别比(女=100) Sex Ratio (female=100)
全 国 National	32663.4	120902.7	106.8	33209.1	121818.1	106.80
北 京 Beijing	375.7	1092.3	103.0	383.4	1097.8	102.70
天 津 Tianjin	284.2	905.1	102.7	288.3	910.7	102.52
河 北 Hebei	1780.1	6508.1	104.1	1799.4	6555.3	103.63
山 西 Shanxi	847.5	3091.3	108.8	860.1	3113.3	108.42
内蒙古 Inner Mongolia	618.9	2288.5	107.9	630.4	2310.2	107.85
辽 宁 Liaoning	1255.8	4077.1	103.8	1270.4	4090.4	103.77
吉 林 Jilin	723.0	2600.1	103.9	738.2	2603.2	103.76
黑龙江 Heilongjiang	1006.5	3628.5	104.3	1032.1	3642.0	103.86
上 海 Shanghai	461.4	1305.4	101.6	465.7	1306.6	101.52
江 苏 Jiangsu	2146.9	6948.4	103.7	2173.0	6983.1	104.33
浙 江 Zhejiang	1369.8	4422.3	106.7	1389.4	4446.9	106.49
安 徽 Anhui	1592.3	6109.2	107.9	1607.9	6152.2	107.74
福 建 Fujian	788.0	3237.1	106.8	815.3	3260.8	106.76
江 西 Jiangxi	978.5	4026.0	108.0	1004.0	4070.6	107.61
山 东 Shandong	2527.4	8809.7	103.6	2562.9	8871.5	103.53
河 南 Henan	2341.6	9292.7	105.8	2375.1	9372.7	105.72
湖 北 Hubei	1529.3	5838.8	106.7	1561.9	5890.6	106.64
湖 南 Hunan	1789.2	6444.1	108.1	1803.5	6482.2	107.89
广 东 Guangdong	1721.3	7013.7	106.7	1773.6	7115.6	106.93
广 西 Guangxi	1068.6	4588.5	109.5	1091.6	4622.2	109.37
海 南 Hainan	174.8	724.5	109.9	178.2	733.3	110.48
重 庆 Chongqing	897.8	3042.9	109.2	907.2	3059.7	109.17
四 川 Sichuan	2367.5	8264.7	108.0	2388.7	8315.7	107.99
贵 州 Guizhou	851.3	3495.5	107.3	867.2	3536.7	107.31
云 南 Yunnan	965.5	3944.6	106.6	991.3	3983.3	106.69
西 藏 Tibet	45.4	242.7	99.2	44.7	245.4	97.92
陕 西 Shaanxi	906.0	3482.7	109.6	915.5	3501.1	109.38
甘 肃 Gansu	579.7	2456.6	107.6	594.1	2483.6	107.34
青 海 Qinghai	105.6	466.5	104.9	108.5	470.3	104.95
宁 夏 Ningxia	127.1	528.9	105.7	132.0	536.6	105.51
新 疆 Xinjiang	436.8	1705.8	105.7	455.3	1733.6	105.70
其 他	—	320.0	—	—	320.0	—

注:1.本表为公安年报数。2.1958年天津市由直辖市改为河北省辖市,1967年又恢复为直辖市。3.海南省于1988年4月成立,以前为广东省管辖。4.宁夏回族自治区成立于1958年10月,以前为甘肃省管辖。5.其他指中国人民解放军现役军人。

Note:1. Figures in this table are taken from the annual report of the Ministry of Public Security. 2. Tianjing municipality was changed into a city under jurisdiction of Hebei province in 1958, and returned to municipalaty in 1967. 3. Hainan province was established in April of 1988, which had been under the jurisdiction of Guangdong province. 4. Ningxia autonomous region was established in October of 1958, which had been under jurisdiction of Gansu province. 5. Others refer to the military personnel.

二、市、镇人口

Ⅱ. POPULATION OF CITY/TOWN

4－6 全国历年城乡人口构成

COMPOSITION OF URBAN－RURAL POPULATION OVER THE PAST YEARS

单位:万人、%　　　　(10000 **Persons**, %)

年份 Year	总人口 Total Population	市镇总人口 Urban Population		乡村总人口 Rural Population	
		人口数 Population	比重 Proportion	人口数 Population	比重 Proportion
1952	57482	7163	12.46	50319	87.54
1955	61465	8285	13.48	53180	86.52
1960	66207	13073	19.75	53134	80.25
1961	65859	12707	19.29	53152	80.71
1962	67295	11659	17.33	55636	82.67
1963	69172	11646	16.84	57526	83.16
1964	70499	12950	18.37	57549	81.63
1965	72538	13045	17.98	59493	82.02
1966	74542	13313	17.86	61229	82.14
1967	76368	13548	17.74	62820	82.26
1968	78534	13838	17.62	64696	82.38
1969	80671	14117	17.50	66554	82.50
1970	82992	14424	17.38	68568	82.62
1971	85229	14711	17.26	70518	82.74
1972	87177	14935	17.13	72242	82.87
1973	89211	15345	17.20	73866	82.80
1974	90859	15595	17.16	75264	82.84
1975	92420	16030	17.34	76390	82.66
1976	93717	16341	17.44	77376	82.56
1977	94974	16669	17.55	78305	82.45
1978	96259	17245	17.92	79014	82.08
1979	97542	18495	18.96	79047	81.04
1980	98705	19140	19.39	79565	80.61
1981	100072	20171	20.16	79901	79.84
1982	101654	21480	21.13	80174	78.87
1983	103008	22274	21.62	80734	78.38
1984	104357	24017	23.01	80340	76.99
1985	105851	25094	23.71	80757	76.29
1986	107507	26366	24.52	81141	75.48
1987	109300	27674	25.32	81626	74.68
1988	111026	28661	25.81	82365	74.19
1989	112704	29540	26.21	83164	73.79
1990	114333	30191	26.41	84142	73.59
1991	115823	30543	26.37	85280	73.63
1992	117171	32372	27.63	84799	72.37
1993	118617	33351	28.14	85166	71.86
1994	119850	34301	28.62	85549	71.38
1995	121121	35174	29.04	85947	70.96
1996	122389	35950	29.37	86439	70.63
1997	123626	36989	29.92	86538	70.08
1998	124810	37942	30.40	86868	69.60

4－7　全国历年市、镇人口

POPULATION OF CITY/TOWN OVER THE PAST YEARS

单位：万人　　　　　　　　　　　　　　　　　　　　　　　　　　　　（10000 **persons**）

年份 year	市镇总人口 City/Town Population			市镇总人口中的非农业人口 Non-agricultural Population in City and Town		
	合计 Total	市 City	镇 Town	合计 Total	市 City	镇 Town
1955	9361	5884	3477	—	—	—
1960	16348	11771	4577	—	—	—
1961	14783	10277	4506	10603	7004	3599
1962	13727	9671	4056	9819	6535	3284
1963	13369	9255	4114	10007	6607	3400
1964	12950	9317	3633	9885	6944	2941
1965	13045	9252	3793	10170	7087	3083
1966	13413	9394	4019	10301	7164	3137
1967	—	9544	—	10609	7221	3388
1968	—	9587	—	10472	7214	3258
1969	—	9520	—	10401	7058	3343
1970	14424	9848	4576	10525	7113	3412
1971	14493	10047	4446	10709	7331	3378
1972	14928	10364	4564	11070	7535	3535
1973	15340	10610	4730	11349	7690	3659
1974	15595	10775	4820	11458	7748	3710
1975	16056	11105	4951	11609	7852	3757
1976	16341	11300	5041	11792	7956	3836
1977	16668	11515	5153	11956	8055	3901
1978	17245	11929	5316	12444	8405	4039
1979	18496	12940	5556	13312	9037	4275
1980	19141	13448	5693	13863	9448	4415
1981	20172	14332	5840	14320	9828	4492
1982	21156	14940	6216	14715	10136	4579
1983	24123	17895	6228	15234	10752	4482
1984	33006	19559	13447	16689	11461	5228
1985	38244	21611	16633	17971	12250	5721
1986	43753	23384	20369	18515	12552	5963
1987	50101	26435	23666	19441	13298	6143
1988	54249	30405	23844	20406	14373	6033
1989	57383	31890	25493	21170	14934	6236
1990	59808	33506	26302	21733	15348	6385
1991	61888	34717	27171	22292	15756	6536
1992	71234	37574	33660	23412	16642	6770
1993	75020	42366	32654	24612	17920	6683
1994	79365	47753	31612	25940	19452	6488
1995	85043	49980	35063	27266	20286	6980
1996	86466	51696	34770	27938	21059	6879
1997	88807	53154	35653	28735	21690	7045
1998	90225	53492	36733	29320	22090	7230

注：1. 本表为公安年报数。市人口和镇人口是按行政建制统计的。
2. 现役军人列为市镇人口和非农业人口统计。

Note：1. **Figures of this table are taken from the annual report of Ministry of Public Security . City and town population are based on administrative divisions.** 2. **Military personnel is included in urban and non－agricultural population.**

4—8 各地区部分年份市、镇人口数

POPULATION OF CITY AND TOWN IN SELECTED YEARS BY REGION

单位：万人 (10000 **persons**)

地区 Region	1970 市镇人口 City/town Population	1970 非农业人口 Non-agricultural Population	1975 市镇人口 City/town Population	1975 非农业人口 Non-agricultural Population	1980 市镇人口 City/town Population	1980 非农业人口 Non-agricultural Population	1985 市镇人口 City/town Population	1985 非农业人口 Non-agricultural Population
全国 National	**14424**	**10525**	**16055**	**11609**	**19140**	**13863**	**38244**	**17971**
北京 Beijing	470	387	511	423	572	487	640	549
天津 Tianjin	423	306	469	340	512	388	565	434
河北 Hebei	495	321	560	380	671	469	1749	657
山西 Shanxi	352	246	438	281	503	337	1483	490
内蒙古 Inner Mongolia	227	174	264	214	535	433	870	522
辽宁 Liaoning	1312	950	1321	958	1419	1139	2482	1425
吉林 Jilin	697	503	767	572	854	639	1422	786
黑龙江 Heilongjiang	1020	847	1161	941	1233	993	1929	1183
上海 Shanghai	643	580	614	604	667	659	749	736
江苏 Jiangsu	663	504	741	559	902	717	1596	970
浙江 Zhejiang	477	294	494	321	569	381	1534	599
安徽 Anhui	432	331	523	378	663	452	975	569
福建 Fujian	399	243	439	257	498	300	1163	385
江西 Jiangxi	391	257	491	305	614	377	965	490
山东 Shandong	817	412	895	449	1030	545	4088	896
河南 Henan	641	380	793	443	895	558	1440	730
湖北 Hubei	520	418	638	497	786	612	1883	886
湖南 Hunan	445	355	532	405	671	499	1724	672
广东 Guangdong	773	544	876	598	1069	733	1877	1067
广西 Guangxi	273	198	315	229	388	292	1483	385
海南 Hainan	—	—	—	—	—	—	—	—
重庆 Chongqing	—	—	—	—	—	—	—	—
四川 Sichuan	946	701	1038	776	1336	902	2599	1164
贵州 Guizhou	282	207	298	212	543	258	875	307
云南 Yunnan	337	216	335	213	396	260	901	327
西藏 Tibet	14	6	15	12	24	18	21	18
陕西 Shaanxi	402	284	435	296	522	349	1167	480
甘肃 Gansu	218	163	267	187	290	214	771	285
青海 Qinghai	65	53	63	53	75	64	138	94
宁夏 Ningxia	68	45	70	48	80	55	146	74
新疆 Xinjiang	172	150	242	208	373	283	585	367
其他 Other	450	450	450	450	450	450	424	424

续表 1 continued

单位:万人 (10000 persons)

地区 Region		1987 市镇人口 City/town Population	1987 非农业人口 Non-agricultural Population	1988 市镇人口 City/town Population	1988 非农业人口 Non-agricultural Population	1989 市镇人口 City/town Population	1989 非农业人口 Non-agricultural Population	1990 市镇人口 City/town Population	1990 非农业人口 Non-agricultural Population
全 国	**National**	**50101**	**19441**	**54249**	**20406**	**57383**	**21170**	**59807**	**21734**
北 京	Beijing	719	584	734	597	748	612	759	621
天 津	Tianjin	594	447	623	460	636	469	645	478
河 北	Hebei	2102	730	2298	757	2563	794	2733	808
山 西	Shanxi	1538	537	1573	561	1644	580	1699	599
内蒙古	Inner Mongolia	989	563	1020	586	1043	604	1090	616
辽 宁	Liaoning	2680	1495	2783	1538	2842	1572	2881	1593
吉 林	Jilin	1598	842	1729	875	1778	898	1888	920
黑龙江	Heilongjiang	2145	1266	2332	1315	2359	1329	2459	1370
上 海	Shanghai	799	768	812	782	859	803	869	810
江 苏	Jiangsu	2881	1031	3213	1128	3494	1203	3686	1240
浙 江	Zhejiang	2127	615	2399	636	2612	656	2650	661
安 徽	Anhui	1656	679	1802	706	1903	725	1967	739
福 建	Fujian	1275	407	1420	422	1529	441	1698	455
江 西	Jiangxi	1116	535	1257	554	1350	573	1419	589
山 东	Shandong	4674	956	4982	1158	5217	1240	5481	1316
河 南	Henan	1985	808	2661	875	2884	924	3087	971
湖 北	Hubei	3627	1019	3837	1062	3920	1100	4053	1112
湖 南	Hunan	2257	737	2460	782	2597	811	2679	830
广 东	Guangdong	5551	1360	4935	1212	5486	1376	5739	1438
广 西	Guangxi	1529	417	2152	552	1877	466	1960	476
海 南	Hainan	—	—	442	107	454	112	467	119
重 庆	Chongqing	—	—	—	—	—	—	—	—
四 川	Sichuan	2947	1235	3225	1295	3391	1331	3557	1375
贵 州	Guizhou	936	321	686	299	1004	344	1074	351
云 南	Yunnan	991	349	1422	365	1522	379	1500	387
西 藏	Tibet	26	19	28	19	36	21	36	19
陕 西	Shaanxi	1244	509	1405	528	1439	545	1483	559
甘 肃	Gansu	848	312	869	318	890	332	914	339
青 海	Qinghai	143	99	147	100	151	102	153	103
宁 夏	Ningxia	170	90	176	94	178	96	189	103
新 疆	Xinjiang	630	387	503	399	657	412	672	417
其 他	Other	324	324	324	324	320	320	320	320

续表 2 continued

单位：万人 (10000 persons)

地区 Region	1991 市镇人口 City/town Population	1991 非农业人口 Non-agricultural Population	1992 市镇人口 City/town Population	1992 非农业人口 Non-agricultural Population	1993 市镇人口 City/town Population	1993 非农业人口 Non-agricultural Population	1994 市镇人口 City/town Population	1994 非农业人口 Non-agricultural Population
全 国 National	**61888**	**22292**	**71234**	**23412**	**75019**	**24612**	**79365**	**25940**
北 京 Beijing	883	640	892	648	899	661	939	677
天 津 Tianjin	655	483	660	487	665	492	670	497
河 北 Hebei	2889	833	3055	887	3352	922	3491	966
山 西 Shanxi	1724	609	1788	625	1868	653	1948	684
内蒙古 Inner Mongolia	1101	624	1114	633	1135	650	1158	666
辽 宁 Liaoning	2967	1618	3037	1648	3265	1701	3358	1731
吉 林 Jilin	1908	935	2060	961	2127	1001	2197	1033
黑龙江 Heilongjiang	2478	1379	2559	1402	2634	1429	2667	1466
上 海 Shanghai	878	815	886	820	1038	856	1119	879
江 苏 Jiangsu	3975	1277	4334	1340	4717	1475	5050	1544
浙 江 Zhejiang	2733	672	3593	711	3679	736	3771	765
安 徽 Anhui	2008	769	3838	884	4043	911	4033	928
福 建 Fujian	1801	466	2364	502	2518	541	2582	561
江 西 Jiangxi	1493	606	1570	629	1877	662	2059	696
山 东 Shandong	5583	1374	5801	1483	6073	1591	6380	1784
河 南 Henan	3213	1010	3307	1065	3527	1146	4260	1269
湖 北 Hubei	4167	1147	4301	1199	4389	1249	4536	1371
湖 南 Hunan	2738	848	2812	894	3039	953	3183	1004
广 东 Guangdong	5835	1504	5980	1603	6403	1789	6619	1955
广 西 Guangxi	2064	498	2200	544	2436	598	2728	641
海 南 Hainan	477	122	483	127	527	138	545	143
重 庆 Chongqing	—	—	—	—	—	—	—	—
四 川 Sichuan	3715	1405	6885	1565	7238	1626	7857	1732
贵 州 Guizhou	1230	365	2216	396	2237	404	2318	435
云 南 Yunnan	1536	396	1581	414	1640	435	1736	451
西 藏 Tibet	36	19	37	19	38	21	38	22
陕 西 Shaanxi	1515	573	1546	594	1567	609	1630	631
甘 肃 Gansu	927	347	945	359	970	368	994	385
青 海 Qinghai	155	104	157	105	158	106	161	108
宁 夏 Ningxia	197	106	209	109	228	112	247	126
新 疆 Xinjiang	687	428	704	439	730	454	772	471
其 他 Other	320	320	320	320	320	320	320	320

续表 3 continued

单位:万人 (10000 persons)

地区 Region	1995 市镇人口 City/town Population	1995 非农业人口 Non-agricultural Population	1996 市镇人口 City/town Population	1996 非农业人口 Non-agricultural Population	1997 市镇人口 City/town Population	1997 非农业人口 Non-agricultural Population	1998 市镇人口 City/town Population	1998 非农业人口 Non-agricultural Population
全　国 National	**85043**	**27266**	**86466**	**27938**	**88807**	**28735**	**90225**	**29320**
北　京 Beijing	949	690	960	703	1001	719	1009	719
天　津 Tianjin	685	501	710	507	725	510	736	516
河　北 Hebei	3640	1025	4365	1099	4411	1137	4484	1167
山　西 Shanxi	1986	705	2019	736	2054	760	2075	778
内蒙古 Inner Mongolia	1177	681	1196	698	1221	716	1263	734
辽　宁 Liaoning	3419	1764	3465	1790	3518	1816	3578	1837
吉　林 Jilin	2219	1061	2257	1078	2275	1100	2284	1107
黑龙江 Heilongjiang	2711	1482	2784	1513	2829	1516	2841	1543
上　海 Shanghai	1262	902	1268	913	1285	933	1288	944
江　苏 Jiangsu	5216	1618	5302	1683	5346	1726	5393	1770
浙　江 Zhejiang	3822	792	3876	820	3910	855	3943	897
安　徽 Anhui	4181	991	4284	1033	4377	1070	4437	1099
福　建 Fujian	2652	573	2714	598	2736	612	2761	629
江　西 Jiangxi	2260	736	2461	763	2582	791	2638	809
山　东 Shandong	6653	1867	6911	2001	7059	2056	7177	2065
河　南 Henan	4571	1351	4930	1422	5225	1486	5570	1537
湖　北 Hubei	4638	1436	4796	1486	4943	1634	4977	1558
湖　南 Hunan	4242	1048	4561	1106	4688	1147	4785	1182
广　东 Guangdong	8744	2373	6830	2098	6946	2163	7075	2209
广　西 Guangxi	2989	682	3241	719	3347	741	3423	754
海　南 Hainan	548	144	591	162	599	169	618	175
重　庆 Chongqing	—	—	—	—	2649	604	2376	602
四　川 Sichuan	8051	1805	8179	1871	5831	1348	5883	1384
贵　州 Guizhou	2348	443	2391	460	2427	471	2462	484
云　南 Yunnan	1768	467	1797	482	1866	501	1876	515
西　藏 Tibet	39	23	40	23	42	24	44	24
陕　西 Shaanxi	1698	659	1892	686	2223	716	2480	738
甘　肃 Gansu	1015	400	1038	413	1061	424	1080	435
青　海 Qinghai	163	109	167	111	172	113	174	115
宁　夏 Ningxia	252	129	270	134	278	139	282	144
新　疆 Xinjiang	814	489	852	510	861	516	890	529
其　他 Other	320	320	320	320	320	320	320	320

注:1. 本表为公安年报数。2. 1988 年以前海南省为广东省管辖。
Note: 1. Figures of this table are taken from the annual report of Ministry of Public Security. 2. Hainan province was under jurisdiction of Guangdong province befor 1998.

4－9　全国历年按非农业人口组的市数

NUMBER OF CITY CLASSIFIED BY THEIR NON－AGRICULTURAL POPULATION

单位:个　　　　　　　　　　　　　　　　　　　　　　　　　　　　　　(unit)

年 份 Year	合 计 Total	10万人以下 100Thousand below	10－30万人 100－300 Thousand	30－50万人 300－500 Thousand	50－100万人 0.5－1Million	100－200万人 1－2Million	200万以上 2Million & over
1959	183	42	81	24	21	10	5
1961	208	55	88	26	24	9	6
1962	198	55	81	27	21	8	6
1963	174	35	77	28	19	9	6
1964	169	44	71	23	18	8	5
1965	171	44	73	23	18	8	5
1966	175	42	78	22	20	8	5
1967	175	41	78	23	20	8	5
1968	175	41	80	22	19	8	5
1969	175	36	82	25	21	6	5
1970	176	40	81	23	21	6	5
1971	180	39	83	22	25	6	5
1972	181	36	84	26	23	7	5
1973	181	33	87	24	24	8	5
1974	181	31	89	24	24	8	5
1975	184	33	87	26	25	8	5
1976	187	32	90	27	25	8	5
1977	189	32	90	28	26	8	5
1978	191	29	91	31	27	7	6
1979	203	32	93	35	28	9	6
1980	217	43	98	31	30	8	7
1981	229	49	103	31	28	11	7
1982	239	55	105	31	28	13	7
1983	271	62	126	35	26	13	7
1984	295	69	137	39	30	12	8
1985	324	77	150	45	30	14	8
1986	347	92	159	42	31	15	8
1987	381	105	171	50	30	17	8
1988	432	114	210	50	30	19	9
1989	446	116	218	54	28	21	9
1990	461	121	221	60	28	22	9
1991	475	129	224	61	30	22	9
1992	507	133	246	66	30	22	10
1993	561	146	279	68	36	22	10
1994	618	153	318	74	41	22	10
1995	636	143	340	78	43	22	10
1996	655	141	351	85	44	23	11
1997	662	137	350	94	47	22	12
1998	663	129	355	95	47	24	13

三、人口自然变动

Ⅲ. POPULATION NATURAL CHANGE

4—10 全国历年人口自然变动情况

POPULATION NATURAL CHANGE OVER THE PAST YEARS

单位:万人 (10000 persons)

年 份 Year	出 生 Birth		死 亡 Death		自然增长 Natural Growth	
	人 数 Person	‰	人 数 Person	‰	人 数 Person	‰
1949	—	36.00	—	20.00	—	16.00
1950	2023	37.00	984	18.00	1039	19.00
1954	2245	37.97	779	13.18	1466	24.79
1955	1978	32.60	745	12.28	1233	20.32
1956	1976	31.90	706	11.40	1270	20.50
1957	2167	34.03	688	10.80	1479	23.23
1958	1905	29.22	781	11.98	1124	17.24
1959	1647	24.78	970	14.59	677	10.19
1960	1389	20.86	1693	25.43	—304	—4.57
1961	1188	18.02	939	14.24	249	3.78
1962	2460	37.01	666	10.02	1794	26.99
1963	2954	43.37	684	10.04	2270	33.33
1964	2729	39.14	802	11.50	1927	27.64
1965	2704	37.88	678	9.50	2026	28.38
1966	2579	35.05	649	8.83	1928	26.22
1967	2563	33.96	636	8.43	1927	25.53
1968	2757	35.59	636	8.21	2121	27.38
1969	2715	34.11	639	8.03	2076	26.08
1970	2736	33.43	622	7.60	2114	25.83
1971	2567	30.65	613	7.32	1954	23.33
1972	2566	29.77	656	7.61	1910	22.16
1973	2463	27.93	621	7.04	1842	20.89
1974	2235	24.82	661	7.34	1574	17.48
1975	2109	23.01	671	7.32	1438	15.69
1976	1853	19.91	675	7.25	1178	12.66
1977	1787	18.93	649	6.87	1138	12.06
1978	1745	19.28	598	6.25	1147	12.00
1979	1727	17.82	602	6.21	1125	11.61
1980	1779	18.21	619	6.34	1160	11.87
1981	2069	20.91	629	6.36	1440	14.55
1982	2238	22.28	663	6.60	1575	15.68
1983	2058	20.19	703	6.90	1354	13.29
1984	2055	19.90	704	6.82	1351	13.08
1985	2202	21.04	710	6.78	1493	14.26
1986	2384	22.43	729	6.86	1655	15.57
1987	2522	23.33	726	6.72	1795	16.61
1988	2457	22.37	729	6.64	1728	15.70
1989	2407	21.58	730	6.54	1678	15.04
1990	2391	21.06	762	6.67	1629	14.39
1991	2258	19.68	768	6.70	1490	12.98
1992	2119	18.24	771	6.64	1348	11.60
1993	2126	18.09	780	6.64	1346	11.45
1994	2104	17.70	771	6.49	1338	11.21
1995	2063	17.12	792	6.57	1271	10.55
1996	2067	16.98	799	6.56	1268	10.42
1997	2038	16.57	801	6.51	1237	10.06
1998	1991	16.03	807	6.50	1184	9.53

4—11 各地区部分年份人口自然变动情况

POPULARION NATURAL CHANGE IN SELECTED YEARS BY REGION

单位:‰

地 区	Region	1961			1965		
		出生率 Birth	死亡率 Death	自然增长率 Natural Growth Rate	出生率 Birth Rate	死亡率 Death Rate	自然增长率 Natural Growth Rate
全 国	**National**	**18.02**	**14.24**	**3.78**	**37.88**	**9.5**	**28.38**
北 京	Beijing	25.73	10.81	14.92	23.10	6.70	16.40
天 津	Tianjin	—	—	—	—	—	—
河 北	Hebei	15.41	13.43	1.98	31.80	8.40	23.40
山 西	Shanxi	19.04	12.20	6.84	34.00	10.40	23.60
内蒙古	Inner Mongolia	22.05	8.61	13.44	38.00	9.60	28.40
辽 宁	Liaoning	17.28	17.14	0.14	36.20	7.10	29.10
吉 林	Jilin	26.45	12.04	14.41	40.50	9.70	30.80
黑龙江	Heilongjiang	27.25	11.12	16.13	40.40	8.00	32.40
上 海	Shanghai	22.49	7.70	14.79	17.00	5.70	11.30
江 苏	Jiangsu	18.60	13.22	5.38	36.90	9.50	27.40
浙 江	Zhejiang	17.56	9.83	7.73	36.50	8.10	28.40
安 徽	Anhui	12.29	8.07	4.22	41.80	7.20	34.60
福 建	Fujian	17.42	11.87	5.55	41.10	7.30	33.80
江 西	Jiangxi	21.00	11.54	9.46	38.90	9.40	29.50
山 东	Shandong	21.54	18.49	3.05	35.50	10.20	25.30
河 南	Henan	15.25	10.20	5.05	36.10	8.50	27.60
湖 北	Hubei	27.22	9.08	18.14	35.10	10.00	25.10
湖 南	Hunan	12.51	17.48	−4.97	42.30	11.20	31.10
广 东	Guangdong	21.51	10.74	10.77	36.30	6.80	29.50
广 西	Guangxi	15.97	20.08	−4.11	42.40	9.00	33.40
海 南	Hainan	—	—	—	—	—	—
重 庆	Chongqing	—	—	—	—	—	—
四 川	Sichuan	28.01	11.65	16.36	42.40	11.50	30.90
贵 州	Guizhou	15.81	20.04	−4.23	50.00	15.20	34.80
云 南	Yunnan	19.41	11.83	7.58	44.10	13.00	31.10
西 藏	Tibet	—	—	—	—	—	—
陕 西	Shaanxi	20.98	8.76	12.22	34.70	13.00	21.70
甘 肃	Gansu	14.76	11.48	3.28	45.30	12.30	33.00
青 海	Qinghai	11.43	11.68	−0.25	48.70	9.10	39.60
宁 夏	Ningxia	13.02	10.71	2.31	48.10	9.30	38.80
新 疆	Xinjiang	25.50	11.02	14.48	41.70	11.10	30.60

续表 1 continued

单位:‰

地区 Region	1970 出生率 Birth	1970 死亡率 Death	1970 自然增长率 Natural Growth Rate	1975 出生率 Birth Rate	1975 死亡率 Death Rate	1975 自然增长率 Natural Growth Rate
全国 National	**33.43**	**7.60**	**25.83**	**23.01**	**7.32**	**15.69**
北京 Beijing	20.68	6.37	14.31	9.94	6.53	3.41
天津 Tianjin	19.29	6.35	12.94	13.94	6.59	7.35
河北 Hebei	26.76	6.48	20.28	15.57	7.22	8.35
山西 Shanxi	31.11	8.13	22.98	23.22	7.85	15.37
内蒙古 Inner Mongolia	28.92	5.81	23.11	22.19	5.68	16.51
辽宁 Liaoning	27.40	5.14	22.26	16.36	6.16	10.20
吉林 Jilin	33.17	6.33	26.84	20.48	6.74	13.74
黑龙江 Heilongjiang	34.81	5.80	29.01	21.97	5.43	16.54
上海 Shanghai	13.85	4.99	8.86	9.43	6.01	3.42
江苏 Jiangsu	30.69	6.85	23.84	17.86	6.46	11.40
浙江 Zhejiang	26.16	5.97	20.19	19.49	6.31	13.18
安徽 Anhui	37.19	6.44	30.75	22.13	5.68	16.45
福建 Fujian	33.42	6.02	27.40	28.83	6.54	22.29
江西 Jiangxi	31.56	7.74	23.82	33.98	8.01	25.97
山东 Shandong	33.91	7.34	26.57	21.56	7.53	14.03
河南 Henan	31.59	7.43	24.16	22.75	7.66	15.09
湖北 Hubei	29.92	7.70	22.22	19.93	7.88	12.05
湖南 Hunan	37.22	10.16	27.06	25.04	8.34	16.70
广东 Guangdong	29.64	5.89	23.75	21.03	6.06	14.97
广西 Guangxi	31.14	6.76	24.38	27.53	6.77	20.76
海南 Hainan	—	—	—	—	—	—
重庆 Chongqing	—	—	—	—	—	—
四川 Sichuan	52.70	12.60	40.10	29.14	8.86	20.28
贵州 Guizhou	43.10	10.78	32.32	37.52	10.53	26.99
云南 Yunnan	28.51	8.15	20.36	29.54	8.68	20.86
西藏 Tibet	19.44	7.64	11.80	22.35	9.05	13.30
陕西 Shaanxi	26.76	6.28	20.48	21.70	8.16	13.54
甘肃 Gansu	39.46	7.94	31.52	20.96	7.42	13.54
青海 Qinghai	39.93	7.56	32.37	31.95	8.24	23.71
宁夏 Ningxia	40.36	6.43	33.93	36.34	7.74	28.60
新疆 Xinjiang	36.67	8.23	28.44	33.10	8.74	24.36

续表 2 continued

单位：‰

地　区 Region	1980			1985		
	出生率 Birth	死亡率 Death	自然增长率 Natural Growth Rate	出生率 Birth Rate	死亡率 Death Rate	自然增长率 Natural Growth Rate
全　国 National	**18.21**	**6.34**	**11.87**	**21.04**	**6.78**	**14.26**
北　京 Beijing	15.58	6.30	9.28	14.43	5.50	8.93
天　津 Tianjin	13.45	6.03	7.42	14.53	5.78	8.75
河　北 Hebei	19.64	7.27	12.37	13.40	5.69	7.71
山　西 Shanxi	17.50	6.73	10.77	14.16	5.98	8.18
内蒙古 Inner Mongolia	18.51	5.46	13.05	13.80	4.46	9.34
辽　宁 Liaoning	15.84	5.60	10.24	11.85	5.27	6.58
吉　林 Jilin	17.85	6.20	11.65	11.93	5.34	6.59
黑龙江 Heilongjiang	23.57	7.24	16.33	10.74	4.29	6.45
上　海 Shanghai	12.57	6.49	6.08	12.74	6.69	6.05
江　苏 Jiangsu	14.69	6.57	8.12	10.84	5.87	4.97
浙　江 Zhejiang	15.10	6.29	8.81	12.11	6.05	6.06
安　徽 Anhui	15.52	4.73	10.79	12.75	5.16	7.59
福　建 Fujian	18.65	6.54	12.11	17.49	5.38	12.11
江　西 Jiangxi	16.01	5.30	10.71	14.28	5.54	8.74
山　东 Shandong	15.29	6.61	8.68	11.75	5.90	5.85
河　南 Henan	17.25	5.22	12.03	11.51	6.22	5.29
湖　北 Hubei	16.52	7.09	9.43	13.20	6.69	6.51
湖　南 Hunan	16.19	6.87	9.32	14.44	6.46	7.98
广　东 Guangdong	20.72	5.41	15.31	15.68	5.01	10.67
广　西 Guangxi	22.87	5.88	16.99	19.46	5.05	14.41
海　南 Hainan	—	—	—	—	—	—
重　庆 Chongqing	—	—	—	—	—	—
四　川 Sichuan	11.93	6.81	5.12	12.79	6.67	6.12
贵　州 Guizhou	21.00	7.04	13.96	14.95	6.37	8.58
云　南 Yunnan	17.83	7.42	10.41	16.79	6.56	10.23
西　藏 Tibet	22.35	8.20	14.15	23.32	10.13	13.19
陕　西 Shaanxi	16.15	7.23	8.92	16.09	5.99	10.10
甘　肃 Gansu	16.51	5.53	10.98	14.32	4.99	9.33
青　海 Qinghai	22.26	6.09	16.17	14.21	4.58	9.63
宁　夏 Ningxia	27.37	5.67	21.7	17.09	3.77	13.32
新　疆 Xinjiang	21.83	7.7	14.13	19.80	6.39	13.41

续表 3 continued

单位:‰

地区 Region	1990 出生率 Birth	1990 死亡率 Death	1990 自然增长率 Natural Growth Rate	1994 出生率 Birth Rate	1994 死亡率 Death Rate	1994 自然增长率 Natural Growth Rate
全国 National	**21.06**	**6.67**	**14.39**	**17.70**	**6.49**	**11.21**
北京 Beijing	13.01	5.81	7.20	8.96	5.76	3.20
天津 Tianjin	15.61	5.78	9.83	10.98	6.19	4.79
河北 Hebei	20.46	6.82	13.64	14.93	6.50	8.43
山西 Shanxi	22.54	6.56	15.98	17.46	6.70	10.76
内蒙古 Inner Mongolia	21.19	7.21	13.98	18.98	6.50	12.48
辽宁 Liaoning	16.30	6.59	9.71	12.26	6.03	6.23
吉林 Jilin	19.49	6.56	12.93	14.11	6.35	7.76
黑龙江 Heilongjiang	18.11	6.35	11.76	15.15	5.47	9.68
上海 Shanghai	10.31	6.64	3.67	5.80	7.00	−1.20
江苏 Jiangsu	20.54	6.53	14.01	13.78	6.86	6.92
浙江 Zhejiang	15.33	6.31	9.02	13.24	6.60	6.64
安徽 Anhui	24.47	6.25	18.22	16.70	6.86	9.84
福建 Fujian	24.44	6.71	17.73	16.24	5.95	10.29
江西 Jiangxi	24.59	7.54	17.05	19.38	7.00	12.38
山东 Shandong	18.21	6.96	11.25	9.69	6.67	3.02
河南 Henan	24.92	6.52	18.40	15.36	6.34	9.02
湖北 Hubei	21.60	7.30	14.30	18.17	6.68	11.49
湖南 Hunan	23.93	7.23	16.70	13.88	7.03	6.85
广东 Guangdong	22.26	5.76	16.50	18.20	5.78	12.42
广西 Guangxi	20.20	6.60	13.60	18.84	6.60	12.24
海南 Hainan	24.86	6.26	18.60	20.77	6.29	14.48
重庆 Chongqing	—	—	—	—	—	—
四川 Sichuan	19.11	7.66	11.45	16.93	6.99	9.94
贵州 Guizhou	23.90	7.90	15.19	22.92	8.14	14.78
云南 Yunnan	23.60	7.92	15.68	21.80	8.00	13.30
西藏 Tibet	23.98	7.55	16.43	25.64	8.71	16.93
陕西 Shaanxi	23.48	6.52	16.96	17.59	6.60	10.99
甘肃 Gansu	20.68	6.20	14.48	20.82	6.84	13.98
青海 Qinghai	24.34	7.47	16.87	22.08	6.82	15.24
宁夏 Ningxia	24.34	5.52	18.82	19.67	6.02	13.65
新疆 Xinjiang	26.44	7.82	18.62	20.82	7.43	13.39

续表 4 continued

单位:‰

地 区 Region	1995			1996		
	出生率 Birth	死亡率 Death	自然增长率 Natural Growth Rate	出生率 Birth Rate	死亡率 Death Rate	自然增长率 Natural Growth Rate
全 国 National	**17.12**	**6.57**	**10.55**	**16.98**	**6.56**	**10.42**
北 京 Beijing	7.92	5.12	2.80	8.02	5.34	2.68
天 津 Tianjin	10.23	6.23	4.00	10.09	6.53	3.56
河 北 Hebei	13.93	6.32	7.61	13.85	6.55	7.30
山 西 Shanxi	16.60	6.12	10.48	16.59	6.25	10.34
内蒙古 Inner Mongolia	17.23	6.70	10.53	16.09	6.43	9.66
辽 宁 Liaoning	12.17	6.15	6.02	12.15	6.19	5.96
吉 林 Jilin	12.90	6.09	6.81	12.53	5.60	6.93
黑龙江 Heilongjiang	13.23	5.33	7.90	12.40	5.05	7.35
上 海 Shanghai	5.75	7.05	-1.30	5.60	7.00	-1.40
江 苏 Jiangsu	12.32	6.56	5.76	12.11	6.58	5.53
浙 江 Zhejiang	12.66	6.75	5.91	12.09	6.58	5.51
安 徽 Anhui	16.07	6.41	9.66	16.00	6.5	9.50
福 建 Fujian	15.20	5.90	9.30	13.22	5.94	7.28
江 西 Jiangxi	18.94	7.28	11.66	17.53	7.02	10.51
山 东 Shandong	9.82	6.47	3.35	10.60	6.76	3.84
河 南 Henan	14.41	6.28	8.13	14.28	6.44	7.84
湖 北 Hubei	16.18	6.91	9.27	16.08	6.93	9.15
湖 南 Hunan	13.02	7.15	5.87	12.81	7.20	5.61
广 东 Guangdong	18.10	5.70	12.40	18.05	6.09	11.96
广 西 Guangxi	17.54	6.53	11.01	16.83	6.82	10.01
海 南 Hainan	20.12	5.61	14.51	20.08	5.88	14.20
重 庆 Chongqing	—	—	—	—	—	—
四 川 Sichuan	17.08	7.21	9.87	16.68	7.35	9.33
贵 州 Guizhou	21.86	7.60	14.26	22.05	7.69	14.36
云 南 Yunnan	20.75	8.03	12.72	20.87	7.94	12.93
西 藏 Tibet	24.90	8.80	16.10	24.70	8.50	16.20
陕 西 Shaanxi	15.93	6.57	9.36	14.99	6.51	8.48
甘 肃 Gansu	20.65	6.49	14.16	18.43	6.64	11.79
青 海 Qinghai	22.01	6.89	15.12	21.89	7.20	14.69
宁 夏 Ningxia	19.28	5.49	13.79	19.03	5.25	13.78
新 疆 Xinjiang	18.90	6.45	12.45	19.45	6.60	12.85

续表 5 continued

单位:‰

地 区 Region	1997			1998		
	出生率 Birth	死亡率 Death	自然增长率 Natural Growth Rate	出生率 Birth Rate	死亡率 Death Rate	自然增长率 Natural Growth Rate
全 国 National	**16.57**	**6.51**	**10.06**	**16.03**	**6.50**	**9.53**
北 京 Beijing	7.91	6.02	1.89	60.00	5.30	0.70
天 津 Tianjin	9.98	6.95	3.03	9.89	6.49	3.40
河 北 Hebei	13.11	6.82	6.29	13.01	6.18	6.83
山 西 Shanxi	16.18	6.06	10.12	16.09	6.17	9.92
内蒙古 Inner Mongolia	15.21	6.96	8.25	14.40	6.17	8.23
辽 宁 Liaoning	11.78	6.38	5.40	11.39	6.81	4.58
吉 林 Jilin	12.22	5.17	6.85	11.81	5.76	6.05
黑龙江 Heilongjiang	12.02	5.17	6.85	11.68	5.32	6.36
上 海 Shanghai	5.50	6.80	−1.30	5.20	7.00	−1.80
江 苏 Jiangsu	11.43	6.84	4.59	10.97	6.84	4.13
浙 江 Zhejiang	11.41	6.48	4.93	11.15	6.33	4.82
安 徽 Anhui	15.80	6.50	9.30	15.74	6.54	9.20
福 建 Fujian	12.41	6.09	6.32	11.53	6.20	5.33
江 西 Jiangxi	17.43	6.56	10.87	16.85	7.05	9.80
山 东 Shandong	11.28	6.65	4.63	11.58	6.12	5.46
河 南 Henan	13.97	6.30	7.67	14.17	6.37	7.80
湖 北 Hubei	14.81	6.69	8.12	12.58	6.70	5.88
湖 南 Hunan	12.59	6.99	5.60	12.31	7.1	5.21
广 东 Guangdong	16.90	5.40	11.50	16.51	5.61	10.90
广 西 Guangxi	15.93	6.40	9.53	15.87	6.86	9.01
海 南 Hainan	19.18	5.62	13.56	18.48	5.56	12.92
重 庆 Chongqing	13.60	7.36	6.24	13.19	7.68	5.51
四 川 Sichuan	15.75	7.00	8.75	14.62	7.14	7.48
贵 州 Guizhou	22.15	7.67	14.48	22.02	7.76	14.26
云 南 Yunnan	20.82	7.91	12.91	20.01	7.91	12.10
西 藏 Tibet	23.90	7.90	16.00	23.70	7.80	15.90
陕 西 Shaanxi	13.91	6.29	7.62	13.56	6.43	7.13
甘 肃 Gansu	17.22	6.20	11.02	16.45	6.41	10.04
青 海 Qinghai	21.80	6.95	14.85	21.26	6.78	14.48
宁 夏 Ningxia	18.90	5.43	13.47	18.19	5.11	13.08
新 疆 Xinjiang	19.66	6.55	13.11	19.74	6.93	12.81

四、人口教育

Ⅳ. EDUCATION

4－12　全国历年各级学校数、教师数

SCHOOL AND TEACHER BY LEVEL OF SCHOOL OVER THE PAST YEARS,

单位:个、万人　　　　(unit,10000 persons)

年份 Year	普通高等学校 Institution of Higher Education		中等学校 Secondary School		小学 Primary School		幼儿园 Kindergarten		盲、聋、哑学校 School for Blind and Deaf-and-dumb	
	学校数 School	教师数 Teacher	学校数 School	教师数 Teacher	学校数 School	教师数 Teacher	学校数 School	教师数 Teacher	学校数 School	教师数 Teacher
1952	201	2.7	6059	13.0	526964	143.5	6531	1.4	—	—
1957	229	7.0	12474	29.4	547306	188.4	16420	5.0	66	0.1
1962	610	14.4	24756	47.3	668318	251.1	17564	7.0	261	0.2
1965	434	13.8	80993	70.9	1681939	385.7	19226	6.2	266	0.3
1970	434	12.9	106041	121.3	961131	361.2	—	—	—	—
1975	387	15.6	125718	216.5	1093317	520.4	171749	23.7	246	0.3
1976	392	16.7	194595	280.9	1044274	528.9	442650	51.4	269	0.4
1977	404	18.6	203753	327.4	982291	522.6	261936	33.5	286	0.4
1978	598	20.6	165105	328.1	949323	522.6	163952	27.7	292	0.4
1979	633	23.7	147266	319.1	923532	538.2	165629	29.5	289	0.5
1980	675	24.7	124760	317.1	917316	549.9	170419	41.1	292	0.5
1981	704	25.0	112505	300.9	894074	558.0	130296	40.1	302	0.5
1982	715	28.7	107829	287.1	880516	550.5	122107	41.5	312	0.5
1983	805	30.3	105045	282.6	862165	542.5	136306	43.3	318	0.6
1984	902	31.5	104017	282.2	853740	537.0	165526	49.1	326	0.6
1985	1016	34.4	104848	296.7	832309	537.7	172262	55.0	350	0.7
1986	1054	37.2	104936	311.5	820846	541.4	173376	60.5	387	0.7
1987	1063	38.5	105151	326.5	807406	543.4	176775	65.1	414	0.8
1988	1075	39.3	104468	338.9	793261	550.1	171845	67.0	446	0.9
1989	1075	39.7	102732	342.3	777244	554.4	172634	70.9	483	0.9
1990	1075	39.5	100777	349.2	766072	558.2	172322	75.0	555	1.1
1991	1075	39.1	99348	355.7	729158	553.2	164465	76.9	651	1.2
1992	1053	38.8	102271	362.6	712973	552.7	172506	81.5	754	1.3
1993	1065	38.8	96744	366.8	696681	555.2	165197	83.6	824	1.5
1994	1080	39.6	101087	391.2*	682588	561.1	174657	86.2	871	1.6
1995	1054	40.1	99814	403.8*	668685	566.4	180438	87.5	933	1.8
1996	1032	40.3	98705	415.7*	645983	573.6	187324	88.9	980	1.9
1997	1020	40.5	97308	430.1	628840	579.4	182485	88.4	1015	2.0
1998	1022	40.7	96548	442.7	609626	581.9	181368	87.5	1062	2.1

4—13 全国历年各级学校的招生数

NEW STUDENT ENROLLMENT BY LEVEL OF SCHOOL OVER THE PAST YEARS

单位:万人 （10000 **persons**）

年份 Year	普通高等学校 Institution of Higher Education	中等学校 Secondary School	中等专业学校 Specialized Secondary School	高中 Senior	初中 Junior	职业中学* Vocational School	小学 Primary School	盲、聋、哑学校 School for the Blind and Deaf-and-dumb
1952	7.9	174.6	35.1	14.1	124.2	—	1149.3	—
1957	10.6	261.6	12.3	32.3	217.0	—	1249.2	—
1962	10.7	298.8	3.9	41.7	238.3	14.9	1586.3	—
1965	16.4	673.0	20.8	45.9	299.8	306.5	3296.0	—
1970	4.2	1420.7	5.4	239.0	1176.3	—	2831.8	—
1975	19.1	2478.0	34.4	633.1	1810.5	—	3352.1	0.5
1976	21.7	3240.2	34.8	861.1	2344.3	—	3161.1	0.5
1977	27.3	3397.4	36.6	993.1	2367.7	—	3111.5	0.6
1978	40.1	2743.6	44.7	692.9	2006.0	—	3315.4	0.6
1979	27.5	2391.0	49.1	614.1	1727.8	—	3101.7	—
1980	28.1	2011.8	46.8	383.4	1550.9	30.7	2942.3	0.6
1981	27.9	1810.5	43.3	327.8	1412.7	26.7	2749.2	0.6
1982	31.5	1726.9	41.9	279.3	1363.1	42.6	2671.7	0.6
1983	39.1	1700.4	47.8	259.8	1317.1	75.7	2544.0	0.6
1984	47.5	1713.4	54.6	262.3	1302.5	93.9	2472.9	0.7
1985	61.9	1789.8	66.8	257.5	1349.4	116.1	2298.2	0.7
1986	57.2	1824.4	67.7	257.3	1386.6	112.8	2258.2	0.9
1987	61.7	1834.2	71.6	255.2	1394.3	113.2	2094.6	0.9
1988	67.0	1781.9	77.6	244.3	1340.5	119.5	2123.3	0.9
1989	59.7	1743.3	73.5	242.1	1309.4	118.3	2151.5	0.9
1990	60.9	1815.8	73.0	249.8	1369.9	123.2	2064.0	1.0
1991	62.0	1871.0	78.0	243.8	1141.3	137.8	2072.7	1.2
1992	75.4	2000.2	87.9	234.7	1465.0	152.1	2183.2	1.2
1993	92.4	1983.7	114.9	228.3	1479.0	161.5	2353.5	1.2
1994	90.0	2157.6	122.5	243.4	1616.4	175.3	2537.0	1.4
1995	92.6	2424.1	138.1	273.7	1752.3	190.0	2531.8	1.7
1996	96.6	2458.5	152.3	282.2	1760.7	188.9	2524.7	1.8
1997	100.0	2574.9	162.1	322.6	1805.6	211.2	2462.0	1.8
1998	108.4	2778.7	166.8	359.6	1961.4	217.6	2201.4	1.7

注：*含农业中学。

Note:Including agricultural middle school.

4—14 全国历年各级学校的在校学生数

STUDENT ENROLLMENT BY LEVEL OF SCHOOL OVER THE PAST YEARS

单位:万人 (10000 **persons**)

年份 Year	普通高等学校 Institution of Higher Education	中等学校 Secondary School	中等专业学校 Specialized Secondary School	高中 Senior	初中 Junior	职业中学* Vocational School	小学 Primary School	盲、聋、哑学校 School for the Blind and Deaf-and-dumb
1949	11.7	126.8	22.9	20.7	83.2	—	2439.1	—
1950	13.7	156.6	25.7	23.8	106.7	—	2892.4	—
1952	19.1	314.5	63.6	26.0	223.0	—	5110.0	—
1955	28.8	447.3	53.7	58.0	332.0	—	5312.6	0.5
1957	44.1	708.1	77.8	90.4	537.7	—	6428.3	0.8
1962	83.0	833.5	53.5	133.9	618.0	26.7	6923.9	1.8
1963	75.0	837.6	45.2	123.5	638.1	30.8	7157.5	1.8
1964	68.5	1019.5	53.1	124.7	729.4	112.3	9294.5	2.0
1965	67.4	1431.8	54.7	130.8	803.0	443.3	11620.9	2.3
1966	53.4	1296.8	47.0	137.3	1112.3	—	10341.7	—
1967	40.9	1254.5	30.8	126.5	1097.2	—	10244.3	—
1968	25.9	1405.1	12.8	140.8	1251.5	—	10036.3	—
1969	10.9	2025.3	3.8	189.1	1832.4	—	10066.8	—
1970	4.8	2648.3	6.4	349.7	2292.2	—	10528.0	—
1971	8.3	3149.4	21.8	558.7	2568.9	—	11211.2	—
1972	19.4	3616.7	34.2	858.1	2724.4	—	12549.2	—
1973	31.4	3494.7	48.2	923.3	2523.2	—	13570.4	2.5
1974	43.0	3713.7	63.4	1002.7	2647.6	—	14481.4	2.6
1975	50.1	4536.8	70.7	1163.7	3302.4	—	15094.1	2.7
1976	56.5	5905.5	69.0	1483.6	4352.9	—	15005.5	2.9
1977	62.5	6848.8	68.9	1800.0	4979.9	—	14617.6	3.0
1978	85.6	6637.2	88.9	1553.1	4995.2	—	14624.0	3.1
1979	102.0	6024.9	119.9	1292.0	4613.0	—	14662.9	3.2
1980	114.4	5677.8	124.3	969.8	4538.3	45.4	14627.0	3.3
1981	127.9	5014.6	106.9	715.0	4144.6	48.1	14332.8	3.3
1982	115.4	4702.8	103.9	640.5	3888.0	70.4	13972.0	3.4
1983	120.7	4634.7	114.3	629.0	3768.8	122.0	13578.0	3.6
1984	139.6	4860.9	132.2	689.8	3864.3	174.5	13557.1	3.6
1985	170.3	5092.6	157.1	741.1	3964.8	229.5	13370.2	3.8
1986	188.0	5321.6	175.7	773.4	4116.6	256.0	13182.5	4.1
1987	195.9	5403.1	187.4	773.7	4174.4	267.6	12835.9	4.3
1988	206.6	5246.1	205.2	746.0	4015.5	279.4	12535.8	4.5
1989	208.2	5054.0	217.8	716.1	3837.9	282.3	12373.1	4.7
1990	206.3	5105.4	224.4	717.3	3868.7	295.0	12241.4	5.1
1991	204.4	5226.8	227.7	722.9	3960.6	315.6	12164.2	5.6
1992	218.4	5510.5	240.8	704.9	4065.9	342.8	12201.3	6.7
1993	253.6	5383.7	282.0	656.9	4082.2	362.6	12421.2	6.4
1994	279.9	5507.1	319.8	664.8	4136.9	405.6	12822.6	7.2
1995	290.6	6380.6	372.2	713.2	4657.8	448.3	13195.2	8.3
1996	302.1	6824.9	422.8	769.3	4970.4	473.3	13615.0	9.0
1997	317.4	7188.3	465.4	850.1	5167.8	511.9	13995.4	9.5
1998	340.9	7533.8	498.1	930.0	5363.0	541.6	13953.8	9.8

4—15 全国历年各级学校的毕业生数

GRADUATE BY LEVEL OF SCHOOL OVER THE PAST YEAR

单位:万人 (10000 persons)

年份 Year	普通高等学校 Institution of Higher Education	中等学校 Secondary School	中等专业学校 Specialized Secondary School	高中 Senior	初中 Junior	职业中学* Vocational School	小学 Primary School	盲、聋、哑学校 School for the Blind and Deaf-and-dumb
1949	2.1	35.2	7.2	6.1	21.9	—	64.6	—
1950	1.8	37.1	7.5	6.2	23.4	—	78.3	—
1952	3.2	28.9	6.8	3.6	18.5	—	149.0	—
1955	5.5	121.1	23.5	9.9	87.0	—	322.9	0.1
1957	5.6	145.2	14.6	18.7	111.2	—	498.0	—
1962	17.7	237.5	30.5	44.1	158.4	4.5	559.0	—
1963	19.9	217.6	19.6	43.3	152.3	2.4	476.8	0.1
1964	20.4	196.7	16.5	36.7	138.6	4.9	567.4	0.1
1965	18.6	232.5	9.1	36.0	173.8	13.6	667.6	0.2
1966	14.1	201.9	11.9	28.0	162.0	—	900.5	—
1967	12.5	230.2	17.0	26.8	186.4	—	899.5	—
1968	15.0	618.1	19.7	79.4	519.0	—	1428.2	—
1969	15.0	409.7	10.3	38.0	361.4	—	1489.5	—
1970	10.3	689.3	2.8	67.6	618.9	—	1652.5	—
1971	0.6	944.3	8.9	100.4	835.0	—	1376.0	—
1972	1.7	1260.9	9.5	215.9	1035.5	—	1414.9	—
1973	3.0	1491.0	12.2	349.4	1129.4	—	1349.0	0.3
1974	4.3	1495.1	16.6	417.9	1060.6	—	1521.0	0.3
1975	11.9	1519.5	24.8	447.0	1047.7	—	1999.4	0.3
1976	14.9	1757.1	33.9	517.2	1026.0	—	2489.5	0.3
1977	19.4	2178.4	34.0	585.8	1558.6	—	2573.9	0.3
1978	16.5	2398.5	23.2	682.7	1692.6	—	2287.9	0.3
1979	8.5	2402.5	18.1	726.5	1657.9	—	2087.9	0.3
1980	14.7	1629.9	41.0	616.2	964.8	7.9	2053.3	0.4
1981	14.0	1710.2	60.5	486.1	1154.2	9.4	2075.7	0.4
1982	45.7	1400.4	44.6	310.6	1032.2	13.1	2068.9	0.4
1983	33.5	1254.5	37.5	235.1	960.3	21.6	1980.7	0.3
1984	28.7	1205.6	37.6	189.8	950.4	27.8	1995.0	0.4
1985	31.6	1279.1	42.9	196.6	998.3	41.3	1999.9	0.4
1986	39.3	1388.5	49.6	224.0	1057.0	57.9	2016.1	0.5
1987	53.2	1496.9	57.8	246.8	1117.3	75.0	2043.0	0.4
1988	55.3	1548.4	59.6	250.6	1157.2	81.0	1930.3	0.4
1989	57.6	1520.9	59.1	243.2	1134.3	86.3	1857.1	0.5
1990	61.4	1497.5	66.1	233.0	1109.1	89.3	1863.1	0.5
1991	61.4	1477.0	74.0	222.9	1085.6	94.5	1846.7	0.5
1992	60.4	1545.3	74.3	226.1	1102.2	96.7	1872.4	0.5
1993	57.1	1541.9	73.5	231.7	1134.2	102.5	1841.5	0.6
1994	63.7	1542.4	72.9	209.3	1152.6	107.6	1899.6	0.6
1995	80.5	1705.4	83.9	201.6	1227.4	124.0	1961.5	0.7
1996	83.9	1793.8	101.9	204.9	1279.0	139.6	1934.1	0.8
1997	82.9	1999.8	115.7	221.7	1442.4	150.1	1960.1	0.9
1998	83.0	2194.0	129.3	251.8	1580.2	162.8	2117.4	0.9

4－16　成人高等学校基本情况（1998）

BASSIC STATISTICS OF ADULT HIGHER EDUCATIONAL INSTITUTIONS

单位：人　　　　　　　　　　　　　　　　　　　　　　　　　　　　**person**

类　别 **Tyte**	学 校 数 **Institutions**	本专科学生数 Undergraduate Normal & Short－cycle Students			教职工数 Teachers， Stuff & Workers	兼任教师数 Part － time Teachers
		毕业生数 Graduates	招生数 Students Admitted	在校生数 Enrollment		
总　计　Total	**962**	**396875**	**457422**	**1208056**	**203828**	**33855**
其中：女 Of Which：Female	0	187143	217387	565196	85077	9209
广播电视大学 Radio/TV Universities	45	169900	179077	484389	49579	19311
职工高等学校 Workers' Colleges	567	95450	116515	325972	81617	11431
农民高等学校 Peasants' Colleges	3	424	402	878	253	15
管理干部学院 Institutes for Administration	153	60701	75878	172318	34208	1821
教育学院 Educational Colleges	190	66217	82185	212005	36851	1093
独立函授学院 Independent Correspondence Colleges	4	4183	3365	12494	1320	184

4－17　各地区小学入学率和小学毕业生升学率

Net Enrollment Rate and Promotion Rate of Primary School by Ragion

单位:%　　　　　　(%)

地　区　Region	入　学　率 Net Enrollment Rate		升　学　率 Promotion Rate	
	1997	1998	1997	1998
总　计　Total	**98.92**	**98.93**	**93.69**	**94.28**
北　京　Beijing	99.95	99.96	98.64	98.68
天　津　Tianjin	99.99	100.00	97.00	96.11
河　北　Hebei	99.79	99.81	98.84	98.05
山　西　Shanxi	99.65	99.59	92.62	93.12
内蒙古　Inner Mongolia	99.40	99.54	93.87	93.58
辽　宁　Liaoning	99.38	99.38	96.08	95.70
吉　林　Jilin	99.56	99.82	96.63	97.76
黑龙江　Heilongjiang	98.82	98.10	95.57	96.11
上　海　Shanghai	99.97	99.98	99.63	100.07
江　苏　Jiangsu	99.84	99.82	97.12	97.47
浙　江　Zhejiang	99.88	99.92	99.03	98.8
安　徽　Anhui	99.72	99.78	97.92	97.44
福　建　Fujian	99.77	99.80	98.67	97.84
江　西　Jiangxi	99.56	99.57	94.39	94.21
山　东　Shandong	99.62	99.60	96.71	97.61
河　南　Henan	99.60	99.72	92.67	94.82
湖　北　Hubei	99.62	99.51	93.65	92.63
湖　南　Hunan	98.55	98.68	95.69	95.18
广　东　Guangdong	99.77	99.73	95.91	96.07
广　西　Guangxi	98.54	98.80	90.86	93.83
海　南　Hainan	99.39	99.28	80.84	83.50
重　庆　Chongqing	95.74	94.28	90.00	92.51
四　川　Sichuan	96.19	95.68	91.64	93.37
贵　州　Guizhou	97.38	97.74	75.75	75.13
云　南　Yunnan	98.36	98.73	76.05	82.56
西　藏　Tibet	78.20	81.25	61.66	65.28
陕　西　Shaanxi	99.25	99.30	91.72	90.17
甘　肃　Gansu	97.68	98.20	87.93	87.40
青　海　Qinghai	90.46	92.10	87.39	91.12
宁　夏　Ningxia	96.70	96.80	88.13	87.60
新　疆　Xinjiang	96.58	97.68	90.67	

4—18 全国研究生基本情况(1998)

单位:人

	合 计 Total			攻读博士学位研究生 Candidates for Doctor's Degrees		
	毕业生数 Graduates	招生数 Students Admitted	在学研究生数 Enrolment	毕业生数 Graduates	招生数 Entrants	在学研究生数 Enrolment
总 计 Total	**47077**	**72508**	**198885**	**8957**	**14962**	**45246**
其中:女 Of which:Female	13714	24175	62884	1489	3272	9140
委托培养 Students Enrolled by Contract	5545	11923	30183	917	2079	5757
哲学 Philosophy	659	969	2456	153	256	683
经济学 Economics	4740	9216	23530	541	1003	2766
法学 Law	2385	4794	12180	273	518	1340
教育学 Education	893	1586	3913	128	203	563
其中:体育学 Of which:Science of Physical Education	178	331	833	21	37	98
文学 Literature	2795	4349	11681	257	533	1431
其中:艺术学 Of which:Science of Art	219	535	1343	13	56	142
历史学 History	859	1255	3399	207	324	874
理学 Science	7473	10821	29612	2284	3136	9253
工学 Engineering	20681	29160	84580	3427	6548	21553
其中:力学 Of which:Mechanics	583	752	2353	163	261	943
农学 Agriculture	1715	2830	7496	468	664	1865
其中:林学 Of Which:Forestry	184	359	878	46	84	189
医学 Medicine	4877	7528	20038	1219	1777	4918

BASIC STATISTICS OF GRADUATE EDUCATION IN CHINA

(Person)

攻读硕士学位研究生 Candidates for Master's Degrees			研究生班研究生 Students Enroled in Postgraduate Courses not Awarding Degrees		
毕业生数 Graduates	招生数 Students Admitted	在学研究生数 Enrolment	毕业生数 Graduates	招生数 Students Admitted	在学研究生数 Enrolment
38051	**57300**	**153110**	**69**	**246**	**529**
12182	20843	53568	43	60	176
4597	9704	24170	31	140	256
506	713	1773	0	0	0
4199	8153	20613	0	60	151
2112	4276	10840	0	0	0
765	1383	3350	0	0	0
157	294	735	0	0	0
2498	3780	10098	40	36	152
206	443	1049	0	36	152
652	931	2525	0	0	0
5189	7685	20353	0	0	6
17254	22492	62867	0	120	160
420	487	1406	0	4	4
1247	2166	5631	0	0	0
138	275	689	0	0	0
3629	5721	15060	29	30	60

第五部分

1998 年度全国户籍统计人口数据

PART FIVE

FIGURES OF THE HOUSEHOLD REGISTRATION IN 1998

5－1 各地区总人口、总户数

HOUSEHOLD AND POPULATION BY REGION

单位：户、人　　(Household person)

地区 Region	总户数 Household	总人口 Population 合计 Total	男 Male	女 Female	户规模 Family Size	性别比（女＝100） Sex Ratio Female＝100
全国 National	**332091189**	**1214980875**	**625916738**	**589064137**	**3.66**	**106.26**
北京 Beijing	3833807	10977587	5562015	5415572	2.86	102.70
天津 Tianjin	2883128	9107406	4610416	4496990	3.16	102.52
河北 Hebei	17993952	65553063	33361167	32191896	3.64	103.63
山西 Shanxi	8600755	31133340	16195550	14937790	3.62	108.42
内蒙古 Inner Mongolia	6304174	23101949	11987181	11114768	3.66	107.85
辽宁 Liaoning	12704411	40904094	20830671	20073423	3.22	103.77
吉林 Jilin	7382303	26032348	13256275	12776073	3.53	103.76
黑龙江 Heilongjiang	10320851	36420085	18554715	17865370	3.53	103.86
上海 Shanghai	4657173	13065845	6582227	6483618	2.81	101.52
江苏 Jiangsu	21729922	69830933	35655531	34175402	3.21	104.33
浙江 Zhejiang	13894415	44468558	22932882	21535676	3.20	106.49
安徽 Anhui	16078633	61521697	31906354	29615343	3.83	107.74
福建 Fujian	8153278	32608193	16837524	15770669	4.00	106.76
江西 Jiangxi	10040894	40706468	21099000	19607468	4.05	107.61
山东 Shandong	25629412	88715112	45127604	43587508	3.46	103.53
河南 Henan	23750946	93736583	48170806	45565777	3.95	105.72
湖北 Hubei	15619236	58905837	30398766	28507071	3.77	106.64
湖南 Hunan	18034962	64821778	33640429	31181349	3.59	107.89
广东 Guangdong	17736122	71156450	36769455	34386995	4.01	106.93
广西 Guangxi	10916431	46221938	24145149	22076789	4.23	109.37
海南 Hainan	1782060	7333090	3849126	3483964	4.11	110.48
重庆 Chongqing	9071684	30596862	15968829	14628033	3.37	109.17
四川 Sichuan	23886590	83156840	43175205	39981635	3.48	107.99
贵州 Guizhou	8671749	35365371	18305829	17059542	4.08	107.31
云南 Yunnan	9913185	39833393	20561011	19272382	4.02	106.69
西藏 Tibet	446925	2453869	1214036	1239833	5.49	97.92
陕西 Shaanxi	9154560	35010749	18289772	16720977	3.82	109.38
甘肃 Gansu	5940737	24836369	12857562	11978807	4.18	107.34
青海 Qinghai	1085352	4703437	2408542	2294895	4.33	104.95
宁夏 Ningxia	1320085	5365666	2754769	2610897	4.06	105.51
新疆 Xinjiang	4553457	17335965	8908340	8427625	3.81	105.70

5－2 各地区市总人口、总户数

POPULATION AND HOUSEHOLD IN CITY BY REGION

单位：户、人 (Household person)

地 区 Region	总户数 Household	总人口 Population 合计 Total	男 Male	女 Female	户规模 Family Size	性别比（女＝100） Sex Ratio (Female＝100)
全 国 National	**154727561**	**531717182**	**272837342**	**258879840**	**3.44**	**105.39**
北 京 Beijing	2850383	8130686	4135512	3995174	2.85	103.51
天 津 Tianjin	2016641	6006145	3041544	2964601	2.98	102.60
河 北 Hebei	6322042	22247402	11316589	10930813	3.52	103.53
山 西 Shanxi	3318954	11767836	6128014	5639822	3.55	108.66
内蒙古 Inner Mongolia	2254533	7819146	4006129	3813017	3.47	105.06
辽 宁 Liaoning	9097791	28762383	14596178	14166205	3.16	103.04
吉 林 Jilin	4879739	16938564	8596968	8341596	3.47	103.06
黑龙江 Heilongjiang	6268717	21108897	10720269	10388628	3.37	103.19
上 海 Shanghai	3787909	10706191	5415963	5290228	2.83	102.38
江 苏 Jiangsu	13743371	41347963	21020715	20327248	3.01	103.41
浙 江 Zhejiang	8648622	27478955	14092568	13386387	3.18	105.28
安 徽 Anhui	5167119	18800668	9729931	9070737	3.64	107.27
福 建 Fujian	3748106	14267690	7378075	6889615	3.81	107.09
江 西 Jiangxi	3381973	12985843	6746263	6239580	3.84	108.12
山 东 Shandong	14888967	49586796	25220702	24366094	3.33	103.51
河 南 Henan	8009533	29735275	15240950	14494325	3.71	105.15
湖 北 Hubei	9405500	34290895	17672376	16618519	3.65	106.34
湖 南 Hunan	6289092	21444454	11103763	10340691	3.41	107.38
广 东 Guangdong	12022883	46351259	23909975	22441284	3.86	106.54
广 西 Guangxi	3384180	13593631	7108502	6485129	4.02	109.61
海 南 Hainan	1090103	4404597	2293165	2111432	4.04	108.61
重 庆 Chongqing	4068397	12988527	6713413	6275114	3.19	106.98
四 川 Sichuan	8242856	27244550	14050773	13193777	3.31	106.50
贵 州 Guizhou	2457452	9722948	5033723	4689225	3.96	107.35
云 南 Yunnan	2336018	8552314	4413383	4138931	3.66	106.63
西 藏 Tibet	41401	228699	111966	116733	5.52	95.92
陕 西 Shaanxi	2647242	9692442	5040188	4652254	3.66	108.34
甘 肃 Gansu	1832144	6792920	3515072	3277848	3.71	107.24
青 海 Qinghai	235870	855044	436351	418693	3.63	104.22
宁 夏 Ningxia	481518	1702435	870073	832362	3.54	104.53
新 疆 Xinjiang	1808505	6162027	3178249	2983778	3.41	106.52

5—3 各地区县总人口、总户数

POPULATION AND HOUSEHOLD IN COUNT BY REGION

单位：户、人 (Household person)

地区 Region	总户数 Household	总人口 Population 合计 Total	男 Male	女 Female	户规模 Family Size	性别比（女＝100） Sex Ratio Female＝100)
全国 National	**177363628**	**683263693**	**353079396**	**330184297**	**3.85**	**106.93**
北京 Beijing	983424	2846901	1426503	1420398	2.89	100.43
天津 Tianjin	866487	3101261	1568872	1532389	3.58	102.38
河北 Hebei	11671910	43305661	22044578	21261083	3.71	103.69
山西 Shanxi	5281801	19365504	10067536	9297968	3.67	108.28
内蒙古 Inner Mongolia	4049641	15282803	7981052	7301751	3.77	109.30
辽宁 Liaoning	3606620	12141711	6234493	5907218	3.37	105.54
吉林 Jilin	2502564	9093784	4659307	4434477	3.63	105.07
黑龙江 Heilongjiang	4052134	15311188	7834446	7476742	3.78	104.78
上海 Shanghai	869264	2359654	1166264	1193390	2.71	97.73
江苏 Jiangsu	7986551	28482970	14634816	13848154	3.57	105.68
浙江 Zhejiang	5245793	16989603	8840314	8149289	3.24	108.48
安徽 Anhui	10911514	42721029	22176423	20544606	3.92	107.94
福建 Fujian	4405172	18340503	9459449	8881054	4.16	106.51
江西 Jiangxi	6658921	27720625	14352737	13367888	4.16	107.37
山东 Shandong	10740445	39128316	19906902	19221414	3.64	103.57
河南 Henan	15741413	64001308	32929856	31071452	4.07	105.98
湖北 Hubei	6213736	24614942	12726390	11888552	3.96	107.05
湖南 Hunan	11745870	43377324	22536666	20840658	3.69	108.14
广东 Guangdong	5713239	24805191	12859480	11945711	4.34	107.65
广西 Guangxi	7532251	32628307	17036647	15591660	4.33	109.27
海南 Hainan	691957	2928493	1555961	1372532	4.23	113.36
重庆 Chongqing	5003287	17608335	9255416	8352919	3.52	110.80
四川 Sichuan	15643734	55912290	29124432	26787858	3.57	108.72
贵州 Guizhou	6214297	25642423	13272106	12370317	4.13	107.29
云南 Yunnan	7577167	31281079	16147628	15133451	4.13	106.70
西藏 Tibet	405524	2225170	1102070	1123100	5.49	98.13
陕西 Shaanxi	6507318	25318307	13249584	12068723	3.89	109.78
甘肃 Gansu	4108593	18043449	9342490	8700959	4.39	107.37
青海 Qinghai	849482	3848393	1972191	1876202	4.53	105.12
宁夏 Ningxia	838567	3663231	1884696	1778535	4.37	105.97
新疆 Xinjiang	2744952	11173938	5730091	5443847	4.07	105.26

5—4 各地区县辖镇总人口、总户数

POPULATION AND HOUSEHOLD IN TOWNS DIRECTLY UNDER COUNTY'S JURISDICTION BY REGION

单位:户、人 (Household person)

地 区 Region	总户数 Household	总人口 Population 合计 Total	男 Male	女 Female	户规模 Family Size	性别比 (女=100) Sex Ratio (Female=100)
全 国 National	**99317813**	**367327314**	**189683377**	**177643937**	**3.70**	**106.78**
北 京 Beijing	714427	1956354	979916	976438	2.74	100.36
天 津 Tianjin	387067	1357839	689389	668450	3.51	103.13
河 北 Hebei	6311873	22597251	11500943	11096308	3.58	103.65
山 西 Shanxi	2574985	8984534	4680942	4303592	3.49	108.77
内蒙古 Inner Mongolia	1401516	4810798	2493093	2317705	3.43	107.57
辽 宁 Liaoning	2177020	7016463	3602884	3413579	3.22	105.55
吉 林 Jilin	1712525	5897156	3018327	2878829	3.44	104.85
黑龙江 Heilongjiang	2055465	7304778	3726653	3578125	3.55	104.15
上 海 Shanghai	794834	2175539	1069833	1105706	2.74	96.76
江 苏 Jiangsu	3937288	12580011	6448995	6131016	3.20	105.19
浙 江 Zhejiang	3795073	11955739	6198864	5756875	3.15	107.68
安 徽 Anhui	6635440	25572733	13234006	12338727	3.85	107.26
福 建 Fujian	3238766	13346795	6857217	6489578	4.12	105.67
江 西 Jiangxi	3394829	13397882	6931579	6466303	3.95	107.20
山 东 Shandong	6260149	22180616	11298446	10882170	3.54	103.83
河 南 Henan	6615200	25960004	13360260	12599744	3.92	106.04
湖 北 Hubei	3997942	15477134	7981098	7496036	3.87	106.47
湖 南 Hunan	7337961	26405074	13705903	12699171	3.60	107.93
广 东 Guangdong	5596409	24396791	12642594	11754197	4.36	107.56
广 西 Guangxi	4862617	20640288	10800351	9839937	4.24	109.76
海 南 Hainan	402399	1780335	943031	837304	4.42	112.63
重 庆 Chongqing	3106003	10773195	5628423	5144772	3.47	109.40
四 川 Sichuan	9281300	31588269	16399734	15188535	3.40	107.97
贵 州 Guizhou	3684742	14895003	7694599	7200404	4.04	106.86
云 南 Yunnan	2674967	10210585	5242758	4967827	3.82	105.53
西 藏 Tibet	46442	209816	103081	106735	4.52	96.58
陕 西 Shaanxi	4012744	15103466	7920373	7183093	3.76	110.26
甘 肃 Gansu	1058243	4005799	2092386	1913413	3.79	109.35
青 海 Qinghai	222193	886712	457220	429492	3.99	106.46
宁 夏 Ningxia	288223	1120566	579130	541436	3.89	106.96
新 疆 Xinjiang	739171	2739789	1401349	1338440	3.71	104.70

5—5 各地区非农业、农业人口数

NON—AGRICULTURAL AND AGRICULTURAL POPULATION BY REGION

单位:人 (Person)

地 区 Region	总人口 Population	非农业人口 Npn—Agricultural		农业人口 Agricultural	
		人口数 Population	占总人口% % to total population	人口数 Population	占总人口% % to total population
全 国 National	**1214980875**	**304650036**	**25.07**	**910330839**	**74.93**
北 京 Beijing	10977587	7360686	67.05	3616901	32.95
天 津 Tianjin	9107406	5239719	57.53	3867687	42.47
河 北 Hebei	65553063	12221950	18.64	53331113	81.36
山 西 Shanxi	31133340	8074136	25.93	23059204	74.07
内蒙古 Inner Mongolia	23101949	7810069	33.81	15291880	66.19
辽 宁 Liaoning	40904094	18632040	45.55	22272054	54.45
吉 林 Jilin	26032348	11228695	43.13	14803653	56.87
黑龙江 Heilongjiang	36420085	16480036	45.25	19940049	54.75
上 海 Shanghai	13065845	9536519	72.99	3529326	27.01
江 苏 Jiangsu	69830933	18768409	26.88	51062524	73.12
浙 江 Zhejiang	44468558	9070789	20.40	35397769	79.60
安 徽 Anhui	61521697	11522680	18.73	49999017	81.27
福 建 Fujian	32608193	6471431	19.85	26136762	80.15
江 西 Jiangxi	40706468	8877268	21.81	31829200	78.19
山 东 Shandong	88715112	22960366	25.88	65754746	74.12
河 南 Henan	93736583	16436909	17.54	77299674	82.46
湖 北 Hubei	58905837	16209951	27.52	42695886	72.48
湖 南 Hunan	64821778	12444060	19.20	52377718	80.80
广 东 Guangdong	71156450	22190744	31.19	48965706	68.81
广 西 Guangxi	46221938	8063503	17.45	38158435	82.55
海 南 Hainan	7333090	1861171	25.38	5471919	74.62
重 庆 Chongqing	30596862	6140281	20.07	24456581	79.93
四 川 Sichuan	83156840	14602992	17.56	68553848	82.44
贵 州 Guizhou	35365371	5040381	14.25	30324990	85.75
云 南 Yunnan	39833393	5822578	14.62	34010815	85.38
西 藏 Tibet	2453869	339935	13.85	2113934	86.15
陕 西 Shaanxi	35010749	7635304	21.81	27375445	78.19
甘 肃 Gansu	24836369	4634741	18.66	20201628	81.34
青 海 Qinghai	4703437	1333700	28.36	3369737	71.64
宁 夏 Ningxia	5365666	1522159	28.37	3843507	71.63
新 疆 Xinjiang	17335965	6116834	35.28	11219131	64.72

5－6 各地区市非农业、农业人口数

NON－AGRICULTURAL AND AGRICULTURAL POPULATION IN CITY BY REGION

单位：人 (Person)

地区 Region	总人口 Population	非农业人口 Npn－Agricultural		农业人口 Agricultural	
		人口数 Population	占总人口％ % to total population	人口数 Population	占总人口％ % to total population
全 国 National	**531717182**	**217699539**	**40.94**	**314017643**	**59.06**
北 京 Beijing	8130686	6633929	81.59	1496757	18.41
天 津 Tianjin	6006145	4835327	80.51	1170818	19.49
河 北 Hebei	22247402	8485249	38.14	13762153	61.86
山 西 Shanxi	11767836	5611662	47.69	6156174	52.31
内蒙古 Inner Mongolia	7819146	4992144	63.85	2827002	36.15
辽 宁 Liaoning	28762383	16479888	57.30	12282495	42.70
吉 林 Jilin	16938564	8815084	52.04	8123480	47.96
黑龙江 Heilongjiang	21108897	12211196	57.85	8897701	42.15
上 海 Shanghai	10706191	8937175	83.48	1769016	16.52
江 苏 Jiangsu	41347963	14757356	35.69	26590607	64.31
浙 江 Zhejiang	27478955	6827141	24.84	20651814	75.16
安 徽 Anhui	18800668	7043381	37.46	11757287	62.54
福 建 Fujian	14267690	4403817	30.87	9863873	69.13
江 西 Jiangxi	12985843	4820259	37.12	8165584	62.88
山 东 Shandong	49586796	16989213	34.26	32597583	65.74
河 南 Henan	29735275	10514054	35.36	19221221	64.64
湖 北 Hubei	34290895	12398242	36.16	21892653	63.84
湖 南 Hunan	21444454	7387881	34.45	14056573	65.55
广 东 Guangdong	46351259	17585921	37.94	28765338	62.06
广 西 Guangxi	13593631	4361558	32.09	9232073	67.91
海 南 Hainan	4404597	1334737	30.30	3069860	69.70
重 庆 Chongqing	12988527	4242648	32.66	8745879	67.34
四 川 Sichuan	27244550	8304115	30.48	18940435	69.52
贵 州 Guizhou	9722948	3128554	32.18	6594394	67.82
云 南 Yunnan	8552314	3062792	35.81	5489522	64.19
西 藏 Tibet	228699	149198	65.24	79501	34.76
陕 西 Shaanxi	9692442	4704457	48.54	4987985	51.46
甘 肃 Gansu	6792920	3122655	45.97	3670265	54.03
青 海 Qinghai	855044	708747	82.89	146297	17.11
宁 夏 Ningxia	1702435	1038937	61.03	663498	38.97
新 疆 Xinjiang	6162027	3812222	61.87	2349805	38.13

5－7 各地区县非农业、农业人口数

NON－AGRICULTURAL AND AGRICULTURAL POPULATION IN COUNTY BY REGION

单位:人 (Person)

地 区 Region	总人口 Population	非农业人口 Npn－Agricultural		农业人口 Agricultural	
		人口数 Population	占总人口% % to total population	人口数 Population	占总人口% % to total population
全 国 National	**683263693**	**86950497**	**12.73**	**596313196**	**87.27**
北 京 Beijing	2846901	726757	25.53	2120144	74.47
天 津 Tianjin	3101261	404392	13.04	2696869	86.96
河 北 Hebei	43305661	3736701	8.63	39568960	91.37
山 西 Shanxi	19365504	2462474	12.72	16903030	87.28
内蒙古 Inner Mongolia	15282803	2817925	18.44	12464878	81.56
辽 宁 Liaoning	12141711	2152152	17.73	9989559	82.27
吉 林 Jilin	9093784	2413611	26.54	6680173	73.46
黑龙江 Heilongjiang	15311188	4268840	27.88	11042348	72.12
上 海 Shanghai	2359654	599344	25.40	1760310	74.60
江 苏 Jiangsu	28482970	4011053	14.08	24471917	85.92
浙 江 Zhejiang	16989603	2243648	13.21	14745955	86.79
安 徽 Anhui	42721029	4479299	10.48	38241730	89.52
福 建 Fujian	18340503	2067614	11.27	16272889	88.73
江 西 Jiangxi	27720625	4057009	14.64	23663616	85.36
山 东 Shandong	39128316	5971153	15.26	33157163	84.74
河 南 Henan	64001308	5922855	9.25	58078453	90.75
湖 北 Hubei	24614942	3811709	15.49	20803233	84.51
湖 南 Hunan	43377324	5056179	11.66	38321145	88.34
广 东 Guangdong	24805191	4604823	18.56	20200368	81.44
广 西 Guangxi	32628307	3701945	11.35	28926362	88.65
海 南 Hainan	2928493	526434	17.98	2402059	82.02
重 庆 Chongqing	17608335	1897633	10.78	15710702	89.22
四 川 Sichuan	55912290	6298877	11.27	49613413	88.73
贵 州 Guizhou	25642423	1911827	7.46	23730596	92.54
云 南 Yunnan	31281079	2759786	8.82	28521293	91.18
西 藏 Tibet	2225170	190737	8.57	2034433	91.43
陕 西 Shaanxi	25318307	2930847	11.58	22387460	88.42
甘 肃 Gansu	18043449	1512086	8.38	16531363	91.62
青 海 Qinghai	3848393	624953	16.24	3223440	83.76
宁 夏 Ningxia	3663231	483222	13.19	3180009	86.81
新 疆 Xinjiang	11173938	2304612	20.62	8869326	79.38

5－8 各地区县辖镇非农业、农业人口数

NON－AGRICULTURAL AND AGRICULTURAL POPULATION IN TOWNS DIRECTLY UNDER COUNTY'S BY REGION

单位：人 (Person)

地 区 Region	总人口 Population	非农业人口 Npn－Agricultural		农业人口 Agricultural	
		人口数 Population	占总人口％ % to total population	人口数 Population	占总人口％ % to total population
全 国 National	**367327314**	**72300537**	**19.68**	**295026777**	**80.32**
北 京 Beijing	1956354	554580	28.35	1401774	71.65
天 津 Tianjin	1357839	326262	24.03	1031577	75.97
河 北 Hebei	22597251	3181272	14.08	19415979	85.92
山 西 Shanxi	8984534	2167966	24.13	6816568	75.87
内蒙古 Inner Mongolia	4810798	2350306	48.85	2460492	51.15
辽 宁 Liaoning	7016463	1886627	26.89	5129836	73.11
吉 林 Jilin	5897156	2257869	38.29	3639287	61.71
黑龙江 Heilongjiang	7304778	3223209	44.12	4081569	55.88
上 海 Shanghai	2175539	503163	23.13	1672376	76.87
江 苏 Jiangsu	12580011	2942885	23.39	9637126	76.61
浙 江 Zhejiang	11955739	2140140	17.90	9815599	82.10
安 徽 Anhui	25572733	3948824	15.44	21623909	84.56
福 建 Fujian	13346795	1889453	14.16	11457342	85.84
江 西 Jiangxi	13397882	3269916	24.41	10127966	75.59
山 东 Shandong	22180616	3656577	16.49	18524039	83.51
河 南 Henan	25960004	4856430	18.71	21103574	81.29
湖 北 Hubei	15477134	3180847	20.55	12296287	79.45
湖 南 Hunan	26405074	4429088	16.77	21975986	83.23
广 东 Guangdong	24396791	4508935	18.48	19887856	81.52
广 西 Guangxi	20640288	3181234	15.41	17459054	84.59
海 南 Hainan	1780335	416404	23.39	1363931	76.61
重 庆 Chongqing	10773195	1780322	16.53	8992873	83.47
四 川 Sichuan	31588269	5536483	17.53	26051786	82.47
贵 州 Guizhou	14895003	1707437	11.46	13187566	88.54
云 南 Yunnan	10210585	2083640	20.41	8126945	79.59
西 藏 Tibet	209816	90311	43.04	119505	56.96
陕 西 Shaanxi	15103466	2678241	17.73	12425225	82.27
甘 肃 Gansu	4005799	1228900	30.68	2776899	69.32
青 海 Qinghai	886712	440644	49.69	446068	50.31
宁 夏 Ningxia	1120566	400726	35.76	719840	64.24
新 疆 Xinjiang	2739789	1481846	54.09	1257943	45.91

5—9 沿海城市非农业人口、农业人口数

NON AGRICULTURAL AND AGRICULTURAL POPUALTION IN COASTAL CITY

单位：人 (person)

地 区	Region	总 人 口 Total Population	非农业人口 Non—agricultual Population		农业人口 Agricultural Population	
			人口 Population	占总人口% % to Total Population	人口 Population	占总人口% % to Total Population
全 国	**National**	**1214980875**	**304650036**	**25.07**	**910330839**	**74.93**
天津市	Tianjin	9107406	5239719	57.53	3867687	42.47
秦皇岛市	Qinhuangdao	2629275	652117	24.80	1977158	75.20
大连市	Dalian	5432413	2656128	48.89	2776285	51.11
上海市	Shanghai	13065845	9536519	72.99	3529326	27.01
南通市	Nantong	7874939	2472059	31.39	5402880	68.61
连云港市	Lianyungang	4435331	843648	19.02	3591683	80.98
宁波市	Ningbo	5352707	1304823	24.38	4047884	75.62
温州市	Wenzhou	7178923	1239017	17.26	5939906	82.74
青岛市	Qingdao	6995666	2543074	36.35	4452592	63.65
烟台市	Yantai	6433543	1931535	30.02	4502008	69.98
广州市	Guangzhou	6741400	4172824	61.90	2568576	38.10
湛江市	Zhanjiang	6365140	1540240	24.20	4824900	75.80
北海市	Beihai	1377892	366592	26.61	1011300	73.39

5—10 沿海城市人口迁移率

MIGRATION RATE OF POPULATION IN COASTAL CITY

地 区 Region	平均人口(人) Average Population (person)	迁入率(‰) Immigration Rate	迁出率(‰) Emigration Rate	总迁移率(‰) Total Migration Rate	净迁移率(‰) Net Migration Rate
全国 National	31666448	17.38	7.53	24.91	9.85
天津市 Tianjin	5907701	7.63	3.78	11.41	3.85
秦皇岛市 Qinhuangdao	551146	40.01	20.60	60.61	19.41
大连市 Dalian	2505126	18.38	6.08	24.46	12.30
上海市 Shanghai	9505223	15.29	6.06	21.35	9.23
南通市 Nantong	599477	16.89	9.47	26.36	7.42
连云港市 Lianyungang	553624	26.35	8.84	35.19	17.51
宁波市 Ningbo	1124973	17.18	6.93	24.11	10.25
温州市 Wenzhou	1117615	8.16	6.14	14.30	2.02
福州市 Fuzhou	1346400	24.36	16.66	41.02	7.70
青岛市 Qingdao	2135159	16.59	6.34	22.93	10.25
烟台市 Yantai	1152239	29.90	13.70	43.60	16.20
广州市 Guangzhou	3764709	24.56	9.50	34.06	15.06
湛江市 Zhanjiang	1164167	30.33	15.31	45.64	15.02
北海市 Beihai	238892	34.11	6.18	40.29	27.93

5—11 按总人口排序的市及人口数

CITY AND POPULATION BY ORDER OF CITY TOTAL POPULATION SCALE

单位:人 (Person)

组 别 Group	城市个数 Number	城市名称 Name	人 口 数 Population	组 别 Group	城市个数 Number	城市名称 Name	人 口 数 Population
总计	**663**		**530066224**			滕州	1543919
400 万以上	**6**		**41660002**			兴化	1534201
		上海	10706191			徐州	1518671
		北京	8130686			邓州	1517264
		重庆	6714756			泰安	1507107
		天津	6006145			合川	1505749
		武汉	5302373			邳州	1500252
		沈阳	4799851			东莞	1487694
200 万—400 万	**16**		**41828663**			南安	1475569
		广州	3993008			如皋	1465475
		成都	3259847			鞍山	1456211
		西安	3130064			通州	1452297
		哈尔滨	2991608			江津	1444799
		长春	2826890			福州	1436878
		南京	2763560			高州	1436638
		淄博	2654228			商丘	1435333
		大连	2624015			简阳	1433021
		济南	2574930			遵义	1427689
		青岛	2295769			齐齐哈尔	1426865
		贵阳	2238354			抚顺	1411300
		太原	2233221			洛阳	1410836
		潮阳	2174773			吉林	1409331
		郑州	2039286			廉江	1408910
		六盘水	2027686			台州	1408289
		枣庄	2001424			乌鲁木齐	1391896
100 万—200 万	**141**		**181147676**			遂宁	1391157
		临沂	1791827			内江	1365439
		南充	1781730			亳州	1361415
		兰州	1749752			泸州	1350957
		昆明	1730621			信阳	1350080
		阜阳	1729458			淮南	1349050
		杭州	1718887			包头	1335906
		六安	1715390			浏阳	1335549
		天门	1709914			化州	1332582
		长沙	1669081			新泰	1329818
		普宁	1653651			平度	1326941
		唐山	1636425			常德	1323352
		随州	1634626			南宁	1308062
		贵港	1633182			湛江	1307334
		宿州	1622126			中山	1300814
		南昌	1621049			永城	1298437
		南阳	1613665			邯郸	1286981
		桂平	1573704			潍坊	1283611
		石家庄	1571657			合肥	1279420
		烟台	1567745			泰兴	1279329
		仙桃	1562115			雷州	1271833

注:该重庆市指原地级重庆市所辖人口。

续表 1 Continued

单位:人 (Person)

组 别 Group	城市个数 Number	城市名称 Name	人口数 Population	组 别 Group	城市个数 Number	城市名称 Name	人口数 Population
		宣威	1271653			大庆	1077495
		厦门	1265925			苏州	1077494
		菏泽	1256192			汉川	1075130
		大同	1254638			南海	1070892
		益阳	1246527			江都	1069191
		陆丰	1237907			荆州	1065073
		武进	1232211			湖州	1063710
		莱芜	1218838			即墨	1061327
		耒阳	1216998			诸暨	1056908
		榆树	1216949			顺德	1053249
		淮安	1213525			涟源	1052823
		荆门	1211676			钟祥	1052330
		巴中	1206350			诸城	1049796
		宁波	1196846			自贡	1049364
		丰城	1180376			资阳	1047054
		福清	1179233			寿光	1044379
		瑞安	1177606			常熟	1041785
		东台	1176201			永州	1040386
		天水	1173501			海门	1037857
		启东	1165443			永川	1031842
		温州	1164792			鄂州	1031712
		麻城	1163957			公主岭	1027650
		禹州	1151490			罗定	1019274
		深圳	1146028			瓦房店	1018244
		毕节	1144954			呼和浩特	1017721
		江阴	1144382			绵阳	1017498
		钦州	1138272			台山	1009511
		日照	1136160			醴陵	1007253
		萧山	1134119			慈溪	1003508
		乐清	1129054	**90万—100万**	**22**		**21015245**
		温岭	1128314			阳春	999823
		乐山	1119319			济宁	999643
		信宜	1116066			晋江	999201
		北流	1114710			锡山	991556
		汕头	1113200			英德	990443
		兴宁	1110211			潜江	985709
		涿州	1103797			章丘	981891
		无锡	1102088			吴县	969957
		项城	1099764			林州	964713
		邹城	1094727			本溪	962490
		赤峰	1094148			新沂	961455
		安丘	1091969			武威	956802
		海城	1084528			肥城	955746
		宜兴	1084052			聊城	938768
		临海	1083904			临川	933711
		枣阳	1083754			五常	929818

续表 2 Continued

单位:人 (Person)

组 别 Group	城市个数 Number	城市名称 Name	人口数 Population	组 别 Group	城市个数 Number	城市名称 Name	人口数 Population
		姜堰	920522			利川	821755
		安康	918073			普兰店	820878
		鸡西	917963			澄海	818560
		汝州	917375			保山	813412
		宜春	911055			锦州	813389
		广水	908531			儋州	811382
80万—90万	**48**		**40942765**			佳木斯	809299
		德惠	899454			丹阳	804294
		葫芦岛	897387			偃师	801647
		洪湖	896426	**70万—80万**	**58**		**43250843**
		番禺	895520			海伦	792688
		莱阳	894106			双城	790961
		松滋	893739			牡丹江	790526
		青州	891448			余杭	785839
		湘乡	890608			衡阳	784317
		柳州	885876			东阳	783827
		庄河	880452			嘉兴	780584
		盖州	876936			阜新	778303
		莱州	875857			溧阳	777609
		咸阳	873631			巩义	777596
		贺州	868039			高安	776629
		大冶	867476			上虞	774306
		广元	867057			吴江	773308
		吴川	866882			桐城	771351
		岳阳	866264			通辽	770077
		新会	862743			恩施	769838
		江油	862188			龙海	769340
		玉林	862036			增城	768577
		渭南	861304			辉县	765635
		孝感	858898			彭州	765216
		常州	856079			淮北	762672
		张家港	853979			开封	761472
		阆中	848458			安顺	751978
		伊春	848186			岑溪	751704
		平顶山	847442			胶州	751174
		高密	843263			萍乡	750740
		肇东	839722			乐平	750615
		绥化	838420			晋城	750041
		常宁	838024			蚌埠	747616
		张家口	837080			南康	745813
		胶南	836741			河间	745557
		高邮	832264			藁城	742284
		九台	832142			新余	741688
		余姚	830505			沅江	740948
		巢湖	827608			大丰	740584
		宣州	823909			宜宾	740438

续表 3 Continued

单位：人 (Person)

组　别 Group	城市个数 Number	城市名称 Name	人口数 Population	组　别 Group	城市个数 Number	城市名称 Name	人口数 Population
		嵊州	737767			阿城	658690
		新密	728818			义乌	657571
		武穴	726262			应城	656358
		任丘	725886			东港	654704
		莱西	723714			琼山	653824
		株洲	723397			湘潭	653677
		东营	721893			桐乡	652746
		新乡	721320			营口	646918
		安阳	718173			崇州	646798
		界首	717873			迁安	646252
		焦作	717072			荥阳	645681
		武岗	715789			石首	645396
		灵宝	711790			济源	642152
		西宁	711264			黄石	642109
		讷河	707991			邛崃	640996
		襄樊	706378			南川	640423
		高要	706229			泉州	639974
		大石桥	705285			南通	639695
		保定	701457			海宁	639463
		丹东	700223			凌源	635573
		临清	700214			攀枝花	635527
		汨罗	700197			乐陵	633933
60万—70万	**67**		**43294498**			芜湖	628061
		辽阳	698200			曲阜	625118
		海阳	697250			揭阳	624693
		鹤岗	695407			北票	624476
		昭通	695096			阳泉	620046
		武安	684324			凌海	618385
		遵化	684217			龙口	618161
		舟山	683632			辛集	617850
		廊坊	683298			郴州	617127
		荣成	683027			富阳	617062
		昌邑	682823			安陆	611648
		临汾	681541			乳山	611549
		开平	679409			桂林	611247
		长乐	673712			惠阳	608377
		秦皇岛	673083			明光	608075
		新民	671563			梅河口	606867
		兴义	671184			贵池	606767
		栖霞	668984			登封	605880
		舒兰	667632			连云港	604502
		文登	666541			新郑	603570
		茂名	663738			句容	602880
		长葛	663590			凤城	601156
		靖江	663546	**50万—60万**	**71**		**39026038**
		兰溪	660744			盐城	598760

续表 4 Continued

单位：人 (Person)

组　别 Group	城市个数 Number	城市名称 Name	人口数 Population	组　别 Group	城市个数 Number	城市名称 Name	人口数 Population
		天长	597152			海口	527899
		宜州	595846			文昌	527819
		宜昌	595812			永康	526310
		尚志	595296			霸州	526302
		兖州	594658			磐石	525217
		德阳	594351			丰南	524649
		长治	593500			淮阴	521773
		镇江	592663			阳江	521388
		仪征	591273			清远	521313
		麒麟	590315			德州	515992
		福安	589999			枝江	514416
		泰州	588007			扬州	513549
		花都	587807			老河口	512490
		滨州	587694			绵竹	512394
		邵阳	587607			赤壁	511776
		昆山	587509			临安	510298
		银川	586022			建瓯	508467
		都江堰	584867			建德	505396
		石河子	581952			晋州	505160
		招远	578740			马鞍山	504471
		广汉	577095			榆次	503780
		深州	572083			双鸭山	502832
		瑞金	571313			洪江	502506
		运城	569352			松原	502103
		开原	568519	**40万—50万**	**88**		**40070354**
		定州	566874			连州	499630
		安庆	566106			阿克苏	498937
		江山	561746			安达	498921
		宜城	556384			灯塔	497084
		宝鸡	553960			北海	496997
		福鼎	547313			九江	496560
		兴城	545542			从化	496488
		泊头	543791			威海	496420
		万宁	541977			韶关	494608
		金坛	541590			禹城	493493
		西昌	540097			乐昌	492928
		万源	539922			当阳	491976
		高碑店	539763			汉中	491945
		盘锦	539358			漳州	490487
		兴平	537267			邢台	488952
		贵溪	536416			奉化	488411
		咸宁	536322			蓬莱	487248
		商州	534298			大理	486877
		北宁	533315			南平	486794
		樟树	529309			临河	484720
		朔州	528196			平湖	481076

续表 5 Continued

单位：人 (Person)

组别 Group	城市个数 Number	城市名称 Name	人口数 Population	组别 Group	城市个数 Number	城市名称 Name	人口数 Population
		敦化	478546			洮南	433117
		高平	478183			什邡	430104
		鹤壁	476523			通化	428702
		卫辉	475640			江门	427851
		丹江口	475097			大安	425355
		忻州	472309			永济	421941
		白城	471345			富锦	421819
		临湘	470820			峨眉山	421627
		七台河	469529			牙克石	421080
		滁州	468566			扎兰屯	419732
		佛山	468430			铁岭	419698
		张掖	466243			承德	417163
		蛟河	466064			凯里	416792
		黄骅	465977			瑞昌	410303
		濮阳	464924			四会	409383
		沙河	464517			汕尾	409146
		十堰	464451			宁德	405438
		防城港	464374			景德镇	403141
		四平	462981			孝义	403029
		南宫	462339			黄山	401683
		恩平	460201			珠海	400738
		北安	459767	**30万—40万**	**64**		**22105665**
		楚雄	459261			榆林	399903
		肇庆	459087			衡水	398668
		原平	452806			双辽	394583
		辽源	451726			乌海	391045
		龙岩	451067			铁力	390423
		南雄	450828			安国	386523
		朝阳	450296			个旧	383724
		太仓	449453			娄底	383631
		张家界	449396			宜都	382945
		都匀	447819			三水	381312
		三亚	446006			延吉	381191
		白银	445218			宁国	380848
		赣州	444830			冀州	378125
		铜川	441553			韩城	374017
		桦甸	440909			黄冈	366043
		沁阳	440563			介休	365801
		琼海	440475			红塔	365051
		沧州	440385			景洪	363111
		海林	438582			资兴	360037
		三河	438296			惠州	358723
		平凉	434728			河津	357499
		宁安	434377			达川	356581
		密山	433813			鹿泉	354027
		新乐	433660			哈密	352929

续表 6 Continued

单位：人 (Person)

组 别 Group	城市个数 Number	城市名称 Name	人口数 Population	组 别 Group	城市个数 Number	城市名称 Name	人口数 Population
		五大连池	350529			石狮	292900
		莆田	350243			福泉	284062
		许昌	350232			扬中	276169
		东方	349594			高明	275934
		鹤山	349269			云浮	274860
		冷水江	347131			漳平	271954
		丽水	342109			龙泉	270020
		华蓥	339882			霍州	269982
		昌吉	338739			三明	269939
		金华	338072			龙井	265692
		建阳	337728			吉首	264052
		潮州	335319			奎屯	263942
		孟州	332828			克拉玛依	263069
		伊宁	332022			衢州	261257
		库尔勒	331976			开远	255176
		延安	331958			津市	254691
		铜陵	331051			三门峡	254204
		上饶	329855			乌兰浩特	253705
		漯河	328687			灵武	252902
		梧州	328449			河源	247521
		酒泉	327098			安宁	245443
		白山	325968			华阴	244469
		吉安	325608			吐鲁番	242501
		绍兴	324277			青铜峡	241632
		石嘴山	323941			宿迁	236973
		潞西	323225			海拉尔	235301
		周口	321581			集安	234870
		舞钢	319711			集宁	232077
		百色	319698			铁法	228104
		雅安	319216			和龙	226865
		永安	314119			武夷山	211880
		穆棱	312720			侯马	211440
		铜仁	312430			阿勒泰	210302
		西峰	312051			离石	209933
		驻马店	311838			珲春	209869
		喀什	311141			博乐	204704
		丰镇	309202			潞城	201991
		河池	305749			玉门	201278
		德兴	302197			乌苏	200019
		怀化	301482	**10万—20万**	**24**		**3758924**
20万—30万	**44**		**11040127**			临夏	190848
		梅州	299926			临江	188823
		邵武	299530			古交	188607
		吴忠	297938			阿图什	188224
		虎林	297810			金昌	187338
		东川	293241			黑河	180474

续表 7 Continued

单位：人 (Person)

组 别 Group	城市个数 Number	城市名称 Name	人口数 Population	组 别 Group	城市个数 Number	城市名称 Name	人口数 Population
		根河	178568				
		东胜	175171				
		思茅	169398				
		鹰潭	166172				
		同江	161010				
		满洲里	157319				
		和田	154352				
		义马	148463				
		阜康	147776				
		塔城	147546				
		合山	142002				
		拉萨	139683				
		图们	137723				
		嘉峪关	137690				
		锡林浩特	135430				
		敦煌	129902				
		通什	105621				
		韶山	100784				
10万以下	**14**		**925424**				
		凭祥	99937				
		瑞丽	94329				
		东兴	93747				
		格尔木	89068				
		日喀则	89016				
		额尔古纳	81924				
		合作	80471				
		霍林郭勒	62562				
		井冈山	58463				
		德令哈	54712				
		阿尔山	48734				
		绥芬河	45356				
		二连浩特	14724				
		畹町	12381				

5—12 按非农业人口排序的市及人口数

CITY AND MON—AGRICULTURAL POPULATION BY ORDER OF CITY NON—AGRICULTURAL POPULATION SCALE

单位:人 (Person)

组 别 Group	城市个数 Number	城市名称 Name	人口数 Population
总计	**663**		**217346425**
400万以上	**3**		**20406431**
		上海	8937175
		北京	6633929
		天津	4835327
200万—400万	**10**		**27778356**
		武汉	3911824
		沈阳	3876289
		广州	3306277
		重庆	3193889
		哈尔滨	2586978
		南京	2388915
		西安	2294790
		成都	2146126
		长春	2072324
		大连	2000944
100万—200万	**24**		**31002433**
		太原	1768530
		济南	1713036
		青岛	1702108
		郑州	1465069
		淄博	1458060
		兰州	1429673
		昆明	1350640
		杭州	1346148
		石家庄	1338796
		长沙	1334036
		贵阳	1320566
		鞍山	1285849
		抚顺	1271113
		南昌	1264739
		乌鲁木齐	1258457
		唐山	1210842
		吉林	1165418
		齐齐哈尔	1115766
		包头	1092819
		福州	1057372
		徐州	1044729
		邯郸	1005834
		洛阳	1002178
		合肥	1000655
90万—100万	**3**		**2823212**
		南宁	954061
		无锡	940858
		大同	928293
80万—90万	**8**		**6660076**
		深圳	899111
		苏州	845687
		汕头	831949
		本溪	827203
		淮南	823395
		烟台	818646
		大庆	811154
		伊春	802931
70万—80万	**6**		**4502352**
		柳州	775823
		常州	772700
		呼和浩特	754749
		鸡西	752840
		枣庄	741421
		宁波	704819
60万—70万	**7**		**4489037**
		阜新	682966
		张家口	660504
		锦州	658589
		牡丹江	641347
		潍坊	621125
		平顶山	619694
		西宁	604812
50万—60万	**23**		**12867889**
		襄樊	597604
		荆州	596860
		厦门	593401
		鹤岗	591254
		湛江	588583
		衡阳	584346
		新乡	583408
		佳木斯	579093
		丹东	578723
		淮北	574904
		辽阳	570483
		保定	570167
		临沂	569419
		黄石	569394
		开封	569300
		焦作	536021
		株洲	528958
		安阳	527982
		湘潭	518783
		泰安	518117
		温州	512523
		蚌埠	506239

注:该重庆指原地级重庆市所辖人口。

续表 1　Continued

单位：人　　(Person)

组　别 Group	城市个数 Number	城市名称 Name	人口数 Population	组　别 Group	城市个数 Number	城市名称 Name	人口数 Population
		六盘水	502327			四平	382652
40 万—50 万	**29**		**13240464**			新泰	381637
		营口	498300			南海	381322
		芜湖	495765			东莞	378354
		攀枝花	488911			十堰	377232
		秦皇岛	485143			泸州	371843
		宜昌	481277			珠海	371116
		东营	479941			天门	367036
		南阳	477128			信阳	366304
		盘锦	471729			通州	365003
		镇江	469977			通化	362577
		银川	469180			九江	361645
		南通	468215			安庆	356920
		遵义	464945			海门	355232
		自贡	464497			台山	355017
		咸阳	460976			公主岭	352978
		桂林	458333			番禺	345275
		赤峰	453946			江阴	339420
		滕州	452009			顺德	339392
		岳阳	448249			罗定	338722
		葫芦岛	447986			随州	333766
		连云港	447918			江门	333154
		阳泉	447229			盐城	332125
		宝鸡	447105			石河子	330535
		海口	438262			延吉	329112
		双鸭山	431170			宿州	325724
		韶关	431053			日照	322190
		济宁	427256			淮阴	320841
		仙桃	412434			内江	320777
		佛山	411107			阜阳	319816
		乐山	410423			商丘	317948
30 万—40 万	**66**		**22762415**			乌海	316718
		绵阳	396055			景德镇	315036
		扬州	395048			铁岭	313991
		马鞍山	393174			石嘴山	313842
		萍乡	392286			潜江	313500
		辽源	391841			普宁	312498
		牙克石	391627			肇庆	311571
		南充	390603			邵阳	311261
		中山	390060			德州	310538
		潮阳	389558			菏泽	307445
		荆门	388780			漯河	306565
		邢台	387081			通辽	305885
		长治	387002			瓦房店	305249
		常德	384433			铜川	304809
		莱芜	382785			沧州	304010

续表 2 Continued

单位:人 (Person)

组 别 Group	城市个数 Number	城市名称 Name	人口数 Population	组 别 Group	城市个数 Number	城市名称 Name	人口数 Population
		松原	303821			亳州	253544
		邹城	302856			梧州	253159
		茂名	302022			新余	250666
		肥城	301981			咸宁	249234
		天水	301570			廉江	246638
		鄂州	301249			德阳	246221
20万—30万	**111**		**26720016**			榆次	243948
		承德	298895			海林	242389
		益阳	297000			廊坊	241984
		湖州	296962			济源	241406
		阳江	295672			黄冈	241268
		朝阳	295302			台州	239271
		铜陵	292721			龙岩	237385
		溧阳	292482			阿城	234057
		贵港	290829			绍兴	233954
		濮阳	289232			临川	232592
		七台河	289111			启东	231611
		宜宾	288039			东台	231444
		威海	287872			漳州	231333
		惠州	287178			南平	230931
		六安	282880			伊宁	230429
		泉州	281906			梅州	230419
		巢湖	280409			滨州	230174
		鹤壁	276808			遂宁	229229
		永州	276669			尚志	228273
		如皋	276028			五常	227856
		许昌	275743			肇东	227218
		聊城	275271			雷州	226310
		郴州	274338			怀化	225414
		铁力	272841			克拉玛依	225251
		赣州	271952			钟祥	224442
		白城	269732			高密	224162
		新会	269528			孝感	224026
		常熟	264472			江津	222571
		绥化	262117			娄底	222375
		嘉兴	261465			江油	221960
		陆丰	260804			龙口	221823
		海城	259725			丰城	221652
		白银	258885			萧山	220815
		宜兴	258808			阿克苏	220415
		临汾	257684			泰州	219968
		潮州	257521			个旧	218921
		广元	257411			北安	217980
		敦化	257190			安顺	217215
		梅河口	255514			汉中	215284
		白山	253631			儋州	212572

续表 3 Continued

单位:人 (Person)

组 别 Group	城市个数 Number	城市名称 Name	人口数 Population	组 别 Group	城市个数 Number	城市名称 Name	人口数 Population
		衡水	212516			三门峡	189064
		丹阳	211875			开平	188795
		枣阳	211295			胶州	188192
		麒麟	210230			滁州	187985
		渭南	210079			永川	186482
		海拉尔	209294			胶南	186424
		舒兰	208723			临河	186234
		章丘	207212			大石桥	186201
		莱州	206786			泰兴	185270
		兴宁	206712			吴川	184812
		集宁	206514			文登	183952
		阳春	206440			化州	183394
		英德	205782			江都	182208
		哈密	205310			乌兰浩特	182128
		喀什	205056			武威	181328
		揭阳	204134			安达	180795
		高州	204028			吉安	178957
		驻马店	204020			乐昌	177572
		荣成	203263			昆山	177003
		北票	202807			吴县	176694
		合川	202218			吴江	176514
		寿光	202067			冷水江	176182
		洪湖	201421			大理	175847
		达川	200785			盖州	175467
		晋城	200659			麻城	175322
		库尔勒	200374			西昌	174781
10万—20万	**244**		**34888417**			安康	173450
		金华	199649			根河	173188
		兖州	199491			凤城	173112
		三明	199201			双城	172936
		兴化	199023			招远	172646
		宜春	198799			运城	172620
		平度	198558			钦州	172379
		九台	198316			汉川	171827
		桦甸	197759			榆树	171692
		增城	197023			汕尾	171380
		舟山	196368			锡山	171316
		北海	196256			蛟河	170881
		花都	195921			信宜	170368
		青州	193996			张家港	168546
		清远	193284			云浮	168371
		安丘	193258			上饶	168263
		惠阳	192713			天长	167508
		昌吉	192000			莱阳	166824
		玉林	190418			澄海	166621
		周口	189377			仪征	166358

续表 4 Continued

单位：人 (Person)

组 别 Group	城市个数 Number	城市名称 Name	人口数 Population	组 别 Group	城市个数 Number	城市名称 Name	人口数 Population
		普兰店	166331			高要	142335
		铁法	165956			武穴	142136
		磐石	165101			金昌	141578
		河源	164986			武进	141495
		恩平	164929			凌源	141481
		瑞安	164563			石首	140634
		耒阳	163278			沅江	140406
		老河口	162343			北流	140015
		三亚	161869			福清	139426
		简阳	161496			巴中	137627
		庄河	161223			广水	137189
		邳州	159194			新郑	136980
		任丘	158242			宣州	136914
		赤壁	158125			余姚	136464
		五大连池	157547			靖江	136204
		曲阜	157201			高邮	135728
		洮南	156464			双辽	135663
		淮安	155657			醴陵	135453
		都江堰	154867			和龙	135328
		海伦	154148			朔州	134645
		大安	153718			穆棱	134632
		密山	153717			常宁	134592
		大丰	153147			珲春	134379
		余杭	152429			温岭	134074
		丹江口	152396			昌邑	133754
		虎林	152353			浏阳	133723
		桂平	151341			禹州	133619
		衢州	151122			延安	133226
		都匀	150950			涟源	133059
		凯里	149939			慈溪	132588
		姜堰	149706			开原	132481
		德惠	149275			定州	131992
		即墨	149083			洪江	130713
		松滋	148183			永安	130688
		诸城	145952			黄山	130623
		资阳	145665			高安	130520
		三水	145279			乐平	129376
		莆田	145051			大冶	128561
		琼山	144979			从化	128328
		龙井	144940			安宁	128275
		奎屯	144048			讷河	128191
		忻州	143840			新沂	127496
		宁安	143722			临海	127378
		满洲里	143711			枝江	126808
		扎兰屯	143273			晋江	126102
		临清	143203			恩施	125937

续表 5　Continued

单位：人　　(Person)

组　别 Group	城市个数 Number	城市名称 Name	人口数 Population	组　别 Group	城市个数 Number	城市名称 Name	人口数 Population
		四会	125065			黑河	112961
		峨眉山	124471			明光	112715
		平凉	124447			樟树	112600
		资兴	123747			安陆	112529
		新民	123655			阆中	112118
		富锦	123280			鹰潭	110671
		海宁	122973			林州	110526
		彭州	122074			红塔	110048
		丰南	121767			桐乡	109976
		高明	121732			涿州	109390
		拉萨	121568			河池	108942
		广汉	121228			宁国	108767
		应城	120499			韩城	108702
		兴城	120431			南安	108684
		宣威	120046			句容	108555
		太仓	119862			兴平	108491
		防城港	119444			三河	108252
		雅安	119320			阿勒泰	106665
		百色	119150			榆林	106391
		邓州	119036			东港	104971
		巩义	118985			德兴	104945
		莱西	118709			古交	104560
		永城	118659			昭通	104382
		长葛	117166			开远	104329
		孝义	117133			湘乡	103871
		鹤山	117049			贵池	103860
		义马	116760			兰溪	103792
		宜城	116586			项城	103692
		上虞	116279			侯马	103578
		玉门	116194			泊头	103337
		乳山	116166			乐清	103118
		诸暨	116116			汝州	102691
		张家界	115896			贵溪	102536
		楚雄	115887			南康	102222
		宿迁	115368			图们	102191
		栖霞	115089			龙海	101884
		当阳	114885			原平	101689
		吉首	114650			北宁	101273
		张掖	114592			毕节	101171
		嘉峪关	114510			保山	100797
		蓬莱	114440			福安	100793
		临江	114072	**10 万以下**	**129**		**9205327**
		灵宝	114053			邵武	99925
		岑溪	113589			津市	99571
		东胜	113436			兴义	99550
		贺州	113031			锡林浩特	99249

续表 6 Continued

单位:人 (Person)

组别 Group	城市个数 Number	城市名称 Name	人口数 Population	组别 Group	城市个数 Number	城市名称 Name	人口数 Population
		建瓯	99204			扬中	81005
		酒泉	99111			万宁	80764
		建德	99004			霸州	80753
		卫辉	98950			沙河	80352
		临夏	98593			华蓥	80107
		界首	97675			博乐	79953
		金坛	97651			禹城	79820
		荥阳	97621			集安	79792
		富阳	97439			奉化	79755
		宜州	96717			高碑店	79674
		海阳	95402			嵊州	79351
		辉县	95070			东阳	79241
		凌海	94754			福鼎	79240
		景洪	94162			东方	78447
		义乌	93903			武岗	77767
		丽水	93626			青铜峡	77428
		舞钢	93599			南雄	76876
		霍州	93324			永济	76700
		绵竹	92860			邛崃	75992
		临湘	92704			偃师	75234
		孟州	92469			河津	74934
		吴忠	92241			长乐	74590
		连州	91781			离石	74452
		石狮	91301			利川	74352
		桐城	91188			辛集	73803
		汨罗	90700			乌苏	73326
		介休	90118			阜康	73260
		平湖	88554			格尔木	73016
		宜都	87288			西峰	72790
		新密	86938			商州	72130
		文昌	86551			临安	71180
		灵武	86246			思茅	70883
		和田	86019			吐鲁番	70759
		迁安	85845			遵化	69950
		建阳	85500			瑞金	69229
		灯塔	85304			华阴	69024
		崇州	85183			乐陵	67853
		宁德	84815			东川	67314
		南川	84374			丰镇	65787
		琼海	84235			江山	65503
		铜仁	83467			塔城	64000
		瑞昌	82510			登封	63421
		什邡	82286			潞西	62411
		沁阳	81338			合山	60622
		万源	81160			藁城	59552
		黄骅	81033			永康	59086

续表 7 Continued

单位：人 (Person)

组　别 Group	城市个数 Number	城市名称 Name	人口数 Population	组　别 Group	城市个数 Number	城市名称 Name	人口数 Population
		武安	57133				
		深州	56009				
		高平	55191				
		武夷山	52747				
		河间	52498				
		漳平	52338				
		安国	52191				
		额尔古纳	50016				
		霍林郭勒	48768				
		新乐	48189				
		通什	47058				
		同江	46879				
		阿图什	46365				
		鹿泉	43759				
		阿尔山	42101				
		南宫	41264				
		冀州	39942				
		福泉	38424				
		龙泉	37653				
		合作	37197				
		绥芬河	35660				
		潞城	35533				
		晋州	34550				
		敦煌	32187				
		德令哈	30919				
		凭祥	27946				
		日喀则	27630				
		瑞丽	23119				
		东兴	19503				
		井冈山	19063				
		韶山	15707				
		二连浩特	12701				
		畹町	5501				

第六部分

1998年度全国计划生育统计人口数据

PART SIX

FIGURES OF THE FAMILY PLANNING STATISTICS IN 1998

6—1 各地区已婚育龄妇女及独生子女领证情况

MARRIED WOMEN AT CHILDBEARING AGE AND PROPORTION SIGNED ONE—CHILD CERTIFICATE

单位：人、% (person、%)

地 区 Region	已婚育龄妇女人数 Married Women at Childbearing Age	与上年对比 Compared with That of Last Year	领证人数 Number of Certificate	与上年对比 Compared with That of Last Year	领证率 Proportion of Certi—ficate	与上年对比 Compared with That of Last Year
全 国 National	**245174837**	**2177294**	**53270788**	**—99516**	**21.73**	**—0.24**
北 京 Beijing	2409432	—27587	1089481	—414378	45.22	—16.49
天 津 Tianjin	1985642	—8011	931293	—24339	46.90	—1.03
河 北 Hebei	13128882	2272	2102615	441387	16.02	3.36
山 西 Shanxi	6198957	219335	750444	—61134	12.11	—1.47
内蒙古 Inner Mongolia	5000250	—1689	725086	1370	14.50	0.03
辽 宁 Liaoning	9055707	—69142	4110135	31893	45.39	0.69
吉 林 Jilin	5804599	98475	2081858	71942	35.87	0.64
黑龙江 Heilongjiang	8075208	49372	2613633	21558	32.37	0.07
上 海 Shanghai	2844901	21825	1569161	—96494	55.16	—3.84
江 苏 Jiangsu	15313630	28053	6546906	—153758	42.75	—1.08
浙 江 Zhejiang	9755235	38052	2097084	—95093	21.50	—1.06
安 徽 Anhui	11677289	72139	1426031	81642	12.21	0.63
福 建 Fujian	6751484	77238	1341925	6904	19.88	—0.13
江 西 Jiangxi	8517577	786460	845889	13065	9.93	—0.84
山 东 Shandong	17990036	84870	5184841	84943	28.82	0.34
河 南 Henan	18597678	60711	2722258	—72506	14.64	—0.44
湖 北 Hubei	10803282	74306	1893929	15151	17.53	0.02
湖 南 Hunan	13194683	—121994	1568612	—8229	11.89	0.05
广 东 Guangdong	13477285	417529	1226839	—3383	9.10	—0.32
广 西 Guangxi	8104696	150544	536238	2087	6.62	—0.10
海 南 Hainan	1244431	26597	84567	6605	6.80	0.39
重 庆 Chongqing	6446829	1257	2190515	—119377	33.98	—1.86
四 川 Sichuan	17513573	18243	6553285	153935	37.42	0.84
贵 州 Guizhou	6292257	105477	400802	33267	6.37	0.43
云 南 Yunnan	7595965	71407	647345	1825	8.52	—0.06
西 藏 Tibet	514233	7244	40918	2406	7.96	0.36
陕 西 Shaanxi	6658647	—140803	775841	—50694	11.65	—0.50
甘 肃 Gansu	5020134	44241	519201	12696	10.34	0.16
青 海 Qinghai	946258	22326	114483	—43	12.10	—0.30
宁 夏 Ningxia	1059757	14378	134407	3693	12.68	0.18
新 疆 Xinjiang	3196300	54169	445166	13543	13.93	0.19

6—2 各地区妇女初婚情况

FIRST MARRIAGE STATUS OF WOMEN BY REGION

单位:人、%　　　　(person、%)

地区 Region	初婚总数 Total Population (First Marriage)	与上年对比 Compared with That of Last Year	早婚情况 Early Marriage 19岁以下 19 and below	与上年对比 Compared with That of Last Year	早婚率 Early Marriage Rate	与上年对比 Compared with That of Last Year
全　国 National	**7554711**	**—451474**	**50229**	**—5015**	**0.66**	**—0.03**
北　京 Beijing	63567	—1865	48	11	0.08	0.02
天　津 Tianjin	51369	—1347	29	—12	0.06	—0.02
河　北 Hebei	338394	—26174	134	71	0.04	0.02
山　西 Shanxi	159534	—24528	2517	—68	1.58	0.17
内蒙古 Inner Mongolia	188898	24102	295	—11	0.16	—0.03
辽　宁 Liaoning	218481	—11616	172	—16	0.08	0.00
吉　林 Jilin	171245	—7195	2579	756	1.51	0.48
黑龙江 Heilongjiang	194739	—23542	2082	—136	1.07	0.05
上　海 Shanghai	73186	481	63	8	0.09	0.01
江　苏 Jiangsu	381192	—2239	808	—58	0.21	—0.01
浙　江 Zhejiang	327306	14638	1457	—307	0.45	—0.12
安　徽 Anhui	393107	—30055	548	—103	0.14	—0.01
福　建 Fujian	219853	—4189	1073	—19	0.49	0.00
江　西 Jiangxi	284081	—4823	364	—94	0.13	—0.03
山　东 Shandong	633134	—32825	173	65	0.03	0.01
河　南 Henan	560978	—99531	523	275	0.09	0.06
湖　北 Hubei	374799	61267	2138	267	0.57	—0.03
湖　南 Hunan	399154	—81996	1735	—949	0.43	—0.12
广　东 Guangdong	526558	2233	3233	—1644	0.61	—0.32
广　西 Guangxi	271809	—21598	437	—244	0.16	—0.07
海　南 Hainan	34446	—4307	737	—214	2.14	—0.31
重　庆 Chongqing	200063	—24079	630	296	0.31	0.17
四　川 Sichuan	546532	—59517	2608	—508	0.48	—0.04
贵　州 Guizhou	192464	—11347	3703	—1411	1.92	—0.59
云　南 Yunnan	263174	—19418	12808	—83	4.87	0.31
西　藏 Tibet	10710	1571	2253	1254	21.03	10.10
陕　西 Shaanxi	173000	—45627	297	—687	0.17	—0.28
甘　肃 Gansu	137718	—6132	787	—555	0.57	—0.36
青　海 Qinghai	31382	—166	3179	—120	10.13	—0.33
宁　夏 Ningxia	38614	—1341	2336	—697	6.05	—1.54
新　疆 Xinjiang	95224	—10309	483	—82	0.51	—0.03

续表 1 continued

单位：人、% (person，%)

地 区 Region	晚婚情况 Late Marriage 23岁以上 23 and over	与上年对比 Compared with That of Last Year	晚婚率 Late Marriage Rate	与上年对比 Compared with That of Last Year
全 国 National	4541716	−207129	60.12	0.8
北 京 Beijing	55780	−1234	87.75	0.62
天 津 Tianjin	32754	−290	63.76	1.08
河 北 Hebei	181548	−13968	53.65	0.02
山 西 Shanxi	97754	−16923	61.27	−1.03
内蒙古 Inner Mongolia	136231	17424	72.12	0.03
辽 宁 Liaoning	141210	−7330	64.63	0.08
吉 林 Jilin	79080	−46	46.18	1.84
黑龙江 Heilongjiang	89562	−6686	45.99	1.9
上 海 Shanghai	45773	−1281	62.54	−2.18
江 苏 Jiangsu	224397	−9359	58.87	−2.1
浙 江 Zhejiang	228336	312	69.76	−3.17
安 徽 Anhui	227670	−28087	57.92	−2.52
福 建 Fujian	111470	−387	50.7	0.78
江 西 Jiangxi	106377	−830	37.45	0.34
山 东 Shandong	625722	−33849	98.83	−0.21
河 南 Henan	384335	−61144	68.51	1.07
湖 北 Hubei	179282	43192	47.83	4.43
湖 南 Hunan	192784	−19756	48.3	4.12
广 东 Guangdong	389596	12771	73.99	2.12
广 西 Guangxi	175010	−10874	64.39	1.03
海 南 Hainan	23588	−3638	68.48	−1.78
重 庆 Chongqing	86461	−4522	43.22	2.63
四 川 Sichuan	226974	−8203	41.53	2.72
贵 州 Guizhou	77736	−25909	40.39	−10.46
云 南 Yunnan	117162	−3210	44.52	1.92
西 藏 Tibet	7398	2091	69.08	11.01
陕 西 Shaanxi	107883	−12440	62.36	7.32
甘 肃 Gansu	74253	−4212	53.92	−0.63
青 海 Qinghai	16003	190	50.99	0.87
宁 夏 Ningxia	18562	−328	48.07	0.79
新 疆 Xinjiang	81025	−8603	85.09	0.16

6-3 各地区采取各种节育措施的人口数

CONTRACEPTION USER BY METHOD AND REGION

单位:人 (person)

地 区 Region	合 计 Total	男性绝育 Male Sterilization	女性绝育 Female Sterilization	宫内节育器 IUD	皮下埋植 Implant
全 国 National	**222451953**	**21262490**	**86053948**	**99116499**	**893932**
北 京 Beijing	2149566	5264	175872	1349997	9083
天 津 Tianjin	1817539	6627	270121	1061531	2216
河 北 Hebei	12077466	933893	6262681	4231856	10900
山 西 Shanxi	5459048	59645	3042579	2038833	83231
内蒙古 Inner Mongolia	4642708	14439	2063861	2334032	31076
辽 宁 Liaoning	8295506	7967	1738878	5776618	43703
吉 林 Jilin	5240493	819	1636485	3256045	43789
黑龙江 Heilongjiang	7583505	8033	2519066	4509590	37484
上 海 Shanghai	2605206	12237	122740	1951880	2132
江 苏 Jiangsu	14159107	605182	3684078	8985488	28623
浙 江 Zhejiang	8975089	108650	3791676	4389171	15266
安 徽 Anhui	10678555	749057	5457139	3935422	45330
福 建 Fujian	6156268	565554	3416171	1671427	22060
江 西 Jiangxi	7620264	47491	4759429	2297923	19958
山 东 Shandong	16433004	3033325	4922309	7443122	54047
河 南 Henan	16797906	2476735	7976864	5366197	17145
湖 北 Hubei	9817488	689020	4766610	3878362	22234
湖 南 Hunan	12173774	1123358	5992755	4285789	38663
广 东 Guangdong	11919003	1717723	6219308	3346047	718
广 西 Guangxi	7280064	1183602	2942222	2706347	89673
海 南 Hainan	1067852	37284	656045	261321	4068
重 庆 Chongqing	5892827	1566963	441770	3594631	34588
四 川 Sichuan	16113859	4400141	1072166	9530236	88890
贵 州 Guizhou	5748451	1202917	2478814	1532877	25000
云 南 Yunnan	6556925	405547	1892058	3777484	18404
西 藏 Tibet	315430	105	64608	69082	20811
陕 西 Shaanxi	6067203	270353	3428967	1897481	22483
甘 肃 Gansu	4417545	10890	3104762	1167577	16679
青 海 Qinghai	817680	1408	378883	317238	2880
宁 夏 Ningxia	960021	471	389643	393780	11376
新 疆 Xinjiang	2612601	17790	385388	1759115	31422

续表 1 continued

单位:人 (person)

地 区 Region	口服及注射避孕药 Pill / Injection	避孕套 Condom	外用药 Diaphragm	其他 Other
全 国 National	**5439355**	**8369661**	**828130**	**487938**
北 京 Beijing	162634	411260	8706	26750
天 津 Tianjin	81263	388814	6640	327
河 北 Hebei	226854	368541	18397	24344
山 西 Shanxi	126481	71217	19305	17757
内蒙古 Inner Mongolia	92459	99056	4444	3341
辽 宁 Liaoning	177351	523279	23763	3947
吉 林 Jilin	109119	180424	12036	1776
黑龙江 Heilongjiang	155426	333283	12193	8430
上 海 Shanghai	156772	275909	12849	70687
江 苏 Jiangsu	509898	286937	47626	11275
浙 江 Zhejiang	291193	340573	24557	14003
安 徽 Anhui	291612	153812	15945	30238
福 建 Fujian	150780	282151	30637	17488
江 西 Jiangxi	181900	281289	23853	8421
山 东 Shandong	129133	754802	45768	50498
河 南 Henan	211558	692334	49694	7379
湖 北 Hubei	230773	202354	28135	0
湖 南 Hunan	116605	561742	49433	5429
广 东 Guangdong	169914	366883	61040	37370
广 西 Guangxi	143267	133373	61743	19837
海 南 Hainan	35589	39573	27372	6600
重 庆 Chongqing	85643	152094	16805	333
四 川 Sichuan	347417	567159	59253	48597
贵 州 Guizhou	273615	200061	30862	4305
云 南 Yunnan	284258	119386	26633	33155
西 藏 Tibet	148911	8186	1615	2112
陕 西 Shaanxi	167372	225667	47723	7157
甘 肃 Gansu	43253	58765	13967	1652
青 海 Qinghai	84024	25266	5991	1990
宁 夏 Ningxia	98224	56398	9124	1005
新 疆 Xinjiang	156057	209073	32021	21735

6—4 各地区采取各种节育措施人数与上年比较情况

CONTRACEPTION USER COMPARED WITH THAT OF LAST YEAR BY METHOD AND REGION

单位：人 (person)

地 区 Region	合 计 Total	男性绝育 Male Sterilization	女性绝育 Female Sterilization	宫内节育器 IUD	皮下埋植 Implant
全 国 National	**1444874**	**—363483**	**—318816**	**2621805**	**—67997**
北 京 Beijing	—35383	—985	—5633	—30010	—145
天 津 Tianjin	—9948	—360	—6569	—10291	1261
河 北 Hebei	—19463	—7799	—77970	58889	426
山 西 Shanxi	57655	—7233	—42332	81808	27816
内蒙古 Inner Mongolia	6494	—224	—53587	57792	1820
辽 宁 Liaoning	—75145	—840	—117197	24110	3003
吉 林 Jilin	87028	—84	—22331	181125	740
黑龙江 Heilongjiang	51393	—1424	—75558	105955	—119
上 海 Shanghai	37302	—1638	2609	19649	71
江 苏 Jiangsu	—52837	—36540	—148270	50976	516
浙 江 Zhejiang	2757	—9322	—48550	55399	750
安 徽 Anhui	46164	—30207	41916	78867	—8343
福 建 Fujian	44071	—5229	29612	57807	—721
江 西 Jiangxi	435573	—4028	—22976	104361	—338
山 东 Shandong	72442	—68808	—27907	451569	16839
河 南 Henan	36563	9665	—9613	178796	—3659
湖 北 Hubei	—168004	—57961	—167128	92291	6171
湖 南 Hunan	—113818	—79080	—8311	281714	—42062
广 东 Guangdong	458455	25459	258621	245403	—129
广 西 Guangxi	85440	4611	68394	—25287	—62911
海 南 Hainan	37428	—1133	23338	—9028	531
重 庆 Chongqing	5364	—19916	—25307	85432	—7430
四 川 Sichuan	136494	—59578	—49679	306837	—622
贵 州 Guizhou	220525	14155	194534	—12955	5417
云 南 Yunnan	115198	—1657	35543	108001	36
西 藏 Tibet	18546	2	2912	2928	2206
陕 西 Shaanxi	—64040	—24369	—28968	—29949	158
甘 肃 Gansu	—49428	—842	—30738	—14616	—9610
青 海 Qinghai	18466	—117	9534	16457	401
宁 夏 Ningxia	7490	—10	—3061	10604	2838
新 疆 Xinjiang	52092	2009	—14144	97171	—2908

续表 1 continued

单位:人 (person)

地 区 Region	口服及注射避孕药 Pill/Injection	避孕套 Condom	外用药 Diaphragm	其 他 Other Ⅱ
全 国 National	**－149479**	**－100803**	**－91594**	**－84759**
北 京 Beijing	－8254	20261	－1161	－9456
天 津 Tianjin	－1169	7021	180	－21
河 北 Hebei	4143	948	1745	155
山 西 Shanxi	6582	－9399	－3535	3948
内蒙古 Inner Mongolia	－3398	6132	369	－2410
辽 宁 Liaoning	－4647	18830	1562	34
吉 林 Jilin	－31369	－37599	－3439	－15
黑龙江 Heilongjiang	－3340	29104	44	－3269
上 海 Shanghai	－4885	15362	449	5685
江 苏 Jiangsu	21183	50218	8152	928
浙 江 Zhejiang	－12050	21265	－3172	－1563
安 徽 Anhui	－30797	－3654	－4112	2494
福 建 Fujian	－3439	－24712	－8517	－730
江 西 Jiangxi	129898	219348	11189	－1881
山 东 Shandong	－23941	－258099	－11335	－5876
河 南 Henan	－32022	－108037	700	733
湖 北 Hubei	6818	－30214	8119	－26100
湖 南 Hunan	－90804	－145585	－29317	－373
广 东 Guangdong	－33359	－18966	－16032	－2542
广 西 Guangxi	45417	44414	29816	－19014
海 南 Hainan	763	1556	21141	260
重 庆 Chongqing	－12883	－11023	－3251	－258
四 川 Sichuan	－38718	－1677	－8397	－11672
贵 州 Guizhou	4097	33293	－12894	－5122
云 南 Yunnan	－22884	－1565	－2418	142
西 藏 Tibet	12502	－1508	－6	－490
陕 西 Shaanxi	8844	7750	578	1916
甘 肃 Gansu	－1191	8311	－445	－297
青 海 Qinghai	－5790	1149	－1907	－1261
宁 夏 Ningxia	－2462	1546	－2021	56
新 疆 Xinjiang	－22324	64727	－63679	－8760

6—5 各地区各分项措施节育率

CONTRACEPTIVE RATE OF EACH METHOD BY REGION

单位:%　　(%)

地区 Region	男性绝育 Male Sterilization	女性绝育 Female Sterilization	宫内节育器 IUD	皮下埋植 Implant	口服及注射避孕药 Pill/Injection	避孕套 Condom	外用药 Diaphragm	其他 Other
全国 National	**9.56**	**38.68**	**44.56**	**0.40**	**2.45**	**3.76**	**0.37**	**0.22**
北京 Beijing	0.24	8.18	62.80	0.42	7.57	19.13	0.41	1.24
天津 Tianjin	0.36	14.86	58.40	0.12	4.47	21.39	0.37	0.02
河北 Hebei	7.73	51.85	35.04	0.09	1.88	3.05	0.15	0.20
山西 Shanxi	1.09	55.73	37.35	1.52	2.32	1.30	0.35	0.33
内蒙古 Inner Mongolia	0.31	44.45	50.27	0.67	1.99	2.13	0.10	0.07
辽宁 Liaoning	0.10	20.96	69.64	0.53	2.14	6.31	0.29	0.05
吉林 Jilin	0.02	31.23	62.13	0.84	2.08	3.44	0.23	0.03
黑龙江 Heilongjiang	0.11	33.22	59.47	0.49	2.05	4.39	0.16	0.11
上海 Shanghai	0.47	4.71	74.92	0.08	6.02	10.59	0.49	2.71
江苏 Jiangsu	4.27	26.02	63.46	0.20	3.60	2.03	0.34	0.08
浙江 Zhejiang	1.21	42.25	48.90	0.17	3.24	3.79	0.27	0.16
安徽 Anhui	7.01	51.10	36.85	0.42	2.73	1.44	0.15	0.28
福建 Fujian	9.19	55.49	27.15	0.36	2.45	4.58	0.50	0.28
江西 Jiangxi	0.62	62.46	30.16	0.26	2.39	3.69	0.31	0.11
山东 Shandong	18.46	29.95	45.29	0.33	0.79	4.59	0.28	0.31
河南 Henan	14.74	47.49	31.95	0.10	1.26	4.12	0.30	0.04
湖北 Hubei	7.02	48.55	39.50	0.23	2.35	2.06	0.29	0.00
湖南 Hunan	9.23	49.23	35.21	0.32	0.96	4.61	0.41	0.04
广东 Guangdong	14.41	52.18	28.07	0.01	1.43	3.08	0.51	0.31
广西 Guangxi	16.26	40.41	37.17	1.23	1.97	1.83	0.85	0.27
海南 Hainan	3.49	61.44	24.47	0.38	3.33	3.71	2.56	0.62
重庆 Chongqing	26.59	7.50	61.00	0.59	1.45	2.58	0.29	0.01
四川 Sichuan	27.31	6.65	59.14	0.55	2.16	3.52	0.37	0.30
贵州 Guizhou	20.93	43.12	26.67	0.43	4.76	3.48	0.54	0.07
云南 Yunnan	6.19	28.86	57.61	0.28	4.34	1.82	0.41	0.51
西藏 Tibet	0.03	20.48	21.90	6.60	47.21	2.60	0.51	0.67
陕西 Shaanxi	4.46	56.52	31.27	0.37	2.76	3.72	0.79	0.12
甘肃 Gansu	0.25	70.28	26.43	0.38	0.98	1.33	0.32	0.04
青海 Qinghai	0.17	46.34	38.80	0.35	10.28	3.09	0.73	0.24
宁夏 Ningxia	0.05	40.59	41.02	1.18	10.23	5.87	0.95	0.10
新疆 Xinjiang	0.68	14.75	67.33	1.20	5.97	8.00	1.23	0.83

6—6 各地区各分项措施节育率与上年比较情况

CONTRACEPTIVE RATE OF EACH METHOD CIMPARED WITH THAT OF LAST YEAR BY REGION

单位：%　　(%)

地区 Region	男性绝育 Male Sterilization	女性绝育 Female Sterilization	宫内节育器 IUD	皮下埋植 Implant	口服及注射避孕药 Pill/Injection	避孕套 Condom	外用药 Diaphragm	其他 Other
全国 National	**—0.23**	**—0.40**	**0.90**	**—0.03**	**—0.08**	**—0.07**	**—0.04**	**—0.04**
北京 Beijing	—0.04	—0.13	—0.36	0.00	—0.26	1.24	—0.05	—0.41
天津 Tianjin	—0.02	—0.28	—0.25	0.07	—0.04	0.50	0.01	0.00
河北 Hebei	—0.05	—0.56	0.54	0.00	0.04	0.01	0.01	0.00
山西 Shanxi	—0.15	—1.38	1.12	0.50	0.10	—0.19	—0.07	0.07
内蒙古 Inner Mongolia	—0.01	—1.22	1.18	0.04	—0.08	0.13	0.01	—0.05
辽宁 Liaoning	—0.01	—1.21	0.91	0.04	—0.04	0.28	0.02	0.00
吉林 Jilin	0.00	—0.96	2.47	0.00	—0.64	—0.79	—0.07	0.00
黑龙江 Heilongjiang	—0.02	—1.23	1.00	0.00	—0.06	0.36	0.00	—0.04
上海 Shanghai	—0.07	0.03	—0.32	0.00	—0.28	0.44	0.01	0.18
江苏 Jiangsu	—0.24	—0.95	0.59	0.00	0.16	0.36	0.06	0.01
浙江 Zhejiang	—0.10	—0.55	0.60	0.01	—0.14	0.24	—0.04	—0.02
安徽 Anhui	—0.31	0.17	0.58	—0.08	—0.30	—0.04	—0.04	0.02
福建 Fujian	—0.15	0.08	0.75	—0.01	—0.07	—0.44	—0.14	—0.01
江西 Jiangxi	—0.09	—4.11	—0.38	—0.02	1.66	2.83	0.14	—0.03
山东 Shandong	—0.50	—0.30	2.56	0.10	—0.15	—1.60	—0.07	—0.04
河南 Henan	0.03	—0.16	1.00	—0.02	—0.19	—0.65	0.00	0.00
湖北 Hubei	—0.46	—0.86	1.59	0.07	0.11	—0.27	0.09	—0.26
湖南 Hunan	—0.56	0.39	2.62	—0.34	—0.73	—1.14	—0.23	0.00
广东 Guangdong	—0.35	0.17	1.02	0.00	—0.35	—0.29	—0.16	—0.03
广西 Guangxi	—0.13	0.47	—0.79	—0.89	0.61	0.60	0.40	—0.27
海南 Hainan	—0.24	0.03	—1.77	0.04	—0.05	0.02	1.96	0.00
重庆 Chongqing	—0.36	—0.44	1.40	—0.13	—0.22	—0.19	—0.06	0.00
四川 Sichuan	—0.61	—0.37	1.42	—0.01	—0.26	—0.04	—0.06	—0.08
贵州 Guizhou	—0.58	1.80	—1.30	0.08	—0.12	0.46	—0.25	—0.10
云南 Yunnan	—0.14	0.04	0.65	0.00	—0.43	—0.06	—0.04	—0.01
西藏 Tibet	0.00	—0.30	—0.38	0.33	1.26	—0.67	—0.03	—0.21
陕西 Shaanxi	—0.35	0.12	—0.16	0.01	0.17	0.17	0.02	0.03
甘肃 Gansu	—0.02	0.09	—0.03	—0.21	—0.02	0.20	—0.01	—0.01
青海 Qinghai	—0.02	0.12	1.16	0.04	—0.96	0.07	—0.26	—0.16
宁夏 Ningxia	0.00	—0.64	0.79	0.29	—0.34	0.12	—0.22	0.01
新疆 Xinjiang	0.06	—0.85	2.43	—0.14	—0.99	2.37	—2.51	—0.36

6－7 各地区实施各种节育手术的例数

UNMBER OF BIRTH CONTROL OPERATION BY REGION

单位：人 (person)

地 区 Region	合 计 Total	男性绝育 Male Sterilization	女性绝育 Female Sterilization	皮下埋植 Implant	放宫内节育器 In IUD	取宫内节育器 Out IUD	人工流产 Induced
全 国 National	**19857572**	**644134**	**2990020**	**319260**	**11388599**	**1884121**	**2631438**
北 京 Beijing	66854	78	1529	1092	39173	10384	14598
天 津 Tianjin	93073	106	6297	555	54693	12878	18544
河 北 Hebei	716601	12962	136860	4979	408312	105008	48480
山 西 Shanxi	714433	4395	246022	3869	334317	50438	75392
内蒙古 Inner Mongolia	373372	212	47489	5777	261695	32037	26162
辽 宁 Liaoning	318067	30	32384	8590	220647	30492	25924
吉 林 Jilin	292627	16	22453	6883	208794	25033	29448
黑龙江 Heilongjiang	274361	29	16097	3843	226982	12549	14861
上 海 Shanghai	341394	3	1294	1462	102102	76428	160105
江 苏 Jiangsu	941552	5961	58940	3387	607410	102510	163344
浙 江 Zhejiang	778534	1490	108126	2688	434467	116812	114951
安 徽 Anhui	1039812	1917	171459	5358	597487	111579	152012
福 建 Fujian	511243	13459	86620	2761	281957	61186	65260
江 西 Jiangxi	841247	929	134662	172361	477431	53999	1865
山 东 Shandong	1168207	45889	186873	12007	693523	168649	61266
河 南 Henan	1216943	40507	169627	1904	824276	109875	70754
湖 北 Hubei	887651	11336	95892	14897	547524	46555	171447
湖 南 Hunan	807750	3680	120126	4288	504235	95107	80314
广 东 Guangdong	1975496	111408	447464	124	755204	226962	434334
广 西 Guangxi	904395	57121	166693	2818	464886	43465	169412
海 南 Hainan	140789	1344	39719	391	56578	10313	32444
重 庆 Chongqing	531737	78067	13562	4124	333471	23596	78917
四 川 Sichuan	1414499	96819	30763	16257	997639	40705	232316
贵 州 Guizhou	1163402	130710	253045	11897	560677	31718	175355
云 南 Yunnan	945206	21384	127759	5745	556745	117483	116090
西 藏 Tibet	25216	0	4589	3196	8512	2141	6778
陕 西 Shaanxi	480177	3231	109252	4147	295193	36433	31921
甘 肃 Gansu	391833	604	107735	4949	196383	50283	31879
青 海 Qinghai	70342	31	19663	642	39683	4406	5917
宁 夏 Ningxia	94138	14	19905	6659	47662	14029	5869
新 疆 Xinjiang	336621	402	7121	1610	250941	61068	15479

6—8 各地区实施节育手术的例数与上年比较情况

NUMBER OF BIRTH CONTROL OPERATION COMPARED WITH THAT OF LAST YEAR BY REGION

单位：人 (person)

地 区 Region	合 计 Total	男性绝育 Male Sterilization	女性绝育 Female Sterilization	皮下埋植 Implant	放宫内节育器 In IUD	取宫内节育器 Out IUD	人工流产 Induced
全 国 National	**−1808589**	**−21103**	**−348051**	**96546**	**−726259**	**58980**	**−868702**
北 京 Beijing	7266	34	265	12	2778	2151	2026
天 津 Tianjin	1943	−9	−288	175	−87	2530	−378
河 北 Hebei	33328	3306	8445	3236	7276	21018	−9953
山 西 Shanxi	−132560	−1257	−35339	−3046	−43119	−25686	−24113
内蒙古 Inner Mongolia	−63121	−62	−10656	−103	−41209	−3869	−7222
辽 宁 Liaoning	−31785	−4	−4678	−1146	−21688	−2266	−2003
吉 林 Jilin	−11344	3	−5646	1499	−5935	−173	−1092
黑龙江 Heilongjiang	−34797	−31	−7972	−4341	−16741	−2235	−3477
上 海 Shanghai	−71424	3	−184	387	−10121	357	−61866
江 苏 Jiangsu	−95037	−940	−33897	−70	−37814	3557	−25873
浙 江 Zhejiang	−18705	−118	−1805	−552	−15481	7945	−8694
安 徽 Anhui	−116227	−137	−24348	−10332	−57884	4395	−27921
福 建 Fujian	−43550	−222	−2763	1248	−31459	5880	−16234
江 西 Jiangxi	−112327	−265	−24272	168159	−23522	−859	−231568
山 东 Shandong	72526	11544	20003	1768	13123	11555	14533
河 南 Henan	35944	4339	15158	−1079	19422	14582	−16478
湖 北 Hubei	−35856	1708	−486	9095	−23533	−2002	−20638
湖 南 Hunan	−344578	−2845	−45360	−43351	−264826	18869	−7065
广 东 Guangdong	−187922	−35241	−70848	17	1090	1325	−84265
广 西 Guangxi	−160216	−9513	−17800	−1543	−51153	−3921	−76286
海 南 Hainan	−39395	−475	−8050	−1643	−12876	−938	−15413
重 庆 Chongqing	−15062	17657	−418	−572	−17318	−958	−13453
四 川 Sichuan	−80786	−20093	−5625	−13009	23915	−3759	−62215
贵 州 Guizhou	−117729	13742	−13532	2281	−21374	−11425	−87421
云 南 Yunnan	26369	3166	1024	1461	34474	2661	−16417
西 藏 Tibet	−7475	−3	−813	−4360	−1215	1194	−2278
陕 西 Shaanxi	−159607	−5143	−38077	−8569	−83315	−3884	−20619
甘 肃 Gansu	−90104	−422	−32931	1035	−44249	21811	−35348
青 海 Qinghai	−6851	4	−3314	−265	−3560	43	241
宁 夏 Ningxia	−6318	−12	−2857	1722	−4612	192	−751
新 疆 Xinjiang	−3189	183	−987	−1568	4754	890	−6461

第七部分

世界部分国家主要人口数据

PART SEVEN

MAIN FIGURES OF SOME COUNTRIES IN THE WORLD

7—1 年中人口数

POPULATION (midyear)

单位:万人 (10000 persons)

国家与地区	Coutry/Region	1995	1996	1997	1998
世界总计	**Total**	**568700**	**576800**	—	**590105**
亚　洲	Asia				
中　国	China	122150	123208	—	125570
阿富汗	Afghanistan	1966	2088	—	2135
孟加拉国	Bangladesh	11823	12007	12201	12477
缅　甸	Myanmar	4511	4592	4640	—
柬埔寨	Cambodia	984	1027	—	1072
印　度	India	91597	93954	95522	98222
印度尼西亚	Indonesia	19528	19834	20139	20634
伊　朗	Iran	6836	6113	6069	6576
伊拉克	Iraq	2009	2061	—	2180
日　本	Japan	12520	12576	12564	12628
约　旦	Jordan	544	558	—	630
朝　鲜	Korea D. P. ReP.	2210	2247	2284	2335
韩　国	Korea Rep.	4509	4554	4599	4611
科威特	Kuwait	169	175	181	181
老　挝	Laos	488	504	—	516
黎巴嫩	Lebanon	301	308	—	319
马来西亚	Malaysia	2011	2117	2167	2141
蒙　古	Mongolia	246	235	239	258
尼泊尔	Nepal	2146	2113	—	2285
巴基斯坦	Pakistan	13025	13415	13815	14817
菲律宾	Philippines	7027	7190	7353	7294
沙特阿拉伯	Saudi Arabia	1825	1884	—	2018
新加坡	Singapore	347	361	374	348
斯里兰卡	Sri Lanka	1811	1831	1855	1846
叙利亚	Syria	1419	1462	—	1533
泰　国	Thailand	5940	6000	6060	6030
土耳其	Turkey	6164	6270	6375	6448
越　南	Viet Nam	7379	7518	7655	7756
也　门	Yemen	1537	1592	1648	1689
欧　洲	Europe				
阿尔巴尼亚	Albania	361	367	—	312
奥地利	Austria	805	806	807	814
保加利亚	Bulgaria	841	836	831	834
捷克共和国	Czech Rep.	1033	1032	1030	1028

续表 1 continued

单位:万人 (10000 persons)

国家与地区 Coutry/Region		1995	1996	1997	1998
丹　麦	Denmark	523	526	528	527
芬　兰	Finland	511	512	514	515
法　国	France	5814	5837	5861	5868
德　国	Germany	8166	8190	8207	8213
希　腊	Greece	1045	1048	—	1060
匈牙利	Hungary	1022	1019	1015	1012
意大利	Italy	5730	5738	5752	5737
荷　兰	The Netherlands	1545	1553	1560	1568
挪　威	Norway	436	438	441	442
波　兰	Poland	3859	3862	3865	3872
葡萄牙	Portugal	992	993	—	987
罗马尼亚	Romania	2268	2261	2257	2247
西班牙	Spain	3921	3927	3932	3963
瑞　士	Switzerland	704	707	709	730
英　国	United Kingdom	5861	5880	5901	5865
南斯拉夫	Yugoslavia	1055	1057	1060	1064
俄罗斯	Russia	14814	14774	14710	14743
非　洲	Africa				
阿尔及利亚	Algeria	2806	2857	—	3008
安哥拉	Angola	1182	1119	—	1209
布隆迪	Burundi	598	609	619	6457
中　非	Central African Republic	327	334	325	349
刚　果	Congo	259	267	—	279
埃　及	Egypt	5923	6060	6201	6598
埃塞俄比亚	Ethiopia	5668	5851	—	5965
加　蓬	Gabon	108	111	—	117
加　纳	Ghana	1734	1783	—	1916
几内亚	Guinea	735	752	—	734
肯尼亚	Kenya	3052	3180	3314	2901
利比里亚	Liberia	276	281	288	267
马达加斯加	Madagascar	1487	1535	—	1506
马　里	Mali	1079	1113	—	1069
毛里塔尼亚	Mauritania	228	235	—	253
摩洛哥	Morocco	2639	2685	2731	2738

续表 2 continued

单位:万人 (10000 persons)

国家与地区 Coutry/Region		1995	1996	1997	1998
莫桑比克	Mozambique	1742	1780	—	1888
尼日尔	Niger	915	947	—	1008
尼日利亚	Nigeria	11172	11502	—	10641
卢旺达	Rwanda	518	540	—	660
索马里	Somalia	925	982	—	924
南　非	South Africa	4124	4239	—	3936
苏　丹	Sudan	2671	2729	—	2829
突尼斯	Tunisia	892	909	—	934
乌干达	Uganda	1926	1985	2044	2055
喀麦隆	Cameroon	1328	1356	—	1431
坦桑尼亚	Tanzania	3034	3080	—	3210
扎伊尔	Zaire	4390	—	—	
赞比亚	Zambia	937	828	—	878
大洋洲	Oceanic				
澳大利亚	Australia	1807	1831	1853	1852
新西兰	New Zealand	354	357	376	380
北美洲	North America				
加拿大	Canada	2962	2996	3028	3056
美　国	United States	26304	26545	26790	27403
拉丁美洲	Latin America				
阿根廷	Argentina	3477	3522	3567	3612
玻利维亚	Bolivia	741	759	777	796
巴　西	Brazil	15582	15787	15988	16585
智　利	Chile	1420	1442	1462	1482
哥伦比亚	Colombia	3510	3563	3616	4080
古　巴	Cuba	1098	1102	1106	1112
多米尼加共和国	Dominican	791	805	—	—
厄瓜多尔	Ecuador	1146	1170	1194	1218
危地马拉	Guatemala	998	1024	1052	1080
墨西哥	Mexico	9049	9658	9640	9583
巴拿马	Panama	263	267	272	277
巴拉圭	Paraguay	483	496	509	522
秘　鲁	Peru	2353	2395	2437	2480
波多黎各	Puerto Rico	372	373	—	381
乌拉圭	Uruguay	319	320	328	329
委内瑞拉	Venezuela	2164	2271	2321	2324

资料来源:《联合国统计月报》1997 年 6 月,联合国人口司《1998 世界人口》。

Sources: United Nation. Monthly Bulletin of Statisticb, June 1997. United Nation. World Population 1998.

7—2 人口出生率、死亡率、自然增长率

CRUDE BIRTH RATE,CRUDE DEATH RATE AND NATURAL GROWTH RATE

单位:‰ (‰)

国 家 和 地 区 Country or Area		1990			1993		
		出生率 Crude Birth Rate	死亡率 Crude Death Rate	自然增长率 Natural Growth Rate	出生率 Crude Birth Rate	死亡率 Crude Death Rate	自然增长率 Natural Growth Rate
美 国	United States	16.7	8.6	8.1	15.6	8.8	6.8
日 本	Japan	9.9	6.7	3.2	9.5	7	2.5
德 国	Germany	—	—	—	9.8	11.1	—1.3
英 国	United Kingdom	13.9	11.2	2.7	13.3	10.7	2.6
法 国	France	12.5	9.3	4.2	12.3	9.2	3.1
意大利	Italy	9.8	9.4	0.4	9.4	9.5	—0.1
加拿大	Canada	12.9	8	4.9	14.5	7.4	7.1
澳大利亚	Australia	15.4	7	8.4	14.7	6.9	7.8
波 兰	Poland	14.3	10.2	4.1	12.8	10.2	2.6
匈牙利	Hungary	12.1	14.1	—2	11.4	14.6	—3.2
罗马尼亚	Romania	13.6	10.6	3	10.9	11.6	—0.7
保加利亚	Bulgaria	12.2	12	0.2	10	12.9	—2.9
印 度	India	31.5	10.8	20	29.1	10.5	18.6
印度尼西亚	Indonesia	27.6	9	18.6	24.8	8.7	16.1
巴基斯坦	Pakistan	44.4	11	33.4	42.6	12.6	30
泰 国	Thailand	22.3	7	15.3	20	6.3	13.7
菲律宾	Philippines	31.8	7.4	24.4	27.9	7	10.9
马来西亚	Malaysia	29.8	5.4	24.4	28.9	5.8	23.1
韩 国	Koreas Rep.	16.4	5.8	10.6	15.7	6.2	9.5
新加坡	Singapore	17	5.2	11.8	17.6	5	12.6
伊 朗	Iran	34.1	7.2	26.9	43	8.1	34.9
土耳其	Turkey	28	7	—	26.6	6	20.6
尼日利亚	Nigeria	46.5	14	32.5	43.8	12.9	30.9
埃 及	Egypt	30.8	9	21.8	32.2	9.3	22.9
埃塞俄比亚	Ethiopia	51	18	33	45.4	14.2	31.2
坦桑尼亚	Tanzania	48	18	30	45.7	19	26.7
肯尼亚	Kenya	45	10	35	43.2	11.4	31.8
巴 西	Brazil	27	7	20	21.8	8.3	13.5
墨西哥	Mexico	27	5	22	27.7	4.8	22.9
阿根廷	Argentina	20.3	9	11.3	19.8	8.6	11.2
哥伦比亚	Colombia	24	6	18	23.4	19	4.4

续表 1 continued

单位:‰ (‰)

国家和地区 Country or Area		1994 出生率 Crude Birth Rate	1994 死亡率 Crude Death Rate	1994 自然增长率 Natural Growth Rate	1995 出生率 Crude Birth Rate	1995 死亡率 Crude Death Rate	1995 自然增长率 Natural Growth Rate
美　国	United States	15.2	8.8	6.4	14.8	8.8	6
日　本	Japan	10.1	7.0	3.1	9.6	7.4	2.2
德　国	Germany	9.5	10.9	−1.4	9.3	10.7	−1.4
英　国	United Kingdom	12.9	10.7	2.2	12.6	11	1.6
法　国	France	12.3	9.0	3.3	12.5	9.1	3.4
意大利	Italy	9.3	9.5	−0.2	10.9	9.8	1.1
加拿大	Canada	15.0	8.0	7.0	13.7	7.4	6.3
澳大利亚	Australia	14.5	7.1	7.4	14.2	6.9	7.3
波　兰	Poland	12.5	10.1	2.4	11.5	10	1.5
匈牙利	Hungary	11.3	14.4	−3.1	11	14.2	−3.2
罗马尼亚	Romania	11.0	11.6	−0.6	10.4	12	−1.6
保加利亚	Bulgaria	—	—	—	8.1	13.4	−5.3
印　度	India	29.0	10.0	19.0	27.8	10.1	17.7
印度尼西亚	Indonesia	24.0	8.0	16.0	24.1	8.5	15.6
巴基斯坦	Pakistan	40.0	9.0	31.0	41.8	12.1	29.7
泰　国	Thailand	19.0	6.0	13.0	18.9	6.5	12.4
菲律宾	Philippines	30.0	6.0	24.0	30.4	7	23.4
马来西亚	Malaysia	28.0	5.0	23.0	28	5.6	22.4
韩　国	Koreas Rep.	16.0	6.0	10.0	15.6	6.2	9.4
新加坡	Singapore	16.9	5.1	11.8	16.3	5.2	11.1
伊　朗	Iran	—	—	—	34.9	6.9	28
土耳其	Turkey	27.0	7.0	20.0	25.3	5.6	19.7
尼日利亚	Nigeria	45.0	15.0	30.0	43.3	12	31.3
埃　及	Egypt	29.0	8.0	21.0	28.7	8.9	19.8
埃塞俄比亚	Ethiopia	—	—	—	46.7	15.8	30.9
坦桑尼亚	Tanzania	—	—	—	45.3	19.8	25.5
肯尼亚	Kenya	—	—	—	41.7	12	29.7
巴　西	Brazil	24.0	7.0	17.0	21.2	9	12.2
墨西哥	Mexico	27.0	5.0	22.0	26.6	4.6	22
阿根廷	Argentina	20.0	2.0	12.0	19.5	8.6	10.9
哥伦比亚	Colombia	—	—	—	21.9	4.7	17.2

续表 2 continued

单位:‰ (‰)

国家和地区 Country or Area		1996 出生率 Crude Birth Rate	1996 死亡率 Crude Death Rate	1996 自然增长率 Natural Growth Rate	1997 出生率 Crude Birth Rate	1997 死亡率 Crude Death Rate	1997 自然增长率 Natural Growth Rate
美 国	United States	14.7	8.7	6	—	—	—
日 本	Japan	10.2	7.7	2.5	9.5	7.4	2.1
德 国	Germany	9.7	11.2	−1.5	9.6	10.4	−0.8
英 国	United Kingdom	13.1	11.2	1.9	12.8	11.2	1.6
法 国	France	10.9	9	1.9	10.8	9	1.8
意大利	Italy	9.9	9.8	0.1	9.4	9.8	−0.4
加拿大	Canada	13.3	7.2	6.1	13.1	7.2	5.9
澳大利亚	Australia	14	6.9	7.1	13.7	7	6.7
波 兰	Poland	11.9	10.1	1.8	10.7	9.8	0.9
匈牙利	Hungary	10.7	15.1	−4.4	9.9	13.7	−3.8
罗马尼亚	Romania	9.8	12.3	−2.5	10.5	12.4	−1.9
保加利亚	Bulgaria	8.3	13.6	−5.3	8.4	13.5	−5.1
印 度	India	25.9	9.6	16.3	25.3	9.4	15.9
印度尼西亚	Indonesia	23.7	8.4	15.3	23.4	8.3	15.1
巴基斯坦	Pakistan	36.2	11.2	25	35.3	11	24.3
泰 国	Thailand	17.3	7	10.3	17	7.1	9.9
菲律宾	Philippines	29.5	6.7	22.8	29	6.6	22.4
马来西亚	Malaysia	26.2	5.5	20.7	25.7	5.4	20.3
韩 国	Koreas Rep.	16.2	5.7	10.5	16.2	5.7	10.5
新加坡	Singapore	16	5.1	10.9	12.7	4.1	8.6
伊 朗	Iran	33.7	6.6	27.1	32.5	6.4	26.1
土耳其	Turkey	22.3	5.5	16.8	21.8	5.4	16.4
尼日利亚	Nigeria	42.9	12.7	30.2	42.6	12.5	30.1
埃 及	Egypt	28.2	8.7	19.5	27.7	8.6	19.1
埃塞俄比亚	Ethiopia	46.1	17.5	28.6	45.6	17.6	28
坦桑尼亚	Tanzania	41.3	19.5	21.8	40.9	19.8	21.1
肯尼亚	Kenya	33.4	10.3	23.1	32.4	10.8	21.6
巴 西	Brazil	20.8	9.2	11.6	20.4	9.4	11
墨西哥	Mexico	26.2	4.6	21.6	25.8	4.5	21.3
阿根廷	Argentina	19.4	8.6	10.8	20	7.7	12.3
哥伦比亚	Colombia	21.3	4.7	16.6	20.8	4.6	16.2

资料来源:《美国统计年鉴》1991、1992、1993、1997。联合国《统计月报》1996 年 11 月。
Sourcea:United States, Statistical Yearbook,1991、1992、1993、1997.
United States, Monthly Bulletin of Statisticb, November 1996.

7—3 人口年龄构成

AGE STRUCTURE

单位：% (%)

国家和地区 Country or Area		1996			1997		
		0—14	15—64	64＋	0—14	15—64	64＋
美　国	United States	21.9	65.3	12.8	21.8	65.5	12.7
日　本	Japan	15.7	69.4	14.9	15.5	69.1	15.4
德　国	Germany	16.2	68.5	15.3	16	68.6	15.4
英　国	United Kingdom	19.5	64.7	15.8	19.5	64.8	15.7
法　国	France	19	65.6	15.4	18.7	65.7	15.6
意大利	Italy	14.9	68.4	16.7	14.8	68.2	17
加拿大	Canada	20.5	67.1	12.4	20.4	67.1	12.5
澳大利亚	Australia	21.5	66.3	12.2	21.4	66.3	12.3
波　兰	Poland	22.2	66.5	11.3	21.6	66.9	11.5
匈牙利	Hungary	17.7	67.9	14.4			
罗马尼亚	Romania	19.7	67.7	12.6	19.2	67.8	13
印　度	India	34.4	61.6	4.1	34	61.9	4.1
印度尼西亚	Indonesia	31.8	64.5	3.7	31.3	64.9	3.8
巴基斯坦	Pakistan	42.5	53.5	4	42.2	53.8	4
泰　国	Thailand	25.4	68.9	5.6	24.9	69.3	5.8
菲律宾	Philippines	38.2	58.2	3.5	37.9	58.6	3.5
马来西亚	Malaysia	35.9	60.2	3.9	35.6	60.5	3.9
韩　国	Koreas Rep.	23.1	71	5.9	22.7	71.1	6.2
伊　朗	Iran	44.6	51.5	3.9	44	52	4
土耳其	Turkey	32	62.5	5.5	31.5	62.9	5.6
尼日利亚	Nigeria	45	52.2	2.9	44.9	52.2	2.9
埃　及	Egypt	36.9	59.6	3.6	36.4	60	3.6
埃塞俄比亚	Ethiopia	45.9	51.4	2.7	45.9	51.4	2.7
坦桑尼亚	Tanzania	45.1	52	2.9	44.9	52.2	2.9
肯尼亚	Kenya	44.6	52.7	2.6	44	53.4	2.6
巴　西	Brazil	30.5	64.8	4.7	29.9	65.3	4.8
墨西哥	Mexico	36.3	59.2	4.4	36	59.5	4.5
阿根廷	Argentina	27.7	62.5	9.7	27.7	62.3	10
哥伦比亚	Colombia	32	63.5	4.5	31.5	63.9	4.6

资料来源：联合国《统计月报》1998 年 6 月、《美国统计年鉴》(1997)。

Source：United Nations，Monthly Bulletin of Statistics，June 1998，United States. Statistical Yearbock 1997.

7—4 结婚率与离婚率

MARRIAGE RATE AND DIVORCE RATE

单位：‰ (‰)

国家与地区 Country/Region		结婚率 Marriage Rate			离婚率 Devorce Rate		
		1994	1995	1996	1994	1995	1996
伊 朗	Iran	7.6	—	—	0.55	—	—
以色列	Israel	—	6.1	6.1	—	—	—
日 本	Japan	6.3	6.3	6.3	1.56	1.59	1.64
哈萨克斯坦	Kazakhstan	—	—	—	—	—	—
韩 国	Koreas Rep.	8.2	7.1	—	1.30	1.19	—
蒙 古	Mongolia	—	—	6.0	—	—	—
菲律宾	Philippines	—	—	—	—	—	—
新加坡	Singapore	8.4	8.4	7.9	1.22	1.38	1.46
斯里兰卡	Srilanka	—	9.4	—	—	—	—
泰 国	Thailand	—	7.9	—	—	0.90	—
土耳其	Turkey	7.6	7.5	—	0.46	0.47	—
埃 及	Egypt	9.2	—	—	1.55	—	—
南 非	South Africa	3.3	3.6	—	0.74	0.76	—
加拿大	Canada	5.5	5.4	—	2.70	2.62	—
墨西哥	Mexico	7.2	7.3	—	0.35	0.41	—
美 国	United States	9.1	8.9	—	4.57	4.44	—
阿根廷	Argentina	—	4.6	4.2	—	—	—
巴 西	Brazil	5.0	—	—	0.62	—	
委内瑞拉	Venezuela	4.6	3.9	3.2	0.88	0.66	0.71
白俄罗斯	Belarus	7.3	7.5	8.2	4.27	4.10	4.20
保加利亚	Bulgaria	4.5	4.0	—	0.94	—	—
捷克共和国	Czech Rep.	5.7	5.3	5.2	2.99	3.01	3.21
法 国	France	4.4	4.4	4.8	—	2.01	1.90
德 国	Germany	5.4	5.3	5.2	2.04	2.07	—
意大利	Italy	5.0	4.9	4.7	0.48	—	—
荷 兰	TheNetherlands	5.4	5.3	5.4	2.35	2.21	—
波 兰	Poland	5.4	5.4	5.3	0.82	0.98	1.03
罗马尼亚	Romania	6.8	6.8	—	1.74	1.54	—
俄罗斯	Russia	7.3	7.3	—	4.60	4.51	—
西班牙	Spain	5.0	5.0	5.0	0.80	0.84	0.86
乌克兰	Ukraine	7.7	8.4	6.0	4.00	3.87	3.78
英 国	United Kingdom	5.7	5.7	—	3.08	2.97	—
南斯拉夫	Yugoslavia F. R.	5.7	5.7	5.4	0.67	0.73	—
澳大利亚	Australia	6.2	6.1	—	2.70	2.75	—
新西兰	New Zealand	6.3	—	—	—	—	—

资料来源：联合国《人口统计年鉴》1996年。

Source：United Nations，Demographic Yearbook 1996.

7—5 城市人口占总人口比重

PROPORTION OF URBAN POPULATION TO TOTAL POPULATION

单位：%　　　　(%)

国　家	Country	1990	1991	1992	1993	1994	1995	1996
世　界	**World**	**43.0**	**43.3**	**43.7**	**44.2**	**44.7**	**45.1**	**45.5**
中　国	China	26.4	26.4	27.6	28.1	28.6	29.0	29.4
孟加拉国	Bangladesh	15.7	16.2	16.7	17.3	17.8	18.3	18.9
印　度	India	25.5	25.8	26.0	26.3	26.5	26.8	27.1
印度尼西亚	Indonesia	30.6	31.6	32.5	33.5	34.4	35.4	36.4
伊　朗	Iran	56.3	56.8	57.4	57.9	58.5	59.0	59.5
以色列	Israel	90.3	90.4	90.5	90.5	90.6	90.7	90.8
日　本	Japan	77.4	77.5	77.7	77.8	78.0	78.1	78.3
哈萨克斯坦	Kazakhstan	57.6	58.0	58.4	58.8	59.2	59.6	60.0
马来西亚	Malaysia	49.7	50.5	51.3	52.0	52.8	53.6	54.3
蒙　古	Mongolia	58.0	58.6	59.1	59.7	60.2	60.8	61.3
缅　甸	Burma	24.6	24.8	25.1	25.3	25.6	25.8	26.2
朝　鲜	KoreaD. P. Re	59.9	60.2	60.4	60.7	60.9	61.2	61.5
韩　国	KoreaRep.	73.8	75.3	76.8	78.3	79.8	81.3	82.3
巴基斯坦	Pakistan	31.9	32.4	32.9	33.3	33.8	34.3	34.8
菲律宾	Philippines	48.8	49.8	50.9	51.9	53.0	54.0	54.9
新加坡	Singapore	100.0	100.0	100.0	100.0	100.0	100.0	100.0
斯里兰卡	SriLanka	21.3	21.5	21.6	21.8	21.9	22.1	22.4
泰　国	Thailand	18.7	19.0	19.2	19.5	19.7	20.0	20.3
土耳其	Turkey	61.2	62.8	64.4	66.0	67.6	69.2	70.4
越　南	VietNam	19.7	19.6	19.6	19.5	19.5	19.4	19.5
埃　及	Egypt	43.9	44.0	44.2	44.3	44.5	44.6	44.9
尼日利亚	Nigeria	35.0	35.9	36.8	37.7	38.6	39.5	40.4
南　非	South Africa	48.8	48.9	49.0	49.1	49.2	49.3	49.5
加拿大	Canada	76.6	76.6	76.6	76.7	76.7	76.7	76.8
墨西哥	Mexico	72.5	72.7	72.9	73.0	73.2	73.4	73.6
美　国	United States	75.2	75.4	75.6	75.7	75.9	76.1	76.3
阿根廷	Argentina	86.5	86.8	87.1	87.5	87.8	88.1	88.4
巴　西	Brazil	74.7	75.4	76.1	76.9	77.6	78.3	78.9
委内瑞拉	Venezuela	84.0	84.4	84.7	85.1	85.4	85.8	86.1
白俄罗斯	Belarus	66.8	67.6	68.5	69.3	70.2	71.0	71.7
保加利亚	Bulgaria	66.5	66.9	67.2	67.6	67.9	68.3	68.7
捷克共和国	Czech Rep.	64.9	65.0	65.1	65.2	65.3	65.4	65.6
法　国	France	74.0	74.1	74.3	74.4	74.6	74.7	74.9
德　国	Germany	85.3	85.5	85.8	86.0	86.3	86.5	86.7
意大利	Italy	66.7	66.7	66.7	66.6	66.6	66.6	66.7
荷　兰	TheNetherlands	88.7	88.8	88.8	88.9	88.9	89.0	89.1
波　兰	Poland	61.8	62.2	62.6	62.9	63.3	63.7	64.1
罗马尼亚	Romania	53.6	54.1	54.5	55.0	55.4	55.9	56.4
俄罗斯	Russia	74.0	74.4	74.8	75.1	75.5	75.9	76.3
西班牙	Spain	75.4	75.6	75.8	76.1	76.3	76.5	76.7
乌克兰	Ukraine	67.5	68.0	68.6	69.1	69.7	70.2	70.7
英　国	United Kingdom	89.1	89.1	89.1	89.2	89.2	89.2	89.3
南斯拉夫	Yugoslavia F. R.	53.2	53.9	54.6	55.2	55.9	56.6	57.3
澳大利亚	Australia	85.1	85.0	84.9	84.9	84.8	84.7	84.7
新西兰	New Zealand	84.7	84.9	85.2	85.4	85.7	85.9	86.1

资料来源：世界银行《世界发展指标》1998 年。

Source：World Bank，World Development Indicators 1998.

第八部分

简 明 分 析 文 章

PART EIGHT

PAPERS ON POPULATLON STATISTICS

1998 年我国人口状况

九十年代以来，我国在控制人口数量，提高人口素质方面作出了极大的努力，1998 年我国的人口自然增长率首次降到 10‰以下，实现了当年周恩来总理提出的二十世纪内，使中国人口净增率降到 1%以下的夙愿。在我国人口发展速度减缓增长的同时，城镇化水平进一步提高，人口年龄结构正向老年人口类型转变，死亡率水平继续平稳下降，家庭户规模呈现逐渐缩小趋势，婚姻比较稳定，人口文化素质进一步提高。

1998 年我国人口自然增长率首次降到 10‰以下

1998 年人口变动情况抽样调查，在全国 31 个省、自治区、直辖市抽取了 852 个县(市、区)、3174 个乡(镇、街道)、5095 个调查小区，34 万户，调查了 124 万人。调查结果表明，1998 年我国人口自然增长率首次降至 10‰以下。

一、1998 年净增人口 1184 万人，自然增长率降至 9.53‰

1998 年全国出生人口 1991 万人，是自八十年代以来首次低于 2000 万人，人口出生率为 16.03‰，与上年相比出生人口减少 47 万人，出生率下降 0.54 个千分点；全国死亡人口 807 万人，死亡率为 6.5‰，与上年相比死亡人口增加 6 万人，死亡率基本持平；全年净增人口 1184 万，自然增长率为 9.53‰，首次降至 10‰以下，达到了世界人口会议曾向各国提出的，在本世纪末将人口增长控制在 1%以下的目标。据抽样调查数据推算，全国年末总人口为 124810 万人。

我国人口增长速度的减缓，不仅对提高人民生活水平，促进经济发展起到积极的作用，而且对世界人口的发展也作出了巨大贡献。

虽然我国人口自然增长率降到 10‰，但由于我国人口基数大，控制人口增长仍是我们长期要坚持的，尤其是农村人口出生率为 17.05‰，人口自然增长率为 10.04‰，比城镇人口出生率 13.67‰高出 3.38 个千分点，因此，为使我国人口在 2000 年内控制在 13 亿以内，2010 年控制在 14 亿以内，仍需作出极大的努力。

二、各地区人口出生率仍存在较大差异

各地区的发展很不平衡，地区间人口出生率仍存在较大差异。1998 年我国人口出生率最高的仍为西藏，高达 23.70‰，最低的还是上海，仅为 5.20‰，两者相差 18.5 个千分点，这一差距与 1997 年相比略有减小，但与 1990 年相比却加大了。

如将我国的省、自治区、直辖市人口出生率分为高、中、低三种类型，可以看出，出生率高的省主要集中在我国的西北和西南地区，1998 年人口出生率高于全国水平 16.03‰的有 11 个省，它们是西藏、贵州、青海、云南、新疆、海南、宁夏、江西、广东、甘肃和山西。如 1998 年全国出生率低于 12‰的 10 个省(上海、北京、天津、江苏、浙江、辽宁、福建、山东、黑龙江、吉林)则主要集中在经济较发达的东部沿海地区。人口出生率处于中间类型的省大多分布在我国的中部内陆地区。不同类型出生率的省的分布,恰好与我国东、中、西部的划分相对应,即东部经济发达地区的人口出生率低,中部较发达地区的人口出生率居中,西部欠发达地区的人口出生率高。

1998 年人口出生率下降幅度较大的省份有湖北、北京和四川,分别比 1997 年下降了 2.23、1.91 和 1.13 个千分点。而山东、河南和新疆的出生率与 1997 年相比,分别上升了 0.3、0.2 和 0.08 个千分点,主要由于山东、河南两省受人口结构性回升和计划内二胎政策调整的影响,而新疆由于仍处于妇女生育的高峰期,使人口出生率均略高于去年。其他省份人口出生率均有不同程度的下降。

1998 年我国人口低速增长的主要原因

一、计划生育工作管理力度加大,管理模式进一步转变

各级党政领导高度重视计划生育工作,加大了目标管理责任制的考核力度,使人口控制工作进一步加强。在计划生育管理模式上,这些年在逐渐发生变化,1998 年取得更大进展,已由过去单靠使用强制性行政手段,转变为在全国基层认真落实“三为主”(即计划生育工作要以宣传教育为主、避孕为主、经常性工作为主)的方法,建立健全计划生育技术服务网络,大力推广计划生育“三结合”(即把计划生育工作与发展经济、帮助农民勤劳致富奔小康、建设精神文明幸福家庭结合起来),帮助群众走脱贫致富路,控制人口增长工作取得了显著的效果。

二、生育旺盛年龄妇女人数减少 346 万

1998 年 20—29 岁生育旺盛年龄妇女人数降至 11021 万人,比上年减少了 346 万人。按照上年妇女的生育水平计算,由于生育旺盛期妇女人数的减少,导致全国少生 50 余万人,这对于减少一孩和二孩出生人口,降低出生率起到了重要的作用。

三、妇女平均初婚初育年龄提高

随着社会经济的发展,广大群众的婚育观念也发生了较大变化,妇女平均初婚年龄逐年提高,1998 年平均初婚年龄由上年的 23.39 岁,上升到 23.57 岁,提高了 0.18 岁;平均初育年龄也由上年的 24.5 岁,提高到 24.8 岁。平均初婚初育年龄的提高,对于减轻当年出生人口的压力起到了积极的作用。

人口分布和结构状况

随着我国人口总量的不断加大,我国人口分布和结构有以下特点:

一、1998 年我国平均人口密度每平方公里为 130 人

人口密度是表现人口分布的主要形式和衡量人口分布地区差异的主要指标。随着我国人口的发展,人口密度在不断的增加,自 1982 年以来,虽然每年的净增人口逐年减少,人口增长速度逐年降低,目前已降到 1%以下,但总人口从八十年代以来以每年 1.29 %的平均速度增长,使人口密度由 1982 年每平方公里的 105 人增加到 1998 年的 130 人,增加了 25 人。目前,我国人口密度最大的是上海,每平方公里为

2324 人，远远高于全国水平；其次是天津、北京、江苏和山东，人口密度在 560—850 人之间；人口密度处于全国水平以下的有云南、宁夏、黑龙江、甘肃、内蒙古、新疆、青海和西藏。可以看出，东南沿海地区人口高度稠密，越向中、西北部延伸，人口越稀少，这种分布格局主要是由各地经济水平差别较大、地理环境复杂造成的。

二、城镇化水平进一步提高

城镇人口比重是衡量经济发展水平特别是工业发展水平的重要标志。随着我国改革开放和经济建设的发展，城镇化水平有了较大提高。1982 年我国城镇人口比例为 21.13%，1998 年城镇人口比例已超过 30%，城镇人口已达到 37942 万人。从八十年代开始，我国城镇人口以平均每年 3.87%的速度增长，主要原因一是农业机械化水平的提高和农村工业化及第三产业的发展，使乡村到城镇的人口迁移大量增加；二是城镇内部人口的自然增长；三是城乡再划分，设立新的城镇，使城镇人口进一步增加。但与其他国家相比，我国仍是城镇化水平比较低的国家。

三、年龄结构向老年型转变，人口老化问题不容忽视

1982 年我国 0—14 岁人口比例为 33.59%，65 岁及以上人口比例为 4.91%，与国际常用标准对比，人口类型已进入成年型。到 1990 年 0—14 岁人口比例为 27.7%，65 岁及以上人口比例为 5.58%，人口年龄结构成为典型成年型。1998 年，我国 0—14 岁人口比例为 25.7%，65 岁以上老年人口占 6.7%，老少比为 26%，年龄中位数为 29.4 岁，表明我国向老年人口类型转变的进程加快。

目前，我国有老年人口 8362 万人，随着老年人口比重的不断提高和老年人口绝对数的大量增加，如何解决好老年人口的衣、食、住、行和老有所养、老有所乐、老有所为等问题，是国家和社会不容忽视的问题。

死亡率水平平稳下降

人口死亡水平是造成人口数量和结构变化的重要因素之一，特别是预期寿命和婴儿死亡率是衡量社会经济发展程度和人民生活质量的重要指标。随着我国社会、经济的迅速发展，医疗卫生条件的进一步改善，我国人口的健康水平有了明显改善，人口的死亡率平稳下降，平均预期寿命有所提高。

1998 年我国死亡人口 807 万人，人口粗死亡率为 6.5‰，与 1997 年的 6.51‰相比，死亡率水平略有下降。按 1990 年的人口年龄结构为标准计算，1982 年人口普查的标准化粗死亡率为 6.87‰，1998 年的标准死亡率为 5.53‰，呈现出明显的下降趋势。

人口平均预期寿命排除了人口年龄结构的影响，是反映人口死亡水平的较好指标。据 1982 年人口普查推算的我国人口出生时平均预期寿命为 67.77 岁，其中男性为 66.28 岁，女性为 69.27 岁。1990 年人口平均预期寿命提高到 68.55 岁，其中男性为 66.84 岁，女性为 70.47 岁。1996 年为 70.8 岁，男性为 68.71 岁，女性为 73.04 岁。到 1998 年，调查资料显示，人口平均预期寿命达到 71.2 岁，其中男性为 69.39

岁，女性为73.11岁。人口预期寿命的提高，是该年内各年龄死亡率水平下降的结果，尤其是婴幼儿死亡率下降起到重要作用。1982年人口普查的婴儿死亡率为37.91‰，到1990年婴儿死亡率下降到32.89‰，1998年婴儿死亡率为32.5‰。婴儿死亡率的逐渐降低，表明我国的医疗技术的改善和人民生活水平的不断提高。也标志着我国人口的健康水平的不断提高。

家庭规模与家庭类型

家庭是社会的细胞，随着人类社会的发展和变革，家庭的类型、规模和结构都在不断的发生变化。

自70年代初，我国开始实行计划生育政策以来，人口的生育水平开始下降，家庭规模从1973年开始逐渐缩小，家庭户的平均人数由1973年的4.81人，降到1982年的4.51人。1990年又下降到3.97人。1998年家庭规模为3.63人。25年减少了1.18人，下降了24.53%，平均每年减少0.05人。从城乡差别来看，1998年我国城镇家庭规模为3.29人，农村家庭规模为3.84人，与1982年相比，城镇家庭减少0.66人，农村家庭减少0.73人，农村家庭规模的缩小幅度大于城镇。从1998年家庭户规模的分布来看，三人户的比例最高，高达29.84%，四人户、二人户分别列为第二、第三位，五人以上的户为23.46%，也就是说，全国有76.54%的家庭户为四人及四人以下户。家庭规模的缩小主要是生育水平下降和社会、经济和文化多种因素影响的结果。

家庭规模的缩小，必然伴随着我国家庭代际关系的变化。1998年的调查资料显示，在家庭户类别中，两代户的比例最高，为62.83%；其次为三代户，为19.4%；一代户和单身户分别占11.1%、5.89%；三代以上户占0.78%。因此，以两代户组成的家庭是我国家庭户的主体，其中核心家庭即父母同未婚子女组成的家庭占两代户家庭的90%以上，成为其主要组成形式。人们观念的转变、生活水平的提高、住房条件的改善和生育水平的下降，使家庭的世代数减少，结构简化，多代同堂的现象越来越少。

另外，在65岁以上老人户中，有77.02%的户是一个老人或两个老人与其子女或亲属在一起生活，只有一对老夫妇生活的户占11%，有10.44%为单身老人户，老年人与未成年的亲属生活在一起的为1.25%。以上数据表明，我国目前老年人主要与其子女和亲属生活在一起，享受天伦之乐。但单身老人户仍有一定比例，因此，对单身老人的赡养和照顾，无论对家庭还是社会都是不可忽视的问题。

婚姻稳定、城乡差别较大

一、婚姻构成状况和变化趋势

我国15岁以上人口有9.45亿人，其中未婚者占19.33%，有配偶者占73.72%，丧偶者占6.06%，离婚者占0.89%。有配偶比例高，是家庭健全程度较高的一种反映。离婚比例低，表明婚姻关系比较稳定。

从婚姻构成状况的变化趋势来看，从八十年代初至今，未婚和丧偶比例下降，有配偶和离婚比例上升。未婚比例由1982年的28.57%下降到1998年的19.33%，但15—19岁年龄组的人口未婚比例在逐渐增加，这是低年龄早婚人口减少的一种反映；有配偶比例逐年上升，由1982年的63.68%上升到1998年的73.72%，有配偶比例比1982年上升了10个百分点，目前，我国再婚人口有1763万人，占15岁及以上人口的1.87%，占有配偶者的2.53%。丧偶比例1998年比1982年下降了1.1个百分点，表明我国的健康水平不断提高，另一方面也反映了丧偶后重新结婚的现象增多。离婚水平虽较低，但离婚人口绝对规模较大，自九十年代后离婚比例逐年上升，由1990年的0.59%上升到1998年的0.89%，上升了0.3个百分点，呈现逐年递增的趋势。1998年我国离婚人口有843万人，其中男性占63%，女性占37%，表明处于离婚状态的男性要多于女性。离婚人口以及逐年递增的趋势，一方面反映了人们的思想观念不断更新的情况下，对婚姻的质量要求也越来越高，另一方面离婚人口的存在也会给社会和家庭带来许多问题，直接涉及到家庭结构及子女的抚养和教育等问题，要引起社会的关注。

二、婚姻状况的城乡差别较大

从婚姻构成的城乡差别看，城镇的有配偶比例和离婚比例要高于农村，未婚和丧偶比例要低于农村。

城镇未婚比例为18.07%，农村为20.02%，低于农村1.95个百分点；城镇有配偶比例为75.16%，农村为72.92%，高出农村2.24个百分点；城镇丧偶比例为5.45%，农村为6.4%，低于农村近1个百分点，说明城镇的人口健康水平高于农村；城镇离婚比例为1.34%，是农村离婚比例的1.3倍，表明城镇居民的婚姻稳定程度明显低于农村居民。

受教育程度状况

一、平均受教育年限不断提高

1998年我国6岁及6岁以上人口平均受教育年限达到6年，比1990年4.5年提高了一年半，主要由于大学以上文化程度的人口不断增加以及中等教育发展较快。目前，在各种受教育程度人口中，大学以上文化程度的人口占总人口的2.58%，高中文化程度的占9.98%，初中占30.57%，小学占36.81%，在每十万人拥有的各种文化程度人口中，与1990年相比，大学以上文化程度的人口由1990年的1422人增加到1998年的2583人，增长了81.64%，高中增长22.79%，初中增长了30.94%，小学文化程度人口略有减少。

二、文盲和半文盲人口的比重逐年下降

1990年我国的文盲人口总数达到18156万人，人口粗文盲率为15.88%，1998年文盲人口减少到14870万人，人口文盲率为11.95%，其中青壮年文盲率由1990年的10.38%减少到1998年的5.2%。文盲率的明显下降，表明我国政府在提高人口文化素质方面进行了极大的努力。到2000年达到《九五规划》中提出的将青壮年文盲率降到5%左右的目标是能够实现的。但目前存在的3287万人的青壮年文盲人口，占总文盲人口的22%，其中有75%的女性文盲人口，因此，要完成我国教育振兴计划，促进整体教育水平的提高，提高妇女的文化素质是关键。

三、城乡人口受教育程度存在明显差异

目前，我国农村平均受教育年限为5.09年，小学与初中文化程度的人口在总人口中占71.94%，高中以上文化程度的只占4.8%，农村的文盲率达到14.25%；城镇平均受教育年限为7.63年，高中以上文化程度的占27.82%，城镇文盲率为7.32%。可以看出，城乡在受教育程度方面存在很大差异，因此加大农村教育投入，特别是发展基础教育，提高农村文化素质，缩小城乡差异，提高整个中华民族的整体素质，实施科教兴国，对我国经济的发展、社会的进步将有着重要的意义。

执笔人：武　洁
（国家统计局人口和社科司）

1998 年我国人口自然增长率首次降至 10‰以下

1998 年人口变动情况抽样调查，在全国 31 个省、自治区、直辖市抽取 852 个县(市、区)、3174 个乡(镇、街道)、5095 个调查小区，34 万户，调查了 124 万人。调查结果表明，1998 年我国人口自然增长率首次降至 10‰以下。

全年净增人口 1184 万人，自然增长率降至 9.53‰。1998 年全国出生人口 1991 万人，是自八十年代以来首次低于 2000 万，人口出生率为 16.03‰，与上年相比出生人口减少 47 万人，出生率下降 0.54 个千分点；全国死亡人口 807 万人，死亡率为 6.50‰，与上年相比死亡人口增加 6 万人，死亡率基本持平；全年净增人口 1184 万，自然增长率为 9.53‰，首次降至 10‰以下，实现了当年周恩来总理提出的二十世纪内，使中国人口净增率降到 1%以下的夙愿，也达到了世界人口会议曾向各国提出的，在本世纪末将人口增长控制在 1%以下的目标。据抽样调查数据推算，全国年末总人口为 124810 万人。

1998 年与 1997 年人口数据比较

年份	出生人口(万人)	死亡人口(万人)	净增人口(万人)	出生率(‰)	死亡率(‰)	自增率(‰)	总人口(万人)
1998	1991	807	1184	16.03	6.50	9.53	124810
1997	2038	801	1237	16.57	6.51	10.06	123626
差值	−47	6	−53	−0.54	−0.01	−0.53	1184

调查出生率低于计划出生率 1.55 个千分点。与 1998 年全国人口计划相比，调查的出生人口比计划的 2185 万少出生 194 万，调查的出生率比计划的 17.58‰低 1.55 个千分点；年末总人口比计划的 124944 万人少增加 134 万人，顺利完成人口计划。

1998 年我国人口低速增长的主要原因

1、各级党政一把手高度重视计划生育工作

各级党政领导高度重视，加大了目标管理责任制的考核力度，基层认真落实“三为主”，建立健全计划生育技术服务网络，大力推广计划生育“三结合”，帮助群众走脱贫致富路，控制人口增长工作取得了显著的效果。

2、**生育旺盛年龄妇女人数减少 346 万**

1998 年 20—29 岁生育旺盛年龄妇女人数降至 11021 万人，比上年减少了 346 万人。按照上年妇女的生育水平计算，由于生育旺盛期妇女人数的减少，导致全国少生 50 余万人，这对于减少一孩和二孩出生人口，降低出生率起到了重要的作用。

3、**妇女平均初婚初育年龄提高**

随着社会经济的发展，广大群众的婚育观念也发生了较大变化，妇女平均初婚年龄逐年提高，1998 年平均初婚年龄由上年的 23.39 岁，上升到 23.57 岁，提高了 0.18 岁；平均初育年龄也逐年提高，1998 年平均初育年龄由上年的 24.5 岁，提高到近 25 岁。平均初婚初育年龄的提高，对于减轻当年出生人口的压力也起到了积极的作用。

建国后我国人口增长经历了以下几个阶段

1、**第一次人口生育高峰期**

新中国成立后，人民当家作了主人，社会迅速安定，经济开始复苏，医疗卫生条件得到一定的改善，人民生活水平有所提高，此时，人口增长步入新的发展阶段，其表现为人口死亡率大幅度下降，人口出生率仍保持在高水平，使人口自然增长率呈逐年上升趋势。1949 年至 1957 年平均人口出生率为 35.5‰；人口死亡率由 1949 年的 20‰下降到 1957 年的 10.8‰，死亡率水平下降了近 50%；人口自然增长率由 16‰逐年上升到 1957 年的 23.23‰，此时的人口总量由 1949 年的 5.4 亿，增长到 1957 年的 6.4 亿，用了不到 7 年的时间我国人口就增加了 1 亿。这一时期的人口大幅度增长，是我国建国后经历的第一次人口生育高峰期。

2、**人口低增长特殊时期**

1958 年至 1961 年是建国以来所遇到的人口低增长特殊时期，这一时期由于连续三年遭受自然灾害，人口增长迅速下降，1958 年的人口出生率由 1957 年的 34.05‰，大幅度下降到 1958 年的 29.22‰，1960 年的 20.86‰，1961 年的 18.02‰，四年人口出生率水平下降了近一半；人口死亡率由 1957 年的 10.8‰，上升到 1961 年的 25.43‰，当年死亡人口高达 1700 万；人口自然增长率由 1957 年的 23.23‰，下降到 1959 年的 10.19‰，1960 年甚至出现人口负增长，降低到－4.57‰，由于以上原因，1960 年、1961 年连续两年总人口低于 1959 年总人口。

3、**第二次生育高峰时期**

在经历了经济调整和三年自然灾害以后，经济发展出现良好的势头，人民的生活水平有所好转，这一时期，出现了强烈的人口生育补偿，人口死亡率恢复正常水平且逐年下降，人口增长进入了建国以来前所未有的高峰期。1962 年人口出生率由 1961 年的 18.02‰，迅速回升到建国初期的 37‰水平，1963 年人口出生率高达 43.37‰，之后人口出生率始终保持在 30‰以上，一直持续到 70 年代初；由于人口死亡率水平大幅度下降，由 1961 年的 14‰，逐年下降到 70 年代初的 7‰左右，这 10 年来人口死亡率水平下降了 50%。随着人口出生率的持续高升，人口死亡率的大幅度下降，人口自然增长率保持在 33‰－23‰，这一时期人口总量由 1961 年的 6.6 亿增长到 1971 年的 8.5 亿，10 年人口增长了 2 亿，这就是建国后经历的第二次人口生育高峰期。

4、开始实施计划生育政策时期

由于第二次人口生育高峰的出现，人口过快增长势头不减，影响了社会经济的发展，因此，在全国开始提倡晚婚、晚育、实行有计划的生育。人口增长从建国后的盲目无序增长，进入有计划的增长时期，人们的婚姻生育观念和生育模式开始转变。人口出生率由 1971 年的 30.65‰，逐年下降到 1975 年的 23.01‰，1980 年下降到 18.21‰；这一时期人口死亡率水平基本保持在 7‰左右，人口自然增长率由 1971 年的 23.33‰，降至 1980 年的 11.87‰，9 年下降了 11 个千分点，人口总量由 1970 年的 8.3 亿，增加到 1980 年的 9.8 亿，这一时期人口增加 1.5 亿。

5、建国后的第三次生育高峰时期

80 年代初我国将计划生育工作，严格控制人口过快增长提高到战略高度，曾提出到本世纪末必须力争把我国人口控制在 12 亿以内，但是，受 1962 年－1971 年第二次生育高峰出生人口的影响，1985 年开始第三次人口生育高峰来临，一直持续到 1996 年，1995 年我国人口已达到 12 亿。80 年代中期及 90 年代初期曾两次修改本世纪末人口控制目标，12.5 亿左右和 13 亿以内。从 1981 年至 1997 年这 16 年中，可以说 80 年代继续巩固了 70 年代开始实行的计划生育工作，为严格控制人口过快增长打下了良好的基础；90 年代在处于人口生育高峰期内，却未出现出生人口高峰，而且 1996 年平稳地度过了第三次人口生育高峰期。80 年代年平均人口出生率在 21.6‰，90 年代年平均人口出生率已下降到 18.2‰；人口自然增长率由 1986 年的 16.61‰下降到 1997 年的 10.06‰，1998 年首次降至 10‰以下。

执笔人：徐　钢

（国家统计局人口和社科司）

就业总量增长趋缓　就业结构调整加快

——结构调整中的劳动就业

1998年受经济增长转慢以及结构调整和企业改革力度进一步加大的影响，我国的就业工作面临着较为严峻的形势。但由于各级政府对就业工作的重视，我国的就业工作仍取得了显著的成就。主要表现为：就业总量仍保持了一定程度的增长；就业结构调整在改革中进一步加快；再就业工作取得显著成效，从而为改革的进一步深化拓宽了空间。

就业总量继续增加

1998年末，全国劳动力资源总数为85684万人，同比增加1114万人，比上年少增16万人；经济活动人口71407万人，劳动力参与率为83.3%，与上年相比下降0.2个百分点。全国从业人员69957万人，比上年增加357万人，增长0.5%，增幅比上年低0.6个百分点。其中城镇从业人员20678万人，比上年增加471万人，增长2.3%，增幅快于全国。

统计数字显示，我国的就业总量继续增加，但与往年相比已有所放慢。这种情况的出现，应该说与市场化的改革不断深化有关。一方面，市场化就业体制对劳动力素质提出了更高的要求，推迟了年轻人进入劳动力市场的时间，受其影响，新增劳动力的供给趋于减少。近年来我国劳动力参与率的变化也反映了这种趋势（见图一）。另一方面，日益激烈的市场竞争又迫使企业更加注重提高自身

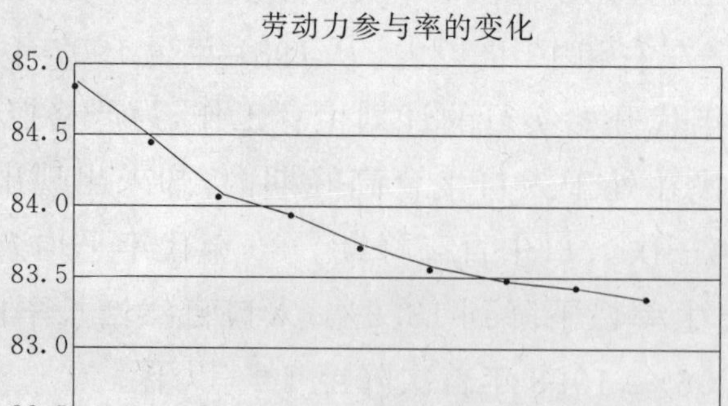

图一：越来越多的年轻人进入劳动年龄后，不是选择就业而是选择接受教育，使劳动力参与率不断降低。

的效率，以增强竞争能力。对于我国的国有企业尤其是传统产业的国有企业来说，冗员过多正是影响其市场竞争力的重要因素之一。因此，“减人增效”就成为众多的国有企业和集体企业的必然选择。在传统体制下，国有企业和集体企业历来是吸纳城镇劳动力就业的最主要的渠道，但现在它们不仅不再吸纳劳动力，相反每年还要向外释放大量的富余人员（见图二）。1998年这种现象更加明显，年末城镇单位从业人员12696万人，按可比口径计算，比上年减少905万人。其中，国有单位从业人员9058万人，比上年减少1057万人；城镇集体单位从业人员1963万人，比上年减少473万人。即使是在过去的十几年中为安置农村剩余劳动力立下汗马功劳的乡镇企业，其从业人员从1997年起也出现了明显的减少。

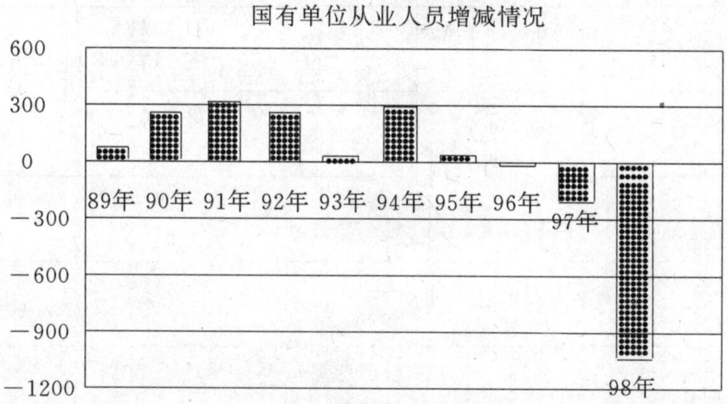

图二：长期以来，国有企业一直是吸纳城镇劳动力的主 要渠道，但现在这种情况已发生了明显变化。

从上述供需两方面看，虽然劳动力参与率逐年下降，但相对于我国众多的劳动力资源总量来说，其所带来的新增劳动力的减少显然是微不足道的。而国有企业与集体企业对劳动力需求的大幅度减少，加之我国经济增长的减缓，则加剧了劳动力市场的不平衡。我国就业总量增长速度的减慢，正是劳动力市场这种不平衡性的反映。

经济结构的调整加快了就业结构的变化

近年来，经济结构调整作为国家宏观经济政策的重点一直倍受观注。1998年，面对国内外经济形势的演变，结合国有企业改革、解困工作，我国政府进一步加大了经济结构调整的力度。这样一种大的宏观经济背景必然对我国就业结构的变化产生深刻的影响。

首先分行业看，传统产业的从业人员迅速减少，就业比例逐年下降。由于历史的原因，我国的制造业、商业、建筑业、交通运输业、采掘业等传统产业普遍存在着生产能力过剩，富余人员过多等历史的沉疴。随着市场竞争日趋激烈，相当数量的企业陷入了困境。对于这些企业来说，减少冗员以提高效率的内在动力十分强烈。加之这些行业又是企业改革和结构调整的重点，因而从业人员减少较多，其中尤以制造业为甚。而金融保险、房地产、电力、卫生体育、教育、邮电通讯等行业或因属于新兴产业正处在快速发展期或由于处在垄断地位市场环境相对宽松，企业减人的意愿相对较弱。再加上工资收入较高，吸引了大量的劳动力加入其中，因而从业人员继续保持不同程度的增加（见图三），使得这些行业的就业比例继续上升。

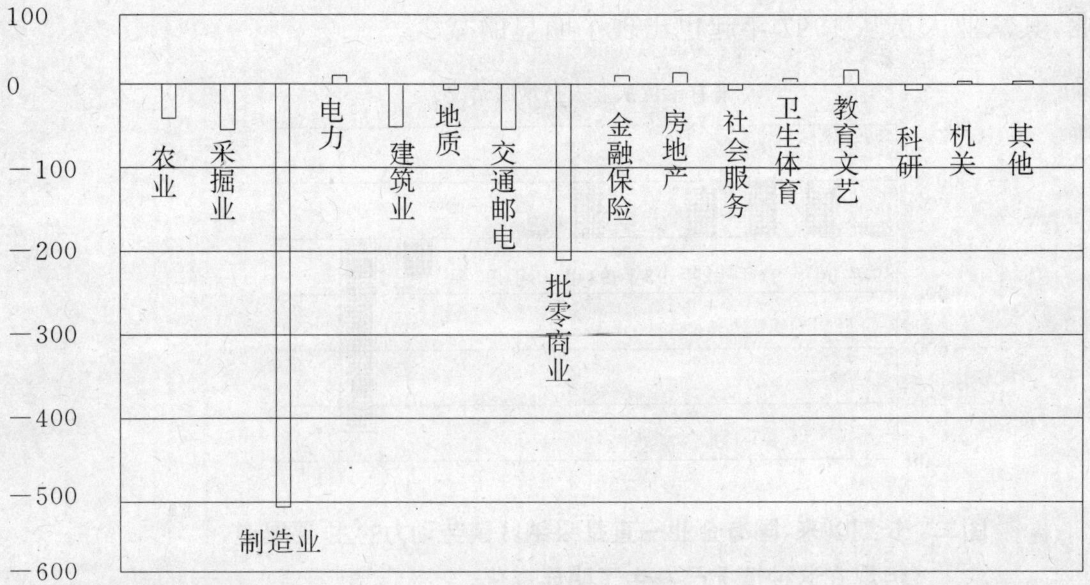

图三：在结构调整中，传统产业的从业人员明显减少，其中尤以制造业为甚。

分经济类型看，国有和城镇集体单位从业人员减少，其他经济单位和私营个体从业人员继续保持较快增长，非公有制经济从业人员所占的就业份额又有提高。党的十五大的报告对私营个体经济及混合所有制经济在我国国民经济中的地位做了全新的阐述，从“必要的补充”提升为“重要的组成部分”。此后，各地都制定了促进私营个体经济和混合所有制经济发展的利好政策，使私营个体经济和混合所有制经济有了长足的发展。与国有和城镇集体单位从业人员大量减少形成鲜明对照的是城镇私营个体经济和混合所有制经济从业人员明显增加。1998 年末，我国城镇私营个体从业人员已达 3232 万人，比上年增加 563 万人。其中，私营企业从业人员 973 万人，比上年增加 223 万人，增长近 30%；个体从业人员 2259 万人，比上年增加 340 万人，增长 17.7%。联营、合营、股份制等混合所有制经济从业人员已达 1675 万人，按可比口径计算，比上年增加 624 万人，增幅达 59%。应该说，私营个体经济和混合所有制经济的快速扩张除得益于有利的政策环境外，国有企业和城镇集体企业大量减员，为其提供了大量熟练劳动力也是促进其快速发展的重要原因。

再就业工作为改革的进一步深化拓展了空间

正当我国的经济结构调整和国有企业改革进入攻坚阶段之际，亚洲金融危机对我国经济的影响也开始显露出来。从1997年下半年开始，我国经济增长逐渐减慢，劳动力市场的不均衡也有所加剧。到1998年初，国有企业和城镇集体企业的下岗职工明显增加，相当数量的下岗人员的基本生活得不到保障，社会压力增加，所有这些都制约了改革的进一步深化。

面对改革过程中出现的困难，我国政府在实行适当的货币政策和积极的财政政策以扩大内需、启动经济的同时，又投入巨大的财力支持再就业工作。1998年5月，党中央、国务院在北京召开了国有企业下岗职工基本生活保障和再就业工作会议，对全国的再就业工作进行部署。会后，各地积极贯彻会议精神，狠抓再就业工作的落实。经过几个月的努力，下岗职工基本生活保障情况明显好转，再就业率也有所上升。到年末，全国企业下岗职工人数为892万人，比上年减少259万人；其中国有企业下岗职工610万人，比上年减少24万人。在国有企业下岗职工中，有563万人的基本生活得到了保障，占国有企业下岗职工总数的92%。全年有609万下岗职工通过各种途径实现了再就业，再就业率为50%。

当然，从上述数字不难看出，还有部分下岗职工不能按时足额领到下岗生活费。即使领到下岗生活费的也还存在着保障水平较低的问题。让更多的下岗职工得到他们更希望得到的就业岗位也还有许多工作要做。但是，应该说1998年的再就业工作取得的成绩是很大的，极大地缓解了职工下岗给社会带来的压力，为经济结构调整和企业改革的进一步深化拓展了空间。

执笔人：张志斌

（国家统计局人口和社科司）

我国分地区人口出生率继续下降

1998年全国人口变动情况抽样调查结果表明，我国人口出生率为16.03‰，死亡率为6.50‰，自然增长率为9.53‰。在近几年我国人口增长速度持续下降后，1998年人口自然增长率首次降到10‰以下，说明我国人口过快增长的势头已得到有效控制，开始进入较低水平的发展阶段。

一、分地区人口出生率继续下降

从1998年我国分地区人口出生率情况看，在31个省、自治区、直辖市中，有28个省(区、市)的人口出生率比1997年有所下降，其中下降幅度大于0.5个千分点的有北京、内蒙古、福建、江西、湖北、海南、四川、云南、甘肃、青海、宁夏等11个省(区、市)。山东、河南两省受人口结构性回升和计划内二胎政策调整的影响，人口出生率比1997年略有上升；而新疆由于仍处在妇女生育的高峰期，人口出生率略高于去年。

1998年我国分地区人口出生率继续下降的原因，首先是各级党政领导高度重视人口控制工作，进一步加大了计划生育工作力度，使各地区的计划生育工作又有新的进展；其次是生育旺盛期的育龄妇女人数减少，与1997年相比，20—29岁的妇女人数减少了346万，如按上年妇女的生育水平计算，由于这一年龄段妇女人数的减少，1998年少出生人口50余万；第三，平均初育年龄由上年的24.5岁提高到近25岁，这对减少当年出生人口也起到了积极作用。

二、地区间出生率仍然存在较大差异

虽然1998年我国的人口控制工作取得了一定成绩，分地区人口出生率普遍下降，但各地区的发展仍很不平衡，地区间出生率存在较大差异。出生率最高的西藏(23.7‰)与出生率最低的上海(5.20‰)相比，两者相差18.5个千分点。从全国看，分地区的人口出生率大致可分为高、中、低三种类型。出生率低的地区，如低于12‰的有10个省(市)，北京、天津、辽宁、吉林、黑龙江、上海、江苏、浙江、福建、山东，它们主要分布在经济较发达的东部沿海地区。出生率在12‰至16.03‰之间的也有10个省(区、市)，它们大多分布在中部内陆地区。出生率高于全国平均水平16.03‰的有11个省(区)，主要分布在西北和西南地区，全国出生率高于20‰的4个省

(区),贵州 22.02 ‰、云南 20.01 ‰、西藏 23.70 ‰、青海 21.26 ‰全都集中在这些地区。

造成人口出生率地区差异的主要原因是经济发展水平的不同。由于我国东部沿海地区的经济发展水平高于中西部地区,因此形成了我国分地区人口出生率西高东低的差异。另一个原因是,我国西部地区少数民族人口众多,生育政策相对宽松,而且这些地区多为边远山区,医疗卫生条件较为落后,人们的生育观念也转变较慢。

在我国死亡率水平相对稳定的情况下,随着出生率的下降,人口自然增长率也在下降。1998 年我国人口自然增长率首次低于 10 ‰,表明我国人口增长开始进入到一个较低水平的发展阶段。但是随着人口自然增长率的下降,它所带来的人口老龄化问题也将会越来越突出。从我国分地区的情况看,1998 年人口自然增长率最低的几个省市如上海、北京、天津、江苏、浙江等,其人口老龄化的程度也是全国最高的。因此,随着我国人口控制工作的继续深入,在人口自然增长率不断下降的同时,人口老龄化问题也应引起我们的高度重视。

执笔人:武　超
(国家统计局人口和社科司)

城镇单位从业人员平均劳动报酬增速平稳 政府调控职能有待加强

1998 年，受亚洲金融危机和企业改制等因素的影响，城镇单位从业人员[1]劳动报酬和在岗职工[2]工资总额增速降至近年来的最低点，但受城镇居民消费价格指数近年来首次出现负增长等因素的影响，城镇单位从业人员实际平均劳动报酬和在岗职工实际平均工资水平均有明显提高。离开本单位仍保留劳动关系职工[3]（以下简称不在岗职工）的生活费发放情况也大大好于以前年份。

城镇单位从业人员平均劳动报酬增长 6.8%

据年报统计，1998 年全国城镇单位从业人员劳动报酬（不含私营个体单位，下同）累计发放 9540 亿元，仅比上年增长 0.7%。其中，国有单位发放 6935 亿元，同比下降 4 个百分点；集体单位 1055 亿元，同比下降 16.3 个百分点；其他单位 1551 亿元，同比增长 57.3 个百分点。

1998 年全国城镇单位从业人员平均劳动报酬 7446 元，比上年增长 6.8%，考虑物价因素影响实际增长 7.4%。其中，国有单位 7579 元，同比增长 6.8%；集体单位 5314 元，同比增长 6.1%；其他单位 9241 元，同比下降 2.7%。其他单位从业人员劳动报酬增幅较高而平均水平下降的主要原因系 1998 年内企业大量转制且新转入单位从业人员原工资水平偏低所致。

城镇单位在岗职工平均工资增长 6.6%

由于目前不在岗职工仍有较快增加（1998 年末这部分职工已达 1977 万人，比上年同期增加 542 万人），而这部分职工只从原单位领取生活费，对全部职工工资水平有较大影响，因此有必要扣除这一因素，对在岗职工的工资水平进行单独考察。

1998 年，全国城镇单位共发放在岗职工工资总额 9297 亿元，比上年同期增长 0.2%。其中，国有单位 6813 亿元，同比下降 4.2%；集体单位 1022 亿元，同比下降 16.9%；其他单位 1462 亿元，同比增长 56.9%。

1998 年，全国城镇单位在岗职工平均工资为 7479 元，比上年同期增长 6.6%，物价因素影响实际增长 7.2%。其中，国有单位 7668 元，同比增长 6.1%；集体单位 5331 元，同比增长 2.5%；其他单位 8972 元，同比下降 2.3%。

由于1998年内关停并转等困难企业有所增加,职工人数减少较多,拖欠工资现象无明显好转,导致部分地区城镇单位在岗职工工资总额总量下降,增速为近30年来最低,而平均工资增速亦降至近10多年来的最低点。但由于同期物价水平保持负增长态势,故在岗职工平均实际工资水平仍有明显增加,且比上年(实际增长4%)高出2个百分点。以上数字表明目前各单位中在岗职工的平均工资水平实际上还是保持了较高的增速。

分地区看,在岗职工平均工资超万元的地区有北京(12451元)、上海(13580)、广东(11032)等地。这些地区比山西(5641元)、内蒙(5792)、江西(5384元)、河南(5781)、贵州(5775元)等地的水平高出一倍左右。各地区间增幅也有较大差异。北京、天津、黑龙江、上海、浙江、四川等地均超过9%。安徽、山东、河南、重庆、贵州、新疆等地增速均不到5%,山西、江西二省还出现负增长。

分行业看,金融保险(10633元)、电力煤气及水的生产和供应业(10478元)、房地产业(10302元)及科学研究和综合技术服务业(10241元)高居榜首,比水平较低的制造业(7064元)、采掘业(7242)元和建筑业(7456元)高出45%左右。从平均工资增速看,科学研究和综合技术服务业(12%)、卫生体育和社会福利业(11.4%)、国家机关政党机关和社会团体(11%)和教育文化艺术广播电影电视业(10.3%)等行业增速均超过10%,而建筑业(3.1%)和制造业(4.5%)增速均不足5%,采掘业比上年还下降了1.2个百分点。

不在岗职工平均生活费比上年同期增长28.1%

1998年,各地政府加大管理和监督力度,不在岗职工领取的生活费比以往年份有了明显提高。全国共发放不在岗职工生活费238.9亿元,比上年同期增长82.2%。其中,国有单位170.3亿元,增长72.5%;集体单位36.8亿元,增长54%;其他单位31.8亿元,增长274%。不在岗职工全年平均生活费为1271元,比上年同期增长28.1%。其中,国有单位1457元,增长25.6%;集体单位685元,增长18.7%;其他单位1837元,增长19.6%。

尽管不在岗职工生活费及平均生活费增速均比上年有了明显提高(据统计1997年发放下岗职工生活费131亿元,平均生活费992元,比1996年还低14元),但由于以前年份基础偏低,各地经济发展不均衡,这部分职工的实际生活费水平差异仍较大。如尽管内蒙、河南等地平均生活费增速均高于50%,但平均水平不过千元。黑龙江增速虽高达46.4%,但平均水平仅为495元。天津、山西、吉林、、贵州等地甚至还低于1997年的水平。生活费水平最高的北京(3493元)与最低的黑龙江相差7倍多。

不在岗职工平均生活费水平的高低与各地经济发展水平密切相关。年报数字表明，不在岗职工同在岗职工比，凡比重较高的地区，其生活费水平就较低。如辽宁该比重高达33%，其平均生活费仅为763元。再如吉林、黑龙江、江西等地不在岗职工与在岗职工之比的比重均超过25%(分别为29.1%、27.3%和25.2%)，这些地区的平均生活费也远远低于全国的平均水平(分别为702元、495元和905元)。

分行业看，生活费水平最高的是金融保险业(4875元)，与上年同期相比增长3.2倍，比最低的批发、零售贸易和餐饮业高4倍多。电力煤气及水的供应业(3132元)、国家机关政党机关和社会团体(3490元)及教育文化艺术广播电影电视业(2907元)的增速也较快，分别为42.9%、86.3%和78.9%。

工资收入两级分化现象不容忽视

工资是现阶段国家对城镇单位从业人员和职工实行按劳分配的主要形式，也是工资劳动者生活费收入的主要来源。改革开放以来，工资分配制度的改革在各项劳动制度改革中首当其冲，在增强企业竞争能力、激励企业员工方面起到了举足轻重的重要作用。为使工资制度能够充分发挥其应有的激励作用，应正确处理好各种复杂的工资关系，如行业、职业、地区间的工资关系等。由于目前我国仍处于计划经济体制向市场经济体制转变的特殊时期，各项劳动管理体制的改革特别是工资分配制度的改革仍处于实践和摸索阶段。各地和相当部分的企业虽然在工资改革方面已经取得了令人瞩目的好成绩，但在某些群体中由于各种原因造成工资关系不正常，两极分化现象日益明显，应引起有关部门关注。

一、从1998年劳动综合统计报表分地区的汇总结果可看出，尽管不在岗职工平均生活费增长幅度比上年有较快增长，但与在岗职工平均工资相比差距仍较大。详见下表：

地　区	在岗职工平均工资	平均工资与生活费之比	不在岗职工生活费	生活费为工资%
全　国	7479	1271	17.0	5.9
北　京	12451	3494	28.1	3.6
上　海	13580	3139	23.1	4.3
江　苏	8256	2377	28.8	3.5
黑龙江	6238	495	7.9	12.6
辽　宁	7161	763	10.7	9.4
山　西	5641	711	12.6	7.9
吉　林	6551	702	10.7	9.3

从上表可看出，北京、上海、江苏等沿海经济发达地区城镇单位在岗职工工资水平较高，这些地区的不在岗职工生活费发放情况相应较好，生活费与平均工资之比也大大高于经济欠发达地区。从平均工资和生活费之间的差距看，全国平均水平为5.9倍，经济发达地区在岗职工平均工资和生活费的差距均低于全国平均水平，而经济欠发达地区的差距均大大超过全国平均水平。由此也可看出部分地区和企业或因在保证不在岗职工基本生活费方面的管理力度还不够强，或因经济状况未有好转，致使有相当部分的不在岗职工领取的生活费远未达到当地政府的规定。

二、某些垄断行业凭借其垄断程度较高而市场化程度相对较低的优势，依靠自身垄断经营形成的高额利润不断增加本行业或本系统内部从业人员的工资收入，与那些较早进入市场、工资分配自我约束机制相对较强而平均工资水平反而较低的行业形成了明显的反差。部分行业的有关资料如下表所示：

行业	在岗职工平均工资			不在岗职工平均生活费		
	1998年	1997年	增减%	1998年	1997年	增减%
全国	7479	7018	6.6	1271	992	28.1
采掘业	7242	7329	-1.2	1276	1400	-8.8
制造业	7064	6759	4.5	1302	1043	24.8
建筑业	7456	7234	3.1	1214	953	27.4
电力	10478	9756	7.4	3132	2191	42.9
房地产	10302	9479	8.7	2187	1712	27.7
金融	10633	9746	9.1	4875	933	422.5

表中数字显示出行业间的工资差距随时间的推移而加大，其中金融行业与制造业工资水平之比从1990年的1.01:1增至1.51:1，与采掘业工资水平之比从1990年的0.77:1增至1.47:1。这种差距的加大并不是源于劳动或技术投入的增加和市场的公平竞争，而是由于国家赋与某些特殊行业倾斜性政策造成的。电力、金融和房地产等行业在市场中的强垄断性造成了高额利润(如1998年电信业在全国经济整体不是非常景气的情况下，全年业务收入比上年增长25%)，使这些服务性行业的工资水平乃至不在岗职工的生活费水平和增速均大大高于市场竞争较激烈的生产加工性行业。这种行业在市场经济运行中的不公平竞争不仅导致低工资行业专业技术人员大量流失，从业人员队伍缺乏相应的稳定性，而且导致垄断行业在市场经济活动中的经营行为缺乏规范化管理，社会矛盾突出，行业间工资关系比例严重失调。

综上所述，由于目前我国仍处于社会主义的初级阶段，工资收入分配中出现两级分化现象在所难免。政府有关部门的主要职责之一就是应加强宏观调控力度，在工资收入分配制度的改革过程中应充分考虑到地区、行业间劳动投入和技术投入的差异，进一步打破垄断，开放市场，真正实现公平竞争，使劳动者能够劳有所值，劳有所得。有的地区已逐步建立了劳动力市场职位指导价位制度，这一制度的实施和推广将有助于解决目前我们在工资收入分配制度改革进程中所面临的的难题。

【注】

1、单位从业人员指在各级国家机关、政党机关、社会团体及企业、事业机关中工作，并取得工资或其他形式的劳动报酬的全部人员。包括：在岗职工、再就业的离退休人员、民办教师以及在各单位中工作的外方人员和港澳台方人员、兼职人员、借用的外单位人员和第二职业者。不包括离开本单位仍保留劳动关系的职工。

2、在岗职工指在本单位工作并由单位支付工资的人员，以及有工作岗位，但由于学习、病伤产假等原因暂未工作，仍由单位支付工资的人员。

3、离开本单位仍保留劳动关系的职工指由于各种原因，已经离开本人的生产或工作岗位，并已不在本单位从事其他工作，但仍与用人单位保留劳动关系的职工。

执笔人：李慧民

（国家统计局人口和社科司）

1999年国际老年人年

人口老龄化是当今世界人口发展的主要趋势，老龄问题又是个重大的社会问题。目前，全世界60岁以上老年人口有5.5亿，预计到2000年将达到6亿左右。老年人口迅速地、大规模地增长，引起了国际社会的极大关注。联合国提醒世界各国"铭记二十世纪的社会老龄化是人类历史前所未有的，对任何社会都是一项重大的挑战。"

1982年联合国在维也纳召开了"老龄问题世界大会"，制定了《维也纳老龄问题国际行动计划》，从此老龄问题列入了联合国大会的议题，并先后做出了一系列重大决议。1990年第45届联大通过了《十·一国际老人节》决议，确定每年的10月1日为"国际老人节"；1991年第46届联大通过了《联合国老年人原则》；1992年第47届联大通过了《1992年至2001年解决人口老龄化问题的全球目标》和《世界老龄问题宣言》，并决定将1999年定为"国际老年人年"；1997年第52届联大通过了《1999年国际老年人年的行动框架》的报告，确定"国际老年人年"从1998年"十·一国际老人节"开始。这些重大决议的核心内容就是呼吁全人类共同关注人口老龄化问题，共同讨论人类共同的命运，并力争将老龄问题的解决纳入到社会发展计划当中，为全球性老龄化社会的到来做好各项准备工作。

1999年国际老年人年的主题是"建立不分年龄人人共享的社会"。一个人人共享的社会，是一个具有包容性的社会，其基础是尊重所有人的人权和基本自由、文化和宗教多样化、社会正义、民主参与和法制。或者说，这样一个社会，是一个根据所有人的需要和能力来调整自身的结构和运作，并调整自己的政策和计划的社会，其目的是发挥所有人的潜能并为所有人谋福利。建立"不分年龄人人共享"的社会理想不仅宣示了一种积极和正面的老年价值观，而且为解决21世纪的老年问题指明了方向。

1999年国际老年人年的目标是把《联合国老年人原则》落实到政策、方案和行动之中。这些原则主要是：独立原则、照顾原则、自我实现原则、尊严原则。

我国是世界上老年人口最多的国家，占世界老年人口的五分之一，占亚洲老年人口的二分之一。自八十年代以来，老年人口以平均每年3.2%的速度增长，目前60岁以上老年人口已达到1.2亿，到2000年将超过1.3亿，占总人口的10%以上，并进入老龄化国家行列。人口老龄化必然引起社会人口结构、投资结构、消费结构、产业结构的变化，日益增多的老年人口的社会抚养和社会照料问题将更加突出，向社会养老保障和社会福利、社会服务提出了严峻的挑战。

迎接和庆祝 1999 年国际老年人年，是本世纪末一次世界性的重大活动，也是国际老龄领域的一件大事。我国作为老年人口大国，应对国际老年人年做出积极响应，这对促进社会主义精神文明建设和社会稳定，进一步唤起全社会对日益严峻的人口老龄化问题的重视和关注，弘扬中华民族尊老敬老的传统美德，促进良好社会风气的形成，具有重要意义。

执笔人：武　超

（国家统计局人口和社科司）

1999年10月12日世界人口达到60亿

最近,联合国人口基金发表声明,根据新的人口预测,世界"60亿人口日"将在1999年10月12日到来,比原来公布的2月8日推迟了8个月。世界60亿人口的到来,标志着世界人口在40年内翻了一番。回顾整个人类的人口发展,显示出由慢到快的趋势,每增加10亿人口所用的时间越来越短。整个人类在19世纪初时人口仅为10亿;用了125年达到了20亿;在1957年世界人口突破30亿;1974年达到40亿,从30亿到40亿用了17年;1987年达到50亿,从40亿到50亿用了13年;1999年将达到60亿,增加10亿人口所用的时间缩短到12年。在60亿人口中,亚洲人口最多为35.9亿,占60.5%,按次序排列,非洲为7.8亿占13%,欧洲为7.3亿占12.3%,拉丁美洲和加勒比海为5亿占8.4%,北美洲的美国和加拿大为3.04亿占5.1%,澳大利亚和南太平洋为2.9亿占0.5%。在60亿人口中,欠发达的地区的人口为47.5亿占72%,发达地区为11亿,占18%,最不发达地区的人口为6.3亿占10%。

当前世界人口的增长率为1.33%,相当于每秒有三个婴儿出生,平均每年净增人口为7800万人。年人口增长率最高的是加沙地带,为4.6%,每个妇女平均生7.9个孩子,其次是利比亚、也门和尼泊尔年人口增长率都在3.4%至3.6%之间,每个妇女平均生7个孩子。在工业化国家中,人口增长率都较低,美国为0.6%,日本为0.2%,欧盟仅为0.1%。而有些国家如德国、俄罗斯甚至出现负增长,每个妇女平均生的孩子不足2个。

中国属于发展中国家,又是世界上人口最多的国家。1998年年底的总人口为12.5亿,占世界人口的21%,占亚洲人口的35%。从建国初期到1964年的15年间,中国人口从5亿增加到7亿,每增加1亿人平均需用7年半的时间。从1964年到1974年,是中国人口的高速增长阶段,10年间人口由7亿增加到9亿,每增加1亿人所需的时间缩短为5年。从1978年以来的改革开放20年,每增加1亿人口所需的时间又延长到7年多。1981年中国人口已达到10亿,1988年超过11亿,1995年突破了12亿,预计到2003年总人口将突破13亿。从80年代后期到90年代,尽管中国处于1949年后第三次生育高峰期,在20—29岁生育旺盛期妇女人数平均每年超过1亿人的情况下,由于计划生育工作成绩显著,中国人口自然增长率已降至到1%以下,每个妇女平均生育孩子为1.8左右。中国人口由曾占全球人口的四分之一下降到今天约占全球人口的五分之一,人口增长率已明显低于其他发展中国家。达到了世界人口会议曾向各国提出的,在本世纪末将人口增长控制在1%以下的目标。中国人口增长速度的放慢,为降低世界人口增长率做出了巨大的贡献。

展望下个世纪的人口发展,到2010年前后,世界人口将达到70亿,2025年前后将达到80亿。亚洲人口将达到48亿,中国人口将达到14.6亿,并在2033年左右,中国人口将达到峰值为15亿。世界人口的不断增加已给人类发展带来了沉重的负担,对人类赖以生存的环境和所需资源也产生了巨大的压力。继续控制人口增长,保护自然资源,保持良好的生态环境是人类面临的紧迫任务。

执笔人:胡　英

(国家统计局人口和社科司)

主要统计指标解释

人口数 指一定时点，一定地区范围内有生命的个人的总和，本年鉴各部分人口数的时点不一致，第四次全国人口普查的人口数是指 1990 年 7 月 1 日 0 时的人口数；1995 年全国 1%人口抽样调查推算数为 10 月 1 日 0 时的人口数；1998 年度户籍统计、计划生育统计数是指 1998 年 12 月底的人口数；世界主要国家人口数是指当年年中数。

性别比 反映两性人口间比例的指标。指在总人口中或各年龄人口中，男性人数与女性人数之比。通常用每 100 个女性人口相应有多少男性人口表示。其计算公式为：

$$性别比 = \frac{男性人口}{女性人口} \times 100$$

% **出生率** (又称粗出生率)指在一定时期内(通常为一年)一定地区的出生人数与同期平均人数(或期中人数)之比。它反映人口的出生水平，一般以千分数表示。本资料中的出生率指年出生率，其计算公式为：

$$出生率 = \frac{年出生人数}{年平均人数} \times 1000‰$$

死亡率 指一定时期内(通常为一年)一定地区的死亡人数与同期平均人数(或期中人数)之比。说明该时期人口的死亡强度，一般用千分数表示。本资料中的死亡率指年死亡率，其计算公式为：

$$死亡率 = \frac{年死亡人数}{年平均人数} \times 1000‰$$

自然增长率 表明人口自然增长的趋势和程度(或速度)的指标。即一定时期内人口自然增长数(出生人数减死亡人数)与同期平均人数(或期中人数)之比。通常以一年为期计算，用千分数表示。计算公式为：

$$人口自然增长率 = \frac{全年出生人数 - 全年死亡人数}{年平均人数} \times 1000‰$$

或，人口自然增长率＝人口出生率－人口死亡率

人口平均增长速度 (或人口平均增长率)指在两年以上的时期内，平均每年人口增长程度或增长速度(包括人口机械变动因素)。最常用的计算方法是几何平均数法，其计算公式为：

$$K = \sqrt[n]{\frac{P_n}{P_n}} - 1 = \sqrt[年数]{\frac{报告期人数}{基期人数}} - 1 = 人口平均发展速度 - 1$$

生育率 指按一定性别一定年龄计算的每千人生育的活婴数。

一般生育率指一定时期内(通常为一年)出生的活婴数与全体育龄妇女人数之比亦称总生育率。所谓全体育龄妇女,是15岁到49岁的全体妇女,不论是否结婚、是否生育,都计算在内,故一般生育率也称育龄妇女生育率。其计算公式为:

$$\text{一般生育率} = \frac{\text{一年内出生婴儿数}}{\text{育龄妇女}(15-49\text{岁})\text{人数}} \times 1000‰$$

总和生育率 指一定时期(如某一年)各年龄妇女生育率的合计数。

$$\text{总和生育率} = f_T = \sum_{15}^{49} f_X = \text{各年龄组妇女生育率之和}$$

育龄妇女 指处于生育年龄的妇女。人口统计中一般以15—49岁为妇女生育年龄。

婚姻状况 指一定地区的人口中,每个人在是否婚居方面所处的状态。婚姻状况通常分为四类,即:(1)未婚(指从未结过婚),(2)已婚(亦称有配偶或婚居),(3)丧偶(指配偶已死亡,本人并未再婚),(4)离婚(指已正式与配偶解除婚姻关系,本人并未再婚)。抚养系数(又称抚养比)指人口中非劳动年龄人数对劳动年龄人数之比,以百分比表示。它表明,从整个社会来看,每100名劳动年龄人口负担多少非劳动年龄人口。抚养比的计算公式为:

$$\text{抚养比} = \frac{14\text{岁及以下人数} + 65\text{岁及以上人数}}{15-64\text{岁人数}} \times 100\%$$

少年儿童抚养系数 (又称少年儿童抚养比或负担少年儿童系数)指人口中少年儿童人数与劳动年龄人数之比,以百分比表示。它表明,从整个社会来看,每100名劳动年龄人口负担多少少年儿童。计算公式为:

$$\text{少年儿童抚养比} = \frac{14\text{岁及以下人数}}{15-64\text{岁人数}} \times 100\%$$

老年抚养系数 (又称老年抚养比或负担老年系数)指人口中老年人数与劳动年龄人数之比,以百分比表示。它表明,从整个社会来看,每100名劳动年龄人口负担多少老年人。其计算公式为:

$$\text{老年抚养比} = \frac{65\text{岁及以上人数}}{15-64\text{岁人数}} \times 100\%$$

非农业人口 指城乡中常年从事第二、三产业的人口及其所抚养的那部分人口,包括吃国家定量粮的人口、集镇自理口粮常住人口、国营农场中的行政管理人员以附属的独立核算的工业企业中常年不从事农业生产的国家职工、乡镇党政机关的在编人口。